U0875255

罗马十二帝王传

启真馆 出品

西方传记经典

罗马十二帝王传

De Vita Caesarum

［古罗马］苏埃托尼乌斯 著
谢品巍 译

ZHEJIANG UNIVERSITY PRESS
浙江大学出版社

所用版本说明

本汉译本根据以下三种版本译出：

1. 德国德·古伊特（De Gruyter）出版社 2012 年出版的托伊布纳丛书（Bibliotheca Scriptorum Graecorum et Romanorum Teubneriana）：《盖乌斯·苏埃托尼乌斯·塔奎卢斯作品集》第一卷《论诸恺撒之生平（八卷）》（*Gaius Suetonius Tranquillus Opera*，vol. 1：*De Vita Caesarum Libri VIII*）之拉丁语版，编者为马克西米连·伊姆（Maximilian Ihm）；

2. 英国威廉·海勒曼（William Heinemann）出版社 1914 年出版的洛布丛书（The Loeb Classical Library）：苏埃托尼乌斯《诸恺撒传记》（Suetonius：*Lives of Caesars*）之拉丁语、英语对照版，英译者为约翰·罗尔夫博士（John C. Rolfe Ph.D.）；

3. 拉丁网络图书馆（thelatinlibrary.com）相应篇目：《论诸恺撒之生平》（*De Vitis Caesarum*）之拉丁语版。

在翻译中，译者还同时参考了以下五种英语译本：

1. 亚历山大·汤姆森译本（Suetonius：*The Lives of the Twelve Caesars*，translated by Alexander Thomson，Gebbie & Co.，1889）；

2. 罗伯特·格拉夫译本（Suetonius：*The Twelve Caesars*，translated by Robert Graves，Penguin Books Ltd.，1957）；

3. 卡特琳·爱德华兹译本（Suetonius：*Lives of the Caesars*，translated by Catharine Edwards，Oxford University Press，2000）；

4. 多纳·赫勒译本（Suetonius：*The Caesars*，translated by Donna W. Hurley，Hackett Publishing Company，Inc.，2011）；

5. 克莱恩译本（Suetonius：*The Twelve Caesars*，translated by A. S. Kline，非营利性电子书，2011）。

及以下两种汉译本：

1. 苏维托尼乌斯：《罗马十二帝王传》，张竹明、王乃新、蒋平等译，北京：商务印书馆，1996 年。

2. 苏维托尼乌斯：《罗马十二帝王传》，田丽娟、邹恺莉译，上海：上海三联书店，2010 年。

文中自然段一律按已有的章节编号进行分段。注释如无特别说明，皆为汉译者所加。

目　录

被奉为神的尤利乌斯

I.1〈……〉[①] 在生命的第十六年他没了父亲。在下届执政官的任期内[②]，已被选定为狄阿利斯祭司[③]的他抛弃了出身骑士[④]家族但却非常富有的科苏奇娅（他在穿紫边托袈袍[⑤]的时候就已经和她订完婚了），迎娶四次出任执政官的秦纳之女科尔涅利娅，她不久便为他生下了尤利娅，而独裁官苏拉[⑥]怎么也无法迫使他休去［这位妻子］[⑦]。

---

① 本卷开头部分散佚。

② 在古罗马历史上除去特定的历史时期每年都会选出两位执政官，因此历史文献都会直书两位执政官的姓名以表示哪一年。此处所说的“下届执政官的任期内”实际就表示下一年的意思。

③ 即主神朱庇特的祭司。

④ 古罗马的骑士阶层相当于社会有产者或富裕阶层，但拥有的财产数量和社会地位不及元老阶层。

⑤ 指一种白色带绛色边的托袈袍（toga praetexta），在古罗马帝国时代有权穿这种托袈袍的人有：身为自由人的未成年男孩、罗马现任或卸任高官、部分高阶祭司、帝国元首等。在古代罗马和希腊，服饰的颜色以紫色（当时的紫色其实更接近现代的绛红色）为贵。此处显然指恺撒尚未成年的时候。

⑥ 卢西乌斯·科尔涅利乌斯·苏拉（Lucius Cornelius Sulla），罗马共和国晚期著名的军事统帅、政治家，公元前 81 年末起担任终身独裁官，其间集军政大权于一身，出任独裁官三年后隐退于海边别墅。

⑦ 文中方括号部分皆为汉译者所加。

2 于是，在付出了祭司的职位、妻子的嫁妆、家族的遗产作为代价之后，他还被打成了反对派成员，结果竟到了无法在公众场合抛头露面的地步，虽然他当时身患严重的三日疟，可几乎每个晚上都不得不更换［不同的］藏身之所，他为了保全自己还用钱收买密探，直至通过维斯塔贞女[①]以及他的近亲玛梅库斯·埃米利乌斯和奥勒利乌斯·科塔的帮助方才得到了赦免。**3** 在苏拉很长时间都拒绝那些与他再亲密不过的最优秀之人的恳请而他们又坚持不懈地提出抗诉之后，苏拉最终让步了。或者出于神灵的启示，或者出于敏锐的预言，他喊道："你们就这样一意孤行接受他吧，只是要记住：你们费尽心力想要保全的那个人，有朝一日将会为你们和我共同捍卫的贵族派带来灭顶之灾，因为恺撒身上存在着不止一个马略[②]。"

II.1 他首次服役是在亚细亚[③]，作为裁判官[④]马可·特姆斯的幕僚。后者曾派他去比提尼亚[⑤]以召集起一支舰队，他却在尼科米底斯国王那里闲居了下来。于是有了他与这位［比提尼亚］王做了龌龊之事的流言，而他在返回后没过几天又以收取自己手下的某个被释奴欠下的债款为由［再次］前赴比提尼亚，这么做令上述流言变得更甚。在服役时的其他事情上他得到了较好的口碑，且在攻打密提林[⑥]时

---

① 指侍奉司掌健康和生命的维斯塔女神的女祭司，其在罗马社会享有特殊地位，在供职期间需要守贞。

② 盖乌斯·马略（Gaius Marius），罗马共和国晚期著名的统帅、政治家，平民出身。他七次出任执政官，当政期间推行政治军事改革，并与苏拉派展开残酷斗争。

③ 古罗马时代的亚细亚指的是爱琴海东岸、小亚细亚半岛西部的一片地区。

④ 该官职的重要性相当于副执政官，主要负责法律断讼事务，也可以此官衔出任次要行省的总督。亦有人将之译作"大法官"。

⑤ 指位于小亚细亚半岛西北部的一片地区。

⑥ 密提林（Mytilenae）是坐落于爱琴海东部莱斯博斯岛（Lesbos）上的一座城市。

从特姆斯那儿获赠过市民冠①。

III.1 他还曾在奇里乞亚②的塞尔维利乌斯·伊苏里库斯③手下服过役，不过时间不长，因为，他获悉了苏拉的死讯，同时又对马可·雷必达④掀起的暴乱抱以希望，便急忙返回了罗马。虽然有丰厚的条件在引诱着他，可他由于一方面对对方的天资缺乏信心，另一方面又觉机会比自己先前设想的更加渺茫，就拒不与雷必达结成同盟。

IV.1 在内乱平息之后，他以贪污罪名向出任过执政官并举行过凯旋式的科尔涅利乌斯·多拉贝拉提起了诉讼。后者被判无罪之后，为了避开［对自己的］憎恨，也为了能让自己享受安逸清闲以便潜心求学于当时最具名望的演说术老师阿波罗尼乌斯·莫伦，他决定退到罗得岛去。当时已入冬季时月，正当他前去那里的时候，在法尔玛库萨岛附近被海盗俘虏了。他怀着极大愤怒随一名医生和两名侍寝者一起在这群海盗中间待了近四十天。**2** 因为他一开始就派出了同伴及剩下的奴隶去准备赎金。后来，在支付了五十塔兰特⑤而踏上岸之后，他就马不停蹄地招募了一支舰队对落荒而逃的海盗进行了追击，等他们落入其控制之后便施加了他此前以开玩笑的方式经常威胁他们的惩罚。他继而抵达了罗得岛，由于米特里达梯⑥当时

---

① 原文为 corona civica，该桂冠被授给那些在战斗中拯救过平民生命的人。

② 小亚细亚半岛的地区名，位于半岛东南部，濒临地中海。

③ 伊苏里库斯（Isauricus）有“伊苏里亚人”或“伊苏里亚人的征服者”之意。伊苏里亚（Isauria）指位于小亚细亚半岛南部的一片内陆地区。

④ 马可·埃米利乌斯·雷必达（Marcus Aemilius Lepidus），乃罗马共和国晚期著名的统帅、政治家，后三头同盟中同名的雷必达的父亲。

⑤ 塔兰特（talentum）本来是古代的计重单位，数值各地都有所不同。在古希腊一塔兰特约合 26 千克，在古罗马则是 32.3 千克。如用在货币计量上且未明确是哪种材质的货币，通常情况下指的是银币。

⑥ 即米特里达梯六世，黑海南岸的本都王国国王，公元前 121 年—前 61 年在位。当政期间曾以武力征服了邻近的小亚细亚半岛诸国，还入侵了希腊本土，并与罗马人交战。

正蹂躏着邻近地区，在同盟者[①]陷入险境之际为了不让自己显得无所作为，他转而从罗得岛来到了亚细亚。他召集起辅助部队将王的长官从那个行省赶了出去，由此使摇摆不定且心存猜疑的城市变得忠诚起来。

V.1 在返回罗马之后他首先通过人民推选当上了军事保民官[②]，并极尽所能地支持那些要恢复曾被苏拉削弱的保民官权力的倡议者。通过普罗奇乌斯的提议，他使他妻子的兄弟卢西乌斯·秦纳以及在国内骚乱中追随雷必达的那些人——他们在那位执政官［雷必达］被杀后就逃到了塞多留[③]那边——被召回罗马城，为了此事他甚至亲自发表了演说。

VI.1 在出任财务官时，他依照惯例在宣讲坛前歌颂了去世的姑妈尤利娅和死去的妻子科尔涅利娅。在献给姑妈的颂词中提到了她的和他父亲的［父系与母系］两边的祖先，他是这么说的："我的姑妈尤利娅母亲那边的族裔起源于诸王[④]，父亲那边与永生之众神有关。因为她母亲的族名所属的马尔西乌斯·雷克斯[⑤]源自安库

① 同盟者（socius）指的是以被征服或臣服的方式加入罗马人统治的一部分居民。同盟者并不享有罗马公民权，也不得擅自缔约或宣战，此外在战时还必须提供不等数量的军队，还有些需要上缴部分税收。

② 在一支罗马军团中，军事保民官（tribunus militum）官职级别低于相当于该军团独立指挥官的将领，类似将领的参谋。该官衔虽有保民官之名，但与平民保民官没有直接的关系，只是拉丁语原文字面相同，译者也不再改变译文。

③ 共和国晚期著名政治家和军事统帅，马略派成员，曾在西班牙掀起叛乱以与苏拉派对抗。关于此事，请参见尤特罗庇乌斯的《罗马国史大纲》（*Breviarium ab Urbe Condita*），VI，1（谢品巍译，上海：上海人民出版社，2011）。

④ 罗马建城初期曾先后经历过七位王（rex）当政的时代，史称"王政时代"。

⑤ 根据尤特罗庇乌斯，IV，23 的记载，该家族的昆图斯·马尔西乌斯·雷克斯（Quintus Marcius Rex）曾出任过执政官。

斯·马尔西乌斯[①]，而我们家族所属的尤利乌斯一族则源自维纳斯。因此，［我们］在血统上就带有把至高大权施加于人类之上的诸王的圣性，以及连［诸王］都附着于他们权力之下的诸神的神性。”**2** 他还迎娶了昆图斯·庞培[②]的女儿、卢西乌斯·苏拉的外孙女庞培娅以取代科尔涅利娅的位置，随后又怀疑她遭到普布利乌斯·克洛狄乌斯的玷污而把她给休了，因为说［普布利乌斯·克洛狄乌斯］曾身穿女装踏入公众祭祀仪式[③]来到她的身边的谣言甚嚣尘上，以至于元老院颁下了法令要对玷污圣仪之事进行调查。

VII.1 他［通过抽签］前往远西班牙[④]出任财务官，并在那里受裁判官的委任而巡走各地以主持断案，当他来到加的斯时，留意到赫拉克勒斯神庙内的一尊亚历山大大帝的雕像，便发出了叹息，他虽已至亚历山大征服世界时的年纪，却因自己尚未做出过一件留名之事而为自己的庸碌无为感到焦虑。他立刻请求去职以便在罗马城内抓住机会干出尽可能大的事业。**2** 此外，当他受扰于第二天夜晚的一个梦时——因为他目睹到自己趁睡觉之际对母亲实施了侵犯——卜梦人一边解释道，梦到母亲被自己征服，此母亲除作为万物至亲的大地之外别无他物，一边鼓励他去实现最为宏大的愿景：他注定会主宰世界。

VIII.1 于是，他在［任职期满］前就离开［了远西班牙］前往

---

① 古罗马王政时代七王中的第四位王。关于此人，请参见尤特罗庇乌斯，I，5。

② 昆图斯·庞培·鲁弗斯（Quintus Pompeius Rufus），与他同名的父亲曾出任过公元前 88 年的执政官，同僚是苏拉。苏拉把自己的大女儿科尔涅利娅·苏拉（Cornelia Sulla）嫁给了他，因此他的女儿庞培娅便成了苏拉的外孙女。

③ 当指美好女神（Bona Dea）节的祭祀仪式，在仪式上一切男子都须回避。——洛布版注

④ 共和国时代的行省名，大致相当于今西班牙南部的安达卢西亚（Andalucia）地区。

为争取［罗马］公民权而正陷入骚动中的拉丁殖民地[①]，而若非［两位］执政官把已招募起来去奇里乞亚服役的军团暂时驻留在那里的话，他就真会鼓动当地人干出什么大胆之举了。

IX.1 可是，很快他就试图在罗马城干出更大胆的事。于是，他在接过市政官[②]职位前的几天就被怀疑曾和与执政官等衔的[③]马可·克拉苏[④]，外加［两位］在竞选完执政官后被控行贿受贿的普布利乌斯·苏拉[⑤]和卢西乌斯·奥特伦尼乌斯策划过阴谋：他们在一年开头之际朝元老院进发而去，以尽情杀戮［元老］的方式让克拉

① 意思是当时在意大利境内拥有拉丁公民权者的定居地，所谓拉丁公民权的含义，请参见盖乌斯的《法学阶梯》（*Gai Institutionum Commentarii*），I，12："被释放的人也有三类：或成为罗马公民，或成为拉丁公民，或成为归降者。……" I，17："凡于一人之身同时满足下列三种事实的：年龄超过三十岁、根据市民法从属于主人、被以合法的释放方式加以解放的——即通过仪式，或通过登记，或通过契约进行释放的——则此［奴隶］变成罗马公民。若这些事实缺少任何一项，则变成拉丁公民。"显然拉丁公民权的法律地位无法与罗马公民权相比。殖民地（colonia）一词最初表示的是罗马人占领下的外围领土，后来则指享有极高地位的地方城市。

② 市政官在共和国时代主要负责罗马城内公共建筑的维护、公共节日庆典的组织，以及社会风纪的维持。到了帝国时代，该官职所负责的职能逐渐被其他官职取代。

③ 原文 consularis，乃执政官（consul）一词的形容词形式，本意是非现任执政官，但却拥有执政官官衔的人。该词在帝国时期包含两种意思：已卸任执政官之人，或与执政官衔级相当的总督及其他高级官员。古罗马时代，执政官官衔是官员晋升通道中最高级别的官职，所以即使已卸任该职，仍愿意给自己冠上特定的称号以显示自己曾做到过该官衔。

④ 即马可·李锡尼·克拉苏（Marcus Licinius Crassus），共和国晚期著名的统帅、政治家。曾在苏拉军中服役，并镇压过斯巴达克斯起义，随后与庞培（Gnaeus Pompeius）和恺撒一同组成了"前三头同盟"。

⑤ 普布利乌斯·科尔涅利乌斯·苏拉（Publius Cornelius Sulla），独裁官苏拉的侄子，曾与普布利乌斯·奥特伦尼乌斯（Publius Autronius）一同当选了公元前 65 年的执政官，但在开始履职之前他们就被指控收受贿赂而被宣布选举无效。

苏踏上独裁官的位置，［恺撒］自己则被他任命为骑士长[①]，待国事按他们的决策安排妥当之后，再让苏拉和奥特伦尼乌斯出任执政官之职。**2** 上述阴谋，塔努西乌斯·杰米努斯将之记在了历史著作里，马可·毕布卢斯[②]将之记在了法令集里，作为父亲的盖乌斯·库里奥将之记在了演说集里。甚至西塞罗[③]似乎都在某封寄给阿克西乌斯的信里提到过此事，他说道，恺撒任市政官时曾经构想的独裁统治在他任执政官时得以确立。塔努西乌斯补充道，克拉苏不是因为后悔就是出于畏惧而在定好实施屠杀的那一天并未前来，正因为如此，恺撒就没有发出此前约好的应该发出的信号。此外库里奥也说，［那信号就是］他让托袈袍［的衣服边］从肩膀上掉落。**3** 同样是这位库里奥，而且还有马可·阿克托里乌斯·纳索，他们都是这么写的，他［恺撒］还和青年格涅乌斯·皮索策划过另一起阴谋，后者因为涉嫌在罗马城内制造阴谋而在未经过问的情况下就跨级被授予了西班牙行省［总督之职］。他们商定，借助于安布昂人和波河对岸的部族，由他［皮索］在外、［恺撒］本人在罗马共同掀起革命，可他们两人的谋划随着皮索的死亡也化作了泡影。

X.1 在任市政官时，他建立起临时柱廊来展示众多工艺器械中

---

① 骑士长（magister equitum）之职往往作为独裁官的副手。关于此事，请参见尤特罗庇乌斯，I，12：“王遭驱逐后的第九年，塔克文（Tarquinius）的女婿为其岳父遭受的不公进行复仇而招募起了一支庞大的军队，面对这种情况，一种叫独裁官的新的官职在罗马被设立了起来，该官职所掌的权力要胜过执政官。在同一年，听命于独裁官的骑士长的职位也设立了出来。”

② 小加图（Marcus Porcius Cato Uticencis）的女婿，曾在贵族派的支持下出任公元前 60 年的执政官，在元老院里属保守的共和派，前三头同盟的反对者。

③ 马可·图利乌斯·西塞罗（Marcus Tullius Cicero）是共和国晚期极其著名的政治家、演说家、哲学家，曾出任公元前 63 年的执政官。有数篇经典的演说辞和散文著作传世，其作品堪称古典拉丁语的巅峰。

的一部分，以此除去装点了大会广场[①]及罗马广场[②]、礼堂之外，还装点了朱庇特神庙[③]。他既与同僚一起又单独地举办了狩猎赛和庆典赛会[④]，结果便是共同出的钱却唯独让他一个人赚取了好处，他的同僚马可·毕布卢斯并不隐瞒地说道，波吕克斯[⑤]身上的事已发生在自己身上，因为正如罗马广场上为这对孪生兄弟修建的神庙只被唤作卡斯托尔的神庙一样，他自己和恺撒的恩情就只被说成是恺撒一个人的。**2** 此外，他［恺撒］还举办了角斗士比赛，不过对决的斗士数量比他之前预期的要少一些。因为他一次就从四处各地召集起了数量巨大的［角斗士］，这让他的反对者感到了害怕，于是他们就颁下了法令，不允许有谁在罗马城内保有过多数量的角斗士。

XI.1 在博得人民的支持之后，他获得了要求不同寻常的任命

① 指共和国时代罗马公民大会集会的场所，位于罗马城中央罗马广场的西北角。

② 原文为 forum，泛指集会或市集用的广场，此处特指罗马城中央的罗马广场（forum Romanum）。该广场位于卡庇托山（Capitolium）和帕拉丁山（Palatium）之间，包括元老院议事堂（curia）在内的一系列代表宗教和权力的相当重要的建筑都分布在罗马广场周围。

③ 原文为 Capitolium，该词原来表示卡庇托山，但也可表示那座山上的供奉有三主神（朱庇特、朱诺、密涅瓦）的朱庇特神庙。

④ 原文为 ludi。这个词早期表示祭奠神明的庆典活动，后来这种庆典活动还包括了竞技比赛和戏剧表演。帝国时代，举办庆典赛会是裁判官的主要职责之一。

⑤ 古希腊神话传说中的人物，卡斯托尔（Castor）的孪生弟弟。朱庇特曾化身天鹅与斯巴达王妃列达（Leda）交欢，由此列达生下两枚鹅蛋，其中一枚生出了波吕克斯和海伦（Helen），另一枚生出了卡斯托尔和克丽泰梅丝特拉（Clytaemnestra），不过朱庇特认为第二枚蛋生出的孩子是列达和斯巴达王丁达勒斯（Tyndarus）所生，因此当属凡人，无权享有不死之身。卡斯托尔、波吕克斯两兄弟曾与伊达斯（Idas）、林叩斯（Lynceus）两兄弟发生冲突，四人在扭打中，卡斯托尔被林叩斯一剑刺穿，倒地毙命。波吕克斯悲痛不已，便哀求朱庇特将自己的不死之身转到卡斯托尔身上。于是，朱庇特允许卡斯托尔复生，两人隔日轮流在天界和冥界生活。

的机会，并试图通过保民官们［的帮助］以平民决议的方式掌管行省埃及[①]，因为亚历山大里亚人赶走了被元老院称为自己的同盟者和朋友的王[②]，而此事引起了普遍的谴责。他的企图在贵族派的反对下并未得逞，于是他反过来尽其一切所能削弱他们的权威，他重修了曾被苏拉推倒的为战胜朱古达[③]、辛布里人、条顿人[④]而建的盖乌斯·马略的记功柱。另外，在对谋杀犯进行控告的时候，他还把以下这些人列入谋杀犯的行列——他们拿来被宣布为公敌[⑤]的罗马公民的脑袋以从国库领取钱财，即便根据《科尔涅利乌斯[⑥]法》他们是免受惩处的。

XII.1 他还鼓动他人去指控盖乌斯·拉比里乌斯犯有叛国罪，数年前元老院曾凭借后者的大力帮助而制服了做出暴乱之举的保民官任上的卢西乌斯·萨图尔尼努斯，他［恺撒］通过抽签成为审判这个被告的裁决者[⑦]，并带着如此的热情做出了裁决，以至于在［拉比里乌斯］向人民提出吁请的时候，除了这位裁决者的残酷之外竟不再有什么类似之事能带来益处了。

---

① 埃及当时是在希腊化的托勒密王朝统治之下，把埃及变成行省显然指的是将它纳入罗马的统治之下。

② 指埃及托勒密王朝国王托勒密（Ptolomaeus）十二世，公元前 80 年—前 58 年，以及前 55 年—前 51 年在位。

③ 公元前二世纪末期的北非努米底亚（Numidia）国王。公元前 111 年罗马元老院向其宣战，被马略所败而逃至西边的毛里塔尼亚（Mauritania）。随后，他被毛里塔尼亚王俘虏，交给了罗马人。

④ 辛布里人、条顿人，以及安布昂人在公元前二世纪末曾大规模侵扰过意大利北部。

⑤ 指把某人列入公敌名单。在古罗马，凡被宣布为公敌者，其人身不再受法律的保护，任何人（甚至奴隶）都有权处死这个人，其全部财产则被悉数充入国库。也有人翻译成“对某人颁布大抄杀令”。

⑥ 指独裁官卢西乌斯·科尔涅利乌斯·苏拉。

⑦ 原文 iudex，在拉丁语中表示对诉讼做出裁决之人，可以是法官、审判员、承审员，也可以是陪审员。

XIII.1 在舍弃当行省［总督］的希望之后，他便发放再慷慨不过的赏赐以谋求大祭司长之职，考虑到自己为此欠下的巨额债务，黎明时分当他动身前往公民大会[①]时，据称他曾提前对吻别自己的母亲打过招呼，说除非当上祭司长否则自己就不回家。实际上，他如此这般赢过了两位年龄远比自己大、地位远比自己高的极具实力的对手，以至于其本人在他们［两位］所属的部族里赢得的投票就超过了他们任何一位在所有［部族］中赢得的。

XIV.1 当喀提林的阴谋遭败露之后，在整个元老院都认为该对参与阴谋的同伙施以最为严厉的惩处的情况下，唯独他（已被选为了裁判官）建议［只须］把他们的财产充公并将他们分开关押在不同的城市。此外，他一遍遍地指出罗马平民在今后会对那些主张严惩者抱有何等程度的憎恨，由此在他们［主张严惩者］中间激起了如此巨大的恐惧，以至于还未上任的当选执政官德西姆斯·希拉努斯[②]没羞没臊地（因为改变自己的观点是件可耻的事）通过解释让自己的观点变得温和起来，就好像他觉得［是恺撒错误地］把自己的观点理解得过于严厉了一样。**2** 要不是马可·加图[③]的演讲助了摇摆不定的［元老］等级一臂之力，［恺撒］本来就已经取得了胜利，以至于包括执政官［马可·西塞罗］的弟弟［昆图斯·］西塞罗在内的许多人都倒向了他这一边。可他依然没有停止阻挠这桩事，直至罗马的骑兵队以保护为由武装了起来并包围［了会场］，在他坚持做出更顽固的举动时对他发出了死亡威胁；他们还一边抽出剑一边

① 指罗马共和国时期的政治机构，由拥有公民权的公民召集而成，该大会对官员选举、法律批准、死刑执行、战和议定、同盟订废有最终裁决权。

② 根据执政官列表，乃公元前 62 年的执政官。

③ 即小加图（Marcus Portius Cato），罗马共和国晚期公元前一世纪时著名的政治家、演说家，斯多葛哲学的追随者。他在后来与恺撒的内战中加入元老院贵族派一方，恺撒得胜后他即自杀而亡。

不断地施加巨大恐吓，以至于当时他身旁的人离开了正坐着的［他的身边］，只有一小部分人用托袈袍围着把他保护了起来。那时显然受到惊吓的他不但表示了屈服，而且还在那一年余下的时间里再未踏足过元老院议事堂。

XV.1 在他担任裁判官职位的第一天，他就要求昆图斯·卡图卢斯以披露账目的方式应对人民对重建朱庇特神庙［进展缓慢］的询问，并提议他把这项职责移交给其他人[①]。然而，恺撒敌不过贵族派联合起来的对抗，他发现贵族派立刻丢下了陪同新任执政官［去朱庇特神庙进行祭祀］的职责，集合到了一起决心一同进行反抗，就撤回了上述议程。

XVI.1 另外，当平民保民官切奇利乌斯·梅特卢斯不顾同僚们的干涉提出引起极度不安的法案的时候，他自告奋勇地成了对方再坚定不过的支持者和捍卫者，直至元老们颁下法令解除了他们俩［恺撒和梅特卢斯］的国家职权。［恺撒］则无所畏惧地继续留在其职位上，继续断案，但当他发觉有人准备以暴力和武器来逼退他时，他就解散扈从[②]、脱去紫边托袈袍，然后悄悄溜回家里，打算依时局而引退下来。**2** 两天后，当一大群人自发涌到［他家］，允诺制造更大的骚乱来助他重获职权的时候，他制止了他们。鉴于这么做出乎大家的意料，为应对上述集会而被紧急召集起来的元老院通过头面人物向他致以谢意，［他们把他］唤来元老院议事堂，用再荣耀不过的言辞赞美了他一番之后便撤销了先前的法令，让他恢复了原先的［职位］。

XVII.1 由于既被告发者卢西乌斯·维提乌斯在财务官诺维乌

---

① 即移交给格涅乌斯·庞培（Gnaeus Pompeius）。

② 原文 lictor，意思是古罗马时代主持审判的官员的扈从，他们往往手持象征执法权力的法西斯（fasces）陪同于官员左右。

斯・尼杰尔面前，又在元老院里被昆图斯・库里乌斯（此人因为首先揭露了阴谋者们的计划而从国家那里领受了奖赏）冠上了喀提林的同伙之名，他再度陷入了危险当中。库里乌斯说，自己已从喀提林那儿得知了［阴谋计划］，而维提乌斯也许诺可以提供他［恺撒］亲笔写给喀提林的信。**2** 可是，恺撒觉得这件事无论如何都不该容忍，他请求西塞罗作证，以指明自己曾主动把与阴谋相关的信息告知给了他，结果没让库里乌斯领到奖赏。维提乌斯那边，在罚没了保证金并查抄了家什之后，他被在宣讲坛前聚集的一群人粗暴对待，差一点就被大家撕成了肉片，［恺撒］便把他投入了监狱。他以同样的方式［对待了］财务官诺维乌斯，因为［后者］准许一位拥有更高权力的人①在自己面前受到问询。

XVIII.1 在卸任裁判官之后他就经抽签被派去远西班牙［担任总督］，当债主们加以阻拦时他通过担保人的调解摆脱了他们，还在行省履职经费［拨付］之前就启程赴任了，这既不符合习惯也不合乎法律——他也许是害怕在无公职时被告上法庭，又或是为了能更早地给请求支援的同盟者带去援助。在让行省恢复和平之后，为谋得一场凯旋式同时也为了谋得执政官职位，他没等到继任者就与来时一样迫不及待地离开了［远西班牙］。**2** 不过，鉴于选举计划已被公布，除非以无公职者的身份进入罗马城，否则他就无法获得［执政官候选人的资格］，而且寻求法律豁免的做法遭到了众人的反对，在这种情况下他不得不舍弃凯旋式以免失去执政官职位。

XIX.1 在［另］两位执政官职位的竞争者卢西乌斯・卢克切尤斯与马可・毕布卢斯中间，他让自己和卢克切尤斯联合在了一起，并同对方达成了如下协议：鉴于对方影响力较小但钱多，所以就让

---

① 根据古罗马的官阶晋升体系（cursus honorum），财务官是官阶中最低的，而裁判官则只比执政官（或与执政官等衔者）低。

对方以共同的名义向百人队[①]按个许下赏钱。贵族派们获悉此事后害怕他［恺撒］在登上最高职位的同时又遇到一个百依百顺的同僚，会变得无所畏惧起来，于是他们许诺出一样多的钱以支持毕布卢斯，相当多的人都献出了钱财，连［马可·］加图都不否认做出这种贿赂是出于国家［的利益］。**2** 于是，他和毕布卢斯被选为执政官。出于相同的缘由，贵族派们小心翼翼地把最无关紧要的行省（即只有林区和牧区的行省）派给了他们[②]。［恺撒］特别恼怒于上述不公，因而尽其一切所能向格涅乌斯·庞培献上殷勤，而后者在战胜了米特里达梯王之后因元老们在核准其行动时拖拖沓沓而得罪了他。恺撒让自与庞培共同出任执政官[③]时就产生巨大不和而成为宿敌的马可·克拉苏与庞培重归于好，还同他们两位都缔结了盟约，以免在国事当中会做出什么令三人中的任何一个感到不快的事情。

XX.1 他担任执政官伊始就首先决定，元老院日常的审议程序应该像人民［大会］的一样被记录下来并公之于众。他还恢复了古时的习惯：在他不保有法西斯[④]的月份里，他就让宣令者走在他之前，扈从跟随他之后。他颁布了《土地法》，还在同僚［毕布卢斯］公布

① 古罗马时代的军事编制单位，也被翻译成“森都利亚”。一个百人队最初由一百位士兵组成，后来往往少于一百人。此处恺撒之所以要行贿百人队，那是因为在共和国时代包括执政官在内的国家军政官员都由森都利亚大会（即百人队大会）选举而出，而在决定国家要事的森都利亚大会上，193 支百人队每队都可以投一票。

② 罗马执政官在卸任之后通常会领受与执政官等衔的总督职位被派往各地行省。

③ 根据执政官列表，由格涅乌斯·庞培和马可·克拉苏两个人同时出任执政官的年份是公元前 70 年及公元前 55 年。根据上下文，此处所指应为公元前 70 年。

④ 法西斯原文为 fasces，指一束中间插有斧子的棍棒，在古罗马时代这是某种权力的象征物。因为罗马执政官有两位，所以恺撒不保有法西斯，就是指法西斯在他同僚那里。

凶兆［打算推迟法案公布］的时候用武力把对方赶出了广场。第二天，［毕布卢斯］在元老院里发起了控诉，却发觉没有任何人敢于就如此蛮横行径提出什么动议抑或发表什么意见，即便以往遇到比之轻微得多的破坏行径时曾常有法令被颁布过。［恺撒］把他逼到了此般绝境，以至于直到去职为止除去发布凶兆公告之外他都未离开过家。**2** 自那时起，［恺撒］但凭一人意愿处理起了一切国中之事。有些诙谐之人在签署遗嘱时以开玩笑的方式写下了“在尤利乌斯和恺撒出任执政官的那一年订立”[①]，而非“在恺撒和毕布卢斯出任执政官的那一年”；同一个人他们列出族名和尾名，写了两遍。很快，下面的诗句便广泛地传诵了开来：

> 某件事并非发生在不久前的毕布卢斯［的那一年］而是恺撒的；
> 因为我记得毕布卢斯任执政官时未对谁做过什么。

3 祖先们献给神庙的斯特拉斯平原，以及税赋留作弥补国家开销的坎帕尼亚的田地，他都分配给了两万名有三个或三个以上孩子的公民，且不使用抽签的方式。当包税人要求减少指标额时，他免除了三分之一的上缴税额，并坦率告诫道，在今后的税收合同里条件不应该定得过高。同样，若有谁提出别的一些事，他都会慷慨大方地给予满足，对此没有人提出反对，而如果有谁想要发表什么意见，他就会加以恐吓。**4** 他下令让扈从把试图加以阻止的马可·加图拖出元老院议事堂并投入监狱。当卢西乌斯·卢

---

① 同时列出两位执政官名字，随后加上“CONSS.”即 consulibus（出任执政官的时候），乃古罗马人常用的正式纪年方式。恺撒全名为盖乌斯·尤利乌斯·恺撒（Gaius Iulius Caesar），无论“尤利乌斯”还是“恺撒”全都指他一个人。此处用意不言而喻。

库卢斯[①]越发肆无忌惮地发表反对意见时，他以提起诉讼［相威胁］让对方感到如此害怕，以至于主动跪在了他的面前［哀求宽恕］。鉴于西塞罗在某场审判中对那个时代的现状发出了哀叹，他就成全了对方的敌人普布利乌斯·克洛狄乌斯长久以来未竟的心愿，在［西塞罗发表演讲］当天的第九个时辰[②]将其从贵族转为了平民。[③]**5** 最终，为了对抗来自四面八方的反对派，他雇来了谣言散布者，宣称某些人怂恿自己去刺杀庞培，并依照事先的安排让对方在宣讲坛前点出阴谋策划者的名字。不过，由于大家对所谓的阴谋诡计存有质疑，他只徒劳无功地点出了一两个人的名字，结果，据信，对太过仓促的计划［能否成功］感到无望的［恺撒］毒死了这位谣言散布者。

XXI.1 就在那期间，他迎娶了将要接替自己出任执政官的卢西乌斯·皮索的女儿卡尔普尼娅，而对于他自己的［女儿］尤利娅，则在推辞掉先前的订婚者塞尔维利乌斯·契皮奥之后把她许配给了格涅乌斯·庞培，即便前者在他不久前与毕布卢斯的抗争中出力甚多。新的联姻关系确立之后，他开始邀请庞培［在元老院里］首先发表意见，即使之前都是邀请克拉苏［首先发言］，而通行整个一年的发言顺序根据惯例都是由执政官在一月一日确定下来的。

XXII.1 有了岳父和女婿充当后盾，他于是就从所有行省当中选出了高卢诸地，因为那里最有可能让他得到财富以及凯旋式所需的

① 卢西乌斯·李锡尼·卢库卢斯（Lucius Licinius Lucullus），共和国晚期贵族派政治家、军事统帅，第三次米特里达梯战争（公元前 73 年—前 63 年）中的著名将领。

② 古罗马人把白天（即从日出至日落）等分成十二个时辰，所以第六个、第七个时辰大致对应正午前后，而第九个时辰应表示下午临近傍晚，那时行政官员已结束办公。

③ 普布利乌斯·克洛狄乌斯之所以放弃贵族身份以取得平民之身是为了能当选平民保民官，因为平民保民官只能由平民当选。

相应物资。一开始，根据《瓦提尼乌斯法》，他的确同时得到了山内高卢[①]以及伊利里亚[②]，且不久后又通过元老院获得了长发高卢，因为元老们害怕的是，即便他们不把那块地方授给他，人民也会给他的。**2** 他对此是那么的高兴，以至于没过几天就情不自禁地在挤满人的元老院议事堂里吹嘘道，自己在反对者们的无奈与哀号中赢得了曾经渴望得到的东西，从此就要骑到所有［反对者们］的头上了。当有人说出难听的话，说这对任何女子来说都不会是件易事的时候，他用嘲讽般的口吻回答道，［女王］塞米勒米斯[③]也曾在叙利亚[④]执掌过王权，而在过去亚马逊女族[⑤]曾占领过亚细亚的大片土地。

XXIII.1 执政官任期结束之后，由于裁判官盖乌斯·梅米乌斯和卢西乌斯·图密奇乌斯对其过去一年的行径提出了追查，他便向元老院汇报了这件事。元老院在没有意义的争吵中浪费了三天时间，而未展开［实质性的］调查，就在这种情况下他离开了［罗马］，前往行省。他的财务官随后立刻因某些罪责受到了审判，［作为对付他的］先例。很快，他自己也受到了平民保民官卢西乌斯·安提斯

---

① 山内高卢（Gallia Cisalpina），顾名思义，指位于阿尔卑斯山以东和以南、波河流域、更靠近意大利腹地的高卢人聚居区，公元前 220 年左右被罗马人征服，公元前 81 年设置行省。根据公元前 59 年的《瓦提尼乌斯法》，上述行省连同伊利里亚行省被交给了恺撒。与之相对的是位于阿尔卑斯山以西、今法国东南部的山外高卢（Gallia Transalpina），亦称纳尔榜高卢（Gallia Narbonensis）。

② 亦被译作“伊利里库姆”，指位于亚得里亚海东北岸、巴尔干半岛西北角的大片山地，大致相当于今克罗地亚、波黑全境，以及斯洛文尼亚的部分地区。公元前 168 年被罗马人彻底征服，公元前 167 年设置行省。

③ 传说中的亚述女王，乃亚述都城尼尼微（Nineveh）的缔造者尼努斯（Ninus）的妻子。

④ 古罗马时代的叙利亚所包括的地域比现在的叙利亚领土更为广阔，它所指的土地包含今叙利亚、黎巴嫩全境以及土耳其东南部。

⑤ 希腊神话中一支全由女性组成的部族，居于本都（Pontus）地区，大致在今土耳其黑海东南岸一带。

提乌斯的控告，最后他向全体保民官呼吁，以受累于国事而无法到场为由没让自己成为被告。**2** 因此，为了在未来获得安全，他煞费苦心地确保每年的政务官始终为自己效劳；而除了那些曾保证过在他不置身现场时仍为其斗争的人以外，他既不支持候选人中的［哪个］，也不允许其中［有谁］当选；而且为恪守上述的约定，他还毫不犹豫地迫使一些人立下誓言甚至签订合同。

XXIV.1 然而，当执政官候选人卢西乌斯·图密奇乌斯公开威胁说，自己将以执政官的身份去做任裁判官时无法做到的事①，并把军队从他身边夺去的时候，他驱使克拉苏和庞培来到自己行省内的城市卢卡［进行会面］。为了打败图密奇乌斯，［他］让他们［克拉苏和庞培］再次谋取执政官之职②，还凭借他们两人成功地使自己［在行省］的统治权延长了五年。**2** 受此激励，在从国家获得的军团之外他又另外自费增编了几支军团，其中一支是从山外高卢人当中招募的，军团绰号还用到了高卢语，叫作“阿劳达”③。他用罗马人的军纪与武器对他们加以操练，后来再赠予了全体军团公民权。**3** 接着，他不放过任何发动战争的机会，即便那是非正义的和充满危险的，而结盟的部族与敌对的野蛮部族一样受到了袭击，结果有一次元老院颁下了法令，要派使者去调查高卢诸地的情况，有些人甚至还想要把他交给敌人。但当他的事业取得一个又一个成就之际，他比以往任何人都更频繁地获得了公众祈祷式④，仪式持续的日期也更长。

---

① 关于这位裁判官无法做到的事，请参见本卷 XXIIIX，1。

② 根据本卷 XIX，2 之注脚，庞培和克拉苏首次共同出任执政官是在公元前 70 年，此处所指应为他们第二次共同出任执政官，年份是公元前 55 年。

③ 意思是“带顶羽冠的云雀”，根据他们头盔的形状。——多纳·赫勒译本注

④ 原文 supplicatio，有时也用 obsecratio，指的是在战争取胜之后或者在国家面临大灾难的情况下，由元老院批准举办的向众神献祭的公众活动。

XXV.1 而在统治行省的九年里他大抵干了以下这些：除去同盟的以及给他带去裨益的城邦之外，他把以比利牛斯山脉、阿尔卑斯山脉、塞文山、莱茵河、罗讷河为界，周长三千两百里[①]的高卢全境降级成了一个行省，且每年以军费之名从该行省征税四千万［塞斯退斯］[②]。**2** 在罗马人中，他史无前例地筑起桥梁，对居住在莱茵河对岸的日耳曼人发起进攻，并给他们带去了毁灭性灾难。他还攻打了此前尚不为大家所知的不列颠人，并在征服他们之后索要了钱财和人质。在那么多次胜利当中，他只遇到了不超过三次的不顺经历：在不列颠，舰队从风暴中侥幸逃脱；在高卢，一支军团在日尔戈维亚[③]被击溃；在日耳曼尼亚前线，将领[④]提图里乌斯和奥伦库勒尤斯遭遇埋伏而被杀。

XXVI.1 在上述那段时间，他先是没了母亲，接着没了女儿，不久后又没了外孙[⑤]。在此期间，由于普布利乌斯·克洛狄乌斯的遇害给国家带来了恐慌，元老院一度打算只任命一位执政官并提名格涅乌斯·庞培出任。在那种情况下，当平民保民官决意让他担任庞培的同僚之时，他鼓动他们不如去争取人民，让他可以在［行省的］统治权即将到期的关头不亲临现场就获得第二次竞选执政官的资格，以免战争尚未结束他就得提前赶回［罗马］。**2** 当他赢得了上述［特

---

① 古罗马为罗里，一罗里约合 1.48 公里。

② 塞斯退斯（Sestertius）在帝国时代至戴克里先改革之前为铜币单位，以青铜或山青铜铸造，为古罗马的基本货币单位。在帝国时代约四枚塞斯退斯合一枚基准银币（帝国时代约重三克）德纳里乌斯（denarius）。

③ 乃当时高卢部族阿维尔尼人（Arverni）的重镇，坐落于今法国中部奥弗涅（Auvergne）地区。

④ 将领在军中相当于一支军团的独立指挥官，听命于军团统帅，下级为军事保民官。此外，将领（legatus）这个词在共和国时代也可以表示由元老院派往外邦的罗马使节，或者由外邦派来罗马的外族使节。

⑤ 不知道此处所指是哪位。但原文 nepos 可以表示孙子（女），外孙（女），或泛指孙辈。

权］之后便如愿以偿地谋划起更宏伟的事来，于是他不放过一切能给予任何人赏赐或恩惠的方式，或是以国家的名义，或是以私人的。他用自己的战利品兴建一处广场，而那地方光是空地就值超过一亿塞斯退斯。为纪念女儿，他宣布为人民举行角斗士比赛和祭宴，在他之前这种事不曾有谁做出过。为了让大家保有尽可能大的期待，祭宴相关之物虽部分由市场采购者承接了下来，可他还是把一部分交给家人准备。**3** 他下令，当出了名的角斗士未博得观众的赦免时，也必须强制救回、留住性命。他不是在角斗士学校也并非通过教官去训练角斗新手，而是让他们在［自己］家里通过罗马骑士甚至还有精于兵器的元老进行训练，还真诚恳请［这些骑士和元老］，正如他在信里所示的，亲自给予受训者指示并让他们接受单独的指导。他永久性地付给军团双倍军饷。无论何时只要粮食充盈，他就不加限量地进行供应，还时不时将战俘当作奴隶，一人一个地分发了下去。

XXVII.1 另外，为了维持与庞培的姻亲关系和友好情谊，他让自己姐姐的孙女屋大维娅与庞培订立了婚约，尽管她已经嫁给了盖乌斯·马尔切卢斯；他还请求已与法奥斯图斯·苏拉[①]订婚的庞培的女儿[②]能和自己成婚。在他用无息或低息的借款让庞培的全部朋友以及元老院里的大部分元老都为他效劳后，还向其余等级之人（或是受邀来到他那儿的，或是主动前来的）赠以再丰厚不过的赏赐，此外还包括了那些受到主人或庇护人[③]特别宠爱的被释奴和年轻的奴隶。**2** 当时惟有他对官司缠身之人，或欠下债务之人，再或

① 法奥斯图斯·科尔涅利乌斯·苏拉（Faustus Cornelius Sulla），乃独裁官苏拉当时活在世上的年龄最大的儿子。

② 名叫庞培娅·玛尼娅（Pompeia Magna）。

③ 在古罗马，奴隶受到主子或主人（dominus）的支配，奴隶一旦获得释放则成为人身自由的被释奴，他的旧主子则变成了被释奴的庇护人（patronus）。

者花钱如流水的年轻人给予帮助，若是那些被罪恶之力，或穷困之力，或奢靡之力压得喘不过气的人，连他都无法帮上忙时，他就清楚明白地对他们说，需要一场内战。

XXVIII.1 他没有少花心思在世界各地争取诸王和诸行省［的支持］：他把数以千计的俘虏当作礼物赠予一些人；他给另一些人派去援军，且无论何时、无论多少次，只要他们想要，他就未等元老院和人民的授权便派出支援；他还用宏伟建筑装点位于意大利、高卢诸地、西班牙诸地、亚细亚以及希腊的最最繁荣的城市。**2** 终于，当所有人都感到了震惊并琢磨他的企图之际，执政官马可·克劳狄乌斯·马尔切卢斯宣告自己打算向元老院提交事关国家第一要务的议案，即在［恺撒总督任职］到期前就为他指派接替者，因为战事已结束、和平已实现，胜者应该把军队解散，而既然庞培后来并没有撤销平民的决定，［恺撒］就不得有什么理由缺席竞选。**3** 确曾有过这事，当他［庞培］提出涉及官员特权的法案，并根据此法禁止缺席竞选官职的时候，他确实忘记把恺撒排除在外了，而且在把这条法令刻上铜表并立在［位于萨图尔努斯神庙的］金库之前，他也没有更正这个疏漏。马尔切卢斯并不满足于从恺撒身上剥夺诸行省以及特权，他还提出，［由恺撒］根据《瓦提尼乌斯法》而安置在新科姆[①]的那些移民，他们的公民权要被取消，因为这些赠予靠的是野心，而且也僭越了法度。

XXIX.1 上述这些让恺撒感到了烦恼，但据称大家时常听到他说，作为第一公民，把他由第一降低到第二的位置要难于由第二降低到最底层的位置。于是他一面通过保民官否决[②]［提议］，一面通过另一位执政官塞尔维乌斯·苏尔皮西乌斯极力进行了抵抗。

---

① 今意大利北部伦巴第（Lombardia）大区的科莫城（Como）。

② 平民保民官对执政官颁行的法令有否决权。

第二年，当接替自己的堂兄弟马可出任执政官的盖乌斯·马尔切卢斯仍企图做出［与其堂兄弟］相同举措的时候，［恺撒］出巨资收买了对方的同僚埃米利乌斯·保罗和保民官里最激进的盖乌斯·库里奥[①]，让他们当自己的辩护人。**2** 但是，当他见到一切都愈发难以推进，而［两位］还未上任的当选执政官[②]也都出自敌对派别之际，他给元老院写信，恳请不要撤销人民授予自己的权力，否则就让别的将领也都放弃军队。他有信心，正如大家所认为的，与庞培招募新兵相比，只要他愿意就能更轻而易举地召集起老兵。他还向对手提出妥协，即在他放弃八支军团及山外高卢之后，得以继续保有两支军团和山内高卢行省，或者至少保有一支军团外加伊利里亚，直至他当选执政官。

XXX.1 然而，当元老院拒不加以干涉，对手们在事关国家安宁时拒绝任何妥协之际，他穿过［山岭］进入了近高卢[③]，又在那里开庭审理案件，并驻留在了拉文纳[④]。［他做好了准备，］要是元老院对平民保民官为支持自己而行使的否决做出什么出格行径，他就打算诉诸战争。**2** 以上之事当然是他挑起内战的借口，不过也有人认为还存在别的一些原因。格涅乌斯·庞培曾时常声称，鉴于［恺撒］

---

① 此人是本卷 IX，2 提到的同名的盖乌斯·库里奥的儿子，乃著名的演说家，并与庞培、恺撒、马可·安东尼（Marcus Antonius）、西塞罗保有友谊。

② 根据执政官列表，再下一年（即公元前 49 年）的执政官为：上一年（公元前 50 年）执政官小盖乌斯·马尔切卢斯（Gaius Claudius Marcellus Minor）的堂兄、再上一年（公元前 51 年）执政官马可·克劳狄乌斯·马尔切卢斯的兄弟老盖乌斯·克劳狄乌斯·马尔切卢斯（Gaius Claudius Marcellus Maior）和庞培的支持者卢西乌斯·科尔涅利乌斯·克鲁斯（Lucius Cornelius Crus）。因此两位都与恺撒不和。

③ 即山内高卢。

④ 靠近亚得里亚海西北岸的意大利北部重镇，离意大利腹地很近，城内有运河与亚得里亚海相通，在帝国时代是罗马海军的重要军港。该城自公元 402 年开始成为西部帝国的首都，直至 476 年西部帝国覆灭。

仅凭一己之力既不能实现他的既定之事又无法满足曾许给人民的对自己归来后的期待，他希望的是让一切都陷入混乱无序。**3** 另有一些人说道，他害怕自己不得不为首次出任执政官时的所作所为（违背占兆、违反法律、对抗［保民官的］否决）做出交代；因为马可・加图一次次地发下誓言，只要［恺撒］一解散军队，自己就会对他提出指控。大家普遍预测到，要是［恺撒］回来时身无一职，那么他就会像米罗[①]一样在武装人员的限制下在法庭为自己辩护。**4** 阿西尼乌斯·波利奥[②]［的描述］令上述说法更加可信，他提到，他［恺撒］在法萨卢斯战场[③]上见对手被杀的被杀、溃逃的溃逃，便一字一句说出了下面的话："这是他们想要的。要是我，盖乌斯・恺撒，没有军队帮助的话，在做出如此伟大的功业之后仍旧会被［他们］

---

① 提图斯・安尼乌斯・米罗（Titus Annius Milo），共和国晚期政治家。公元前 52 年，他因卷入普布利乌斯・克洛狄乌斯・普尔凯（Publius Clodius Pulcher）的谋杀事件而遭指控，好友西塞罗为其作了辩护，成就了著名演说辞《为米罗辩护》（*Pro Milone*）。以上即是此处提到的针对米罗的法庭审判。

② 盖乌斯・阿西尼乌斯・波利奥（Gaius Asinius Pollio），公元前 40 年的执政官，共和国晚期的政治家、演说家、诗人、历史学家。

③ 指的是著名的法萨卢斯之战（公元前 48 年 8 月 9 日），内战中以庞培为首的共和派与恺撒阵营之间进行的一场至关重要的对决。战斗地点位于今希腊塞萨利亚（Thessalia）南部的法萨拉（Pharsala）。关于那场战役的简要叙述，请参见尤特罗庇乌斯，VI，20—21："庞培在锋线上有步兵 40000 人，左翼有骑兵 600 人、右翼 500 人，此外他还有整个东方提供的辅助部队，还有全体贵族，难以计数的元老、前裁判官或前执政官，以及那些曾在历次著名战争中的胜利者。至于恺撒，他在锋线上有步兵不到 30000 人，骑兵 1000 人。直到那时，罗马人的军队从未在任何一场战役里集合到如此众多的人数，也不曾有如此出类拔萃的将领统率着军队，假如把这些军队送去对付蛮族，他们必定会轻而易举地征服整个世界。可一场恶战还是打响了。庞培最后战败，他的营地遭到了洗劫，自己则奔逃到了亚历山大里亚，为的是能从埃及王那里获得帮助，那位王曾经因年纪太小而在元老院的授意下让庞培出任监护人。"

定罪的。”**5** 有一些人认为，他习惯于发号施令，并在权衡了自己和敌人的实力后利用时机夺取了自年青时就渴望得到的专制权力。连西塞罗看上去都是这么认为的，他在《论义务》的第三卷里写道，恺撒曾总是把欧里庇得斯[①]的诗句挂在嘴上，这些诗句［西塞罗］本人是这么翻译的：

> 如果法律要被破坏，那么为了统治的缘故
> 就破坏法律吧。至于别的事情，请你保有虔敬。

XXXI.1 就这样，消息传来，保民官们的否决遭到了无视，且他们已离开罗马城，在这种情况下，他当即偷偷派出了先遣大队[②]。为了不引起什么怀疑，他装模作样地置身于公众赛会，并检查了曾由他授意兴建的角斗士学校的模型，还一如既往地参与了人数众多的宴会。**2** 接着，太阳落山之后，他从紧邻的面包坊里牵出了骡子并把车套在它们身上，在少部分人的陪同下以极其隐秘的方式踏上了行程。在灯灭途迷之际，他转悠了一段时间，直至破晓时分在找到一名领路人后他才穿过再狭窄不过的小道徒步走了出去。他在其行省边界卢比孔河[③]追上了大队［的人马］。他停了一会儿，反复琢磨着他所进行的计划有多么重大，随后转身对身旁的人说道：“即便现在，我们还能够返回；可一旦我们通过这座桥，万事就必须通过武器来解决了。”

---

① 古希腊著名的文学家、诗人，希腊三大悲剧大师之一，曾写过九十多部作品，现存十八部。因此，下文诗行原文显然是希腊语，而西塞罗是用拉丁语写作的，所以才有翻译一说。

② 原文为 cohors，指在古罗马军团中低于军团级别的军队编制。一个军团由十个大队组成，因此一个大队的人数在五百人左右。

③ 一条不深的小河，位于意大利东北部拉文纳城南。

XXXII.1 就在他踌躇不前之际，出现了这么一个征兆。某个身形硕大、美貌异常的［活物］突然显现了出来，它坐在近旁，吹奏着牧笛，除去非常多的牧羊人之外甚至连士兵们都离开了岗位赶去它那里聆听。这些人中还有号手，它夺过其中一位号手的号角，随后跳入了河里，一边奋力吹响战斗号，一边向对岸冲了过去。就在那时，恺撒说道："让我们前进吧！沿着众神所示的和敌人的不义之举所呼唤的方向前进。骰子已掷出。"

XXXIII.1 他就这样领着军队穿过了河，迎接了先前遭到驱逐而赶来的平民保民官，他当着召集起来的士兵的面一边哭号一边扒下衣服袒露胸口，乞求得到他们的忠诚。大家甚至还觉得，他会承诺给每一个人骑士地位，不过这一想法确是误解。因为在他发表演讲、激励士气的时候多次展示出左手的手指，同时强调说，为了让所有准备捍卫他的尊严的人感到满意，他甚至很乐意摘下自己的戒指，那时对于正处在人群外围的人来说，与耳听相比他们更容易目睹他的演讲，他们根据所见而非所听臆断了他讲话的含义。于是，他许诺授予［大家］戴戒指①的权利以及四十万［塞斯退斯］②的流言就传了开来。

XXXIV.1 他接下去干出的事按顺序概括起来便是如此这般。他占领了皮切努姆、翁布里亚、伊特鲁里亚③，他俘虏了战乱期间被提名为他的接替者并据守着科尔菲尼乌姆④的卢西乌斯·图密奇乌斯，

---

① 戴金戒指是古罗马元老和骑士阶层的特权。

② 古罗马时代对骑士和元老等级有财产方面的资格限制，且各个时代的具体数字不尽相同，但通常来说骑士等级的财产须多于四十万塞斯退斯，元老等级须多于一百万塞斯退斯。

③ 以上三个是意大利东北部及中部的地区名。

④ 位于意大利中部，临近今意大利阿布鲁佐大区（Abruzzo）的科尔菲尼奥（Corfinio）。

接着又将他给放了。他沿着上方之海[①]进抵布伦迪西乌姆[②]，因为[两位]执政官与庞培已逃往那个地方，并打算尽可能快地渡过海峡[前往希腊]。**2** 他试图用各种方法阻止他们出海，失败之后就转头朝罗马进发，他[在罗马]召集起元老商议国事，然后便去攻打由三位将领马可·佩特列尤斯、卢西乌斯·阿弗朗尼乌斯、马可·瓦罗率领的庞培在西班牙的最有实力的部队。在[踏上征途]之前，他对手下宣布道，自己正朝一支没有统帅的军队进发，并再从那里返回去[征讨]一位没有军队的统帅。虽然途中对冲他紧闭城门的马西利亚[③]进行包围还有军粮极其短缺都[给他]造成了阻碍，可他仍旧在短时间里克服了一切。

XXXV.1 从那儿回到罗马城之后，他渡海进入了马其顿，并用再巨大不过的筑垒围困了庞培差不多四个月之久，直至在法萨卢斯战役上将其击溃，最后还追击对方，并使其逃到了亚历山大里亚。当他获悉[庞培]已被杀时，就向托勒密[④]王发动了战争，因为在他看来那位王也会对自己耍出阴谋诡计。那真是一场困难重重的战争，他既无天时亦无地利：他在冬季[进行战斗]，敌人置身城墙之内，人数极其众多又极为狡猾，而他自己则缺少一切补给、准备也不充足。[可他还是成了]胜利者，他把埃及的王权交给了克里奥帕特拉[⑤]和

---

① 原文为 Superum mare，意思是“位于上方的海”，即今“亚得里亚海”。

② 位于意大利半岛东南部的港口城市，今意大利阿普利亚大区（Apulia）的布林迪西（Brindisi）。

③ 今法国马赛。

④ 指埃及托勒密王朝国王托勒密（Ptolomaeus）十三世，公元前 51 年—前 47 年在位，乃托勒密十二世之子，在位期间与姐姐及妻子克里奥帕特拉（Cleopatra）七世共同执掌大权。

⑤ 指埃及托勒密王朝女王克里奥帕特拉七世，公元前 51 年—前 30 年在位，曾分别与弟弟托勒密十三世（前 51 年—前 47 年在位）、托勒密十四世（前 47 年—前 44 年在位）、儿子托勒密·恺撒（Ptolemaeus Caesar，前 44 年—前 30 年在位）共同执掌大权。此处“她的弟弟”显然指的是托勒密十四世。

她的弟弟，因为［恺撒］害怕［把埃及］变为行省，以免有朝一日一位颇不安分的总督会燃起革命的薪火。**2** 他从亚历山大里亚来到了叙利亚，然后又进入了本都。与法纳西斯有关的消息激励了他，这位米特里达梯大王的儿子那时正趁着［战乱］之际以及数次得胜后的高昂士气挑起了战争，而［恺撒］在抵达后的五天之内只凭一役就击溃了对方，就在他看到对方四个时辰之后。他反复评说着庞培的运气，因为后者靠打败这么一群不善打仗的敌人赢得了特别的军事声誉。自那以后，他又击败了在阿非利加重新召集起同党余部的西庇阿[①]和犹巴[②]，还在西班牙打败了庞培的［两个］儿子[③]。

XXXVI.1 在整个内战期间，他不曾遭受过任何挫败——除了其手下的将领盖乌斯·库里奥[④]死在了阿非利加，以及盖乌斯·安东尼[⑤]在伊利里亚落入敌手、普布利乌斯·多拉贝拉同样在伊利里亚

---

① 梅特卢斯·西庇阿·纳西卡（Metellus Scipio Nasica），共和国晚期的罗马执政官及军事统帅。在恺撒与庞培之间的内战中坚定地站在以庞培为首的贵族派阵营，最后兵败自杀。

② 北非努米底亚国王，公元前 60 年—前 46 年在位，在位期间曾卷入罗马内战，并与庞培结盟，最终战败自尽。

③ 关于恺撒在西班牙同庞培之子进行的战争，其简要经过请参见尤特罗庇乌斯，VI，24:“紧接着，他马不停蹄地起程奔赴西班牙诸行省，因为在那里庞培之子格涅乌斯·庞培（Gnaeus Pompeius）和塞克斯图·庞培（Sextus Pompeius）已经掀起了一场声势浩大的战争。随后，战役一场接着一场，最终的决战在蒙达城（Munda）附近打响了。在那个地方恺撒简直差点就被打败了，以至正当自己的士兵们奔逃而去时他都想要自杀了，这么做为的是不让自己以五十六岁之龄在经历过无比辉煌的战果和荣耀之后而沦落到一群年轻人的权威之下。最终，他将自己的军队重新集合了起来，取得了胜利。至于庞培的那两个儿子：其中哥哥被杀，弟弟则逃走了。”

④ 乃本卷 XXIX，1 中提到的同名者。

⑤ 后三头同盟之一马可·安东尼的弟弟。在恺撒与庞培的内战期间，他加入了恺撒一边，并与普布利乌斯·多拉贝拉一起驻守伊利里亚，待后者统帅的舰队覆灭之后，他也被迫投降了。

损失了舰队、格涅乌斯·图密奇乌斯·克拉维努斯①在本都损失了军队。他本人则始终在战斗中保持常胜，而此般好运除去以下两次例外竟不曾被人怀疑过：一次是在都拉基乌姆②，他在那里虽被庞培击退，可对方并未进而追击，于是他便说道，对方不懂得如何取胜；再有一次是在西班牙的最后一役，是在战事陷入绝望，他甚至考虑过自杀的时候。

XXXVII.1 战争结束之后，他举行了五次凯旋式，其中的四场凯旋式是在战胜西庇阿之后在同一个月里进行的，不过前后隔开了几天；另一次是在战胜了庞培的儿子归来以后。第一场也是最盛大的一场凯旋式是［为了庆祝］在高卢的［胜利］，随后的一场是［为了庆祝］在亚历山大里亚的［胜利］，接下去是本都的，紧接着是阿非利加的，最后是西班牙的，每一场凯旋式都展出了［缴获的］不同武器和战利品。**2** 在举行高卢凯旋式的那一天，当他驾车穿过维拉布鲁翁③的时候，车轴折断，人差点儿就从车上被抛了下来。随后他借着火光登上了卡庇托山④，左右两边共有四十头大象驮着灯座。在举行本都凯旋式的时候，在仪式队伍当中他展出了一块只有“我来、我见、我胜”⑤三个词的标语牌，这里指的不是如其他几场凯旋式那样的战争事迹，而是表示战争结束得快了点。

---

① 两届执政官（公元前53年和前40年），恺撒与屋大维的忠诚支持者，在法萨卢斯之战中曾出任恺撒阵营的中军指挥官，战斗获胜之后出任亚细亚总督。在法纳西斯入侵时，他曾试图进行抵御，但却在亚美尼亚（Armenia）的尼科波利斯（Nicopolis）遭到惨败。

② 今阿尔巴尼亚中部沿海城市都拉斯（Durrës）。

③ 一片位于罗马城内与博阿里翁广场（Forum Boarium）和帕拉丁山的西坡相连的低谷地区。

④ 罗马七丘之一，位于罗马广场旁，山上矗立有供奉三主神（朱庇特、朱诺、密涅瓦）的朱庇特神庙。

⑤ 原文为恺撒道出的拉丁语名句“VENI VIDI VICI”，意思是战争胜得太快了。

XXXVIII.1 除去内战一开始就赠予的两千塞斯退斯之外，他还给老兵兵团里的每一位步兵以战利品的名义分发了两万四千塞斯退斯。他颁授［给他们］的还有土地，不过为了不使哪位［原先的］土地保有人遭到驱赶，［这些土地］并非块块相连。除了两摩第[①]谷物及同样磅数[②]重的油之外，他还分给每位[illegible]曾经承诺过的三百塞斯退斯，并为延误而额外多给了一百［塞斯退斯］。**2** 年缴租金两千塞斯退斯以内的在罗马的居住者，以及年缴租金不多于五百塞斯退斯的在意大利的居住者，他甚至免除了他们一年的租金。他举办过祭宴和分肉宴[③]。在西班牙之战取得胜利之后他举办过两次午宴，因为他认为先前那场办得寒酸了，无法体现自己的慷慨大度，便在之后的第五天又办了一场再奢华不过的［午宴］。

XXXIX.1 他举办过不同种类的赛会，有角斗士比赛及庆典赛会——这种赛会罗马全城到处都在举行，而且还有说一切种类语言的演员［登台献演］，同样也有赛车比赛、搏斗比赛、模拟海战。在［罗马］广场上，出身于裁判官世家的弗里乌斯·雷普提努斯和诉讼代理人、出任过元老的昆图斯·卡尔佩努斯在一场角斗士比赛中进行了决斗厮杀。亚细亚和比提尼亚的王侯们的孩子跳起了战舞[④]。**2** 罗马骑士德西乌斯·拉贝里乌斯在庆典赛会上演出了他自己［写］的仿剧[⑤]，在获赠五十万塞斯退斯及一枚金戒指之后[⑥]，他就下了舞

---

① 古罗马的干物容量单位，一摩第约合两加仑（八公升）。

② 指罗马磅。一罗马磅约合 12 盎司，即 328.9 克。

③ 原文为 visceratio，意思是一种源自祭祀的公共宴会，在宴会上会分发祭神所用的肉类。

④ 原文为 pyrricha，指一种源自希腊的演出形式，在这种表演中演出者需要披挂战甲、手持武器，模仿出战争的场面。

⑤ 指古希腊、古罗马时代的一种表演手法，演员往往稍带扭曲和夸张地模仿别的作品或人物借以达到嘲讽的效果。

⑥ 古罗马时代，通常情况下元老和骑士等级是不允许登台献演的，因（转下页）

台，穿过主宾席[①]，在那十四排座位[②]上落座。为了赛车之故，竞技场两端的空间得以延伸出去，并围绕赛场加挖了沟渠，最为高贵的年轻人［在此］驾驶四驾马车和双驾马车，并献演双马骑术[③]，年纪稍大和稍小的男孩分列两队在表演特洛伊战戏[④]。**3** 一连五天都上演了斗兽赛。最后［上演的］是两军对战，每一方都有五百名步兵、二十头大象、三十位骑兵参战。为了将战斗场地变得更为宽松，圆锥柱[⑤]被移走了，在那个位置［取而代之］建起了相对的两座营盘。在战神平原[⑥]建起的临时运动场里搏击手们进行了一连三天的比赛。**4** 为了表演海战，一座水池在小克狄塔原野[⑦]上被挖了出来，由二桡船、三桡船、五桡船组成的来自提尔[⑧]和埃及的舰队满载着大量的战士展开了战斗。从各个地方赶来观看所有竞技表演的人是如此之多，以至于许多赶来的人或是在大街上或是在马路边搭起了帐篷以供居住，且常常有极多的人因为混乱而被挤压致死，其中就有两位元老。

（接上页）此仿剧作家、骑士等级的德西乌斯·拉贝里乌斯曾因登台演出而失去了骑士资格。此处，恺撒颁授给他五十万塞斯退斯以及一枚金戒指，显然就等于恢复了他骑士身份。

① 原文 orchestra，指古罗马时代剧场或竞技场正中间前排的座位，通常是留给身份显赫之人（magni viri）及其妻儿观看赛会演出的。

② 指古罗马时代剧场或竞技场中位于主宾席上方的十四排座位，通常是留给骑士等级的。

③ 原文为 equos desultorios agitare，指的是一种古罗马时代的马术表演或运动：驭马者需要同时驾驭两匹马，并在其间从一匹马飞身跳到另一匹马上。

④ 指的是 lusus Troiae，乃凯旋庆典赛会期间举行的一种仪式性质的马上战斗操练，该仪式由小于兵役年龄的男孩参加。

⑤ 原文为 meta，指圆锥形的标识柱，用来提示庆典游行队伍在此转向。

⑥ 位于罗马城奥勒利安城墙（Murus Aureliani）内台伯河东岸的一片平地，也被译成“玛尔斯郊原”。

⑦ 位于台伯河西岸与战神平原相对的一处平地。

⑧ 地中海东岸的港口城市，今黎巴嫩南部的苏尔（Sur）。

XL.1 在那之后，他转而致力于整顿国家状况。他修订了历法，因为很久之前心怀恶意的大祭司们就通过随意设置闰月[①]致使历法混乱到了这般地步，以至于收获时节不与夏季吻合，葡萄采摘季亦不同秋季相逢。他依据太阳运行轨迹将一年调整为三百六十五天，还在废除了设置闰月［的传统后，改成］每到第四年[②]就增加一天。**2** 另外，为了使下一年的一月一日落在正确的季节，他就在［当年的］十一月和十二月之间另外增加了两个月，由于该年根据传统宣布有闰月，所以算上闰月那一年由十五个月组成。

XLI.1 他［用新人］填补了元老院的缺额，［新］甄选了一批贵族，又增加了裁判官、市政官、财务官及［其他］低级官员的人数。他让那些依监察官之令而遭解职者或者依据裁决委员会的裁决而被判犯有贿赂罪的人官复原职。**2** 他与人民分享选举权，即除去执政官的职位，其他官职有一半是根据人民意愿从候选者中选出，另一半则由他本人任命。他还通过在各特里布[③]之间散发写有字的小条发布了如下文字："独裁官恺撒向该特里布［致以问候］。我把

① 原文为 intercalare，意思是在历法中宣布设置闰月。在恺撒实行历法改革并颁行阳历"儒略历"之前，罗马人一直都使用阴历，即大月（三月、五月、七月、十月）每月三十一天，小月（一月、四月、六月、八月、九月、十一月、十二月）每月二十九天，为保证每个月都有单数日期，二月被分成了两部分：上半月二十三天，下半月五天。一年共计三百五十五天，比回归年少了十天。为了调和历法与四季，通常每隔两年就会在二月的两个半月之间增加二十二天或二十三天，并与下半月的五天一起组成闰月（intercalaris mensis），而宣布某年是否有闰月的权力则掌握在大祭司手里。

② 此处原文为 quarto quoque anno，原文直译是"每逢第四年"，按古罗马人传统的计数方式当理解成每三年。因而从公元前 45 年至前 9 年，这段时间古罗马祭司都是按每三年设一闰年的方式置闰的。

③ 原文为 tribus，即"部落"之意。在古罗马时代，平民通过对全体公民都有约束力的平民大会的决议参与国家事务，因平民大会是按特里布（部落）进行表决的，所以也被称为特里布大会（Comitia Tributa）。

哪个哪个人托付给你们，以使他们能在你们的支持下保有自己的官职。”他甚至允许被宣布为公敌之人的孩子担任公职。他把出任裁决者的权利限定在两类等级当中——骑士等级和元老等级，取消了第三类等级即国库保民官①[的上述资格]。**3** 他既不遵循惯例也不是在通常的地点进行人口普查，而是一个街区一个街区地通过房东来完成。他把从国家那里领取［免费］小麦的人数②由三十二万减到了十五万。为了不让今后出于修订普查数据的缘故而另外再召集起会议，他规定道，去世之人空出的位置③每年由裁判官通过抽签从尚未被登记的人里替补上去。

XLII.1 此外，在送出八万公民到海外殖民地之后，为了让罗马城维持住充足的人口，他颁行法令，除非是在服兵役④的情况下，否则任何二十岁以上、四十岁以下的公民都不得一次离开意大利超过三年；除非充当官员的幕僚或扈从，否则任何元老之子都不得前往外邦；经营畜牧者所拥有的牧人中人身自由的成年人所占比例不得少于三分之一。他授给在罗马的每一位医生和博雅之艺⑤的教授者公民权，以使他们更乐意定居在罗马城，也使其他人心生向往。**2**

---

① 根据原文直译。关于该等级都由哪类人组成，不太确定。不过可以推断，该等级拥有的财产应该少于骑士等级。

② 自保民官盖乌斯·格拉古（Gaius Gracchus）在公元前 123 年（一说公元前 124 年）提出《小麦法》（*Lex Frumentaria*）之后，国家开始以极低的价格向罗马市民（拥有公民权的男子）供应小麦。自公元前 58 年由保民官普布利乌斯·克洛狄乌斯·普尔凯提出《克洛狄乌斯小麦法》（*Lex Clodia Frumentaria*）之后，每月一次向陷入贫困的罗马市民免费发放小麦这一做法便固定了下来。

③ 这里所说的空出的位置表示的应该是罗马公民权，而普查时未被登记的人就是没有公民权的人。

④ 此处原文为 sacramentum，本意是军队中的效忠宣誓。

⑤ 指从古希腊时代开始学校教授的七门课程，它们分别是：语法、修辞、逻辑、算术、几何、天文、音乐。

关于借债，在让多次提出废除债务的人希望落空之后，他最终做出决定，应按内战之前的价值对债务人的财产进行估价，在从本金里扣除任何已按利息之名支付过的或已受到担保的金额之后，债务人再履行对债权人［的还债义务］，这样一来他废除了差不多四分之一的债务。**3** 除了古时候就建立起来的之外，他解散了全部的行会。他加大了对犯罪的惩罚力度，而鉴于富人是那么轻易就使自己犯下罪恶——因为他们即使受到流放也能保全遗产——所以，正如西塞罗写的，对于谋杀至亲者[①]他处以剥夺全部财产，对于其他［罪犯］则处以剥夺一半财产。

XLIII.1 他以极其勤勉、极其严格的态度主持审判。他把那些被判定犯有勒索罪的人开除出了元老等级。他宣布一名裁判官的婚姻无效，因为此人迎娶的是离婚不过一天的女子，虽然［此人和这名女子］并无龌龊之嫌。他对外邦商品征收关税。除非是特定的人物、特定的年龄，并在特定的日子，否则不得乘肩舆，也不得穿紫袍、用珍珠。**2** 他特意颁行法律禁止奢靡，还在市集上派驻巡查员，并没收违禁的待售食品，万一巡查员有所疏漏，他有时还派出执法西斯者及士兵去没收已端上餐榻的食物。

XLIV.1 关于［如何］装点、建设罗马城，关于［如何］巩固、拓展帝国，他每天都在思索着更多、更大的计划：首先，在填平一处上演过模拟海战的水池之后，建造一座比以往都要宏伟的玛尔斯神庙，还要在塔尔珀伊峭岩[②]的斜坡上建造一座最为雄伟的剧场；**2** 将市民法数量减少到特定限度内，并从大量浩繁无章的法律中逐条

① 拉丁语 parricida（谋杀至亲者）或 parricidium（谋杀至亲罪）一词从词根上看乃 pater（父）+caedo（杀），因此本意是杀父，后来含义拓展至谋杀个人近亲或国家要员。

② 指位于罗马城内卡庇托山南顶的一处峭壁山岩，在共和国时代，凡谋杀至亲，被判罪官（quaestor parricidii）宣布有罪者就得从这处岩石上推下处死。

选择出最优秀的必要条令汇集成卷数尽可能少的几卷［法典］；尽可能多地向公众开放希腊语和拉丁语书籍，书籍收集与整理由马可·瓦罗负责；**3** 抽干蓬蒂内沼泽①，排干富基努斯湖②；铺筑一条从上方之海经亚平宁山脉通抵台伯河的道路；挖通科林斯地峡③；阻击涌入本都与色雷斯的达契亚人；随后再借道小亚美尼亚向帕提亚人④发动战争，不过他决定在未［对敌方］进行估量之前不会发起战斗。**4** 他的死终止了这些事业和计划。在我讲述死亡之前简要地提一下他的外貌、穿着、举止、秉性，以及他在国内和战争事务上的行为，这不会不妥吧？

XLV.1 据称，他身材挺拔、肤色白皙、四肢匀称、脸蛋稍圆、眼睛乌黑、目光有神、身体健康——除了突然晕倒和直到生命的最后仍在困扰他的噩梦。他还两次在进行公众活动时癫痫发作。**2** 他非常细致地照料自己的身体，以至于非但理发刮胡时做得精心认真，而且（正如某些人加以指责的）还会拔去［多余的］毛发；秃头带来的丑态着实让他烦恼不已，因为他发觉这一缺陷常成为批评者们嘲笑的对象。为此，他习惯性地把仅存的几缕头发从头顶梳到前面，而在由元老院和人民颁授的所有荣誉中，除了终身戴桂冠的权力以外，就没有什么能使他更心满意足地接受或使用下来了。**3** 他们还说，他穿衣惹人瞩目，因为他身穿宽紫纹短袖袍⑤时带流苏边的袖

① 位于今意大利中部拉齐奥大区（Lazio）的阿格罗蓬蒂诺（Agro Pontino）。

② 位于今意大利中部阿布鲁佐大区西部的一处天然湖泊，曾是意大利第三大湖。

③ 位于希腊南部，联结欧洲大陆和伯罗奔尼撒半岛，它将科林斯湾与萨罗尼加湾隔断，最窄处宽约 6.5 公里。

④ 指古代伊朗地区民族，曾在公元前三世纪至公元三世纪中叶在伊朗高原至中亚南部一带建立起庞大帝国。

⑤ 即一种在衣服布料边沿（穿上后显现在双肩、胸前、胯部）带宽紫红色条纹的短袖袍，为元老等级的标志。古罗马时代，这种服饰算短袖袍（tunica）的一种，为罗马普通民众和官员较为日常的装束。

管长及手腕，而且［在穿这身衣服时］从来都系上腰带——虽然系得松垮了些。据说，出于这个原因苏拉才多次警告贵族派们，要他们留意那个腰带松垮的男孩。

XLVI.1 他起初居住在苏布拉区[①]的简陋房子里，可自当上大祭司长之后就住到了圣道上的官邸中。许多人写道，他追求优雅和奢华到了极致，以至于因为不全然合其心意就把一座从打地基至完工耗费甚巨的内米湖[②]畔的庄园彻底夷为了平地，虽然他当时还微不足道且背负着债务。［他们还写道，］在远征时，他都携带过马赛克和大理石雕花的地砖［以铺在营帐的地上］。

XLVII.1 ［他们还写道，］他曾攻打过不列颠以期得到珍珠，而在比较这些珍珠的价值时他就用自己的手掂量它们的重量；他总是对收藏宝石、雕刻品、塑像及古代艺人的绘画作品极富热情；他以极高的价钱［购买且］训练仪态标致、举止优雅的奴隶，却对此举自感羞耻，以至于都不允许把［这笔花费］计入账目。

XLVIII.1 ［他们还写道，］他不时在诸行省间举行双厅宴：其中一间餐厅供穿军大衣者或裹袍者[③]躺食用，另一间则供穿托袈袍者和诸行省的颇具名望之人躺食用。在管理家庭大小事务方面，他行事如此谨慎严格、一丝不苟，以至于他因为面包师给客人端上桌的面包与自己的不同就给对方套上了锁链；还因为他最喜爱的被释奴与一位罗马骑士的妻子通奸就对其处以死刑，尽管丈夫没有抱怨。

XLIX.1 除了与［比提尼亚王］尼科米底斯同居[④]之外，他确实

① 罗马城北的一处街区，具体方位是在七丘之一的维弥那山（collis Viminalis）南部及埃斯奎利山（collis Esquilinus）西部之间，在古罗马时代此地是下层民众居住的地区。

② 位于罗马城南 30 公里处的一个小型火山湖。

③ 在古罗马时代穿裹袍（pallium）者通常被认为是希腊人，而托袈袍则是最具罗马人特征的装束。

④ 关于此事，请参见本卷 II，1。

不曾有过任何损害自己名节的事，虽然如此，此事仍让他不断遭受严厉责备并使其暴露在各方的攻击之中。我且不提卡尔沃斯·李锡尼[①]最为著名的诗句：

> 比提尼亚有个啥，
> 恺撒的男宠就有啥。

也不提多拉贝拉和库里奥那一方的控诉，其中多拉贝拉称他为："王后的情敌、御用肩舆深处的床伴。"而库里奥则说道："尼科米底斯的妓院、比提尼亚的青楼。"**2** 我也略去毕布卢斯颁布的法令，在那法令里他公开称自己的同僚为"比提尼亚王后"，还称"他以前爱的是王，现在则是王权"。与此同时，马可·布鲁图[②]声称，某个叫屋塔维乌斯的人因精神出了问题而变得说话有些口无遮拦，当他在一次大会上管庞培叫王的时候，又向［恺撒］本人致敬并称之为王后。另外，盖乌斯·梅米乌斯也控告他在一场盛宴上与其他男妓一起服侍尼科米底斯端杯换盏，在餐桌上躺食的还有一些罗马城的商人，而他都提到了他们的名字。**3** 而心怀不满的西塞罗的确在某封信里写道，他被侍从们带入了王的寝宫，身披紫衣卧于金色床榻，维纳斯子嗣的处子之身遭到了玷污。当［恺撒］在元老院给尼科米底斯的女儿尼萨进行辩护并列数自己得到的王的恩情之际，［西塞罗］说道："我求你快别说这些乱七八糟的事啦！因为他带给你什么，以及你带给他什么，大家都清楚。"**4** 最后，在举行高卢凯旋式

---

① 盖乌斯·李锡尼·马切尔·卡尔沃斯（Gaius Licinius Macer Calvus）乃公元前一世纪的演说家、诗人，著名诗人卡图卢斯（Catullus）的朋友。与卡图卢斯类似，他在文学创作上也反对繁复修辞，提倡简约文风。

② 马可·尤尼乌斯·布鲁图（Marcus Iunius Brutus），通常就被称为布鲁图，以作为刺杀恺撒的重要同谋者而闻名。

的时候，他的士兵随其他歌曲（这些歌曲常由跟在战车后边的人以嘲讽的口吻唱出）一起有节奏地唱出了下列最广为流传的句子：

> 恺撒征服了高卢诸地，尼科米底斯征服了恺撒；
> 看啊，恺撒征服了高卢诸地，现在举行凯旋式，
> 尼科米底斯征服了恺撒，而没有凯旋式。

L.1 大家一致认为的是，他在寻欢作乐方面表现得放肆不羁，而且还曾让多位知名妇女名节不保，其中有塞尔维乌斯·苏尔皮西乌斯[①]的［妻子］珀斯图米阿、奥卢斯·伽比尼乌斯[②]的［妻子］洛利娅、马可·克拉苏的［妻子］特尔图拉，还有格涅乌斯·庞培的［妻子］姆奇娅。另一方面，毫无疑问的是，庞培背负过库里奥父子[③]和［其他］许多人的责骂，因为虽然他曾时常唉声叹气地把对方唤作埃癸斯托斯[④]，可仍出于渴望得到权力的缘故而迎娶了对方的女儿，并因此先行修掉了已生过三个孩子的妻子。**2** 可［恺撒］喜爱马可·布鲁图的母亲塞尔维利娅的程度超过了其他女子，以至于在他第一次出任执政官时为她购买了一颗价值六百万塞斯退斯的珍珠，而且在内战期间，除了其他礼物之外，他还在拍卖时把极其广袤的地产以再低不过的价格给了她，许多人的确为这么低的价格而感到吃惊，西塞罗极为诙谐地说道："这笔买卖好到超乎你们所知，因为

---

① 公元前 51 年的执政官，并在出任执政官时全力支持过恺撒。关于此人，请参见本卷 XXIX，1。

② 公元前 58 年的执政官，公元前 54 年遭到流放，随后被恺撒召回并为其战斗。

③ 作为父亲的老库里奥，请见本卷 IX，3；作为儿子的小库里奥，请见本卷 XXIX，1。

④ 古希腊神话中的人物。他在迈锡尼（Mycenae）国王阿伽门农（Agamemnon）出征期间趁机与对方妻子克吕泰涅斯特拉（Clytemnestra）通奸，在阿伽门农得胜归来之后，两人又合谋杀死了他。

减去了三分之一的价格。”大家估计，这么说是因为塞尔维利娅甚至用自己的女儿特尔奇娅[①]通过色诱从恺撒那里获得了好处。

LI.1 身处诸行省的时候，他也没有节制自己的情事，此事确实通过下列由士兵在高卢凯旋式上唱诵出来的双行诗而见诸世人：

罗马城里人，看好妻子吧！我们把一位秃头奸夫领了过来。
你们在这里借出金子，[他]花在高卢当了嫖资。

LII.1 他还和王后们有过缠绵情事。其中就有博古德斯[②]的妻子，摩尔人[③]埃乌诺埃，正如纳索[④]写的，他赠给她和她的丈夫大量无价之宝。不过，[她们当中]最重要的便是克里奥帕特拉了，他常和她一起欢度良宵直至天明，还与她共乘一艘御用游船穿过了埃及，要不是军队拒绝陪同的话，差点儿就到埃塞俄比亚了。最后，她受邀来到了罗马城，且直到在给她加上再盛大不过的荣耀和赠礼，并允许其生下的孩子冠上他的名字[⑤]之后，他才把她放了回去。**2** 希腊人中的一些人说道，[⑥]这个孩子无论样貌还是步态都和恺撒相似。马可·安东尼曾向元老院确认过，这个孩子甚至已被他认了下来，而

---

① 塞尔维利娅女儿的名字拉丁语为 Tertia，与“三分之一”（tertius，-a，-um）一词相同。这里与上文“减去了三分之一的价格”一说相对应。

② 毛里塔尼亚王，曾在恺撒和庞培的内战中加入恺撒一方。

③ 即北非西部的毛里塔尼亚人。

④ 此人即本卷 IX，3 提到的马可·阿克托里乌斯·纳索。

⑤ 原文为 nomen，即可特指表示氏族的“族名”，又可泛指名字，对于恺撒来说族名应该是尤利乌斯（Iulius）。但克里奥帕特拉的儿子事实名叫 Ptolemaeus XV Philopater Philometer Caesar（托勒密十五世·爱父者·爱母者·恺撒），因此他从恺撒那边继承到的名字应该是表示家族的尾名（cognomen）“恺撒”。

⑥ 当时统治埃及的是希腊人建立的托勒密王朝，因此这里才模糊了埃及人与希腊人之称。

且盖乌斯·马奇乌斯、盖乌斯·奥皮乌斯，以及恺撒的其他朋友都知道这事。这些人中，盖乌斯·奥皮乌斯就好像显然要对此事加以辩护和反驳一样出版了一卷书，[他在书里写道,] 虽然克里奥帕特拉声称这个孩子是恺撒的儿子，可实际上不是。**3** 平民保民官埃尔维乌斯·秦纳[①]向许多人承认道，自己已经拟就了一份法案，恺撒曾命他在自己不在的时候通过它，那项法案是，为了尽可能多地得到孩子，无论有多少位妻子，只要［恺撒］想要就可以随意迎娶。但为了让大家不再对他因奸淫之事而有的恶名产生丝毫怀疑，作为父亲的库里奥在一次演说中把他称作“所有女人的情夫和所有男子的情妇”。

LIII.1 即便敌人也不否认，他饮酒极有节制。马可·加图的［话］是这样的：恺撒是所有人中惟一一个在未喝醉的情况下就把国家给推翻的人。另外，盖乌斯·奥皮乌斯指出，他在进食方面是那么的毫不在意，以至于［盖乌斯·奥皮乌斯］写道，当［招待他的］主人端上了陈年的而非新鲜的油之后，其他人都拒不食用，惟有他吃得非常的香，看不出对主人的疏忽或失礼有什么不满。

LIV.1 无论在出任军事统帅还是行政官职期间，他都没有少花过钱。因为，正如某些人在他们的回忆录里所证实的，当他在西班牙担任总督之际，他既从同盟者那里讨到了钱以帮助偿还债务，又如对待敌人一般洗劫了卢西塔尼亚人[②]的城市，即便他们并未拒绝他的指令，而且还在他抵达的时候敞开了城门。**2** 在高卢他洗劫了堆满贡品的众神的祭坛和神庙，还经常为了夺取战利品而非出于［对方］有过冒犯之故就摧毁城市。由于上述所作所为让他拥有了大

① 盖乌斯·埃尔维乌斯·秦纳（Gaius Helvius Cinna），共和国晚期的诗人，比卡图卢斯和李锡尼·卡尔沃斯那一代要稍早。

② 指当时居于伊比利亚半岛西部卢西塔尼亚（Lusitania）的居民，大致地域范围相当于今葡萄牙。

量的黄金，因多至难以搬运，他将之按每磅三千塞斯退斯的价格售往意大利及诸行省。**3** 在他首次出任执政官的时候，他从朱庇特神庙里盗走了三千磅黄金，并调包成了同等数量的镀金的铜制品。他出售同盟权和王权，譬如仅从托勒密一人那里他就以自己的和庞培的名义夺取了近六千塔兰特。到了后来，他确实通过极其明目张胆的掠夺和渎神行径来维持内战的负担以及举行凯旋式和角斗士比赛的开销。

LV.1 与那些最出类拔萃的人相比，他在口才和军事方面不是和他们一样优秀就是超越了他们。他在被多拉贝拉指控之后，就毫无疑问地被列入了首屈一指的应诉人之列。在《布鲁图》列举演说家的时候，西塞罗认为在自己看来恺撒应该不比其中的任何人逊色，［西塞罗］说道，他在陈述论据的时候保持了优雅、华丽，而又宏大、高贵的风格。同样关于此人，［西塞罗］还给科尔涅利乌斯·奈波斯[①]写道：**2**“怎样？在那些［除了演说之外］其他什么都没干过的演说家里，你可以把谁排在这人前面呢？有谁在金言妙句方面［可以说得比他］更尖锐、更频繁？有谁在遣词造句方面［可以用得比他］更华丽或更优雅？”他看起来，至少在年轻的时候在辩论方式上学过斯特拉波·恺撒[②]，并从对方的一篇题为《为撒丁人辩护》的演说辞中逐词逐句地选出一些段落用在自己的法庭演讲上。据说，他进行宣讲时用的是尖锐的嗓音并配以慷慨激昂的动作和手势，且又不失高雅。**3** 他有几篇演说辞流传了下来，其中有些篇章归在［他的名下］并无十足依据。奥古斯都并非毫无理由地认为，《为昆图斯·梅特卢斯辩护》的演说辞与其说是由他自己发表的，还

① 共和国晚期的罗马历史学家、传记作家，卡图卢斯的好友，有拉丁语作品《外族名将传》（*Liber De Excellentibus Ducibus Exterarum Gentium*）传世至今。

② 活跃于公元前一世纪初期以智慧和幽默而闻名的古罗马悲剧作家和演说家。

不如说是由那些未来得及记下其言辞的速记员写下的。因为在我找到的几份抄本里它的标题竟然不是《为梅特卢斯辩护》，而是被记成了《他为梅特卢斯而写》，虽然这篇对梅特卢斯及他本人的共同诋毁者进行抗争而作的说辞是顶着恺撒的角色道出的。**4** 奥古斯都同样也不太相信《致在西班牙的士兵们》是他本人所作，而该文流传下来的有两篇：其中的一篇被认为似乎是作于前一次战斗，另一篇则是在后一次战斗，对于后者阿西尼乌斯·波利奥①说道，由于敌人发起了突袭，他当时根本没有时间对众人发表演讲。

LVI.1 他还记录了高卢战争和与庞培的内战中自己的所作所为，并使之流传了下来。[只说这两部作品，那是因为] 亚历山大里亚、阿非利加、西班牙 [战记] 的作者 [是谁] 尚不清楚，有些人认为是奥皮乌斯，有些人则认为是那位曾写完了未被 [恺撒] 完成的《高卢战记》一书最后一卷的伊尔奇乌斯②。关于恺撒的战记，西塞罗同样在《布鲁图》里这样提道：**2**“他的战记真是写得精彩：它们裸露、直接，而又美妙，如脱去衣服般脱下了一切修辞装饰，尽管他所希望的是给其他打算 [正儿八经] 写历史的人备下他们能够取用的事实，可他 [这么做] 或许让那些想把华丽辞藻烙在这些史料上的蠢人感到了满足，却没有让那些 [心智] 健全的人再去耗费笔墨。”**3** 关于同样的战记，伊尔奇乌斯是这么宣称的：“根据所有人都得出的判断，它们得到了极大的赞赏，以至于作家们似乎被夺去了（而非被给予了）进一步创作的余地。虽然如此，我们对这件事的惊喜程度却要胜过其他人，因为其他人 [只] 知道他写得多么优秀、多么精确，我们还知道他写得多么简洁、多么迅速。”**4** 波利奥·阿

---

① 关于此人，请参见本卷 XXX，4 及注脚。

② 奥卢斯·伊尔奇乌斯（Aulus Hirtius），恺撒麾下的将领、军事保民官，内战期间曾在西班牙效力，随后又担任山外高卢总督。恺撒遇刺之后，又出任过公元前 43 年的执政官。

西尼乌斯认为，这些材料被随随便便组织了起来，而且缺乏真实性，因为恺撒在许多他人的所作所为上盲目相信［他们的陈述］，对自己［所做之事］则或是出于有意为之或是因为记忆混乱而做出了不实的陈述。他还觉得，［恺撒］当时打算进行重写或修订。**5**［恺撒］还留下了两卷《论类推》以及同样卷数的《驳加图》，除此之外还有题为《游记》的诗歌。其中第一本是他在从开庭审理案件的近高卢返回部队途中翻越阿尔卑斯山时写成的，接下来的一本是临近蒙达之战[①]时写成的，最后一本书则写于从罗马城前往远西班牙的二十四天的路途中[②]。**6** 他写给元老院的书信也流传了下来，而他似乎史无前例地把这些信件改成了分页形式并装订成记录册，而在之前执政官和将领们寄［给元老院的信件］都是以横跨纸卷[③]的方式书写的。他写给西塞罗的信也流传了下来，同样还有写给挚友的谈论私事的信件，在这些信里要是涉及秘密，他就用密码来写，那便是将字母表的序列按如此方式错位排列，以至于无法构成任何单词，假如有谁想要破解并读出信件内容，那就得把［信里的字母］换成［往后数］第四个字母，即 D 取代 A，并以此类推。**7** 据称，他在童年和青年时写过一些东西，如《赫拉克勒斯颂》、悲剧《俄狄浦斯》，以及《语录集》。奥古斯都曾向受其委任而掌管藏书事务的庞培·马切尔送去过一封非常简短而又直白的书面批复，在批复中［他下令］禁止发表这些小册子里的任何一本。

LVII.1 他极其精通武器和骑马，并拥有难以置信的忍耐力。在行军中他不时骑马代步，更多时候则是徒步走在前头，而且光着脑

① 关于西班牙的蒙达城战役，请参见本卷 XXXV，2 之注脚。

② 原文直译为“直至离开罗马城后的第二十四天抵达远西班牙的时候”。

③ 写书时的正确做法应该分栏，并在纸卷上并列排开，因为书是横向展开的。这里似乎是战报的书写习惯，即直接横跨着写在纸卷上，展开时是竖着展开的，或就只有一页纸。——多纳·赫勒译本注

袋，或顶着烈日或冒着雨水。他利用租来的四轮马车，带着极少的行李，每日行军一百里，用令人难以置信的速度走完了再漫长不过的路途。若遇到河流阻挡，他就游泳过河或是用充气皮囊渡过河去，往往比通报自己消息的信使到得更早。

LVIII.1 在作战方面，他是更为小心谨慎还是更为勇敢无畏，这是无法做出判断的问题：如果未派出探子进行地形侦察，他就不把军队引入易被设下埋伏的路途；如果不事先亲自查探港口、航路和进入岛屿的途径，他就不渡海进入不列颠。可另一方面，在日耳曼尼亚的营地遭到围困的消息送来之后，他便身着高卢人的装束穿过敌人的哨所来到自己的部队那里。**2** 他在冬天穿过敌人舰队的封锁从布伦迪西乌姆来到了都拉基乌姆，当根据他的指令应跟随在后的军队拖沓不前，而他数次派人前去催促又未果之际，他最终在夜晚独自一人悄悄蒙着头登上了小船，既没让人认出他是谁，也不允许舵手在风暴正面袭来之时退缩，船还差一点儿就被波浪弄沉。

LIX.1 他不会出于宗教原因而从任何一件业已开始的事业上退缩回去或暂停下来。在他准备进行献祭的时候，即便祭品逃走了，他都没有推迟出征西庇阿和犹巴。在他离船登岸之际，头朝前栽倒在了地上，他却把此事变成了吉兆，说道："我抓住你啦，阿非利加。"另外，为了对流传着的所谓诸西庇阿在那座行省注定有天命之助、战无不胜的预言进行嘲弄，他就在营地把科尔涅利乌斯部族中一个最遭人鄙视的人留在了自己身边，而此人由于其不光彩的生活方式被冠上了萨尔维托[①]的尾名。

LX.1 他不仅打有准备之战，而且只要机会成熟也能［立刻］发起战斗，并常常在一段行军之后（有时还要顶着再猛烈不过的风暴）

① 西庇阿乃科尔涅利乌斯部族中的一个家族名，此人显然是从一个不为人齿的仿剧演员那儿取得尾名萨尔维托的。——多纳·赫勒译本注

马上投入作战，即便没有谁认为他会［在那种情况下］进行战斗。只有在生命最后的时候他才对冒险一为之事变得越来越止步不前，因为他认为，越是频繁地取得胜利，就越〈不该去挑战命运，而他通过胜利获得的没有一件能抵得上从失败中失去的。他每次〉[1]击溃敌人都是连带着把他们逐出营地，这么做是为了不给陷入惊恐的人以任何喘息的机会。面对胜负未定的战役，为了通过舍弃逃跑的工具来坚定大家继续下去的死战决心，他就常放跑马匹，而他自己的战马就在最先被放跑的那一批里。

LXI.1 除此之外，他还常骑一匹非凡的战马，那匹马的马脚几乎与人类的一样，马蹄分开状若脚趾。这匹马生在他住的地方，因为占卜师曾做出预言，这预示着它的主人会拥有世界的统治权，所以他悉心喂养了它，为了不让其他人［抢先］骑它，他还第一个骑了上去。后来，他甚至还在远祖女神维纳斯神庙[2]前为它献上了一尊塑像。

LXII.1 当前线部队军心不稳时，他往往凭一人之力就重振了军心，他阻止士兵溃逃，挨个儿把他们截住，甚至还抓着他们的脖子迫使他们转过来对抗敌人，而［士兵们］害怕到了这般程度，以至于鹰旗手在受到阻拦时竟拿鹰旗的矛头威胁他，另一位［旗手］[3]则在［恺撒］进行阻拦之际把军旗移交到了他的手里。

LXIII.1 他的沉着镇定是那么出众，表现起来甚至更为令人叹服。在法萨卢斯之战过后，他先把军队派往赫勒斯滂海峡[4]对面，

---

① 此处尖括号部分在托伊布纳版和拉丁网络图书馆版本里都显示为缺文。

② 该神庙是由恺撒奉献的，坐落在罗马广场北面以其自己名字命名的恺撒广场（forum Caesaris）上。

③ 在共和国晚期以后，每支罗马军团通常设有两位地位最高的旗手：其中一位是执鹰形标志的鹰旗手（aquilifer），另一位是执四边红底旗帜的军旗手（vexillarius）。

④ 今土耳其亚欧两部分之间的达达尼尔海峡。

［自己随后再］乘小运输船渡过海峡，却撞见了带着十艘轻型战舰[①]的敌方［将领］卢西乌斯·卡西乌斯，可他并未逃跑，而是靠到对方身边，鼓动其投降，［最后卡西乌斯］哀求饶恕并被接上了恺撒的船。

LXIV.1 在亚历山大里亚，当他朝一座桥发起冲锋之际，他被一群突然发动袭击的敌人逼到了一艘小帆船上；而当许多人都追到这艘船的时候，他便跳入了大海，游出两百步[②]到了最近的一艘战船；其间为了不弄湿手上拿着的文件，他抬起了左手，为了不让［自己的］紫斗篷[③]变成敌人的战利品，他还用牙齿咬住这件衣服。

LXV.1 他对一位士兵进行称赞时既不论其秉性也不论其命数，而只论其英勇。他以一视同仁的严厉和放纵对待他们。因为，他不会无时无刻、不分场合地对他们加以约束，而是在大敌当前的时候才这么做。到了那时，他就会极其严格地执行军纪，以至于既不宣布行军时间也不公布战斗时间，而是让他们随时都保持警备，准备好在任何时候都能被带往他想［让他们去］的任何地方，甚至经常无缘无故就这么做了，特别是在下雨和节日的时候。他一边反复告诫应该留心自己［的动向］，一边又在白天或夜里突然偷跑了出去并踏上一段格外漫长的行军之路，这对于那些落伍者显然是困难的。

LXVI.1 在有关敌军规模的传闻着实引起恐慌之时，他不是通过否认传言或减少敌军数量来激励士气，而是进一步夸大和编造［敌军的规模］。因此，当犹巴将要［领兵］前来的消息［在军中］引起恐慌之时，他把士兵们召集起来训话，他说道："要让你们知道的是，没过多少天，那个王即将领着十支军团、三万骑兵、十万轻

---

① 这是一种带鸟喙形铁钩的战船。所谓铁钩指固定在旋梯下端的沉重铁钉：该铁钉形状如鸟喙，能紧紧钩住敌船，而让己方士兵顺利从旋梯上登船。

② 古罗马为罗步（passus），一罗步约为 1.48 米，一千罗步合一罗里。

③ 原文为 paludamentum，指一种由将领穿着的紫色军用斗篷。

装步兵、三百头大象前来这里。所以，某些人就不要再继续提问或进行猜测了，请相信我，因为我知道实情。否则的话，我就真的下令把他们装上一艘破损漏水的船，任由什么风带去任意什么地方。”

LXVII.1 [士兵们犯下的] 过错他并不全都放在心上，也不是统统按规矩施加惩处，而是紧盯那些逃跑者和哗变者，并对他们施以再严厉不过的惩罚，至于对其他人则睁一只眼闭一只眼。有时，在一场恶战取得胜利之后，他免去了大家的值勤，并允许他们随意尽情狂欢一番，同时还开起玩笑说，自己的士兵即便满身香水味都能够好好打仗。**2** 在集会时他不把他们唤作“士兵们”，而是用更显恭维的名称唤作“战友们”。他让他们穿戴得如此光亮，以至于要他们用金银把战具装点得光艳亮丽，这既是为了外观好看，同时也欲使其因为害怕失去而在战斗中把武器握得更紧。他是那么地喜爱 [自己的士兵]，以至于当听闻提图里乌斯战败[①]之后就蓄起了发须，并决心在报完仇之前不会剪去。

LXVIII.1 凭借上述做法，他使 [士兵们] 既无比英勇又对自己万般忠诚。在他开始内战之后，各支军团的百人队队长都分别拿出自己的余饷以供应一名骑兵，全体士兵服役时都不拿军饷和军粮，由较富裕的人为较贫穷的人提供帮助。在一段相当漫长的 [战争] 时光里，完全没有一个人脱逃，许多被俘者拒绝了若是能向他 [恺撒] 开战就可保全自己性命这样的条件。**2** 他们非但在自己遭到围困之际，而且还在包围其他人的场合，都常忍受饥饿和别的苦难至此程度，以至于庞培在都拉基乌姆的堡垒里见到他们用来维生的是一种由草做成的面包片时，他说道，自己是在和野兽作战，并命令赶快将这些东西拿走不要让人看到，以免敌人的坚强和决心让自己

① 关于此事，请参见本卷 XXV，2。

人的内心受到动摇。**3** 他们作战勇武到了何种程度，证据便是，在一次都拉基乌姆附近的战役受挫之后，他们主动要求惩罚自己，虽然将领认为他们应该得到安慰而非惩罚。在其他战役中，虽然他们自己人数非常少，却轻而易举就战胜了无数的敌方军队。事实上，驻守一处堡垒的第六军团一支大队就连续数个时辰顶住了庞培的四支军团，他们几乎全都被敌人射来的大量弓箭所伤，其中在堡垒墙内发现的［弓箭］就有十三万枚。**4** 假如有谁逐一回顾每一位的事迹——不去讨论［其他］更多的人，［单单］或是百人队队长卡西乌斯·谢瓦的，或是士兵盖乌斯·阿奇利乌斯的——就不会对此感到吃惊了。谢瓦一只眼睛掉了出来，大腿和上臂都被刺穿了，盾牌上有一百二十处地方被刺穿，却仍忠于职守，护卫着堡垒的大门。阿奇利乌斯在马西利亚附近的海战中用右手抓住了敌舰的船尾，随后在右手被砍掉的情况下，仍仿效希腊人中流传的西尼吉鲁斯[①]的模范事迹，跳上了战船，用盾牌的尖角驱赶阻挡者。

LXIX.1 在高卢战争期间一连十年他们完全没有掀起过一场叛乱，内战期间虽有过几次，不过他们很快又回到了自己的岗位，这么做并非出于统帅的宽大仁慈，而是屈服于他的权威。因为他从不向暴乱者做出让步，且向来都是直面他们的，他在普拉切奇亚[②]附近时不顾庞培还在战场上，就令人难堪地把第九军团给整个解散掉了，后来在经过低声下气的哀求之后他才勉强恢复了那支军团，不过先要对领头的施加惩处才行。

LXX.1 此外，在罗马，第十军团的士兵威胁将做出重大之举，让罗马城陷入万般危险的境地，以此来要求遣散他们并支付赏金。

---

① 古希腊时期的雅典英雄。曾参加过马拉松战役，在波斯人逃上自己的战舰准备撤退之际，他用手抓住了一艘敌舰的船尾，最终他的手被敌人用斧子砍了下来，他也因此而丧命。

② 今意大利北部的皮亚琴察（Piacenza）。

尽管当时阿非利加的战火仍在燃烧着，可他仍不顾朋友们的建议，毫不犹豫地来到他们面前解散他们，但却只用一个词——即管他们叫“公民们”而非“士兵们”——就轻而易举地让对方折服并回心转意，以至于他们迫不及待地回答他说，他们是士兵，随后他们主动要求追随他去阿非利加，但被他给拒绝了。[他们之中] 但凡闹得最凶的人，他都削去了三分之一的奖赏和三分之一的原定授给的土地以示惩罚。

LXXI.1 年轻时，他［们[①]］不曾对附庸者缺乏过热心和信赖。他曾如此尽心尽力地保护年轻贵族玛辛塔以对抗伊姆普萨尔王[②]，以至于在争执中他抓住了王的儿子犹巴的胡子。当［玛辛塔］也被宣布为［伊姆普萨尔王的］附庸之后，［恺撒］立即把他从那些正要带走他的人手里解救了出来，并让他在自己那里躲藏了一段时间，接着又在裁判官卸任，准备前赴西班牙之际，在一群陪同送行的人和执法西斯的扈从簇拥下将他用自己的肩舆运了出来。

LXXII.1 他总以万分的友善和仁爱对待朋友们，以至于当盖乌斯·奥皮乌斯陪着他一起穿行在林间突然染上了疾病时，［恺撒］把惟一的一处住所让给了他，自己则露天躺在了地上。另外，在执掌国家大权后，他还把某些出身再卑微不过的人提拔到了最为荣耀的职位，当他因此受到责备时，他公开宣称道，要是他曾经借助过流浪汉和刺客之力来守护自己的荣耀，那也该一视同仁地给予那样的人酬劳。

LXXIII.1 他不曾对任何一个人抱有如此深重的敌意，以至于在时机成熟时都不愿意摒弃前嫌。虽然盖乌斯·梅米乌斯曾用再尖

---

① 此处原文用的是第三人称复数。

② 即伊姆普萨尔二世，努米底亚国王，公元前 88 年—前 60 年在位。朱古达同父异母的兄弟高达（Gauda）的儿子，犹巴之父。

锐不过的演说辞［抨击过他］而他亦进行了回应，且文辞的激烈程度并不亚于前者，[①] 可他还是很快就在执政官竞选中成为对方的支持者。盖乌斯·卡尔沃斯[②] 在［发表了］著名的讽刺诗之后，当他［卡尔沃斯］通过朋友做出和解之时，［恺撒］出于自己的意愿先于对方写去了信。他不曾掩饰过，瓦勒里乌斯·卡图卢斯[③] 在和玛姆拉有关的小诗中对他施加过持续不断的侮辱，而就在［卡图卢斯］致歉的同一天，［恺撒］便邀请他来吃晚饭，还一如既往地维持了与对方父亲的友情。

LXXIV.1 然而，在进行复仇的时候他竟是一个天性极其温和的人，当他抓住了曾俘虏过自己的海盗之后，鉴于此前他曾宣誓过要把他们钉上十字架，所以他就下令先对他们割喉，接着再钉上十字架。科尔涅利乌斯·法吉特斯在他拖着病体东躲西藏之时曾在夜晚［对他设下过］埋伏，而一笔贿赂也几乎不能使自己不被带到苏拉那里，［即便如此］他从不对其施加伤害。负责文书抄写的奴隶菲勒蒙曾答应过敌人会下毒杀死他，而他除了简单处死之外并未加之更残忍的折磨。**2** 当他受到传唤，要对普布利乌斯·克洛狄乌斯玷污神圣仪式之举进行作证之时，即使后者与他的妻子庞培娅有过奸情，无论母亲奥勒利娅还是姐姐尤利娅都在同一批裁决者面前令人信服地供述了一切，可他仍否认自己有什么证据，而当被问及他后来为什么要休去妻子的时候，他说道："因为我要求自己的家人不应该被怀疑，也不应该被控告。"

---

① 关于盖乌斯·梅米乌斯对恺撒的指控以及恺撒所作的回应，其事例可参见本卷 XXIII，1。

② 此人即是本卷 XLIX，1 提到的卡尔沃斯·李锡尼。

③ 盖乌斯·瓦勒里乌斯·卡图卢斯（Gaius Valerius Catullus），公元前一世纪时罗马的诗人，有诗歌作品集《歌集》（*Carmina*）流传于世。关于他以诗歌对恺撒进行的侮辱，请参见卡图卢斯的《歌集》，XCIII："恺撒，我压根就没一点点热情想要让你高兴，也不想知道你是白人还是黑人。"

LXXV.1 在内战中以及取胜之际，他确确实实表现出令人钦佩的克制与仁慈。庞培曾宣布说，对那些弃国家于不顾的人他将以敌待之；而［恺撒］本人则声称，那些中立者和两边都不沾边的人将成为自己的朋友。此外对那些经庞培举荐而被他授予军职的人，他都给予他们可倒向另一方的自由。**2** 在伊莱尔达[①]附近，当投降条件正付诸讨论，两军之间正不断保持着友谊和交往之际，阿弗朗尼乌斯和佩特列尤斯[②]突然之间改变了态度，并在他们的营地内抓捕和屠杀尤利乌斯那方的人，［而恺撒却］不许效法施加在自己身上的背信弃义［的手段来实施报复］。在法萨卢斯战场上，他喊道，“要赦免公民”，随后还允许自己的人每人搭救一个想要救下的敌方之人。**3** 于是，庞培的人除了死在战场上的，就找不到有谁死［在其他地方了］——例外者有阿弗朗尼乌斯、法奥斯图斯[③]、小卢西乌斯·恺撒——大家相信处死这些人都不是出于他自己的意愿，即便他们当中的头两个在取得宽恕之后仍掀起了叛乱，而［卢西乌斯·］恺撒在用铁和火血腥地杀死了他［尤利乌斯·恺撒］的被释奴和奴隶后，还宰杀了他为人民举办角斗士比赛所准备的野兽。**4** 在他生命的最后几年，他甚至允许所有他尚未赦免的人都能返回意大利，并担任文官和军职，更不用说他还［重新］建起了曾被平民摧毁的卢西乌斯·苏拉及庞培的塑像。在那之后，若再有什么针对他的颇为严重的想法被构想出来，抑或有什么言辞被道出时，他宁愿采用化解而非惩罚［进行应对］。**5** 就这样，他不再进一步追究探查到的阴谋与黑夜里的［密］会，而是通过布告让大家知道那些事情他心知肚明。至于那些说他坏话的人，他认为在公开演讲时加以告诫，要他们不

---

① 今西班牙加泰罗尼亚西部的列伊达（Lleida）。

② 此两人即本卷 XXXIV，2 所提到的卢西乌斯·阿弗朗尼乌斯和马可·佩特列尤斯。

③ 此人即本卷 XXVII，1 所提到的法奥斯图斯·苏拉。

再坚持下去就已足够了。面对奥卢斯·切奇纳那卷极度充满怨言的著作以及彼托劳斯[1]那充斥讽刺的诗歌，他心平气和地把诋毁自己名誉之举忍受了下来。

LXXVI.1 虽然如此，可他的其他言行却拖累了自己，以至于竟被人以为他既滥用权威又死有余辜。因为他非但取得了大量的荣耀，譬如：连续的执政官官职，终身独裁官，风俗长官[2]，还有以发号施令者[3]作为首名[4]，以国父作为尾名，一尊与诸王[5]摆在一起的塑像，[以及剧场] 主宾席中高出一截的座位。而且他还被加上了高于凡人之上的更伟大的 [荣耀]，譬如：在元老院议事堂内和审判台上使用金色座位；在前往竞技场的游行队伍中使用放置神像的马车和肩舆[6]；在神庙、祭坛把 [自己的] 雕像摆放在众神边上，配以神像像榻、一名主神祭司[7]、一个牧神祭司团[8]，并以自己的族名命名

---

① 公元前一世纪时罗马的修辞教师、演说家、历史学家。

② 原文为 praefectura morum，该官职类似监察官，有权审查并确定罗马人的身份等级。

③ 原文为 imperator，该词源自动词 impero（下令），本意为“下命令的人”，在帝国时代之前乃指军队的司令官和统帅，到了帝国时代逐渐演变为对元首或皇帝的称呼。

④ 原文为 praenomen，指的是罗马人全名当中列在最前面的那个名字，首名一般属于其个人，并区别于表示部族的族名（nomen）和表示家族的尾名（cognomen）。

⑤ 原文为 rex，该词除了表示外邦人的统治者之外，若使用在罗马人这边则表示执政官制度建立之前的王政时期的统治者。

⑥ 因为把他的塑像与神像放到了一起。——洛布版注

⑦ 原文为 flamen，在古罗马只有侍奉包括朱庇特、朱诺、密涅瓦三大神在内的十五个重要神祇的祭司才被冠上这一称谓。

⑧ 原文为 Luperci，本意是“驱赶狼的保护者”，为古罗马的牧群保护神，与古希腊潘神（Pan）类似。每年二月十五日会举行牧神祭祀仪式（Lupercalia），以求获得丰产。

月份[①]。没有什么荣耀他不随意取用、不随意授予。**2** 他在第三、第四次获得执政官官职时有的只是一个名号而已，因为他一边乐享独裁官的权力一边领有执政官的官衔，而且在两年时间里每年的最后三个月他才让另外两个人替代自己［出任执政官］，[②] 以至于在那段时期除了选举平民保民官和市政官之外就不曾召集过大会，而当他不在时他就派各类长官[③] 而不是裁判官来管理罗马城内事务。此外，当一位执政官在十二月三十一日那天突然暴毙之后，他就把空出的职位交给了谋求它的人，使其在余下不多的几个时辰里［成了执政官］[④]。**3** 他同样不顾祖先传统一下任命了好几年的行政官员，还授给十位前裁判官执政官的标记，他让那些受赠获得公民权者以及某些半开化的高卢人进入了元老院。除此之外，他把铸币场与国家的税收交予他的私人奴隶管理。他把留在亚历山大里亚的三支军团的指挥和统帅权交给了属于他的被释奴的儿子、他的男宠鲁菲奥。

LXXVII.1 他发表公开讲话时全然一副傲慢的态度，正如提图

① 显然指的是七月，该月的名称原为第五月（mensis Quintilis），恺撒将它改为了尤利乌斯月（mensis Iulius）。

② 根据执政官列表，恺撒第三次和第四次担任执政官的年份分别是公元前46年和前45年，但只有第四次担任执政官时才标记为 sine collega（无同僚者），且任期未满一年，卸任后再由两位执政官接替他。

③ 原文为 praefectus，指古罗马时代主管各级行政和军事部门的长官，至于负责何种事务，需要详细列出，如近卫军长官（praefectus praetorio），罗马市长（praefectus urbi）。

④ 指盖乌斯・卡尼尼乌斯・雷必鲁斯（Gaius Caninius Rebilus）。恺撒于公元前45年12月31日任命他接替因暴毙而离职的执政官昆图斯・费边・马克西姆斯（Quintus Fabius Maximus），出任那一年最后几个时辰的执政官。西塞罗对他的评论为："因此，你们明白了吧，为什么在卡尼尼乌斯出任执政官时不曾有人用过午餐，可在他执政期间也没有发生过任何坏事，因为在他任执政官时是那么的警觉，以至于看起来全然都未睡过一觉。"（西塞罗的《致家人》［*Ad Familiares*］，VII，XXX，1。）

斯·安皮乌斯[1]写道的，[他说过，] 国家除了没有身体和外表的名称之外什么都不是。[他还说，] 苏拉卸任独裁官之位的时候不识一字一词；以及人们现在和他讲话该格外谨慎，并要把他的话当作法律。他傲慢到了这般地步，以至于有一次当占卜师得出凶兆并宣布牺牲的内脏[2]没有心脏之时，他说道，只要他想，那就会变成很吉祥的征兆，而且牲畜无心[3]不该被当作一种征兆。

LXXVIII.1 事实上，他竟是出自下述缘由招致了给自己带来极大毁灭的仇恨：当全体元老携多道再光荣不过的法令来到他跟前之际，他在远祖女神维纳斯神庙前坐着接待了他们。一些人认为，在他试图起身的时候，被科尔涅利乌斯·巴尔布斯[4]阻止住了；另一些人认为，他根本就没想站起来，当盖乌斯·特雷巴奇乌斯告诫他该起身的时候，他却用毫不客气的表情回头瞪了对方。**2** 下述行径看起来越发令人难以容忍，因为在他本人举行凯旋式并经过保民官座席的时候，座席当中有一人（庞奇乌斯·阿奎拉）没有为他起身，他对此大为恼怒，以至于喊道："保民官阿奎拉，现在就从我这里收回国家吧！" 随后一连数日，他在对任何人许诺任何事情的时候都无一例外地附上了："如果庞奇乌斯·阿奎拉能允许，就行啦。"

---

① 提图斯·安皮乌斯·巴尔布斯（Titus Ampius Balbus），曾出任过亚细亚总督，庞培的支持者。法萨卢斯之战后被恺撒流放，后经西塞罗调停而得以返回罗马。他似乎曾写过一部名人传记。

② 古罗马时代传统占卜方式的一种便是观察牺牲动物的内脏。

③ 拉丁语里心脏（cor）一词还可以表示"精神""智慧""见解"之意，此处显然是语义双关。——洛布版注，汉译者有补充

④ 大卢西乌斯·科尔涅利乌斯·巴尔布斯（Lucius Cornelius Balbus Maior），公元前一世纪生于西班牙的加的斯，乃庞培和恺撒的挚友，前三头同盟重要的资助者。随后他追随恺撒而去，并成为后者的私人秘书官，恺撒遇害之后他又博得了屋大维的宠爱，并在公元前40年当上了执政官。

LXXIX.1 除去对元老院的上述莫大侮辱之外他还干出过更为傲慢无礼的行径。在举行完拉丁庆典[①]的献祭之后，当他在人民异乎寻常的盛大欢呼声中返回［罗马］之时，人群中有个人为他的塑像戴上了一顶系着白色缎带的桂冠[②]，而平民保民官埃庇狄乌斯·马鲁卢斯和切塞奇乌斯·弗拉沃斯则命人拿走桂冠上的缎带，还把那人关押起来。在那种情况下，他严厉地指责了这［两位］保民官，还剥夺了他们的权力，或许是因为他对王权的暗示未引来太多支持，又或许如他所述在为自己失去拒绝［王权］的荣耀而感到恼怒。**2** 但自那之后，他便再也无法摆脱追求王者之名的恶名，即使当平民呼唤他为王的时候，他会回答，自己是恺撒不是王。牧神祭祀仪式期间，在宣讲坛前，执政官安东尼[③]好几次把王冠戴在他的头上，但都被他摘下来了，并随后送入朱庇特神庙献给了至高无上的朱庇特神[④]。**3** 另外，诸多流言蜚语传遍各处，说他将要迁往亚历山大里亚或伊利昂[⑤]，并同时转走属于国家的财产、用征税掏空意大利、把罗马城的管理丢给朋友们；还有，在下一次元老院会议上十五人祭司团[⑥]成员卢西乌斯·科塔将会［在查阅《西比林预言书》之后］

---

① 拉丁庆典是古罗马人历史最悠久的祭祀活动之一，每年四月在罗马城东南20公里的阿尔巴山（Albanus mons）举行，祭祀时须向山上的拉丁朱庇特神（Iupiter Latiaris）供奉牺牲。所以此处才说恺撒祭祀完毕后返回罗马。

② 白色缎带乃王族的标志。普鲁塔克在这里用的表述是 διαδήματι βασιλικῷ（王之冠）。——亚历山大·汤姆森译本注

③ 即本卷 LII，2 所提到的马可·安东尼。

④ 此处特指位于卡庇托山上朱庇特神庙里的那尊朱庇特神像。

⑤ 即古希腊的特洛伊。

⑥ 指保管《西比林预言书》（*Sibyllini Libri*）的十五人祭司团。关于十五人祭司团之事，请参见佐西莫斯，II，IV，2："就在上述仪式完成之后，他们摆脱了诸多磨难，随后便再次将祭坛埋入了战神平原的偏僻一角。此项祭祀仪式被人遗忘了好久一段时间，直至某些灾祸降临到头上。于是，屋大维·奥古斯都重新操办起上一次曾在卢西乌斯·奇索里努斯（转下页）

宣读意见，即因为命运之书写有［这样内容，］“帕提亚人只会被一位王击败”，所以恺撒就该被立为王。

LXXX.1 正是上述缘由让阴谋者们加紧实施预先设计好的计划，以防［这样的建议］不得不被接受下来。于是，此前三三两两单独策划的阴谋现在全都合到了一起，因为连人民都对当前现状感到了不悦，他们既在私下里又公开地表达对专制统治的不满，还渴求自由的捍卫者能出现。**2** 当外族人被选入元老院之后，一份布告被贴了出来［，上面写道］：“愿有此般善事：任何人都不要为新来者指示元老院议事堂在哪里！”下列诗行亦被广泛传唱：

> 恺撒领高卢人举行凯旋式，亦领他们进入元老院议事堂；
> 高卢人脱下马裤，换上了宽紫纹短袖袍。

3 当任期三个月的接任执政官[①]昆图斯·马克西姆斯[②]进入剧场的时候，扈从按惯例命令大家注意，在那种情况下所有人全体喊道，“他不是执政官！”在保民官切塞奇乌斯和马鲁卢斯受到罢免之后的第一场大会上，出现了多张投给他们担任执政官的选票。某些人在

（接上页）（Lucius Censorinus）和马可·曼利乌斯·普埃利乌斯（Marcus Manlius Puelius）出任执政官时举行过的庆典赛会。那时，阿特尤斯·卡庇托（Ateius Capito）对祭祀仪式的方法进行了阐释，而保管《西比林预言书》的十五人祭司团又算出了进行献祭和举办庆典赛会的时间。”该预言书据说记录了上古西比林女祭司对世界未来的预言。当罗马人举行重要活动时，该预言书的章句有十分重要的参考作用。

① 有时候，执政官任职会不满一年。执政官如在一月一日那天任职，被称为当届执政官（consul ordinarius），而在几个月之后接替他们的人，以及在后者任期未尽又再次接替他们的人，则被称为接任执政官（consul suffectus）。

② 即本卷 LXXVI，2 之注脚提到的于公元前 45 年 12 月 31 日暴亡的执政官。此人曾在高卢战争、西班牙战争和内战期间追随恺撒，后被恺撒授予了凯旋式及公元前 45 年的接任执政官之职，任期从当年的 9 月开始直至年终。

卢西乌斯·布鲁图[①]的塑像下面写上了："真希望你还活着！"同样的，在恺撒本人的［塑像下面则写上了］：

> 布鲁图因驱逐诸王遂成首个执政官；
> 此人因驱逐诸执政官终成一王。

4 有六十多人参与了针对他的阴谋，其中主谋者是盖乌斯·卡西乌斯、马可·布鲁图和德西姆斯·布鲁图。他们一开始还犹豫着，到底选哪个方案：是趁战神平原上举行大会，恺撒在大会期间召集各特里布进行投票之际他们分开行动，一拨人把他从桥上推下，另一拨人等他掉下桥后再杀死他；还是在圣道或在剧场入口处发起袭击。然而，当元老院于三月十五日在庞培议事堂[②]召集的消息宣布

---

① 指古罗马王政时代驱逐最后一任王的卢西乌斯·尤尼乌斯·布鲁图（Lucius Iunius Brutus），关于此人驱逐王及担任执政官的事迹，请参见尤特罗庇乌斯，I，8："在这之后，当他（Lucius Tarquinius Superbus）正在攻打距离罗马达第18里程碑的阿德拉城（Ardea）时，他的统治被推翻了。那是因为他的儿子小塔克文（Tarquinius iunior）把科拉提努斯（Collatinus）的妻子——那最为尊贵也最为纯洁的卢克雷西娅（Lucretia）——给玷污了，后来在向自己的丈夫、父亲及朋友申诉上述的不幸遭遇之后，她便当着众人的面自杀了。由于这个原因，塔克文的一位亲戚布鲁图径自鼓动起人民，将塔克文的统治推翻了。原本追随王一同征战阿德拉城的军队也立即弃他而去，回到罗马的王见到城门紧闭，就这样他被驱逐了。当塔克文统治了25年后，便携妻儿离开了罗马。"以及尤特罗庇乌斯，I，9："从此以后，两位执政官开始接替原先的王，他们被推选出两位是出于以下原因：假如其中一个想要作恶，另一个同他享有同等权力的执政官就会阻止他。另外，这么做也是好的：不让他们握有权力超过一年，结果他们无法以持续手握大权的方式让自己变得专横，于是就会一直遵守法纪，因为他们牢记一年之后自己将成为一介平民。因此，在当年王遭逐之后，在驱逐塔克文时表现最积极的卢西乌斯·尤尼乌斯·布鲁图和卢克雷西娅的丈夫塔克文·科拉提努斯被推选为执政官。"

② 该议事堂坐落于战神平原旁边的庞培柱廊（Porticus Pompeiana）（转下页）

出来之后，他们很快就把上述时间和地点列入了首选。

LXXXI.1 实际上，恺撒即将遇害这件事已经通过显而易见的征兆被宣布出来了。就在几个月前，依据《尤利乌斯法》定居卡普阿[①]殖民地的居民为建造庄园而拆毁了年代最为久远的坟墓，他们在挖掘时发现了一些古代工艺的瓶子，于是干活就格外卖力起来。那种情况下，在一座据说葬有卡普阿建城者卡皮斯的陵墓里发掘出了一块铜表，上面用希腊字母和单词刻有如下句子："无论何时，只要卡皮斯的骨灰曝露在外，伊利昂人的后裔[②]会被血亲之手所杀，然后为了复仇，意大利会付出巨大代价。" **2** 请不要觉得这是编造出的或难以置信之事，因为这件事来源于恺撒最亲近的挚友科尔涅利乌斯·巴尔布斯。就在［遇害］前几天，他获悉，他渡过卢比孔河时献给河［神］的马群（他未派人看护而是让它们自由自在地走动）极其顽固地停止了进食，并哭号不已。在他奉献牺牲时，占卜师斯普林纳警告他，让他当心那个不晚于三月十五日就会降临的危险。**3** 此外，在那个月十五日的前一天，一只叫作王者的鸟[③]衔着一枚月桂枝进入了庞培议事堂，其他种类的飞行活物从附近的树林追着它到了那里，并将其撕成了碎片。而就在他遇害那天的前一晚，他觉得自己似乎在睡梦中一会儿飞上了云朵，一会儿又和朱庇特握起了手；他的妻子卡尔普尼娅则梦见房子顶上的山形墙掉了下来，丈夫在她的怀里被刺；卧室的门突然就自行打了开来。**4** 出于上述这些

（接上页）的东侧，而庞培柱廊是庞培剧场（Theatrum Pompeii）外的附属建筑。剧场和柱廊竣工于公元前 55 年，落成之后，柱廊东侧的议事堂就常作为罗马政治集会的场所。

① 位于那不勒斯以北 25 公里处的一座城市，为古罗马时期意大利南部的重要商业城市。

② 即罗马人。罗马人认为自己是特洛伊人的后代。

③ 此处鸟名拉丁语原文为 regaliolus，指一种类似鷦鷯的小型鸟类，因其字面与王（rex）、王室的（regalis）这组词形态接近，所以有双关之意。

[征兆]，同时又由于健康状况不佳，对于自己是否该留在家里、是否要推迟处理预先提交给元老院的事务，他犹豫了许久，最后经德西姆斯·布鲁图劝说，请他不要让已等待良久的众多［元老］失望之后，在接近第五个时辰的时候他便动身了。虽然在路上某个人把一份揭露刺杀阴谋的小册子交给了他，可他准备过会儿再阅读，将之与拿在左手的其他小册子放到了一起。随后，在宰杀了许多牺牲却无法得到吉兆的情况下，他仍进入了议事堂，并一边对宗教报以一番蔑视，一边对斯普林纳进行了嘲笑，还指责对方不灵验，因为三月十五日到了，而他自己并未受到任何伤害，[斯普林纳对此]说道，虽然那个日子确实到了，可它还没有过去。

LXXXII.1 当他落座后，阴谋的参与者装着要向他致敬［纷纷］围到了他的身边，负责最先发动袭击的辛伯·提利乌斯像是要询问什么一样立即靠到非常近的地方。[恺撒]打出制止的手势让对方迟些时候再说，[辛伯·提利乌斯]便抓住了［对方］双肩上的托袈袍，随后恺撒叫道："你这是在动武！"正当他转身之际，两位卡斯卡的一个[①]刺到了他的喉咙偏下一点的部位。**2** 恺撒抓住了那位卡斯卡的手臂并用笔刀刺戳，当他试图跃起的时候，又被刺了一下。他注意到各处都有人抽出刀子朝自己袭来，就用托袈袍蒙住了脑袋，同时又用左手把袍子底拉到了小腿下方，以此遮住身体下方的部位而使自己倒下的时候更体面一些。如此这般，他被刺了二十三刀，其间只有在被刺第一刀时发出过一声呻吟，此外便未再道出一字一词，虽然某些人曾提到，他当时对袭击自己的马可·布鲁图说："孩子，连你也……"[②] **3** 所有人都四散逃走了，断了气的他在地上躺了

① 此处原文用的是 alter，表示两者当中的另一个。两位卡斯卡显然指的是盖乌斯·卡西乌斯（Gaius Cassius）和塞维利乌斯·卡斯卡（Servilius Casca），关于这两人参与刺杀恺撒的阴谋之事，请参见尤特罗庇乌斯，VI，25。

② 此处恺撒所说的话原文为希腊语"καὶ σὺ τέκνον"（拉丁字母拼法"kai sy teknon"）。

很长一段时间，直至三名年轻男奴把他放到了肩舆上，一只手臂耷拉着被运回了家。正如医生安提斯提乌斯认为的，在那么多处伤口当中，除了胸部受的第二处伤之外，就没有发现其他的致命伤。**4** 一开始，阴谋者们打算把死者尸体拖入台伯河里，并将其财产充公、将其法令撤销，不过出于对执政官马可·安东尼和骑士长雷必达[①]的畏惧，他们放弃了这种想法。

LXXXIII.1 随后，在他的岳父卢西乌斯·皮索[②]的要求下，他的遗嘱得以拆封，并在安东尼的屋里被宣读了出来，那份遗嘱是他于上一年九月十五日在拉维库姆[③]附近的自己［的庄园］里订下的，随后他将之交由维斯塔贞女的首领保管。昆图斯·图贝罗讲述道，从他首次出任执政官起直至内战伊始，他习惯于把格涅乌斯·庞培写成是继承人，并在集会的时候向士兵们宣读出来。**2** 可是，在最终的那份遗嘱里，他指定了姐姐的孙辈为三位继承人，即：盖乌斯·屋大维[④]分得四分之三，卢西乌斯·皮纳里乌斯和昆图斯·佩狄乌斯[⑤]分得余下的四分之一，在遗嘱末尾，他过继了盖乌斯·屋大维进入自己家族，还给了他自己的名字[⑥]；他任命了儿子的监护人（以防自己会有男孩诞生），其中很多是刺杀他的人；他甚至还把德西姆斯·布鲁图排在第二顺位继承人里；他把台伯河附近的花园交

① 公元前一世纪中叶古罗马的著名政治家，曾先后出任过裁判官、执政官、骑士长、大祭司长等显耀官职，恺撒的支持者。恺撒遇刺后，公元前43年，他与安东尼、屋大维公开订立同盟条约，共同把持了罗马朝政，史称“后三头同盟”。

② 关于此人，请参见本卷 XXI，1。

③ 坐落于罗马东南 20 公里处阿尔巴山北坡的一座古代城市。

④ 即后来的奥古斯都，他是恺撒的二姐小尤利娅（Iulia Minor）的外孙。

⑤ 卢西乌斯·皮纳里乌斯和昆图斯·佩狄乌斯乃恺撒的大姐大尤利娅（Iulia Maior）的孙辈，因此他们两位之间为表兄弟。

⑥ 原文为 nomen，但这里应该指的是表示家族的“恺撒”这个尾名。

给国家以让人民享用，还赠给每个人三百塞斯退斯。

LXXXIV.1 葬礼被公布之后，火葬堆在战神平原上的尤利娅陵墓附近架了起来，同时还照着远祖女神维纳斯神庙的样子在宣讲坛前建起了一座镀金的神庙，里面有一张铺着金色和紫色床罩的象牙灵床，床头有一根纪念柱，上面挂着他遇害时穿的那件衣服。因为对于供奉祭奠品的人来说一天的时间似乎不够长，于是人们受到指示，为把祭奠品送到战神平原，任何人都可以不顾阶层高低而走城内任何道路。**2** 在［为葬礼而举行的］赛会上，为了对他的遇害表达哀悼与愤慨，人们唱起了从帕库维乌斯的《为夺武器而斗》中选出的某些词句：

“我救了那些人，就是为了让他们消灭我？”

以及从阿奇利乌斯[①]的《伊雷克特拉》里选出的类似语句。取代颂词的是，执政官安东尼通过宣令者宣读了元老院的决议，这一决议把神明的和人类的一切［荣耀］一次都颁授给了他；同时还宣读了全体元老宣下的要保护他个人安全的誓言；［安东尼］还在这之后补充了一些自己的话。**3**［在任］官员和曾担任过显赫官职的人把灵床从宣讲坛前移到了广场里。当时一部分人决定该在卡庇托山上的朱庇特大殿里进行火葬，另一部分人则决定该在庞培议事堂里进行，在那种情况下出现了两个腰佩短剑、挥舞着两枚投枪的身影，其突然用蜡烛点燃了灵床，围在一旁的人群便立刻把干树枝和审判台的法座、长凳，还有可以用到的其他任何东西都添了上去。**4** 随后，骨笛手和演员们则把有意在此场合穿的举行凯旋式时使用的道具服脱

① 马可·帕库维乌斯（Marcus Pacuvius）和马可·阿奇利乌斯（Marcus Atilius）都是公元前二世纪时古罗马著名的悲剧作家。

了下来，撕碎后抛进了火里；军团老兵也把葬礼上用来装点自己的武器［投了进去］；妇女们甚至都把自己佩戴的许多饰品连同孩子们的护身符和紫边托袈袍［投了进去］。**5** 在公众陷入悲痛高潮之际，一大帮外族成群结队地按照各自的习俗哭丧了起来，特别是犹太人——他们甚至一连几个晚上都群集在了火葬堆旁。

LXXXV.1 葬礼过后，平民举着火把迅速赶往布鲁图和卡西乌斯的家，他们被费力击退之后，又在路上碰见了埃尔维乌斯·秦纳①，由于他们搞错了后者的名字，把他当成是正在搜寻着的前一天发表过攻击恺撒的演讲的科尔涅利乌斯［·秦纳］②，便将其杀死了，还把他的头颅插在了长矛上游街示众。在那之后，他们在广场上树起了一根近二十尺③高的用努米底亚大理石打造的实心圆柱，上面刻有“献给国父”④。在这根石柱前，他们不断进行着献祭、许愿，以及以恺撒之名通过誓言消弭某些争执。

LXXXVI.1 恺撒给自己手下一些人留下了这么一种猜测，即他本人是因为健康状况没有丝毫好转而不想继续活下去了，也就未做任何提防，所以他忽略了各种征兆给出的警告与朋友们送上的通知。有些人认为，他信任了元老院的最新一项决议和誓言，解散了自己的西班牙人佩剑守卫。**2** 与之相反，另一些人猜测，他有意让自己一次就置身于来自四面八方的阴谋的威胁之中，而非时刻都生活在担惊受怕之下。还有一些人声称，他也常说，如果他身体安康的话，国家获得的利益要多过自己的，因为他早已经取得了格外多的权力和荣耀，假如自己发生了什么事，国家就会失去安宁而在一定程度

---

① 关于此人，请参见本卷 LII，3 及注脚。

② 卢西乌斯·科尔涅利乌斯·秦纳（Lucius Cornelius Cinna），乃恺撒首任妻子科尔涅利娅·秦纳的兄弟。

③ 古罗马长度单位中一尺（pes）约合 296 毫米，五尺为一罗步。

④ 此处原文用的词是 parens，本意是父亲或母亲之一。

上陷入内战的悲惨境地。

LXXXVII.1 几乎所有人都认同的一件事是，他差不多就是想要以这种方式死去。因为，有一次他在色诺芬的书里读到居鲁士在病入膏肓之际对自己的葬礼做出过哪些安排，在那时，[他表示了] 自己不希望以缓慢的方式死去而渴求能干脆利落地死掉。在他遇害的前一天，在马可·雷必达家中享用晚餐时，他们展开了谈话 [并谈到了] 哪种方式结束生命最为可取，他把毫无准备的突然 [死去] 放到优先的位置。

LXXXVIII.1 他去世于生命中的第五十六年，随后不但凭借正式法令而且还通过民众们的信仰，被列入了众神的行列。因为，在他的继承人奥古斯都为了把他奉为神明而举行的首场庆典赛会上，长发星连续七天都在约莫第十一个时辰升起并发出光芒。大家相信，那就是回到天界的恺撒的灵魂，出于这个原因在他雕像头顶的王冠上要加上一颗星。大家决定，他遇刺的那座议事堂要被封闭起来，而且三月十五日要被命名为弑君[①]日，元老院将永远不在那一天召集会议。

LXXXIX.1 然而，刺杀者当中几乎没有哪位活到三年以上，且几乎都未得善终。他们全都被判有罪，各人死法不尽相同：一部分人死于船只失事，一部分人死于战斗，还有一些人用刺杀恺撒的同一把小刀杀死了自己。

---

① 原文为 parricidium，意思是谋杀父母、近亲，或国家的统治者。

被奉为神的奥古斯都

I.1 许多材料声称，屋塔维乌斯家族[①]曾是维利特莱[②]的名门望族。因为在那座城市最有人气的地区就有一条被称为屋塔维乌斯的街道，而且那里还能见到一座奉献给［某位］屋塔维乌斯的祭坛，此人曾在一场与邻邦的战争中出任将领，当敌人来袭的战报传到之时，他当时恰巧在向玛尔斯供奉祭品，在那种情况下他一把从炉子里抓起半生不熟的内脏献了上去，然后就这么奔赴了战场并得胜归来。还有一份［当地的］公众法案被记载了下来，即今后都要用相同的方式把内脏奉献给玛尔斯，剩下的［祭品］被交给屋塔维乌斯家族。

II.1 该家族随其他平民家族一起被塔克文·普里斯库斯王[③]选入了元老院，紧接着又被塞尔维乌斯·图利乌斯[④]提升进了贵族，过

① 从词源上看，屋大维（Octavianus）家族显然出自屋塔维乌斯（Octavius）家族。

② 今意大利拉齐奥大区的维勒特里（Velletri）。

③ 亦被称为老塔克文，为罗马上古时代七王中的第五位王，当政时间为公元前 616 年—前 579 年。

④ 指罗马上古时代七王中的第六位王，当政时间为公元前 578 年—前 535 年。

了段时间他们被降为了平民，再过了好长一段时间被奉为神的尤利乌斯又恢复了他们的贵族地位。那个家族中首位经人民选举而取得官职的是盖乌斯·鲁弗斯。**2** 他取得过财务官职位，并生了格涅乌斯和盖乌斯，由这两位从屋塔维乌斯家族传下了地位不相等的两个家族分支。因为格涅乌斯及由他流传下的人全都一个接一个出任了最为显赫的官职，可盖乌斯及其后代或是出于命数或是出于己愿，直至奥古斯都的父亲的时候都一直留在骑士等级。奥古斯都的曾祖父于第二次布匿战争时在西西里担任过埃米利乌斯·帕普斯统帅麾下的军事保民官。他的祖父满足于市镇①的职位，并积累到了大量遗产，得以安享晚年。**3** 可另一些人却［提到了］下面这些事：奥古斯都本人只是写道，他自己出生于一个古老而富裕的骑士家族，家族中的首位元老是他的父亲。马可·安东尼在羞辱他的时候曾提到他的曾祖父是被释奴，乃一介从图里伊②乡来的扎草绳之人，祖父是开钱庄的。关于奥古斯都父亲家族祖上的事迹，我找到的除了这些就没有别的了。

III.1 他的父亲盖乌斯·屋塔维乌斯自出生的时候起就已拥有大量的财富和响亮的名声，至于有些人说他也是个开钱庄的，还受雇替人在竞选时发放贿赂，并在广场上提供其他助选服务，对此我不禁感到了吃惊，因为他确实是在富足的环境里长大的，而且轻而易举就取得了显赫官职并出色地履行了职责。从裁判官卸任之后，他通过抽签被派往马其顿［出任行省官职］，在赴任途中，由于元老院交付给他一项特别的任务，他歼灭了占据图里伊土地的斯巴达克斯和喀提林的残兵流寇。**2** 在对行省实行统治时他表现出的公正丝毫

---

① 市镇一词的原形为 municipium，表示的是直接归罗马城管辖的具有独立地位的城镇。

② 位于今意大利半岛南端卡拉布里亚（Calabria）大区的昔巴里（Sibari）附近。

不亚于勇敢，因为他除了在一场大的战役中击溃了贝西人和色雷斯人[①]，也如此这般对待同盟者，以至于马可·西塞罗都有这样的信件流传下来，在信里他鼓励并告诫当时正在亚细亚总督任上且无多少美名的弟弟昆图斯，要后者在争取同盟者方面效仿自己的邻居屋塔维乌斯。

IV.1 他从马其顿归来、尚未来得及宣布自己参选执政官，就突然去世了，遗留下的孩子有：由安卡里娅生下的大屋大维娅，由阿奇娅生下的小屋大维娅和奥古斯都。阿奇娅乃由马可·阿奇乌斯·巴尔布斯[②]和盖乌斯·恺撒的姐姐［小］尤利娅所生。巴尔布斯根据父系血统乃阿里奇亚人[③]，家里陈列有多座元老的肖像，并通过母亲与伟大的庞培沾上了再亲近不过的关系，在卸任裁判官之职后，根据《尤利乌斯法》，他作为二十人委员会成员向平民分发了坎帕尼亚的田地。**2** 可又是提到过的那位安东尼，他还鄙视奥古斯都母亲的祖先，并责骂其外曾祖父是阿非人[④]血统，起先经营一家香膏店[⑤]，后来又在阿里奇亚开磨坊。帕尔马的卡西乌斯在某封信里是如此评价奥古斯都的，以至于奥古斯都不仅成了磨坊主的子孙，还是货币兑换商的子孙，他写道："你母亲的面团出自阿里奇亚最简陋的磨坊，内鲁卢姆[⑥]来的钱庄主用兑换货币的肮脏双手做出了它。"

V.1 奥古斯都出生在马可·图利乌斯·西塞罗和盖乌斯·安东

---

① 贝西人指当时居于默西亚（Moesia）和色雷斯南部的色雷斯人的一支。色雷斯人是居住在巴尔干半岛东部的古老民族，为印欧人的一支，操色雷斯语。

② 指大马可·阿奇乌斯·巴尔布斯（Marcus Atius Balbus maior）与庞培娅（Pompeia）的儿子，庞培娅则是三巨头之一庞培的姑妈。

③ 阿里奇亚是位于罗马东南郊阿尔巴山中的一座城镇。

④ 即阿非利加人。

⑤ 原文为 unguentaria taberna，其中形容词 unguentarius 的名词形式是 unguentum，指的是一种罗马人在沐浴时涂抹在身上的软膏。

⑥ 位于意大利半岛南端卢卡尼亚地区（Lucania）的一座古代城镇。

尼[①]出任执政官的那一年[②]的九月二十三日，出生在太阳升起之前不久，地点在帕拉丁山一带的牛头道上，那里现在已设有一座祭坛，那是在他辞世后过了一段时间才建起来的。因为，根据元老院议事录记载，当贵族青年盖乌斯·莱托里乌斯请求考虑到其年幼和出身而不要对通奸之举做出较严厉的惩处之时，还向元老们提出这样的理由，说自己是被奉为神的奥古斯都最初降生之地的地产拥有者，就像那块圣地的看守者一样；他还请求看在那个就像归其个人所有的特殊神明的份上而宽恕他，于是大家就颁布法令，把他屋子的一部分变成了圣地。

VI.1 在他祖父临近维利特莱的位于城郊［的庄园］里有一间状如储藏室的小房间，时至今日那里仍作为他的婴儿室展示给大家，而邻里甚至还相信他出生在那个地方。除非逼不得已并经宗教仪式洁净，否则不会有人敢踏入其中，因为长久以来都有人相信，那些随随便便进入那间屋子的人好像会受到某种恐怖和惊骇的袭扰，而此事随后即得到了证实。因为庄园的新房主或是偶然或是出于试验的缘故，便睡在了那里，在那种情况下就发生了这种事：夜晚没过去多少时辰一股突如其来的未知力量把他推下了［床榻］，而发现他的时候，人［倒］在门前，身覆床单，已差不多半死不活了。

VII.1 在孩提时代为了纪念祖先的发源地，抑或是因为父亲屋塔维乌斯在他诞生后不久便在图里伊附近地区战胜了敌对的流寇，他就被冠上了“图里努斯”[③]的尾名。对于他以图里努斯作为尾名我将给出十分确凿的证据：我曾拥有一小尊描绘他孩童形态的旧铜像，

---

① 盖乌斯·安东尼·伊部里达（Gaius Antonius Hybrida），共和国晚期政治家，公元前 63 年执政官，乃后三头同盟之一马可·安东尼之父马可·安东尼·克雷提库斯（Marcus Antonius Creticus）的弟弟。

② 根据执政官列表，那一年是公元前 63 年。

③ 即图里伊人。

那上面用几乎锈蚀的铁字母刻着这个名字，我把它当作礼物送给了元首[①]，而元首则将它放入卧室，摆在了众护家神当中。还有，在马可·安东尼出于嘲讽而写的信里时常把他唤作“图里努斯”，而［奥古斯都］本人只是回复道，对于丢出自己从前的名字来指责他而感到惊讶。**2** 在那之后他取得了“盖乌斯·恺撒”的尾名，接着还取得了“奥古斯都”的尾名：前者靠的是舅公的遗嘱[②]，后者则是通过穆纳奇乌斯·普朗库斯[③]的提议。虽然有些人认为他就如同罗马城的建城者本人一样而该被称为“罗慕路斯”，可［穆纳奇乌斯·普朗库斯的提议］占据了上风——他提出，称作“奥古斯都”更好一些，因为它非但是个新的尾名，而且更加荣耀，因为再神圣不过的圣地以及那些凭借占卜向神明奉献祭品的场地都被称为“奥古斯塔”，该词源自“增强”一词，或“鸟类的移动或啄食”[④]之说。正如恩尼乌斯[⑤]指出的，他写道：

经圣地占卜之后辉煌的罗马建立了起来。

---

① 苏埃托尼乌斯在哈德良（Hadrianus）皇帝当政时期曾官居御用秘书（epistularum magister）之职，很容易接触到皇帝本人，因此这里的元首应该指哈德良。关于此事，请参见《罗马君王传：哈德良传》（*Historia Augusta: Vita Hadriani*），XI，3（谢品巍译，杭州：浙江大学出版社，2018）。

② 关于盖乌斯·恺撒通过遗嘱把自己的名字赠予屋大维，请参见《被奉为神的尤利乌斯》，LXXXIII，1。

③ 卢西乌斯·穆纳奇乌斯·普朗库斯（Lucius Munatius Plancus），公元前42年的执政官，先后出任过亚细亚行省、叙利亚行省总督和公元前22年的监察官，罗马元老。

④ 占卜拉丁语为auguro，此处“奥古斯塔”一词为augusta，两个词相近。“增加”一词拉丁语为auctus，“鸟类的移动或啄食”拉丁语为avium gestus gustuve。

⑤ 昆图斯·恩尼乌斯（Quintus Ennius），罗马共和国时代的著名作家、诗人，活跃于公元前二世纪上半叶，常被后人誉为罗马诗歌之父。有史诗《年代记》（*Annales*）的残篇传世。

VIII.1 在四岁时他没了父亲。在出生后的第十二年，他在聚集的人群前对去世的外祖母尤利娅进行了歌颂。四年后，在穿上了成人托袈袍[①]之后，虽然因为年龄尚小而未参加战争，可他仍在为庆祝恺撒在阿非利加取得胜利而举行的凯旋式上被授予了军事嘉奖。紧接着，当舅公奔赴西班牙诸地与格涅乌斯·庞培的儿子作战的时候，尽管他才大病初愈，可还是在经历了一场海难之后带领极少的同伴沿着有敌人出没的道路跟随了过来，由此他很受［恺撒］宠信，还很快就让后者赏识起了他的天性，其程度超过了他在途中付出的辛劳。**2** 待收复了西班牙诸地之后，恺撒决定出征达契亚人并再从那里远征帕提亚人，同时把［奥古斯都］先行派往阿波罗尼亚[②]以让其得空学习。［奥古斯都］一获悉对方被杀而自己成为继承人之后，就对是否请求附近军团提供庇护犹豫良久，终因这个想法［太过］仓促和草率而放弃了。虽然母亲对此心存疑虑，他的继父、与执政官等衔的马尔西乌斯·腓力普斯提出了激烈反对，可他仍返回罗马城并继承了遗产。**3** 从那时起，在把部队召集起来之后，他先是和马可·安东尼、马可·雷必达一起，接着只和安东尼一起，执掌国家近十二年，最后又独自一人执掌国家四十四年。

IX.1 似乎已对他的生平作了一番概括，现在为了能让大家更清晰地了解，我将继续按照门类而非时间顺序逐一详述各部分内容。他打过五场内战——穆提纳战争、腓力庇战争、佩鲁西亚战争、西西里战争、阿克辛战争，其中第一场和最后一场战争的对手都是马

---

① 亦被称为白色托袈（toga alba）或单色托袈（toga pura），即由纯白色羊毛织成的托袈袍。该装束通常为古罗马成年男性平民在正式场合的着装，未带官衔的元老也穿这种托袈袍。

② 即伊利里亚的阿波罗尼亚，为古代希腊人的殖民城市，遗址方位在今阿尔巴尼亚费里（Fier）地区的波雅尼（Pojani）镇附近。

可·安东尼，第二场的对手是布鲁图和卡西乌斯，第三场的对手是三巨头之一［马可·安东尼］的弟弟卢西乌斯·安东尼，第四场的对手是格涅乌斯［·庞培］的儿子塞克斯图·庞培。

X.1 所有这些战争是因为如下原因而开始的：他认为除了为舅公之死进行复仇并捍卫其法令之外就没有其他义不容辞之事了，所以他立即从阿波罗尼亚返回了［罗马］，决心对布鲁图和卡西乌斯发动突然袭击并实施抓捕，［可］鉴于他们预见到危险且已经逃走了，他便动用起法律，在对方缺席的情况下指控他们犯下谋杀罪。另外，那些受命为庆祝恺撒获胜而操办角斗士比赛的人不敢履行上述职责，在这种情况下他亲自操办起了赛会。**2** 为了更稳健地推行其他事务，他宣布自己参与竞选平民保民官以取代恰巧过世的那一位，即便他是贵族且亦非元老[①]。可他的计划却遭到了曾经给予厚望做出支持的执政官马可·安东尼的反对，［后者］在没有巨大贿赂的情况下甚至都不允许他在国事上享有丝毫通常的公共权利。于是［奥古斯都］加入了贵族派，因为他知道他们憎恨这个人；特别是安东尼把德西姆斯·布鲁图包围在了穆提纳，企图依仗武力把后者从恺撒交付给他并经元老院认可的行省赶出去。**3** 于是，在一些人的鼓动下，［奥古斯都］请来了刺客去刺杀他，事情暴露之后因害怕招来危险，他尽其一切所能地发放犒赏，把老兵重新召集了起来，这么做既为了保护自己又为了支援国家。他受命以与裁判官相等的官衔来统率这支召集起来的军队，并领命与已出任执政官的伊尔奇乌斯和潘萨[②]一起为德西姆斯·布鲁图提供支援，他在之后的第三个月里就通过两场战斗完成了交付的战争任务。**4** 安东尼写道，在前面一场战斗

---

① 从苏拉时代起，只有元老才有资格出任保民官之职。——洛布版注

② 盖乌斯·维比乌斯·潘萨·契特罗尼安努斯（Gaius Vibius Pansa Caetronianus），公元前 51 年出任保民官，恺撒遇刺后在公元前 43 年被选为执政官。

里，他奔逃而走，直至两天之后再次露面，当时他未穿紫斗篷也未骑马匹。至于接下来的一场战斗，众所周知的是，他非但充当了统帅，而且还充当了士兵，并且在战斗正酣、其属下军团的鹰旗手身负重伤之际，用肩膀架起了鹰旗，并撑了好一会儿。

XI.1 在那场战争中，伊尔奇乌斯死于沙场，不久以后潘萨也因伤而丧命，在那种情况下，以下谣言甚嚣尘上，说他是为了在安东尼逃跑后从［两位］执政官那里独自霸占得胜的军队而害死了这两个人。潘萨的死也确实存有颇多疑问，以至于医生格利科被控告往伤口上施了毒而遭到了羁押。阿奎利乌斯·尼杰尔还补充道，另一位执政官伊尔奇乌斯则在战斗的混乱中被他［亲手］所杀。

XII.1 不过当他获悉安东尼在逃亡以后就被马可·雷必达收留了下来，其他将领和军队都加入到他们那一方的时候，他毫不犹豫地舍弃了贵族派的立场，而其改变主意的借口则是某些人的言行，就好比有些人曾把他当成孩子一样，另一些人为了不让他或［他的］老兵享受到应得的报酬便鼓吹应该授予他荣誉然后再抛弃他。为了更清楚地彰显自己此前与那撮人［产生过牵连］的后悔之心，他对努尔西亚人[①]开征起了重税，然后在付不出这笔重税的时候把他们逐出城去，因为他们拨公款为他们在穆提纳的战场上被杀的公民垒起坟墓，还刻上铭文，称他们是为自由而献身的。

XIII.1 在与安东尼和雷必达结成同盟之后，他仍经两场战役才终结了腓力庇战争，虽然其间他体弱多病，而且在两场战役的第一场里他被赶出了营地，不得已奔逃到了安东尼那一翼。［得胜后］他充分利用了胜利，把布鲁图的脑袋送到罗马，并抛在了恺撒的塑像脚下，随后用难听的言辞冲每一个再高贵不过的被俘之人发泄怒火。

---

① 努尔西亚城（Nursia）即今意大利中部翁布里亚（Umbria）大区的诺尔恰（Norcia）。

2 面对一个低声下气地乞求得到埋葬的人，据说他回复道，现在就让那种鸟[①]发挥作用吧。另外还有一对父子，当他们恳求活命的时候，据说他命令他们通过抽签或猜拳来决定谁能得到宽恕，当那位父亲为了儿子交出自己的性命后，儿子也自杀了，在那种情况下他还分别观看了他们的死亡过程。于是，包括加图的追随者，那个马可·法维奥尼乌斯在内的其他人，当他们被锁链绑缚着被引领出来之时，一边是安东尼如发号施令者那样受到了崇高的敬意，一边是他们用再粗俗不过的谩骂当面抨击了他［奥古斯都］。**3** 在［腓力庇战争］得胜之后，他们划分了管辖的范围，安东尼将治理东方，而［奥古斯都］本人将带着老兵返回意大利，并把市镇附近的田地分给他们。［不过］无论老兵还是土地拥有者他都没让他们感到满意，因为一方在抱怨他赶走了自己，另一方则抱怨他们［的回报］未达到预期。

XIV.1 正当卢西乌斯·安东尼在那个节骨眼上依仗自己的执政官职位以及兄长［马可·安东尼］的权威计划掀起叛乱之际，［奥古斯都］迫使他逃亡到了佩鲁西亚[②]，并通过断粮来迫使其投降，虽然如此，可在这场战争前和战争期间他并非没有经历过危难。譬如，在举行庆典赛会的时候，当他命令管事的官员让一名坐在第十四排座位当中的普通士兵起身［让座］的时候，造谣者放出了流言，就好像他不久就让这名士兵受到折磨并将其处死，结果他差一点就在一大群愤怒的士兵之中丧了命，而他能脱险则多亏了那位失踪［士兵］突然间就安然无恙地出现了。另外，当他在佩鲁西亚城墙附近举行献祭的时候，差一点就死在了从城里突围而出的角斗士的手里。

---

① 指乌鸦。

② 今位于意大利罗马以北、台伯河上游的佩鲁贾（Perugia）。

XV.1 佩鲁西亚被占领之后，他对许多人进行了惩处，同时对那些力图请求宽恕或寻求原谅的人只以“该死”一词做出答复。某些人写道，在三月十五日，从投降者里选出了三百人，两个不同等级的人像祭品一样献上了为被奉为神的尤利乌斯建起的祭坛。一些人记载道，他拿起武器的真实目的在于：[故意] 给隐藏的对手和与其说出于爱护还不如说出于恐惧而围绕其身旁的人以机会，让他们加入卢西乌斯·安东尼那边，从而使其真实面目暴露，然后再击败他们并罚没财产，以此来兑现付给老兵的犒赏。

XVI.1 西西里战争是他最先发动的战争之一，不过那场战争却因许多困扰而持续了很久：一会儿为了重建在夏季的风暴中两度遭到覆灭的舰队，一会儿又因供应切断、饥荒加剧而在人民的要求下缔结了和约。如此这般，直到后来舰船被完全建造了起来，二万奴隶得到释放并被训练成了操桨手，通过把海水引入卢克里努斯湖和阿维努斯湖，又在巴耶[①]附近建造了尤利乌斯港。他整个冬天都在那里训练部队，随后就在米莱[②]和瑙洛库斯之间的地方战胜了 [塞克斯图·] 庞培。而在战斗打响之际，他突然陷入了沉睡之中，以至于为了发出 [战斗] 信号，朋友们还要把他唤醒过来。**2** 我认为由此也向安东尼提供了笑柄，譬如，他甚至都不敢查看已在战斗位置就位的舰队，而是傻傻地仰卧床榻，凝望天空，在敌人的舰船被马可·阿格里帕击退之前，他都不敢站起身来到士兵们的面前 [证明他还活着]。另一些人还控诉了他的一则言行，说他好像在风暴摧毁舰船之际喊道，即便 [海神] 尼普顿不愿意，可我终将取得胜利；而在接下来举办竞技比赛的那一天，他还把这位神祇的神像从游行

---

① 位于今意大利那不勒斯湾西北岸的古代海滨城镇，尤利乌斯港后来成了罗马帝国西部舰队的海军基地。

② 今意大利西西里东北角的港口城市米拉佐（Milazzo）。

仪式的队伍里去除了。**3** 可以十分确定地说，[比起在西西里战争] 他在其他任何一场战争都不曾遇到更多更大的危险。当一支部队被运送到了西西里，他踏上回程前往留在大陆的剩下的那一批部队的时候，突然遭到庞培的手下、海军将领得莫卡勒斯和阿波罗法内斯的袭击，他最后仅凭一艘船极勉强地逃出了险境。再有，当他经洛克里徒步前往雷吉翁①的时候，他看见几艘庞培的二桡船正在收帆靠岸，他以为是自己的船，就下到了岸边，结果差一点就被俘虏了。就在他走小道逃跑之际，他的同伴埃米利乌斯·保罗②的一名奴隶企图杀害他，因为他曾经把 [埃米利乌斯·保罗的] 父亲保罗宣布为公敌，而 [这名奴隶] 当时觉得找到了复仇的机会。**4** 待庞培逃跑之后，已从阿非利加被他唤来支援自己的另一位同僚马可·雷必达因为拥有二十支军团而变得傲慢起来，他用可怕的威胁声称自己该居于政府首要之位，可 [奥古斯都] 却夺去了他的军队，还在对方哀求饶命之下将他终身流放到了齐尔切伊③。

XVII.1 他最终解除了与马可·安东尼之间长久以来各怀鬼胎的不牢固的同盟关系，虽然该同盟在各式各样的妥协下艰难维持着。为了更好地证明对方已不符合公民资格，他开启了对方留在罗马的遗嘱——上面甚至有把克里奥帕特拉 [和他] 所生的孩子列入继承人——并在集会场合宣读了出来。**2** 虽然如此，在 [马可·安东尼] 被宣布为公敌之后，他仍把对方所有的亲戚和好友送了过去，其中

---

① 今意大利半岛西南端的雷焦卡拉布里亚（Reggio di Calabria），与西西里岛东北岸隔海峡相望。

② 卢西乌斯·埃米利乌斯·雷必达·保罗（Lucius Aemilius Lepidus Paulus），这里父子俩同名。父亲乃《被奉为神的尤利乌斯》，XXIX，1 中提到的那位埃米利乌斯·保罗，后三巨头之一马可·雷必达的兄弟。

③ 即今意大利中部的奇尔切奥山（Monte Circeo），位于距离罗马城南（或东南）约 100 公里处的第勒尼安海（Tyrrhenian Sea）的海岬上，是一座石灰岩山脊。

就有当时的执政官盖乌斯·索西斯和格涅乌斯·图密奇乌斯[①]。他还公开宽恕了阴谋联络整个意大利加入安东尼那一方的博洛尼亚人，因为他们自古以来就已和安东尼家族结成了联盟。不久之后，他在阿克辛附近打了一场海战并取得了胜利，那次战斗一直持续到很晚，以至于胜者是在船上过夜的。**3** 当他离开阿克辛抵达萨摩斯[②]并进入了冬季营地之后，就被传来的消息给烦恼到了，消息说一支军队因索要奖赏和要求退役而掀起了哗变，那支军队是从全体军人当中[选出的]，在取得胜利之后他把他们派往了布伦迪西乌姆。在返回意大利的途中，他遭遇到两场风暴：第一场是发生在他航行到伯罗奔尼撒的海岬与埃托利亚[③]之间的时候，还有一场则是在切佬尼山脉[④]附近。在那两处地方，他都有部分战船沉没，而他搭乘的那艘船绳索被吹走，船舵被折断。他在布伦迪西乌姆待了不超过二十七天，直到士兵们的享乐之欲得到满足为止，然后他再绕道亚细亚和叙利亚朝埃及进发，在包围亚历山大里亚之后不久便占领了那座城市，而安东尼那时已经偕克里奥帕特拉逃了出去。**4** 虽然最后安东尼试图提出和平条约，可他最后仍逼迫其自杀，还目睹了他的死尸。至于克里奥帕特拉，为了办一场光彩的凯旋式，他想要留住她的性命，甚至还把会吸出毒液的普西利人[⑤]派了过去，因为据信她死于被角蝰[⑥]咬伤。他授予他们两位体面的葬礼并准许他们合葬一墓，还下令把他们已开始建造的陵墓修建完毕。**5** 弗尔维娅所生的两个

---

① 根据执政官列表，那一年为公元前 32 年。

② 位于爱琴海东部紧邻小亚细亚半岛的一座岛屿。

③ 指希腊科林斯（Corinth）湾北岸的一片多山地区。

④ 即今阿尔巴尼亚西南沿海的卡纳利特山脉（Kanalit）。

⑤ 生活在北非的当地古老部族，以精于驯蛇术而闻名。

⑥ 原文 aspis，指一种主要分布于北非沙漠地区的蛇类，有极强的毒性，正常人体只要摄取 40—50 毫克角蝰蛇毒就足以致命。

孩子中的年长者、年轻人安东尼[①]在经过数次哀求却未起到效果之后便逃到了被奉为神的尤利乌斯的神像边上，他把其从神像旁拖出来处决。他把克里奥帕特拉声称的与恺撒所生［的孩子］恺撒里昂[②]从逃亡中抓了回来，又以同样的方式处死。他饶恕了安东尼和那位女王的其他孩子，并如同自己的家人一样根据他们各自地位不无细心地抚养了他们。

XVIII.1 就在同时，他派人把亚历山大大帝的棺材和遗体从墓室内移了出来，然后他瞻仰了［遗体］，并放入金冠、撒上鲜花，以示崇敬。在被询问到他是否还想参观托勒密［十二世的陵墓］的时候，他说他想见的是王，而非死尸。**2** 为了让埃及变得更加肥沃以便更易于向罗马城供应粮食，他将埃及降为行省等级，还让士兵出力清理了每一条有尼罗河水注入却年久淤塞的运河。为了让阿克辛之战的胜利变得更加光彩并留存于后人的记忆，他在阿克辛附近建起了尼科波利斯城[③]并在那里创立了每四年[④]举行一次的庆典赛会，他扩建了［当地］古老的阿波罗神庙，用海战的战利品装点曾经使用过的营地并奉献给了尼普顿和玛尔斯。

XIX.1 在那之后，他先后将数场暴动、革命、阴谋扼杀于摇篮之中，这些阴谋都是在事态变得严峻之前就遭到了败露。上述事件的主谋有年轻人雷必达，其次有瓦罗·穆雷纳和法尼乌斯·切皮奥，

① 即马可·安东尼·安提卢斯（Marcus Antonius Antyllus），乃三巨头之一马可·安东尼与弗尔维娅所生的孩子，被奥古斯都处决时年仅 17 岁。

② 关于恺撒与克里奥帕提拉的孩子，请参见《被奉为神的尤利乌斯》，LII，1 及注脚。

③ 城市名原文 Nicopolis 的含义是“胜利之城”，具体方位在今希腊西北普雷韦扎（Preveza）以北约 6 公里处。

④ 此处原文直译是“每五年”（quinquennales）。因为罗马人计算时间往往把事件发生的那一年一并计算进去，因此此处所谓每五年实际指现代通常意义上的每四年。

随后有马可·埃尼阿奇乌斯，接下去有普劳奇乌斯·鲁弗斯和奥古斯都的外孙女婿卢西乌斯·保罗；除去上述人物的事件之外，还有被控犯下伪造文书罪的既上了年纪又体弱多病的卢西乌斯·奥达西乌斯，同样的还有出自帕提亚族的混血者阿西尼乌斯·埃庇卡杜斯，最后则是一位夫人的宣名奴隶[①]特勒福斯。即便地位极其低下，都不乏有人阴谋对其造成危害。**2** 奥达西乌斯与埃庇卡杜斯曾决定强行把［奥古斯都的］女儿尤利娅[②]和外孙阿格里帕[③]从遭到囚禁的岛上[④]劫持到军队那里，特勒福斯则好像自己命中注定能取得统治大权一样决心向［奥古斯都］本人和元老院发起袭击。另外，伊利里亚部队里的某位随军仆役在趁夜色躲过守门者之后［潜入了］他的寝宫附近，被抓住时还带着一把猎刀，并不知晓此人是真疯还是假疯，因为无法从他那里拷问出任何信息。

XX.1 他本人总共发动过两场对外战争，即在他年轻时进行的达尔马提亚战争和打败安东尼之后进行的坎塔布里亚战争。在达尔马提亚战争中他还负了伤，在一场战斗中被石头击中右膝，在另一场战斗里又因桥梁坍塌而让一只脚和双臂受了重伤。其余的战争则交由将领们去进行，虽然如此，可他本人仍在潘诺尼亚和日耳曼尼亚的几场战争中或是亲临战场或是置身在距前线不远的地方，因为他当时离开罗马一直来到了拉文纳、梅迪奥朗诺[⑤]、阿奎

---

① 原文为 servus nomenculator，指的是一种负责提醒主人人物姓名的奴隶。

② 奥古斯都之女，是他与第二任妻子斯克里波尼娅（Scribonia）所生的女儿。

③ 马可·阿格里帕·珀斯图姆斯（Marcus Agrippa Postumus），乃奥古斯都的女儿尤利娅与本卷上文（XVI，2）所提到的马可·阿格里帕所生的孩子。

④ 奥古斯都的女儿尤利娅因与男子通奸而被流放到了第勒尼安海上距离意大利海岸 46 公里的潘达特里亚岛（Pandateria）；外孙阿格里帕则因遭后妈李维娅（Livia）的厌恶而被流放到了普拉纳西亚岛（Planasia）——今位于科西嘉岛和意大利本土之间的厄尔巴岛（Elba）。

⑤ 今意大利米兰。

莱亚[①]。

XXI.1 他部分时候以将领的身份［直接率领军队］，部分时候通过在罗马指挥军队，占领了坎塔布里亚[②]、阿奎塔尼亚[③]、潘诺尼亚、达尔马提亚，乃至整个伊利里亚[④]，连同雷蒂安[⑤]以及阿尔卑斯山的部族维因德利奇人与萨拉西人。他还阻挡了达契亚人的入侵，在歼灭大量部队的同时杀死了对方三名将领。除了投降过来的苏维汇人和齐格布里人（他让他们迁移至高卢并定居在毗邻莱茵河的土地上）之外，他把日耳曼人驱逐到了阿尔比斯河[⑥]的对岸。同样，他也让其他并不安定的民族变得臣服。**2** 而在没有正当理由和必要缘由的时候他未对任何民族发动过战争。他一点都不希望通过任何手段来拓展最高权力或增加战功，以至于他会强迫某些蛮族的首领进入复仇之神玛尔斯神庙进行宣誓，宣布他们将忠诚地维持自己所谋求的那种和平。因为他觉得对方不会重视男性人质，于是就尝试了扣押人质的新方法，即扣押女性人质，虽然如此，可他仍把下述权力授予所有人：他们在任何想要的时候都能更换人质。对于那些或是时常掀起叛乱者或是诡计多端之人，他不曾施加过任何与把受押人质变卖为奴（在不临近［他们部族的］地盘服役而且三十年内不得释放的条件下）相比更严厉的惩处。**3** 他凭借勇气和自律带来的巨大

---

① 位于亚得里亚海北端海岸的古代重镇。

② 西班牙北部临海的一片地区名。

③ 即高卢－阿奎塔尼亚（Gallia Aquitania）行省。古罗马帝国时代位于高卢地区的一座行省，公元前 22 年设立，其地域大致为今法国中部和西南部。

④ 潘诺尼亚和达尔马提亚原为巴尔干半岛西部的伊利里亚行省，公元一世纪上半叶伊利里亚行省被一分为二：北面靠近多瑙河的那部分被称为潘诺尼亚行省，南面临近亚得里亚海的那部分被称为达尔马提亚行省。

⑤ 古罗马帝国时代位于阿尔卑斯山区的一座行省，公元前 15 年设立，大致相当于今瑞士大部分地区。

⑥ 即今易北河。

声望使曾经只在道听途说中才知晓的印度人乃至斯基泰人都主动派出使节以寻求他和罗马人民的友谊。帕提亚人在他对亚美尼亚宣布享有统治权之际也随即向他屈服了，并在他的要求下把从马可·克拉苏和马可·安东尼那里夺来的军旗还给了他，除此之外还奉上了人质。再者，当有数位角逐王位之人出现的时候，他们只接受由他选出的那位。

XXII.1 他在非常短的时间里就三次关闭了从罗马建城至他的时代之前只关闭过两次的雅努斯·昆林努斯神庙[①]的大门，以示其在海上和陆上实现了和平。他两度以欢呼式进入罗马城：一次是在腓力庇战争之后，随后一次是在西西里战争之后。对于在达尔马提亚战争、阿克辛战争、亚历山大里亚战争的胜利，他连续三天一共举行了三场正式的凯旋式。[②]

XXIII.1 他总共遭受过两次惨痛而不光彩的失败，且都是在日耳曼尼亚，这两场战败与洛利乌斯和瓦鲁斯有关，不过对洛利乌斯战败与其说损失惨重还不如说［只是］尽失颜面［而已］，至于对瓦鲁斯战败，则近乎造成了覆灭，因为三支军团连同一位军团统帅、诸位将领，以及全体辅助部队都被杀死了。当消息传到之后，为了防止出现什么骚乱，他颁令在罗马全城布置巡夜，还延长了诸行省

---

① 即位于罗马广场上的雅努斯神庙，双面雅努斯神是罗马人的门神，该神庙只在国家有对外战争时才把庙门打开，关闭神庙则意味着国家无任何战事。

② 欢呼式（ovans 或 ovatio）指的是一种规模较小的凯旋式，在仪式中将领以步行而非像正式的凯旋式（由此被叫作 triumphus curulis）那样使用四驾马车进入城里，其他的差别被写在了奥卢斯·杰利乌斯的《阿提卡之夜》（*Noctes Atticae*），V，6，20—21："欢呼花冠是由桃金娘编成，举行小凯旋式时，统帅进城时所戴。之所以是小凯旋式而不是凯旋式，或因战争未经正式宣战，故而非与合法敌人作战；或因敌人名声卑微、不足挂齿，譬如奴隶以及海盗；或因敌人迅速投降，胜利来得就像人们常说的那样'不费吹灰之力'，兵不血刃。"（周维明、虞争鸣、吴挺、归伶昌译，北京：中国法制出版社，2014）——洛布版注，引文由汉译者补充

总督的掌权时限，以便让同盟者所熟识的经验丰富之人能将同盟关系维持下去。**2** 他还向至高无上的朱庇特宣誓道，要是国家返回到更好的状况他就献上盛大的庆典赛会，此举在辛布里战争[①]和马尔西战争[②]的时候也曾做出过。事实上，据称，他沮丧到了如此地步，以至于连续数月都不刮胡子不理发，有时还一边用脑袋撞着门，一边大声喊道："昆提利乌斯·瓦鲁斯，把军团还回来！"他还每年把那个战败之日当作悲哀日和吊丧日加以纪念。

XXIV.1 他在军事上既做出了诸多改革与创新，还在许多方面恢复了古代的习俗。他以再严格不过的方式制定纪律。除了在冬季的几个月里他才勉强答应之外，其他时候他绝不允许任何将领去见自己的妻子。一位罗马骑士为了让两个成年孩子免于服役就砍掉了他们的拇指，他因此公开拍卖了这位骑士本人连同其财产，虽然如此，可他见到一些包税人威胁要买下此人时，便将其判给了自己的被释奴，结果此人被流放到了乡野但却换得了自由。**2** 他把并不顺从的第十军团以不光彩的方式给整个解散掉了，对于其他以张狂的方式

---

① 这场战争始于公元前 113 年，结束于前 109 年。关于这场战争的记载，请参见尤特罗庇乌斯，IV，25："在盖乌斯·切奇利乌斯·梅特卢斯（Gaius Caecilius Metellus）和科奈乌斯·卡尔波（Cnaeus Carbo）出任执政官的那一年，都叫梅特卢斯的那两个兄弟在同一天举行了凯旋式，其一是出于在撒丁岛的胜利，另一位是出于在色雷斯的胜利。随后，在罗马，辛布里人从高卢进入意大利的消息被发布了出来。"以及尤特罗庇乌斯，IV，27："辛布里人在高卢被昆图斯·梅特卢斯（Quintus Metellus）的同僚、执政官马可·尤尼乌斯·西拉努斯（Marcus Iunius Silanus）击败。"

② 即同盟者战争，始于公元前 91 年，结束于前 88 年。关于这场战争请参见尤特罗庇乌斯，V，3："建城以来的第 659 年，也就是塞克斯图·尤利乌斯·恺撒（Sextus Iulius Caesar）和卢西乌斯·马尔西乌斯·腓力普斯（Lucius Marcius Philippus）出任执政官的那年，当周围近乎一切战事都停歇之后，皮森特人（Picentes）、马尔西人和佩利尼人（Peligni）在意大利挑起了一场规模空前的战争，他们曾长期顺从于罗马人民之下，可那时却开始为自己而谋求同等的自由……这场战争持续了四年，并带来了巨大的不幸。"

要求遣散的军团，他在把他们遣散的同时不提供本该有的服役报酬。若哪支队伍放弃阵地，他就在对他们实施十一抽杀[①]后，再把他们的伙食改成大麦[②]。若百人队队长擅离职守，他就如对待普通士兵那样对他们处以死刑。对于犯下其他过错的［百人队队长］，他施加了多种不光彩的惩罚，譬如令其在将领的营帐前站立一整天，有时还要脱下套剑带并穿上［平民穿的］短袖袍，有时则要拿上十尺长的杆尺或一团泥土[③]。

XXV.1 内战过后，他在集会演讲或颁布法令的时候就不再称任何一批部队的军士为“战友们”而称作“士兵们”，他甚至都不许执掌统率权的自己的儿子或养子用其他方式称呼军士，因为他觉得考虑到军事纪律或和平时代所需，又或者出于自己及家人的尊贵地位，［“战友”］这一称呼太过奉承了。**2** 除去为了在罗马扑灭火灾以及害怕在粮食供应不济时产生暴乱，他［只］使用过两次被释奴士兵：第一次是充当伊利里亚周边殖民地的守卫者，第二次是为了守卫莱茵河河岸。这些人在被召集的时候还是有钱男女人家的奴隶，一经招募即刻得到了释放，他把他们留在了早先的旗帜下，[④]而且并不与出身自由者混编在一起或和他们装备相同样式的武器。**3** 军事奖赏方面，与垒冠和城冠[⑤]相比，要他给出金银制的圆章[⑥]和项圈会更为

---

① 原文动词 decimo，意思是从十个人里通过抽签抽出一个人处以死刑。

② 古罗马军队的军粮主食一般情况下是小麦制的面包、面饼、小麦粥等。

③ 拿杆尺是为了测量营地，泥土则是为了建造堡垒，这些都是普通士兵干的活，此处用来侮辱军官。——洛布版注

④ 指的是，他把他们同最初加入进去的队伍的其他成员分隔开来。——洛布版注

⑤ 垒冠和城冠分别指的是带堡垒状和城垛状装饰图案的金冠。罗马人用垒冠奖励首个爬上敌军堡垒和的士兵，用城冠奖励首个爬上敌军城池的城墙并顺利插上己方军旗的士兵。

⑥ 原文为 phalera，指的是用在盔甲或马具上作为装饰的圆形金属牌。

容易一些，因为垒冠和城冠标志着巨大的荣耀，他尽可能少地颁授上述奖赏，且是以一视同仁的态度，还时常颁给普通士兵。海战胜利之后他在西西里赠予了马可・阿格里帕一面蓝色旗帜。他认为只有那些举行凯旋式的人才永远没有资格获得奖赏，即便他们是他远征时的同伴，也为他的胜利做出过贡献，因为他们自己也有权利把这些荣耀颁给想授予的人。**4** 此外他相信，对一位优秀的将领来说，除了求快和莽撞之外就再无什么短处了。因此，他曾反复道出如下言辞："欲速则不达"，"懂得保全的将领胜过勇猛之将"[①]，还有"无论做什么只有足够好才谈得上快"。如果对打一仗所获好处的预期不及对损失的顾虑，他就绝对不进行那场战争，因为他常说，冒着巨大风险去夺取极少的收获，就如同用金诱饵捕鱼，一旦诱饵被叼走了，任何收获都将无法抵偿其损失。

XXVI.1 他在通常的年龄之前就取得了一些官职和荣誉，某些还是新的终身职务。他在生命的第二十年就率领几支军团像对待敌人一样朝罗马城进发，在派出人以军队之名替他索要执政官职位之后，他就得到了这个官职；鉴于元老院表现拖沓，使团的负责人、百人队队长科尔涅利乌斯便掀开斗篷露出剑柄，接着在元老院议事堂里毫不犹豫地说道："假如你们不办，它会将之办妥。"**2** 九年后他第二次取得了执政官官职，隔了一年他第三次取得了执政官官职，接下来他连续［出任执政官］一直到第十一次，随后有数次是在大家提出邀请后被其拒绝了，中间隔了好长一段时间（即十七年）之后他才重新提出了［出任执政官的］请求，而到他第十三次提出请求时中间隔了两年，因为他希望在两位养子盖乌斯[②]和卢西乌

① 这两句引文原文为希腊语。出自欧里庇得斯的《腓尼基妇女》(*Phoinissai*)，599。——多纳・赫勒译本注

② 盖乌斯・尤利乌斯・恺撒(Gaius Iulius Caesar)，乃奥古斯都的女儿（转下页）

斯[①]到了服役年龄而要将他们各自引入政坛之际，自己正身居最高的官位。[②]**3** 他从第六次至第十次的五次执政官任期都任满了一年，其余的有九个月、六个月、四个月、三个月不等，惟第二次［任执政官时］没多少个时辰，因为一月一日清晨他在卡庇托山上的朱庇特神庙前的权贵席[③]上坐了片刻，随后他便辞去上述显赫官职，让他人接替了自己的位置。并非每一次执政官任期开始时他都身处罗马，如在第三次时他身处亚细亚、第四次时在萨摩斯岛、第八次和第九次时都在塔拉戈纳[④]。

XXVII.1 有十年之久，他位列重建国家秩序的三巨头之一，其间有一段时间他反对过［另两位］同僚以阻止［他们］颁布任何公敌宣告，不过在公敌宣告公布出来之后他却执行得比那两个同僚都要凶狠。当他们受到个人的影响外加诸多央求因而时常志动心摇的时候，惟有他，在竭力坚持不该有谁得到宽恕的同时，还把自己父亲屋塔维乌斯担任市政官时的同僚、自己的监护人盖乌斯·托拉尼乌斯宣布为公敌。**2** 尤利乌斯·萨图尔尼努斯还额外补充道，在公敌宣告公布完之后，马可·雷必达在元老院对过去的行为做出了辩

（接上页）尤利娅与马可·阿格里帕所生的第一个儿子。出生时名为盖乌斯·维普萨尼乌斯·阿格里帕（Gaius Vipsanius Agrippa），后受到外祖父奥古斯都的过继，改名为盖乌斯·尤利乌斯·恺撒。

① 卢西乌斯·尤利乌斯·恺撒（Lucius Iulius Caesar），乃奥古斯都的女儿尤利娅与马可·阿格里帕所生的第二个儿子。出生时名为卢西乌斯·维普萨尼乌斯·阿格里帕（Lucius Vipsanius Agrippa），在他出生的那一年即与哥哥盖乌斯·维普萨尼乌斯·阿格里帕一同被外祖父奥古斯都过继为子，并改名为卢西乌斯·尤利乌斯·恺撒。

② 根据执政官列表，奥古斯都出任执政官的年份分别是：公元前 43 年、前 33 年，前 31 年—前 23 年，前 5 年，前 2 年，一共十三次。

③ 原文为 curulis sella，指专为罗马最高等级官员（特别是执政官、裁判官、市政官）和祭司保留的象牙制座位。

④ 位于伊比利亚半岛东北部的海岸城市。

解，还希望得到宽大处理，因为已经实施了足够多的惩罚了；而那位［奥古斯都］则发表了相反的观点，他宣称，只有在把一切事务都交由自己任意处置的条件下，才同意终止颁布公敌宣告。虽然如此，为了对他的固执己见表示歉意，他后来还是把提图斯·维尼乌斯·菲罗佩蒙提升到了骑士阶层，因为据说他之前曾藏匿过被列入公敌名单的自己的庇护人。**3** 在担任三巨头之一时，他在许多事情上都遭到了憎恨。譬如，在一次允许一些平民参加的集会上，当他注意到士兵中间的罗马骑士皮纳里乌斯在记录什么的时候，就认为此人是窃听者和间谍，于是就下令把他就地刺死。被选出但未上任的执政官特狄乌斯·阿菲尔因为曾以恶毒的口吻对他的某项行径穷追猛打，他就发出了可怕的威胁，结果对方纵身一跃便结束了自己的性命。**4** 还有，当裁判官昆图斯·伽利乌斯在［向他］致敬时衣袍里夹带有折叠书写板，而他则怀疑对方携藏利剑，不过却未敢当场进行搜查，以免搜出的是别的什么。过了一小会儿，他就下令让百人队队长和士兵把他从审判台上拖了下来，并如对待奴隶一样对其进行了拷问，随后再加以处决，虽然此人什么都没供认，而［在行刑时］还由他本人首先亲手剜出了对方的眼睛。虽然如此，［奥古斯都］却写道，是［昆图斯·伽利乌斯］在求得一位听众帮助后设计陷害了他，他才把对方投进了监狱，接着在被驱逐出罗马城之后，此人死于船只失事或是强盗的伏击。**5** 他还取得了终身保民官的权力，其间有一次或两次他为自己补选了一位同僚，任期是两次被除仪式之间相隔的时间。他还得到了对风俗和法律的终身监管权，有了这项权责，即使没有监察官之职，他仍进行了三次人口普查：第一次和第三次是和同僚一起进行的，中间那次则由他独自进行。

XXVIII.1 他两次考虑过要恢复国家［的传统制度］：第一次是在击败安东尼之后不久，那时他记得对方时常攻击自己，说国家［的传统制度］未得恢复全赖他本人；再有一次是在他受累于长期的疾病之后，他把官员和元老们都召集到了家里，把统治的现况告诉了他们。不过，考虑到自己一旦变成平民就一定会陷入危险，以及把国家托付于许多人来决断也是鲁莽的，所以他继续把国家握在了手里。很难说清楚他的愿望和结果哪个更美好。**2** 他一遍又一遍地表达自己的愿望，还通过某道法令将下列言词记录了下来："让我有权在此地缔造起一个健全、安定的国家，并由此收获我所希冀的果实吧：我将被称为最好局面的开创者，我希望我为国家打下的基础将顺着足迹延续下去，并怀此希望步入死亡。"他尽其一切努力不让任何人对新的局面感到失望，从而实现了自己的愿望。**3** 鉴于罗马城的华丽程度彰显不了最高权力的尊严，且又遭受了水灾和火灾之患，他对罗马城加以如此美的装点，以至于他无可非议地自我吹嘘道，曾经他拿到的是一座砖砌的罗马城，留下的却是大理石的。事实上，在人类的理智可以预见的未来，他尽其所能地保护了罗马城的安全。

XXIX.1 他建造了多座公共建筑，其中须特别列出的有：复仇之神玛尔斯神庙旁的广场、帕拉丁山上的阿波罗神庙、卡庇托山上的雷神朱庇特神庙。修建广场的原因是人数和诉讼都有很多，这让两座广场显得不够用了，需要第三座广场，因此在玛尔斯神庙尚未建成时它就仓促对公众开放了，还规定道，公诉审判以及裁决者抽签应单独在那个广场上进行。**2** 在腓力庇战争期间，他曾许愿为了替父［恺撒］报仇而修建一座玛尔斯神庙，于是他便颁行法令，规定元老院应在那里商讨战争和凯旋事宜，未来派往诸行省的领有统治权的人都要从那里踏上行程，每一批得胜的人员在归来之后都要去那里戴上凯旋者的标志。**3** 他在帕拉丁山上他住所的一部分区域建起了阿波罗神庙，因为占卜师曾经宣布过神明以闪电击中的方式看中了这部分地方，他还为这座神庙添设了柱廊，柱廊里还附设一座有拉丁文和希腊文藏书的图书馆，等他步入老年之后还经常在那个地方召开元老院会议和审议十人裁决委员会的人选。他献上雷神朱庇特神庙则是出于他在远征坎塔布里亚的一次夜行军中躲过了险境，当时闪电擦过他的肩舆击毙了一名在前面探照路途的奴隶。**4** 也有一些工程他是以别人（比如孙辈、妻子、姐姐）的名义建造的，就像盖乌斯和卢西乌斯的柱廊及礼堂，同样的还有［其妻］李维娅和［姐姐］屋大维娅的柱廊，以及马尔切卢斯①的剧场。此外，他还时常鼓励其他头面人物用各自的方式通过建造新的纪念碑或重建、整修旧的来使罗马城变得亮丽。**5** 当时，有许多工程都在建设中，好多人投入其中，譬如由马尔西乌斯·腓力普斯②建的赫拉克勒斯和缪斯神庙、由卢西乌斯·科尔尼菲奇乌斯建的狄安娜神庙、由阿西尼乌斯·波利奥建的自由厅、由穆纳奇乌斯·普朗库斯③建的萨图尔努斯神庙④、由科尔涅利乌斯·巴尔布斯⑤建的剧场、由斯塔提利乌斯·陶鲁斯建的圆形大剧场，以及由马可·阿格里帕⑥建的多座出色的建筑。

XXX.1 他把罗马城按城区和街区进行了划分，并规定前者由通过抽签选出的任期一年的官员加以监管，后者则由住得近的平民各自选出的官员进行管理。为了防火，他设计了守夜和巡更；为了防范洪水，他拓宽并疏浚了一度被垃圾填满、被扩建的建筑物侵占的台伯河的河道。此外，为了更便于从各个地方前往罗马城，他自掏

---

① 马可·克劳狄乌斯·马尔切卢斯（Marcus Claudius Marcellus）乃奥古斯都姐姐小屋大维娅的长子，成年之后迎娶了奥古斯都惟一的女儿尤利娅。奥古斯都曾有意栽培他，并使其在政治生涯上畅通无阻，不过他还是在二十一岁时（结婚之后两年）病死于巴耶。

② 关于此人，请参见本卷 VIII，2。

③ 关于此人，请参见本卷 VII，2 及注脚。

④ 萨图尔努斯（Saturnus）即古罗马人的农业和收获神，其神庙当时位于卡庇托山脚下罗马广场的西端。

⑤ 乃恺撒挚友，关于此人，请参见《被奉为神的尤利乌斯》，LXXVIII，1 及注脚，以及 LXXXI，2。

⑥ 乃奥古斯都手下的将领，关于此人，请参见本卷 XVI，2 和 XXV，3。

腰包铺筑了通往阿里米农[①]的弗拉米尼亚大道，而余下的大道铺筑则交给了赢得凯旋式的人，并让他们拿出赏金投入工程之中。**2** 他重建了因年代久远而坍塌或因火灾而被毁的神庙，并以再丰富不过的贡品装点了它们和其他［一些神庙］，以至于一次就为卡庇托山上的朱庇特神庙献上了一万六千磅黄金和价值五千万塞斯退斯的珠宝、珍珠。

XXXI.1 待雷必达一去世，他当上了大祭司长之后（因为在前者还活着时，他下不了决心剥夺对方的上述职位），就开始收集源自希腊语和拉丁语的预言书，不论是匿名者还是由名不见经传之人所作，但凡流传于世的，他从各处全部搜集到了一起并付之一炬，数量有两千多卷，而保留下来的只有《西比林预言书》，即便这套书也进行了删订。他用两只镀金的箱子将它们保存在了帕拉丁山阿波罗神像的基座下。**2** 被奉为神的尤利乌斯整理过的年历到后来却因遭人疏忽而变得混乱不堪，于是他重新将之恢复如前，在这次调整中他把自己的尾名冠到了第六月而非他出生时的第七月[②]上，因为他是在前一个月份里既第一次得到了执政官之职又取得了著名的胜利。**3** 他增加了祭司的数量和地位，也增加了给他们的供养金，特别是给维斯塔贞女的。若要获取[③]另一位［维斯塔贞女］以取代过世者的位置，而许多人都谋求着不让女儿送去抽签，在这种情况下

---

① 今意大利北部亚得里亚海沿岸的里米尼（Rimini）。

② 第六月（Sextilis mensis）和第七月（September mensis）这两个词源自拉丁语的数词六（sex）和七（septem），显然这两个月份分别对应现代的八月和九月。

③ 原文为动词 capio（抓住、抓取），此处指被选为维斯塔贞女。关于被选为维斯塔贞女须使用“获取”一词，请参见奥卢斯·杰利乌斯的《阿提卡之夜》，I，7，13：“而贞女被称为被‘取获’，似因为她是被大祭司长抓住其手，从对其拥有支配权的父母处带走的，犹如战俘在战场上被带走。”（北京：中国法制出版社，2014 年，周维明、虞争鸣、吴挺、归伶昌译）

他庄严发誓道，如果自己的外孙女有哪位适龄，他也会把她献出去。**4** 他还逐步恢复了一些古代的祭祀仪式，比如萨卢斯[①]占卜、狄阿利斯祭司团的祭祀仪式[②]、牧神[③]祭祀仪式、世纪庆典[④]，以及岔路神庆典[⑤]。在牧神祭祀仪式上他禁止未长胡子［的年轻人］参与奔跑，[⑥]同样在世纪庆典上他也禁止任何年轻人（不论什么性别）在没有另一位年长的亲人的陪同之下光顾夜晚的赛会。他规定，每年两次为岔路之神奉上分别用春季花和夏季花制成的花环。**5** 他以仅次于永生之众神的荣耀来纪念那些将罗马人民的统治从极狭小之地提升至极广阔之域的领袖。就这样，无论谁只要是这些人［修造］的建筑他都进行了整修并保留了铭文，还为所有人奉献了穿凯旋式装束的塑像，并将他们的塑像供在了他自己广场两边的柱廊里，他甚至通过

---

① 即古罗马时代保佑国家和个人安康无事的平安女神。

② 即主神朱庇特的祭祀仪式，关于狄阿利斯祭司团，请参见《被奉为神的尤利乌斯》，I，1 及注脚。

③ 关于牧神祭司团，请参见《被奉为神的尤利乌斯》，LXXVI，1 及注脚。

④ ludi Saeculares，字面意思是“世纪的庆典赛会”，指的是从罗马建城之年算起每隔一个世纪（后来变为每隔一百一十年）举办一次的大型庆典赛会，但事实上每次举办的间隔时间不定，通常要一连举行三天三夜。关于奥古斯都时期举办该项庆典赛会的记录，请参见佐西莫斯，II，IV，2：“就在上述仪式完成之后，他们摆脱了诸多磨难，随后便再次将祭坛埋入了战神平原的偏僻一角。此项祭祀仪式被人遗忘了好久一段时间，直至某些灾祸降临到头上。于是，屋大维·奥古斯都重新操办起上一次曾在卢西乌斯·奇索里努斯（Lucius Censorinus）和马可·曼利乌斯·普埃利乌斯（Marcus Manlius Puelius）出任执政官时举行过的庆典赛会。那时，阿特尤斯·卡庇托（Ateius Capito）对祭祀仪式的方法进行了阐释，而保管《西比林预言书》的十五人祭司团又算出了进行献祭和举办庆典赛会的时间。”

⑤ 指每年一次为供奉岔路之神（lares compitales）而举行的节日庆典，祭祀时贡品须摆放在两条及以上的道路交汇处。

⑥ 在牧神祭祀仪式上须由两名贵族青年裸露上身，下身围山羊皮，额头抹上祭品（两头公山羊、一条公狗）的血，手握山羊皮鞭绕着帕拉丁山奔跑，见女子就追赶鞭打。据说，凡被皮鞭抽中的女子将容易怀孕生子。

公告宣称，他这么做是为了能被公民驱使着拿这些人的生平事迹作为榜样，不论是他本人，还是随之而来［他去世之后］的时代的元首。他还把庞培塑像从盖乌斯·恺撒遇害的元老院议事堂里移到了正对他［庞培］的剧场大门的大理石拱廊顶上。

XXXII.1 大量贻害公众的极其严重的事件或是因为内战中长期以来的恣意放纵而持续了下去，又或是因为和平而滋生了出来。譬如，大帮的拦路贼装作自卫似的公然携着武器横行霸道，而乡间的无辜路人（自由之人和奴隶）被抓住后就关到了土地占有者的奴隶工棚里，他们还在新行会的名下把数股团伙结合成了犯罪联盟。因此，为了杜绝上述罪行他在一切要地都设下了岗哨，并检查奴隶工棚、解散所有的行会——除了古来就有的守法的之外。**2** 他焚毁了欠债人的旧账记录板[①]，因为它们常被用作讹诈的手段。他把罗马城内归属权尚存疑问的国有土地移交给了占有者。由于被告人的污名除了让其敌人求得一乐之外别无任何用处，他删掉了那些长期处于被告状态的人的名录，并颁布规定道，若有谁希望重新起诉他人，［一旦被告被判无罪，原告］就要承担相等的罚金。另外，为了防止有哪件关系到赔偿损失或商业索赔的案子因无人审判或拖延而陷入无果，他便把开庭审理的日期增加了三十天，而在当时这三十天一直都是高官要人举行庆典赛会的日子。**3** 他在三个十人裁决委员会的基础上又增加了第四个，后者由财产较少之人（被称为二十万塞斯退斯者）组成，[②] 并对较不重要的案子进行审理。他选择三十岁以上的人当裁决者，这比往常年轻了四岁。可当许多人都在逃避陪审义务的时候他才勉强同意每个十人裁决委员会每年都可轮休，并取

---

① 原文 tabula，指的是一种通过笔刀划写来记录文字的蜡制书写板。

② 元老阶层财产须多于一百万塞斯退斯，骑士阶层须多于四十万塞斯退斯。（请参见《被奉为神的尤利乌斯》，XXXIII，1 及注脚。）因此这里的意思是，奥古斯都将裁决委员会成员的财产要求降低到了骑士阶层的标准之下。

消了十一月和十二月的例行庭审。

XXXIII.1 他经常亲自审理案件，有时直至夜幕降临，如果身体不太舒服，他就让人把肩舆抬到审判台前，抑或甚至躺在家里［进行办公］。此外，他在审理案件时非但勤奋异常，而且还宽厚仁慈，因为在审判一名明显犯下弑亲罪的被告的时候，为了不让对方被缝进皮袋子里溺毙，鉴于这样的刑罚只用在认罪之人身上，据称他曾如此询问："你确实没有杀死过自己的父亲，是吗？" **2** 还有，在处理一桩伪造遗嘱的案子的时候，当所有签字的［遗嘱见证者］根据《科尔涅利乌斯法》都该被捕的情况下，[①] 他交给裁决者的不仅有两块表示有罪和无罪的书写板，同时还有第三块，表示对那些受到蒙骗或由于不清楚原委而被引诱签下名字的人给予赦免。**3** 每年他都把罗马市民的上诉移交给罗马的裁判官处理，把行省居民的上诉移交给一些与执政官等衔之人处理，而他在此前曾指令过这些人分别担负各座行省的要务。

XXXIV.1 他修订了一些［旧］法，也实施了一些新法，例如有关于铺张浪费的、关于通奸和守贞的、关于贿赂的、关于［鼓励元老和骑士］阶层结婚的。由于他对最后一类法律做出了与其他法律相比更为严厉的调整，反对者发起了暴动，因此在他最终去掉或减轻了部分惩罚并［为新近丧偶的人］给出了三年的豁免期限同时又增加了奖励之后才得以使该法律实施。[②] **2** 由于骑士阶层在举行公众

---

① 为伪造的遗嘱作见证之人与伪造遗嘱者承受相同的刑罚。——多纳·赫勒译本注

② 即所谓《尤利乌斯元老及骑士阶层婚姻法》（*Lex Iulia de Maritandis Ordinibus*），颁行该法旨在鼓励罗马社会的上流人士多生孩子以增加人口。该法约束的是元老和骑士阶层，对其中的单身适婚者以及离异后未再婚者处以剥夺继承权和禁止参加庆典赛会的惩罚，对生育孩子（特别是生育多子）者给予各项政策优待。

比赛时不断提出恳请要求撤销［婚姻法］，他接来了日耳曼尼库斯[①]的孩子，并把他们在众人面前展示了出来：有的在他的膝盖上，有的在他们父亲的膝盖上，同时用手和表情示意他们不该拒绝效仿这个年轻人。当他发现在与未成年女子订婚以及反复更换配偶的情况下，法律被人钻了空子，于是他就缩短了订婚［至结婚］的时间，还限制了离婚的次数。

XXXV.1 元老人数因卑贱之人和粗鄙之徒的加入而得以增加（实际上，元老的人数当时已过一千，且某些人乃属极无地位的被其称为被释放的百姓[②]，他们是在恺撒去世之后通过恩惠和献金才获选的），他通过两个步骤使元老人数返回到了先前的程度：首先是元老们互选的内部选举，其次再由他本人和阿格里帕进行选择——据信，主持会议的时候，为了防身，他在衣服底下套上了锁子甲，同时又在腰间佩上了武器，并让十位极其健壮的元老等级的朋友站在自己的座位四周进行守卫。**2** 科尔都斯·克莱姆奇乌斯写道，当时元老们也只有在检查过衣袍之后才被允许按个儿来到跟前。他把某些人逐出元老院而让他们蒙了羞，却也为他们保留了穿［显示元老身份的］高贵服饰、在主宾席上观看赛会，以及出席公共祭宴的权利。**3** 另外，为了让那些获准入选［元老院］者更为虔诚且无所不便地履行起元老的职责，他规定道，每位［元老］在落座前都要在集会所在神庙的神像前的祭坛上敬献乳香和酒，并且元老院在一个月里正

---

① 日耳曼尼库斯·尤利乌斯·恺撒（Germanicus Iulius Caesar），乃奥古斯都的养子尼禄·克劳狄乌斯·德鲁苏斯（Nero Claudius Drusus）的儿子，元首克劳狄乌斯（Claudius）的哥哥，元首卡里古拉（Caligula）的父亲。

② 原文为 orcini vulgus。orcivi 或 orcini（依据死神［Orcus］恩惠而被释放的人）指依据主人的遗嘱而得到释放的奴隶。被释放的元老（orcivi senatores）指马可·安东尼假借恺撒留下的文件之名选入元老院的那些人。——洛布版注

式举行会议的次数不得超过两次，即［分别］在初一和满月日，[①] 而在九月和十月则只需由抽签选出的［元老］参加会议，当然他们在数量上要达到能让法令通过的法定人数。他通过抽签为自己设立了任期六个月的阁僚班子，并将议案提交元老院大会之前先和他们进行商议。**4** 面对非常重要的棘手问题，他就把［元老］等级的人都召集起来询问意见，不过不是遵循惯例，而是真的出于他的心意，其目的在于让每一位［元老］都能全神贯注起来，并做出评断而非［单单］表示赞同。

XXXVI.1 他还做过一些别的［革新之］事，其中就有：不得把元老院议事录发表出来；官员在从高位离任后不得被立即派往行省［担任新职］；应给［去行省赴任的］总督一笔一定数额的钱用以负担骡子和帐篷的费用，因为这些历来都是由国家担负的；国库事宜应从罗马财务官转交由裁判官等衔者或裁判官处理；从前由财务官等衔者负责召集的百人委员会审判庭 [②] 应由十人委员会召集。

XXXVII.1 为了让更多的人能参与国家的管理，他还设计出了新的官职，比如：公共建筑的管理者，大道、引水渠、台伯河水道的管理者，为人民分发小麦的管理者，罗马市长，元老甄选三人委员会和另一个只要有需要的时候都可以对骑兵小队 [③] 进行检阅的［三人委员会］。他任命了许久未有人担任的监察官。他增加了裁判官的数量。他还提出要求，只要自己担任执政官，就会有两位同僚而非一位，不过这一要求没被接受，因为大家全都呼喊道，与另一

---

① 原文分别为 Kalendae 和 Idus，即表示每个月的第一天和除了三月、五月、七月、十月之外的每个月的第十三天（三月、五月、七月、十月则是第十五天）。

② 指古罗马时代用以处理民事案件的衡平法庭，当时的开庭地点是在罗马广场上的尤利乌斯礼堂（Basilica Iulia）。该法庭最初由一百位选出的人组成，在共和国时代人数增加到了一百零五人，帝国时代又增加到了一百八十人。

③ 原文为 turma，指的是由三十名骑兵组成的骑兵小队。

个人而不是由他一人执掌那个职位，这么做已降低了他的至尊地位。

XXXVIII.1 他并不吝惜让战斗勇猛者获得荣耀，他把正式凯旋式授给过三十余位将领，将凯旋式的饰物[①]授给过数目更多的人。**2** 为了让元老的孩子尽快熟悉起国家事务，他允许他们在穿过成人托袈袍之后立马穿上宽紫纹短袖袍进入元老院议事堂；而当他们开始服兵役之后，他授给他们的不但有军事保民官的职位，而且还有一翼骑兵部队的长官职位，为了不让有人缺少军营经验，他通常每一翼都指派两个穿宽紫纹衣服的人。**3** 他经常对骑兵小队进行检阅，在荒废了很长一段时间之后恢复了让骑兵骑马接受检阅的惯例；可他并不允许起诉者按以往的习惯迫使任何一位骑马经过的［被告］下马，考虑到上了年纪者或一定程度上身体虚弱之人会惹人瞩目，他还允许这些人在队伍行进时先牵马前行，然后在任何需要集合的时候步行前来复命，接着对于那些年龄超过三十五岁且又不愿保有马匹的人，他给予恩惠，让他们交还马匹。[②]

XXXIX.1 在从元老院里得到了十位助手之后，他强迫每一名骑士坦白自己的生平事迹，对行为不检点者，他或进行惩罚，或予以降级处理，但对更多的人则施加不同的训诫。最轻的训诫形式是给他们递上一副小书写板，让他们立刻就地默念。他还因某些人在以较低的利息融到钱后又以较高的利息放贷出去而对他们加以指责。

XL.1 在保民官选举时假如候选人里缺少元老等级的，他就会在骑士中进行选拔，条件是任期结束后无论哪个等级只要他们想留下就能成为那个等级的一员。另外，许多骑士由于在内战中财产遭受了损失，害怕坏了剧场规矩会遭到惩罚而不敢坐在十四排座位上

---

① 这里指的应该是举行小凯旋式，在这种仪式上需要使用欢呼式的花冠，关于此事请参见本卷 XXII，1 之注脚。

② 骑士最初是由国家负担费用保有一匹马，以便在骑兵中服兵役。——多纳・赫勒译本注

观看庆典赛会，他就宣布道，如果他们自己或他们的父母曾经保有过骑士等级的财产，那就不必受此约束。**2** 他一个街区一个街区地更新公民［名录］，为了不让平民因分发谷物而无法工作，他决定一年给三次四个月的供粮票，不过在恳请之下他又准许恢复古老的传统，即每人每个月都领到自己的那一份。他还恢复了早先的公民大会的权利，并通过诸多惩处来阻止贿赂。他自掏腰包在举行大会的那一天给费边特里布和斯卡普奇希斯特里布[①]每人一千塞斯退斯，以便不让他们从哪位候选人那里谋求什么东西。**3** 除此之外，考虑到保护公民血统的纯正并使之不受任何外邦人乃至奴隶血统的玷污，是件重要之事，于是他对颁授公民权采取了极为克制的做法，还对奴隶的释放做出了限制。当提比略替某个希腊附庸提出［公民权的］请求时，他批复道，除非对方亲自过来证明自己具有合法理由提出上述请求，否则他绝不授予。当李维娅为某个来自纳贡行省的高卢人申请公民权时，他做出了拒绝，取而代之的是给予了免除纳贡［的特权］，同时还声称，与出卖罗马公民权的荣耀相比，他更愿意让私库的财产遭受损失。**4** 他并不满足于让奴隶难以得到释放，以及对他们取得合法公民权增加更多的难度，因为他对人数、条件，乃至释放后所获得的不同地位做出了严格的规定，并且还补充道，任何人只要曾被戴过镣铐或受到过拷问，无论以何种形式释放一律得不到公民权。**5** 他甚至还热衷于恢复以往的穿衣习惯。曾有一次，当他在集会上看到一群衣着黑斗篷者行进而过时便愤怒地喊道："瞧，罗马人，万物之主，穿托袈之族！"[②]同时对市政官传达了指示，任何人如果不脱掉外套并换上托袈袍，从今往后就不许出现

① 奥古斯都出于屋大维家族的关系，乃后一个部落的一员；至于和前一个部落的关系，乃是凭借其过继人尤利乌斯家族。——洛布版注

② 引文出自维吉尔的《埃涅阿斯记》(*Aeneidos*)，1，282。——洛布版注

在广场或周围。

XLI.1 他一有机会就时不时地对各等级的人都表现出慷慨大度。譬如，在庆祝亚历山大里亚之战得胜的凯旋式上，他把［埃及的］王室财宝运到罗马城；输入了数量如此巨大的财富，以至于在利息下跌的同时土地价格得到了上涨；在那之后，但凡从获罪者的财产中取得的钱财有所富余，他就以固定期限无息贷款的形式将之发放给那些拥有双倍担保金的人。他提高了元老的财产资格，即要求财产一百二十万塞斯退斯而非［此前的］八十万，并替没有那么多钱的元老补足了差额。**2** 他常常给人民发放赏赐，不过金额［每次］基本都不一样：有时四百塞斯退斯，有时三百，也有时两百五十；他甚至还没落下男孩，即便通常情况下他们只有在生命的第十一年之后才可领到赏赐。遇到粮食供应不济时，他也经常以再低廉不过的价格（有时还是免费的）向每个人分发小麦，并发放了双倍的代金券[①]。

XLII.1 然而，为了成为一位关心公众福利而非博取名望的元首，当人民抱怨起葡萄酒既匮乏又价高时，他以再严厉不过的嗓音斥责他们道，自己的女婿阿格里帕为了不让人们口渴已建了足够数量的引水渠了。**2** 同样是这些人，当他们提出要他兑现确实许下过的赏赐承诺时，他回答道，自己会信守诺言的；可当他们继而提出他未承诺过的东西时，他以公告方式斥责了他们的厚颜无耻，并声称，即使自己想这么做，也不会真［把他们提出的东西］发放下来。在他宣布发放赏赐之后又发现许多［奴隶］经释放而被加到了公民名录当中，他于是以同样威严、同样坚定的态度拒不让那些不曾许

---

① 原文 tesserae nummulariae 指标有数字的小书写板或空心圆木球。它们被分发给人民表示持有者得到了相当于所写金额的金钱。谷物、油，以及各类日用品通过类似的券被发放给大家。——洛布版注

诺过的人获得赏赐，而且为了让总金额够得上发赏，他给其余人的赏赐也少于他曾许下的。**3** 有时若出现作物歉收而又难以补救的状况，他就把待售中的奴隶全家、角斗士学员全家，以及所有外邦人（除去医生、教师、部分家用奴隶之外）都赶出了罗马城，当粮食最终变得充裕之后，他便写道，自己极想永远废弃向公众发放谷物的做法，因为有了谷物发放作为依靠，耕耘田地就不为人们看重了；虽然如此，但他仍未将之付诸实践，那是由于他确信有朝一日某些政治家为了讨好人民还能将它恢复过来。自那之后他定下了这样的规矩，即不再把耕种者和谷物商人的利益放在人民之后了。

XLIII.1 在庆典赛会的举办频度、门类广度、盛大程度方面他超过了一切前人。他说道，他曾以自己的名义举办过四次庆典赛会，替那些要么不在罗马要么经济不宽裕的其他官员举办过二十三次。他一个街区接一个街区地搭建起多座舞台，让操各种语言的演员登台献演。他非但在广场上、在圆形大剧场里，而且还在椭圆形竞技场里和塞普塔投票场[①]中举办角斗士比赛；有时除去狩猎之外他便不再举办其他项目的比赛了。他还在战神平原上搭建起木质座位以举行由搏击手参加的竞技赛。同样的，为了举行模拟海战，他在台伯河附近如今是恺撒林的地方掘土造湖。在举行庆典赛会的那几天里，由于鲜有人留守，为了防止匪徒打劫，他在罗马城内布置了守卫。**2** 他让赛车手、赛跑手、野兽猎杀者在椭圆形竞技场里登场展示，其中还不时出现身份极高贵的年轻人。此外，他还总是在年龄稍大和稍小的男孩间举行特洛伊战戏[②]，因为他认为著名家族的后人以这种方式成名乃是一种美好的古老习俗。在一次比赛里，诺尼乌

① 该建筑坐落于战神广场，乃当时特里布大会汇总选票的场所。

② 关于这一仪式项目，请参见《被奉为神的尤利乌斯》，XXXIX，2 及其注脚。

斯·阿斯布莱纳斯［从马背］坠地而变成了瘸子，于是他就赐给了对方金项圈，还允许其本人及后嗣冠有托卡图斯[①]的尾名。没过多久他就暂停了这种游戏，因为演说家阿西尼乌斯·波利奥的外孙埃塞尼努斯［在那种游戏里］把自己的一条腿给弄折了，而前者在元老院议事堂里为自己外孙的不幸事故发表了既严厉又愤怒的控诉。**3** 他有时在戏剧舞台和角斗士表演中甚至还用到了罗马的骑士，只不过是在元老院颁布禁令之前。往后，除去一名叫吕西乌斯的出身高贵的年轻人之外——那只是出于好奇，因为对方身高不足两尺，体重十七磅，嗓音却洪亮无比——他不再［让有身份的人］进行任何表演了。**4** 然而，在有角斗士比赛的一天，他曾领着当时首次派来的帕提亚人的人质穿过沙场中央，并让他们在比自己高的［身后］第二排落座以展示给大家看。另外，假如有什么值得一见的稀罕之物被带了过来，即便不在举行赛会的日子他也习惯在任何方便的地方举行特殊的展览以将之展示给公众，比如塞普塔投票场上的犀牛、舞台上的老虎、大会广场前的五十肘[②]长的蛇。**5** 有一次在他为履行誓言而在椭圆形竞技场里举行赛会时，他因生病躺在肩舆里［被人抬着］引领着摆有神像的仪式车队；再有一次，在庆祝马尔切卢斯剧场落成而举行的庆典赛会开幕之际发生了这样的情况，［他坐的那把］权贵椅的结合处出现松动，导致他仰面倒了下来。在为自己孙辈们举办的赛会上，当人们害怕剧场坍塌而陷入惶恐的时候，他怎么也无法让大家不再恐惧并恢复勇气，于是就让出了自己的位子，而他自己则坐到了看起来最危险的那片区域。

XLIV.1 一位元老参加了普特奥利[③]的极其盛大的庆典赛会，其

---

① 即拉丁文 Torquatus，意思是“戴项圈者”。

② 原文 cubitum 原意是肘部，这里表示一种长度单位，一肘约合 44—45 厘米。

③ 今意大利那不勒斯西南郊的波佐利（Pozzuoli）。

间当他置身于拥挤的看台时无人给他让座，［奥古斯都］对这位元老受到的冒犯感到了震动，于是便纠正并整顿了观看赛会时那极端混乱和无序的场面。因此，元老们颁下法令：无论何时，只要有公众赛会在举行，其看台第一排位子就应当保留给元老。因为他发现处于独立状态和同盟状态的部族竟派一些被释奴出身的人担任使者，所以在罗马他不允许他们坐到主宾席上。他把士兵［座位］同人民分隔了开来。**2** 他把特定的几排位子颁给了平民中的已婚男子，并把一小片看台作为专属区域颁给了穿紫边托袈袍的［未成年男孩］，把与之毗邻的区域颁给了他们的老师①。他还颁行法令，规定道，无论谁只要穿着黑外套，都不得坐在中间的位置观看赛会。至于妇女，他甚至只允许她们在位于较上方的区域观看角斗士［比赛］，虽然在以往不分男女乱坐着观看角斗士［比赛］并未有何不妥。**3** 在剧场里，正对裁判官专席的一片单独区域他只授给维斯塔贞女。可在有搏击手参加的赛会里，他却严禁一切妇女观看到了这般地步，以至于在庆祝他成为大祭司的庆典赛会上，因为有一对拳击运动员被唤了过来，他就把［拳击比赛］推迟到了下一天的清晨时分，还宣布道，妇女在第五个时辰前就来到剧场，他对此不会高兴的。

XLV.1 他本人常常坐在位于朋友和被释奴［座席］上方的包间里——有时也坐在元首包间里，还有妻子和孩子的陪伴——观看椭圆形竞技场里的赛会。观看赛会时，他有时会缺席数个时辰，有时整天都会缺席，对此他提出了歉意，并会让主持者接管自己的位置。但是，无论何时只要他置身现场，除了观看赛会之外就什么都不做，或许这样是为了免受他记得的其继父恺撒所受到的广泛责备（因为

① 原文 paedagogus，特指那些富裕家庭请来的奴隶或被释奴，在家中的孩子尚未成年时由这些人陪在身旁并对孩子进行教育。

恺撒在观赛休闲之际仍阅读书信、请愿，或者起草回复），又或许是出于他从未否认过的反倒时常坦率承认的对观看赛会的热忱和欲望。**2** 正因如此，即使在别人举办的角斗士比赛和庆典赛会上，他都自己出钱提供丰厚的奖赏和赠礼，而若不按功绩给每一位参加搏击的人都发放赏赐，他就绝不出席希腊式的搏击比赛[①]。除此之外，他极其喜爱观赏搏击手，特别是那些拉丁人拳击手的比赛——不单单是那些他常拿来与希腊搏击手进行较量的专业选手，而且还有那些在狭窄街道上不按章法打斗、盲目出招的寻常的城里居民。**3** 总之，他诚心诚意地尊重参加公众赛会的各类人等，还延续甚至扩大了赛会选手的特权。他禁止举办不给［落败的］角斗士以活命权的比赛，并把官员们依据古法可在任何时间和地点对演员施加惩罚的权力限制在了庆典赛会及舞台演出的场合。**4** 虽然如此，可他仍总是对搏击竞技和角斗士对决做出极为严格的规定。另一方面，他对演员的放荡不羁也进行了如此严格的约束，以至于在他发觉有个已婚妇女剃了如男孩一般的短发，正在等托袈剧演员[②]斯迪法尼奥光顾的时候，便派人分别在三座剧场对［斯迪法尼奥］实施了杖打，然后再将其流放；仿剧演员修拉斯因抱怨裁判官而在自己家的前厅里公开受到了鞭笞；皮拉德斯则出于用手指指着一位对其发出嘘声的观众并让大家都注意到了那个人，于是被逐出了罗马城和意大利。

XLVI.1 在把罗马城及城内事务照此方式打理妥当之后，他亲自设立了二十八处殖民地以增加意大利的人口。他还拨付财政收入并在多处地方都建起了公共建筑。他甚至设计了这样一种选举模式，

---

① 即在罗马举行的由说希腊语、穿希腊衣服的选手参加的搏击比赛。——洛布版注，有删减

② 原文 togatarius，字面意思是“穿托袈袍的演员”，因为托袈袍是罗马人自己的衣着方式，显然托袈剧就是指一种表现罗马本地人生活场景的戏剧。

殖民地的地方元老可在每一处殖民地选举罗马的官员，然后再由人于临近召开大会的那天将密封着的选票送往罗马，以此在某种程度上给予了［这些殖民地］与罗马同等的权利与地位。为了不让哪处［殖民地］出现身份高贵者不多或人数不够的现象，他甚至允许由各座城镇推举的人来担任骑士等级［才能担任］的军职；而在巡视各地区的时候，对那些能证明子女关系的有孩子的平民，他为每个［孩子］都发了一千塞斯退斯。

XLVII.1 因为较富强的行省由一年一任的官员进行统治是件既困难又不放心的事，于是他亲自接管了这些行省，其余［较不富强的行省］则通过抽签交由与执政官等衔的总督进行统治；虽然如此，可对于一些行省他仍反复将它们从一种类型变换到另一种，还经常拜访［两类行省中的］多个行省。有些城市虽与罗马缔结有盟约，但却因放纵不羁而走向了毁灭，对此他剥夺了它们的自由；对于另一些城市，若是受累于欠债，他就减轻它们的负担，若是毁于地震他便进行重建，若是有意为罗马人民提供服务，他就赠予它们拉丁公民权或［罗马］公民权。我认为，他没到访过的行省只有阿非利加和撒丁。在塞克斯图·庞培败逃之后，他本准备从西西里渡海前往那［两个行省］，但却受阻于持续不断的巨大风暴，而到了后来他再也没有往那里去的机缘了。

XLVIII.1 除了少数情况，那些由于战争而理当遭到占领的王国，他要么将它们还给原先保有它们的［王］，[①] 要么将它们同其他国家合并起来。他甚至与处于同盟者地位[②] 的诸王共同联合起来，彼此团结在一起，还急不可待地倡导在他们之间发展通婚和友谊关

---

① 此处原文直译为：“他曾把这些王国从那些人处夺了过来，又还给了那些人。”

② 关于此处“同盟者”一词的含义，请参见《被奉为神的尤利乌斯》，IV，2及注脚。

系。他未曾不把他们当作统治下的一部分而加以牵挂，还通常为那些年纪太小或心智不全［的王］指定摄政者，直至他们长大成人或恢复心智。此外他还养育了许多位［王］的孩子，并让他们与自己的孩子一起同时接受教育。

XLIX.1 他把军队中的［正规］军团和辅助部队按行省进行了分配；他让一支舰队驻扎在了米塞努[①]，另一支驻扎在了拉文纳，以分别保障上方之海和下方之海[②]的安全；他招募起的部队余下的有一部分用以保卫罗马城，还有一部分则用来保障其自身的安全，虽然直到打败安东尼之后他才解散了曾置于身旁的卡拉古里塔尼人[③]部队，同样的，直到瓦鲁斯遭受挫败[④]之后他才解散了曾置于身旁的日耳曼人部队。然而，他却从不允许待在罗马城里的军队人数超过三支大队，而且［留在城里的］部队不得拥有永久营地，剩下的部队他则习惯于将他们派往罗马附近城市的冬营和夏营。**2** 此外，他还把各地士兵的一切军饷和犒赏限制在一个固定的规模，同时为了不让他们在退役之后或是由于上了年纪或是出于贫穷困顿而可能受到造反的引诱，他还依据军阶规定了每一个人的服役期限和退役奖励。为了随时都能轻而易举地担负起手下人员的供养开销和奖赏开支，他设立了由新税支持的军事国库。**3** 为了能更迅速地获悉和掌握每个行省正在发生什么，他就首先沿着军事要道每隔一小段路程便安排几名年轻人，后来又设置了车辆［以便传递消息］。后一种做法看起来更为方便一些，因为如果情况需要，把信件从［事发］地

① 位于意大利南部坎帕尼亚大区（Campagna）的一处古代港口，具体方位在巴耶以南 5 公里、那不勒斯海湾的西北端。

② 原文为 Inferum mare，意思是“位于下方的海”，即今位于意大利半岛西侧的“第勒尼安海”。

③ 指塔拉戈纳西班牙行省（Hispania Tarraconensis）卡拉古里斯城（Calagurris）的居民，该城即今西班牙北部的卡拉奥拉（calahorra）。

④ 关于昆图斯·瓦鲁斯所遭到的惨败，请参见本卷 XXIII，2。

送来的那些人即可以接受询问。

L.1 在路证、文书、信件上面他起初用狮身人面像作为封印，后来用的是亚历山大大帝的肖像，最后则用他自己的——这像是由狄奥斯库里德斯亲手雕刻的，并一直被后世的元首作为封印保存了下来。他也在每一封信上都附上了时辰，不仅是白天的时辰，而且还有黑夜的时更，以此表明写信的时间。

LI.1 关于他仁慈和自律方面的证据浩如烟海。我不必举出那些非但被他宽恕且赦免了的甚至还被允许担任城内要职的敌对派别之人，[只须说] 他觉得对平民之人尤尼乌斯·诺瓦图斯和卡西乌斯·帕塔维努斯——一个施以罚款，另一个施以轻微流放——的这些惩罚已经足够了，虽然前者借年轻人阿格里帕[①]之名在百姓中间散布了一封关于他的言辞极为激烈的信，而后者曾在一次大的宴会上宣称，对于杀害他 [奥古斯都]，自己既非不曾有过这种愿望，也非缺乏勇气。**2** 还有一次，当他获悉与其他一些指控相比科尔杜巴人[②]埃米利乌斯·埃利阿努斯的最大罪责是习惯对恺撒进行诽谤的时候，便转向了起诉人，看起来像是生气地说道："我希望你能给我证明此事。我会让埃利阿努斯明白我也有根舌头，因为，关于他的事我会谈论更多。"无论在当时抑或那之后，他都没有再进行任何追查。**3** 在提比略通过信件亦向他用颇为激烈的言辞抱怨起这件事时，他是这样回信的："我的提比略啊，在这件事上不要让你的年少 [冲动] 越行越远，而若有人说我坏话也不要对他们中的谁太过愤怒，因为若是我们做到了不让任何人能够对我们使坏，这就足够啦。"

LII.1 虽然他清楚，通过决议为总督献上神庙乃寻常之事，可

---

① 指奥古斯都的亲外孙马可·阿格里帕·珀斯图姆斯。关于此人，请见本卷 XIX，2 及注脚。

② 科尔杜巴城（Corduba）即今西班牙南部安达卢西亚（Andalucía）自治区的科尔多瓦（Cordoba）。

[对于他来说]除非是以本人连同罗马共同的名义，否则他绝不在任何一个行省接受[献上的神庙]。例如，在罗马城他极其坚决地拒绝了上述荣誉，甚至还把曾经为他树起的银塑像给统统熔化了，并用这些[熔化的白银打造的银币]为帕拉丁山上的阿波罗神献上了金色的三足鼎。当人民极力要给予他独裁官权力时，他单膝跪地，把托袈袍从肩膀上扯了下来，袒露胸膛，乞求[他们放弃]。

LIII.1 他对"主人"这一称谓如遇诅咒和骂名一样感到战栗。在他观看赛会的时候，下面的话在一场仿剧里被说了出来：

> 哦，多么公正、多么善良的主人啊！

所有人全都欢欣雀跃地表示了赞同，就好像这句话说的是他一样，而他随即以手势和表情制止了这种令人丢脸的恭维之举，而且还在第二天以一道再严厉不过的公告进行了斥责。从此以后他不再允许有人或是正儿八经地或是玩笑打趣地把自己称作"主人"，即便是自己的孩子抑或孙辈，他甚至还禁止他们相互之间以这种方式进行恭维。**2** 为了不因举行[入城或出城]仪式而打扰到哪个人，若非在傍晚或深夜，他就不会兴师动众地离开或进入罗马城及[其他]任何城镇。在任执政官期间他通常徒步露面，在不担任执政官期间他往往坐在被遮住的车舆里外出。他甚至允许平民来到跟前致以晨间问候，他万分亲切地接见那些希望求见的人，又因为某人犹豫不决地向其提交文书，他就以开玩笑的方式责备道："像是给大象一点小贡品一样。"**3** 在元老院开会的那天，他都是在元老院议事堂里让元老们坐着向他们致以问候，而且不待任何提醒就一一叫出了名字。当他离开时也时常按同样的方式向坐着的[元老们]道别。他同许多人都有交际往来，还时常不停地出席他们的生日庆祝，直到他年纪很大了，并在一次订婚庆典日里被巨大的人群所扰，方才作罢。

元老伽卢斯·切里尼乌斯与他并不熟识，因其突然之间失去了视力而决定饿死自己，可［奥古斯都］却一边登门造访，一边通过安慰让他重新活了下来。

LIV.1 在元老院，当他发表讲话时曾有人说出这样的话：“我不理解。”还有其他人说：“要是我有机会的话，就会提出反对你的意见。”有几次他因为和人争论得格外激烈，一气之下冲出了元老院议事堂，有些人便对他喊道，元老应有权讨论国家之事。在元老院进行选举而要一人选另一人时，安提斯奇乌斯·拉贝奥选了他的宿敌、当时正在流放中的马可·雷必达，于是他受到［奥古斯都］质问，问他是否还有其他人更配得上这种荣耀，他回答道，每个人都有自己的判断。不管怎样，没有任何人因口无遮拦或高傲不逊而遭到迫害。

LV.1 他甚至并不惧怕在元老院议事堂里散发诋毁自己的小册子，而是极力进行了反驳；他也没有要求找到写这些东西的人，只是提议，以后那些用他人名义发表小册子或诗歌来诋毁任何一人名誉的人应该被追究。

LVI.1 某些人还以恶毒下流的玩笑对其加以攻击，他便颁布公告进行了回应。虽然如此，可他仍否决了限制人们在遗嘱中畅所欲言［的法案］。他每次参加官员选举都会和自己的候选人一起巡走于诸特里布，并按传统方式恳请［大家给他们投票］。他本人也如人民中的一员一样在［自己的］特里布进行投票。当在法庭上进行作证时，他极其耐心地接受质询并允许对方提出反驳。**2** 他修建的广场比规划的要狭小，因为他没有胆魄驱逐相邻土地的拥有者并推倒［他们的］房子。如果不加上一句“如果他们配得上的话”，他就从不举荐自己的养子为官。在这些孩子仍穿紫边托袈袍的时候，剧场观众全体起身，站着向他们鼓掌，他对此极为不满。他希望自己的朋友在国内是如此出色、如此强大，虽然如此，可他们仍得和其他人一样受相同法律的约束，并平等地接受法庭审判。**3** 当与他关系紧密的阿斯布莱纳斯·诺尼乌斯被卡西乌斯·塞维鲁指控犯下投毒罪时，他询问元老院他们想要自己怎么办，因为［他说，］要是他插手管这件事，就会被认为是在袒护被告人，可若是撒手不管，就会被认为是弃朋友于不顾，任朋友陷于不利的审判，他对此犹豫不决。尽管有全体［元老的］赞成，他在凳子①上一连坐了数个时辰，却未发一言，甚至连赞美被告人的话都没有讲。**4** 他还为自己的附庸进行了辩护，譬如因诽谤而遭到起诉的自己的老部下斯库塔里乌斯。在诸多被告中他只插过手让一个叫卡斯特里奇乌斯的人免受有罪判决，且是当着裁决者的面向原告发出恳求，因为此人曾让他知晓了穆雷纳的阴谋②。

LVII.1 出于上述美德，人们很容易就能想象出，他受到的爱戴是多么的巨大。略去元老院的决议不论，因为那能够被看成是出于不得已或敬畏而颁布出来的。罗马的骑士总是一致赞同主动为他的生日庆祝两天。各等级之人为了替他许愿以保佑其健康，每年都往库尔奇乌斯坑③里抛一枚小硬币，同样他们也于一月一日那天在朱庇特神庙替他（即便不在场）进献新年贡品，他用这笔钱财买入极贵重的众神的塑像，并按街道逐个供奉起来，譬如鞋匠街的阿波罗神和悲剧演员街的朱庇特神等等。**2** 为了重建毁于大火的帕拉丁山上的府邸，老兵、十户会④成员、部落成员，甚至其他种类的人都慷慨解囊，根据各自的能力捐献钱财，可他仅仅在形式上从每一份

① 指法庭供辩护人、证人等使用的可移动的凳子。——洛布版注

② 关于瓦罗·穆雷纳的阴谋在本卷 XIX，1 里有提及。

③ 指位于罗马城中央罗马广场上的一处地坑，据说那里是通向地府的通道，而将硬币及贡品抛入其中可以收买死神。

④ 原文 decuria，在军队中是指“十人队”，在法庭中是指“十人裁决委员会”，在国家组织中是指“由十户家庭组成的管理团体”。

钱财里取用不超过一枚德纳里乌斯的很少数量。当他从行省归来的时候，大家不但祈祷和祝福，而且还唱诵诗歌来迎候他。还须遵守的一件事是，每次在他进入罗马城之际，都不得对任何人执行刑罚。

LVIII.1 在突然迸发出的惊人的一致下，大家授给了他国父的尾名：最初是平民向安提乌姆[①]派了一个使团［进行劝进］，由于他做出了拒绝，所以后来趁他步入位于罗马的赛场观看席时，他们又戴着桂冠群集在一起；接着在元老院议事堂里，元老院［也进行了劝进］，不过并非借助法令，亦非凭借欢呼，而是通过瓦勒里乌斯·梅萨拉[②]［的讲话］。**2** 此人代表全体［元老］说道："恺撒·奥古斯都啊，愿好运伴随您和您的家庭！因为，这么做我们就觉得自己是在替国家祈求长久的福运，替这［座城市］祈求康乐。元老院连同罗马人民向国父致以问候。"奥古斯都一边流着泪一边以下述言辞（正如列出了梅萨拉的原话一样，我就列出奥古斯都的原话）答复道："元老们，既然我的心愿已经达成，那除了把你们的这种一致赞同一直保有到生命终结之外，我还能向永生之众神祈祷得到什么呢？"

LIX.1 由于他曾在医生安东尼·穆萨的医治下从一场大病中康复了过来，所以为了让这位医生获得荣耀，待钱财筹集起来之后，大家便在埃斯库拉庇乌斯[③]的塑像旁树起了后者的塑像。一些家长[④]

---

① 今意大利拉齐奥大区的海岸城市安齐奥（Anzio），距罗马城南45公里。

② 马可·瓦勒里乌斯·梅萨拉·科尔维努斯（Marcus Valerius Messala Corvinus），将领、作家、文艺资助人，曾赞助过诗人贺拉斯、提布鲁斯（Albus Tibullus）等。出任过公元前31年的执政官。

③ 指古希腊、古罗马神话传说中的医神。其神庙位于罗马城内台伯河中的台伯岛（Insula Tiberiana）上。

④ 原文patres familiarum，直译是"家族之父"，为古罗马时代一个家庭（包括妻子、子女、奴隶）的领导者，一般都由该家庭最年长的男子担任，此人对家庭其他成员拥有一定的管辖权。

在遗嘱里规定道，自己的继承人应该一边打出字牌一边把牺牲带到朱庇特神庙里，并替自己还愿，因为［神明］让奥古斯都活得更长久。某些意大利的城市将他首次造访他们的那一天当作一年的岁首。［为了让他获得荣耀，］除了建造神庙和祭坛之外，许多行省还几乎在每一座城镇都设立了每四年举办一次的庆典赛会。

LX.1 与他交好甚至同盟的诸王，个个都在自己的王国里建起了恺撒里亚城，还共同出资打算让好久之前就在雅典开建的奥林匹亚的朱庇特神庙完工，以奉献给他的守护神。他们还时常丢下［自己的］王国，不仅在罗马，而且还在他穿行于诸行省时，穿上托袈袍，不佩王的标志，以附庸者的方式向其表示顺服。

LXI.1 由于我已叙述了他是如何指挥军队和担任公职的，又是如何凭借战争与和平的方式在寰宇之内统治国家的，现在就让我讲述他私人的和家庭的生活，从青年直至生命的最后一天，他的秉性、他家庭和族人的命运是如何的。**2** 在其首次出任执政官时他没了母亲，在度过生命的第五十四年时他没了姐姐屋大维娅[①]。在她们俩活着时，他就对她们表现出格外的关爱，即便在她们去世之后仍给予她们最高的荣耀。

LXII.1 在他年轻的时候，曾与普布利乌斯·塞尔维利乌斯·伊苏里库斯[②]的女儿定过婚，不过在他首次与安东尼发生争执之后的双方和解期间，两边的士兵都提出了请求，要他们以某种亲戚的关系联合到一起，于是他迎娶了对方［安东尼］的养女，弗尔维娅与普布利乌斯·克洛迪乌斯所生的女儿克劳迪娅，尽管她才刚到结婚

① 乃本卷 IV，1 提到的奥古斯都父亲盖乌斯·屋塔维乌斯与阿奇娅所生的女儿［小］屋大维娅。

② 普布利乌斯·塞尔维利乌斯·瓦奇亚·伊苏里库斯（Publius Servilius Vatia Isauricus），公元前 48 年出任执政官，是恺撒的同僚，一般被人当成恺撒的傀儡。

的年龄。后来他和岳母弗尔维娅之间生出了恨意，因此便把她休去了，而在那时她尚未沾染房事，还是个处女。**2** 他随后又娶了曾与两位与执政官等衔者结过婚，且又和其中一位生下了孩子的斯克里波尼娅为妻。可他仍旧和这个女人离了婚，因为，正如他所写的，“已受够了她泼辣的脾气”，并不顾李维娅·德鲁西拉已怀有身孕，立刻将她从丈夫提比略·尼禄那里夺了过来，单独宠爱与敬重她一人，直到最后。

LXIII.1 斯克里波尼娅给他生下了尤利娅，李维娅未给他生下孩子，虽然他非常想要孩子。她曾经怀孕过，却是早产。对于尤利娅，他先是把她嫁给了自己姐姐屋大维娅的儿子，只比儿童大一些的马尔切卢斯[①]，接着在他［马尔切卢斯］去世之后，他又说服了姐姐把她的女婿马可·阿格里帕让出来，并将［尤利娅］嫁给了后者，因为那时阿格里帕已经有了马尔切卢斯两位姐妹[②]中的一个，还和她有了孩子。**2** 待这位［阿格里帕］也过世之后，他便花了很长时间仔细琢磨了各种联姻的可能，甚至还有与骑士等级联姻的想法，他随后选择了自己的养子提比略，并强迫对方休去已为他生下孩子[③]且当时正怀有身孕的妻子。马可·安东尼写道，他先是把尤利娅许配给了自己［马可·安东尼］的儿子安东尼[④]，然后又许给了杰特人[⑤]之王科提索，同时作为回报也为自己提出了请求以能和王的女儿结婚。

LXIV.1 从阿格里帕和尤利娅他得到了三个外孙（盖乌斯、卢西

---

① 关于此人，请参见本卷 XXIX，4 及注脚。

② 此处原文为马尔切拉（Marcella），即“马尔切卢斯”一词的阴性形式。根据上文这里显然表示的是马尔切卢斯姐妹的名字。

③ 此处原文直译为“通过她让自己当上了父亲”。

④ 关于此人，请参见本卷 XVII，4 及注脚。

⑤ 指当时居于多瑙河下游两岸的色雷斯人的一支，居住地域大致位于今保加利亚北部和罗马尼亚南部。

乌斯、阿格里帕）和两个外孙女（尤利娅和阿格里皮娜）。他把尤利娅嫁给了监察官之子卢西乌斯·保罗，把阿格里皮娜嫁给了自己姐姐的外孙日耳曼尼库斯[①]。他通过［象征性的］交易把盖乌斯和卢西乌斯从父亲阿格里帕那里买了下来并过继入家门，还在他们尚且年轻的时候就引导他们进入管理国家的事业当中，且以当选执政官的身份把他们派往行省和军队。**2** 他以如此［严格的］方式教育女儿和外孙女，以至于还请人来给她们培训纺线和织布，并禁止她们说什么、做什么，除了是公开的而且是那种能被记入皇家日志的事以外。他还如此［严格地］禁止她们接触外面的人，以至于有次他在给名声在外且品德高尚的青年卢西乌斯·维尼奇乌斯的信里写道，对方来巴耶探望自己女儿的做法有失体统。**3** 他大部分时候都是亲自教授外孙识字、游泳，以及其他的基础课程，而且还投入相当的精力训练他们临摹自己的笔迹。如果没有他们在其身旁一同落座于主人榻[②]，他就不用餐；如果没有他们骑行在其车驾前或车驾旁，他就不踏上行程。

LXV.1 然而，就在他对后代以及家人的教育感到高兴和满意的时候，命运女神舍弃了他。由于她们犯下了各种龌龊行径，他流放了两位尤利娅（女儿和外孙女）；他在十八个月的时间内便先后失去了盖乌斯和卢西乌斯两人：盖乌斯死在吕西亚[③]，卢西乌斯死在马西利亚。于是，他公开以库里亚大会的法令收养了第三个外孙阿格里帕，同时还收养了后者的养子提比略，没多久他便因其肮脏、粗野的天性和其中的阿格里帕脱离了关系，并将之流放到了苏莱图

① 关于此人，请参见本卷 XXXIV，2 及注脚。

② 此处原文 imus lectus 指的是宴会上靠桌子左边的三张床榻。在罗马人举行宴会时，通常围坐在一张大桌子的三面，每一面都会摆上三张床榻，其中靠左边的床榻通常归主人使用，而每一张床榻可以由三个人一同落座。

③ 古罗马帝国的行省，公元 43 年设立，大致相当于今小亚细亚半岛南部。

姆[①]。**2** 然而，与至亲的去世相比多多少少令他更忍受不了的是他们的污名。因为，盖乌斯和卢西乌斯的死虽未使他受到太大的打击，他却出于女儿［犯下肮脏行径］的缘故而缺席元老院会议，仅通过财务官以宣读信件的方式告知了［此事］，由于上述污名之事他还在很长一段时间都拒不与人会面，甚至还想过要把她杀掉。就在那时，［尤利娅的］知己之一，被释女奴菲波上吊自尽，那种情况下他说过，自己宁愿做菲波的父亲。**3** 她遭流放之后，他不许她饮酒和享用任何奢靡之物，也不允许在未得自己许可且未明确知晓对方年龄、身高、肤色，甚至身体有何标记或疤痕的情况下让任何男子（无论自由之身还是奴隶）接近她。四年过后，他才把她从岛屿[②]转移到了大陆上，也不再那么严格地对待她了。可大家无论怎样也无法说服他把她招回［罗马］，当罗马人民多次［为她］求情，并越发固执地提出诉求时，他就当着众人的面诅咒大家有这样的女儿、这样的妻子。**4** 在外孙女尤利娅被定罪之后，她生下的小孩他拒绝承认也拒不抚养。阿格里帕丝毫没有温顺下来，相反一天天地愈加疯狂起来，于是他就将其转到了岛[③]上，还在其身边布置一队守卫。他甚至通过元老院的决议告诫道，那个人要被终身囚禁在那个地方。每次提及他［阿格里帕］和［两位］尤利娅的时候，他都悲叹着竟至发出呼号道：

> 真希望我未曾结过婚，真希望我无后而终。[④]

---

① 今意大利南部坎帕尼亚大区的苏莲托（Sorrento）。

② 即潘达特里亚岛。关于奥古斯都之女尤利娅被囚禁岛上之事，请参见本卷 XIX，2 之注脚。

③ 即普拉纳西亚岛。关于阿格里帕被流放岛屿之事，请参见本卷 XIX，2 之注脚。

④ 请参见《伊利亚特》，3，40。此句原话由赫克托（Hector）向帕里斯（Paris）道出，所用动词为第二人称。——洛布版注

除了说是自己的三个脓包、三个溃疡之外，他不用其他方式称呼他们。

LXVI.1 他并不轻易与人结下友谊，［但一旦形成友谊，就会］以再坚定不过的态度维持下去，他不但对朋友们的勇气与美德加以适当回报，而且还对犯下的罪过和错误（只要不是大问题）予以了宽恕。在所有朋友当中，除了萨尔维狄埃努斯·鲁弗斯和科尔涅利乌斯·伽卢斯之外，大家还真的一下子找不到他和谁反目成仇过：他曾将他们两位从极其卑微的地位上提拔了起来，他把前者一直提拔到了执政官的等级，把后者一直提拔到了埃及的地方长官。**2** 前者因为掀起革命而该判死刑，他将其交付给了元老院；后者出于忘恩负义、居心不良，他禁止对方来到自己家里或自己的行省[①]。可是，当伽卢斯根据起诉人的起诉书以及元老院的裁决也被推向了死亡时，他的确称赞起了［元老院］对自己的此般虔心和义愤，却也一边抹眼泪一边哀叹起自己的命数，因为只有他一人不可以随心所欲地对朋友发怒。**3**［除他们之外］剩下的朋友则过着有权有财的生活直至命终，且个个都在自己的等级里位列数一数二之地位，虽然［他对他们］偶尔有所不满。譬如，我不提更多的人吧，他曾发现马可·阿格里帕缺乏忍耐力，梅切纳斯[②]则难以慎言慎行：因为前者出于对［奥古斯都］稍稍表现出的冷淡感到疑虑，又由于马尔切卢斯得到的恩宠超过了自己，便丢下一切迁到密提林去了；而后者则向妻子特伦奇娅透露了穆雷纳的阴谋已败露的机密。**4** 反过来，他

① 即指“元首直辖行省”。在罗马帝国早期，行省通常分为无军团士兵驻扎的元老院直辖行省，有军团士兵驻扎的元首直辖行省，以及作为元首私人领地的埃及行省。元首直辖行省往往处于要冲之地，或出产重要作物。

② 盖乌斯·奇尔尼乌斯·梅切纳斯（Gaius Cilnius Maecenas）乃奥古斯都密友及政治参谋，亦是那个时代一些诗人的资助者。

本人也要求获得朋友（无论活着还是死去）的爱戴作为回报。因为，虽然他绝不会谋求遗产，事实上也从来不许自己凭借哪位不认识的人的遗嘱取得什么，不过却又对朋友们的临终遗愿万般计较，若是较少提及或未提赞美之辞，他便难掩失望之情，而若是自己被致以真诚的谢意，他就难掩得意之色。无论谁，只要身为父母之人把遗产或部分继承权留给了他，他通常要么将之立刻让给他们的子女，要么（如果他们尚未成年）就会在他们穿上成人托袈袍或成婚的那天连本带利返还给他们。

LXVII.1 作为庇护人和主人他既严厉又热情和蔼，并以极高的荣耀和极亲密的宠信对待多位被释奴，如李锡努斯、切拉杜斯，以及别的一些人。虽然奴隶科斯姆斯以再无礼不过的态度评论过他，可他最多只给对方戴上镣铐作为惩罚。当他与管家迪奥梅德斯一同漫步时，一头野猪突然冲了过来，虽然那人在惊吓中躲到了他身后，可他宁愿责备对方胆子小也不愿怪罪于他，还把这件危险不小的事件当作了笑话，毕竟对方并无恶意。**2** 同样是他，由于最受宠信的被释奴之一珀卢斯被人发现和有夫之妇有染，他便强迫对方自杀；由于书记员塔卢斯拿人五百德纳里乌斯以透露其书信，他就弄断了对方的双腿；由于养子盖乌斯的老师还有侍从趁他［盖乌斯］生病、过世之际，横行于他的行省，表现傲慢而又贪婪，他便将重物系在他们脖子上扔进了河里。

LXVIII.1 在其最初的青年时代，他因各种各样的无耻行径而招惹到骂名。塞克斯图·庞培嘲讽其女里女气；马可·安东尼嘲讽其凭借见不得人的方式博取舅公的收养；同样的，马可［·安东尼］的弟弟卢西乌斯则嘲讽道，在贞洁被恺撒玷污之后他又为了三十万塞斯退斯委身于西班牙的奥卢斯·伊尔奇乌斯，［卢西乌斯还说］他习惯用烧热的坚果壳烫腿，以此让腿毛更加柔顺。还有，在某次举行庆典赛会的日子，舞台上［有演员］道出一句如下台词：

你看到没，这位鸡奸者是如何用一根手指撼动圆面[①]的？

虽然说的是正在敲打手鼓的众神之母的祭司，可全体人民都认为这是针对他的，因而表示出极为热烈的赞同。

LXIX.1 甚至朋友们都不否认他有通奸的癖好，虽然他们为此申辩，说他犯下通奸其实不是出于欲望而是出于他意，借此他轻而易举就可通过任意一位敌人的妇人打探到对方的计策。马可·安东尼攻击他，说他在和李维娅仓促成婚之外，又当着对方丈夫的面把一位与执政官等衔者的夫人从餐厅勾引进了卧室，而当她被领回宴会时，耳朵灼热，头发乱蓬蓬的；还说他因为斯克里波尼娅对情敌[②]拥有的巨大影响力过于随意地表示不满，便跟她离了婚；还说朋友们为了迎合他就脱光一家之母和成年处女的衣服，并对她们进行了检查，其方式就和奴隶贩子托兰尼乌斯贩卖奴隶的时候一模一样。**2** 在尚未与他彻底结上私仇或变为公敌之前，［马可·安东尼］甚至还以亲密的口吻给他本人写过这样的信："是什么改变了你？是因为我和女王［克里奥帕特拉］走到一起了？她是我的妻子。这件事我现在才开始吗，还是已经九年了？那么你是不是只和［李维娅·］德鲁西拉在一块儿呢？祝你好运吧，如果在读这封信时，你没和特尔图拉或特伦提拉或鲁菲拉或塞尔维娅·提提森尼亚，或者她们所有的人在一起的话。你在哪里或和谁做爱有什么关系呢？"

LXX.1 他还有一种招人议论的颇私密的晚宴，百姓管它们叫"十二神祇宴"。在这种宴会上，人们穿上男神和女神的装束躺着进食，而他自己则扮成了阿波罗，不但安东尼在信件里对此大加笔伐，

① 此处拉丁语原文为 orbis，可以表示"圆面"，也可以引申为"地球"。

② 可能指的是李维娅。——洛布版注

并以再巨大不过的恨意一一列数了［赴宴之人］的名字，而且还有作者不可考的脍炙人口的下列诗行：

一旦那撮人在餐桌旁把乐团指挥召集过来，
一旦玛利娅① 见到六位男神和六位女神，
恺撒就自欺欺人地扮演起了福玻斯②，
他随被奉为神的人一起在纵欲中享用起了餐宴。
那时诸神都扭过头去，不忍直视大地，
连朱庇特自己都逃离了金色的宝座。

2 由于当时城内物资匮乏，正闹着饥荒，对这种晚宴的流言蜚语甚嚣尘上，第二天人们就呼喊道，所有吃的东西都被众神吃了个精光，而恺撒十足就是个阿波罗，不过却是个折磨人的阿波罗，——这是在城中某片地区受到膜拜的神的绰号。他还由于过度热衷于昂贵的家具和科林斯铜器，并沉溺于骰子游戏，而遭人非议。譬如，在发布公敌宣告期间，他的塑像被人刻下了：

父亲是钱商，我是科林斯铜器商。

那是因为，据信某些人出于［拥有］科林斯的器皿就被列入了公敌名单。再者，在西西里战争时，还流传着如下的短诗：

他在舰队两度失利，舰船遭受损失之后，

① 根据一些人的看法，这指的是乐团指挥，而另一些人认为这是一处地名。——洛布版注

② 即希腊的太阳神阿波罗。

为了多少取得一场胜利，一直都在玩骰子游戏。

LXXI.1 在这些控告或抨击当中，他以当时及后来的清白生活极轻易就驳斥了有关其奸情的污名。同样的，在占领了亚历山大里亚之后，除去一只萤石杯以外他就再没有从王族的家什里扣留过任何东西，也很快就把所有日用的金器皿都给熔化了，这也［极其轻易地驳斥了］关于其奢靡的指责。他摆脱不掉纵欲［方面的指责］，正如大家说的，即便到了后来他也不乏奸污少女的欲望，为此少女们被从各地送了过来，甚至还经过他妻子之手。玩骰子方面的流言令他丝毫都不感到害怕，还坦然公开地玩起骰子以作消遣，甚至上了年纪之后不仅在十二月①，他还在其他节日和工作日里［玩骰子］。**2** 这是毋庸置疑的。因为在某封他的亲笔信里，他说道："我的提比略啊，我和同一帮人一起用宴，赴宴的客人当中还有维尼奇乌斯②和老西利乌斯③。连着昨天和今天，我们就像老人一样都在玩耍消遣，比如把骰子掷出去，无论谁掷到了狗④或六点，就得在赌注里为每

---

① 指在农神节（Saturnalia）期间对这类游戏的开许。——洛布版注
农神节指古罗马人为祭祀农神（Saturnus）而庆祝的节日，节庆狂欢开始于每年的十二月十七日，通常会持续到十二月下旬。

② 马可·维尼奇乌斯（Marcus Vinicius），奥古斯都时代的将领，曾出任公元前 19 年的接任执政官。他的孙子公元 30 年的执政官马可·维尼奇乌斯（Marcus Vinicius）迎娶了奥古斯都养子之子日耳曼尼库斯的女儿尤利娅·李维拉（Iulia Livilla）。

③ 古罗马将领和政治家，曾出任公元 13 年的执政官，上日耳曼尼亚（Germania Superior）总督，并统领日耳曼尼亚各支军团。

④ 此处他们玩的应该是一种用到四面矩形骰子的游戏（tali），需要用到四颗骰子，每一颗的花色各有四种（I，III，IV，VI）。古罗马人在玩这种游戏的时候，如果掷出的所有四颗骰子都是一，就叫作"狗"（canis）；如果掷出的花色并不一致，但至少有一颗骰子是六，则叫作"六点"（senio）；如果四颗骰子的花色全不一样，就叫作"维纳斯"（venus）。

一颗骰子放进一枚德纳里乌斯，而若有人掷出了维纳斯，就能拿走全部的赌注。”**3** 另外的一封信写道：“我的提比略啊，我们非常愉快地度过了密涅瓦节[①]，因为我们一整天都在玩耍消遣，把骰盅都弄热了。你的弟弟大声地抱怨自己倒霉，虽然如此，可他到头来也没有输掉太多，只是在遭受巨大损失之后他又出乎意料地一点点扳了回来。我以自己名义输掉了两万塞斯退斯，只是由于我在玩的时候如往常那样出手太阔绰了。因为，若是我一个不落地收取主动不要的赌注，或者一一要回送给他人的赠予的话，那我本该赢五万的。不过，我宁可现在这副样子，因为我的好心好意令我成就了神明般的荣耀。”**4** 他给女儿写道：“我给你寄去了两百五十德纳里乌斯，而每一位客人我都送了这么笔钱，以防他们在用餐时想要玩骰子游戏或猜拳游戏。”

LXXII.1 在生活的其他方面，大家一致认同的是，他是个极有节制的人，而且找不出任何犯下过错的口实。他一开始住在毗邻罗马广场的位于戒指匠阶梯上方的本属于演说家卡尔沃斯[②]的屋子，后来住到了帕拉丁山上，不过却是在再普通不过的奥尔滕西乌斯的屋子，那房子凭既不宽敞也不亮丽闻名，以至于柱廊里的柱子是用阿尔巴岩[③]造的短柱，而屋内则没有一块大理石装饰或一片漂亮的铺地砖。他一连四十多年在冬天和夏天都使用相同的卧室。虽然他发觉冬天罗马城［的气候］对自己的健康不利，可仍一直在罗马城过冬。**2** 假如遇到要做什么私密之事或不受打扰之事的时候，他就上到一处位于楼顶的幽静的地方，那地方他称之为锡拉库萨[④]和小

---

① 指古罗马人为向密涅瓦女神献祭而庆祝的节日，日期是每年的三月十九日。

② 此人即是《被奉为神的尤利乌斯》，XLIX，1 提到的卡尔沃斯・李锡尼。

③ 通常被称作白榴拟灰岩（peperino），一种灰色的坚硬火山石，带像胡椒子一样的黑色结节。——洛布版注

④ 指的是阿基米德的研究室，或者也有可能是对锡拉库萨那种高层房屋的通常用法。——洛布版注

锡拉库萨即今意大利西西里岛东南部的港口城市叙拉古（Siracusa）。

工作间。他常移驾到这个地方或某位被释奴在城郊［的屋子］躲开［世事］，生病时他就睡在梅切纳斯的房子里。为了隐居，他经常光顾海边以及坎帕尼亚的岛屿，或者临近罗马城的市镇，如拉努维乌姆①、普莱奈斯特②、提布尔③，在那里他也总是在［提布尔的］赫拉克勒斯神庙的柱廊内开庭审理案件。**3** 他对美轮美奂的宏伟宫殿感到厌恶，甚至还把自己的外孙女尤利娅建起的豪华宫殿夷为平地。而他自己的宫殿则修建得非常普通，他没有用太多的塑像、绘画装点，而用了较多的游廊、园圃，以及珍稀而古老的有名之物，譬如那些在卡普列耶④被人们称为“巨兽之骨”的巨大海兽和野兽的超大遗骸以及英雄们的武器。

LXXIII.1 他的家庭用品和家具显得节俭朴素，从现在保留下来的［他的］卧榻和桌子来看，其中有许多对平民来说几乎都算不上豪华。大家常说，他只睡在布置朴素的低矮床榻上。若非特殊场合，他都穿由姐姐、妻子、女儿和外孙女织的家里的衣服。［他的］托袈袍既不紧也不松，［短袖袍上的］紫纹既不宽也不窄⑤，鞋子则被垫高了，为的是能看上去更高一些。为应对突发的紧急情况，他还在卧室里常备一套在公众场合穿的衣服和鞋子。

LXXIV.1 他总是不断举行正式的宴会，且只挑选等级高、人品好的人［作为宾客］。瓦勒里乌斯·梅萨拉写道，除了梅纳斯⑥之外（只是在他背叛了塞克斯图·庞培的舰队之后才被授予了自由之身），

---

① 今距离意大利罗马城东南 30 公里的拉努维奥（Lanuvio）。

② 今距离意大利罗马城东 35 公里的帕莱斯特里那（Palestrina）。

③ 今距离意大利罗马城东偏南约 30 公里的蒂沃利（Tivoli）。

④ 指位于意大利半岛那不勒斯湾南部的卡普里岛（Capri）。

⑤ 宽紫纹短袖袍为元老等级的标志，关于此事，请参见《被奉为神的尤利乌斯》，XLV，3 及注脚；窄紫纹短袖袍则由骑士等级穿。

⑥ 曾是庞培的被释奴。由于在内战里倒戈，将其控制下的萨拉岛从塞克斯图·庞培手中交给屋大维而被后者提升为骑士等级。

他从不邀请任何被释奴前来赴宴。[奥古斯都] 自己写道，他邀请过某人赴宴，而他曾在此人的庄园里住过，此人也曾做过他的守卫。他赴宴有时会迟到有时也会早退，同时还允许客人在他落座前就开始用宴，并在他离开后继续用宴。他的餐宴上三道菜，或者在极大方的时候上六道菜，丝毫没有铺张之感，而是给人以一种极热情的氛围。因为他常把沉默不语或低声窃语的场面变成大家一起畅谈，还常在席间让艺人演奏音乐、让演员献艺表演，或者让椭圆形竞技场里的巡回竞演者，特别是那些说书人，登台演出。

LXXV.1 他照例以极其隆重的方式来庆祝节假日，而有些时候仅仅出于娱乐。在农神节期间以及他感到高兴的其他什么时候，他时而分发衣物、金银的礼物，时而分发带各种图案的钱币，甚至还有古时诸王的以及外邦的钱币；有些时候，除了山羊毛织品、海绵、拨火棍、钳子之外，还有其他的名称有双重含义的易让人混淆之物。他还习惯于在宴会上竞价售卖标有价值相差极为悬殊之物的彩券①和背面对着大家的绘画，由不定的运气来决定买家的心愿是落空还是达成，不过他要求每一位赴宴的人都参与出价，且无论损失还是获利都由大家一起分担或分享。

LXXVI.1 他吃得极少——我绝不会略去这些内容——而且差不多和平民百姓一样。他特别喜爱第二等的面包、小鱼、手工压制的

① 应该是一种上面标有奖品的书写板，拿到的人可以根据上面标的内容领取奖品。关于这种摸彩形式，可以参照《罗马君王传：埃利奥伽巴鲁斯》(*Historia Augusta: Vita Heliogabali*)，XXII，1—2："埃利奥伽巴鲁斯确实在宴会上以调羹刻字的形式进行摸彩，譬如有人读到调羹上刻有'十头骆驼'、有人读到'十只苍蝇'、有人读到'十磅黄金'、有人读到'十磅铅'、有人读到'十头鸵鸟'、有人读到'十枚鸡蛋'，而这真的就是摸彩的奖励，让人们来碰自己的运气。当他把十头熊、十只睡鼠、十根莴苣、十磅黄金用到摸彩当中时，甚至还把这项摸彩加入了自己的庆典赛会，是他首先创制了这种我们至今仍能见到的摸彩形式。"

新鲜奶酪，以及当年第二次结出的绿色无花果。晚餐之前，无论什么时候、什么地点，只要肚子饿了他就会吃东西。他信里的原话是："我们在二轮马车上尝了点面包和海枣。" **2** 还有的信里是："当我从庞培剧场的大门口返家时，在肩舆里，吃掉了一盎司[①]面包和一些较硬的葡萄干。" 再有［一封信是这么写的］："我的提比略啊，即便是犹太人在安息日都不会像我今天一样节制食欲，因为我到了夜晚的第一个时辰才在浴室里趁自己抹油膏之前进食了两口面包。" 出于上述的无规律性，他时而在宴会前时而在宴会后独自用餐，而在宴会上则碰都不碰一下食物。

LXXVII.1 他天性对饮酒也极为克制。科尔涅利乌斯·奈波斯称，在穆提纳附近的营地内，他习惯用餐之余饮酒不超过三次。即便到了后来，每当他让自己痛快畅饮的时候，也未曾超出过一［康吉斯］[②]，或假使超出了，他也会再吐回去。他尤其钟爱雷蒂安的酒，但几乎不在白天饮用。取而代之的是吃一片用冷水沾过的面包，或者一小块黄瓜，再不然一截莴苣，或者一块泡过酒汁的新鲜苹果或苹果干。

LXXVIII.1 在吃过午饭之后，他常穿着衣服和鞋子，双脚未裹任何东西，双手遮住眼睛就打起了盹儿。晚饭后，他常来到书房的榻上，并在那里一直待到很晚以便把白天落下的全部或大部分事情都处理完。然后他上榻就寝，睡最多不超过七个时辰，而且睡的时候并非一觉睡到天亮，而是在中间会醒来三到四次。**2** 若是像有过的那样，在睡眠中断之后无法重新入眠了，他就会派人叫来念书人或说书人［给他讲故事］，时常持续到东方露出曙光。除非有他人侍

---

① 一盎司为十二分之一罗磅，约合 27.4 克。

② 原文直译为"六分之一［康吉斯］的六倍"。康吉斯（congius）为古罗马的容量单位，相当于英制的一品脱（pint）多一点，公制的半升左右。

立在旁，否则他从不在黑暗中醒着。他不喜欢早起，并且如果出于公务或宗教的缘故而不得不比往常起得更早的话，为了不给自己制造不便，他就常借宿在［目的地］附近的熟人家里。即便如此，他还是经常睡不够，并且在被抬过街道之际肩舆因某些耽搁而被放下的时候，他也会睡着。

LXXIX.1 他长得尤为漂亮，且在一生的全部阶段里都极为优雅得体，尽管他对任何外貌打扮都不在意。他如此不在乎头上的发型，以至于一次就让数位理发师同时开工以便尽快完成；至于胡须，他有时让理发师剪短，有时则是剔掉；在理发同时他还或读些什么或写些什么。他的表情无论在跟人对话或是沉默之中都那么的沉静安详，以至于某个来自高卢行省的头面人物向自己手下坦诚，自己的心都软到了这般程度，以至于放弃了这样的图谋：在［奥古斯都］翻越阿尔卑斯山的时候，趁他出席集会而被允许接近［奥古斯都］之际将其推落［山崖］。**2** 他有一双明亮而清澈的眼睛，并希望让人觉得其眼中有一股神明般的力量，而无论何人只要他直直地盯着对方，对方就像面对太阳的光辉一样低下脑袋的话，他就会感到高兴。可在上了年纪之后，他的左眼看不太清楚了；他的牙齿没剩下几颗，且又小又残；他的头发微微卷曲，色泽偏黄；他的双眉连到了一起。他的双耳大小中等，他的鼻梁较为高挺且向内弯曲，他的肤色介于深色和白色之间。他身材矮短——虽然他的机要秘书，被释奴尤利乌斯·马拉图斯声称，他身高五又四分之三尺——但却被比例匀称的肢体所掩盖，结果除非有个长得更高的人站在一旁进行比较，否则就无法觉察到［他有多矮］。

LXXX.1 据称，他的身体布满了斑点，胸口和肚子上长有形状、顺序、数量都与天上大熊座的星辰相当的胎记。他身上还有许多状如癣一样的硬茧团，这是因其身体瘙痒而不断使劲使用擦身板造成的。他左边的臀部、股部、小腿部都不十分强健，以至于时常还会跛脚行走，不过他仍用芦苇秆加上沙子作为［敷］药以增强腿劲。他有时也觉得右手食指会非常无力，以至于当挨冻而变得干瘪麻木时，即使有角质指套帮忙都几乎写不了东西。他还抱怨过膀胱疼痛，最终在结石随小便排出之后疼痛才得以减轻。

LXXXI.1 他一生当中经历过几次危险的重病，尤其是在征服了坎塔布里亚之后，当时他因肝脏出现脓肿而陷入如此绝境，以至于必须接受一种罕用而冒险的治疗方式才行，因为热敷并不奏效，他被迫遵照［医生］安东尼·穆萨的建议进行冷［敷］治疗。**2** 他还常在每年固定的时候经历一些反复发作的［疾病］，譬如在自己的生日来临之际他通常会感到乏力，初春时节他常犯横隔膜增大的病，而刮起南风之后又会犯上黏膜炎。因此，他虚弱的体质常常不能轻松承受冷热气候。

LXXXII.1 冬天，他穿四件短袖袍和一件厚托袈袍，外加一件打底衫、一件羊毛护胸，并绑上护腿带和护脚带御寒；夏天，他躺在敞开门的卧室内睡觉，有时也会睡在带喷泉和围廊的内庭里，并让其他人扇扇子。即便是冬日里的太阳他也忍受不了，且从不在未戴宽檐帽的情况下就露天漫步，家里也不行。他常乘肩舆出行，并几乎都在夜晚，走得既慢又稳，以至于需要两天时间抵达莱奈斯特或提布尔。而若是要去的地方能走海路，他宁愿选择坐船。**2** 然而，他通过无比细致的照料弥补了身体上的虚弱，尤其是较少泡澡，因为他用更多的时间涂抹油膏，或就着火蒸汗，随后再用温热的或经太阳长时间曝晒而变温的水冲淋。或者，但凡因风湿病而需要使用海水和白温泉[①]的时候，他便惬意地坐在用西班牙人的话被称作杜雷塔的木制浴凳上，将双手双脚交替着伸进水里。

---

① 白温泉指的是注入罗马和蒂沃利之间阿涅内河（Anio）的含硫泉水。——洛布版注

LXXXIII.1 内战结束之后，他立刻终止了战神平原上的马匹和兵器训练，一开始转向了皮拉球[①]和弗利库卢斯球[②]，接着又只进行骑马和步行，并在步行结束之后再裹上斗篷或毯子又跑又跳。为了放松精力，他时而钓鱼，时而与小男孩们一起玩骰子或弹子和坚果[③]——他会到处寻找那些脸蛋可人、说话可爱的小男孩，特别是摩尔人和叙利亚人。因为他厌恶侏儒、瘸子，以及一切这类人等，把他们当成天生的或象征着凶兆的怪物一样。

LXXXIV.1 他自孩提时代起就极费心力地热衷于演讲和文学研习的训练。在穆提纳战争中，据称他面对如此繁多的事务仍每天阅读、写作、演说。事实上，他后来除了预先构思并写下讲稿之外，就从未在元老院或人民中间或士兵中间发表过讲话，虽然他并不缺乏即席演讲的能力。**2** 而且，为了不出现忘词的窘境，或者为了不在记词上浪费时间，他习惯通篇照本宣读。即便在和他人单独会谈，甚至在与自己［妻子］李维娅进行较正式的谈话的时候，惟恐临时多说了或少说了什么，他一定得［事先把要说的话］写在小册子上并读出来。他发表演讲时声音甜蜜、嗓音别具特色。他还不断接受着演说术训练，不过出于咽喉上的病症，他有时要借助宣令者的声音向人民发表讲话。

LXXXV.1 他以散文的形式创作了多部不同类型的作品，其中有

---

① 指的是一种古罗马人玩的小球游戏。该游戏一般由四至十人一起玩耍，玩的时候大家排成一圈，相互进行抛接球。此外，游戏中还需有一人在圈内跑动，进行拦截，一旦小球被拦截成功，抛球者和拦截者就得互换身份。

② 指古罗马人玩的一种充气皮球游戏，一般是一人用手将球抛出，另一人将球接住。

③ 这里说的也许是名叫“德尔塔”的一种简单游戏，德尔塔即希腊字母 Δ，其玩法是游戏者先在地上画一个德尔塔字母（形如一个封闭的三角形），然后轮流拿手上的小坚果往地上的德尔塔字母里投掷，最后谁丢进字母里的坚果越多谁就获胜。

几部他在熟人聚会的场合里（就像在礼堂中面对听众一样）念诵了出来，譬如《为〈论加图〉答布鲁图[①]》。在诵读这部书的时候，上了年纪的他读完了大部分内容，直到精力不济才将它交给提比略去读完。同样是他，还写过《哲学劝勉》，以及十三卷的《论己之生平》——这部书一直写到了坎塔布里亚战争，不过他没有继续写下去。**2** 他诗歌涉猎得不多。流传至今的只有一卷他写的六步格诗歌，其主题和名称为《西西里》。还有一部同样短小的《讽刺诗》也流传了下来，而这部书基本上是在他沐浴的时候构思出来的。另一方面，他曾满怀信心地着手写一部悲剧，但却因文笔不佳而将之销毁了，当朋友们问起《埃阿斯[②]》进展如何的时候，他回答说，埃阿斯已倒在了他的海绵里。

LXXXVI.1 他追求的是一种高雅而朴素的演讲方式，避免名言警句式的空洞和华丽，以及，正如他自己说的，"遮遮掩掩的说辞散发出的酸腐气"，他尤其在意的是，尽可能清晰地表达自己心里的想法。由此，为了不让读者或听众在什么地方出现混淆和障碍，他毫不犹豫地为城市名添加介词[③]，并多次重复使用连词——虽然省略掉连词会增加修辞效果，但却在一定程度上导致晦涩难懂。**2** 他以同等的厌恶态度蔑视标新立异者和迂腐守旧者，就像是不同种类的有罪之人一样；而他有时还斥责他们，尤其是他的朋友梅切纳斯，他不放过任何机会模仿滑稽作品嘲笑此人"油腻的曲折卷曲"[的

① 布鲁图在公元前 46 年曾发表过关于加图的颂文。请比照西塞罗的《致阿提库斯》(*Ad Atticum*)，12，21。——洛布版注

② 古希腊神话传说人物，出现在荷马的《伊利亚特》里，为特洛伊战争中希腊的大英雄。

③ 根据拉丁语语法，城市、小岛，或特定地点的名称可以使用方位格表示位于那个地方，而无须另加介词。但是方位格在形式上会和其他的格相同而造成混淆，比如罗马这个词的方位格是 Romae，在形式上与其属格和与格相同。

文风]。连提比略他都没放过，因为前者有时偏好用一些陈腐晦涩的措辞。至于马可·安东尼，他甚至斥责对方神志错乱，好比［马可·安东尼］写下东西是为了让人们感到惊叹而不是领悟意思。随后，他又嘲笑对方选择既不恰当又不一致的说话风格，并补充道：**3**“你还不确定自己要模仿辛伯·安尼乌斯还是维拉尼乌斯·弗拉库斯①，因此就要用上克里斯普斯·撒路斯特从加图②的《史源》中选来的词语？或者你情愿将亚细亚演说家们空洞而冗长的伶牙俐齿之风带入我们的讲话中？”而在一封称赞其外孙女阿格里皮娜具有天赋的信里，他说道：“但是，你要注意，写作和讲话不要矫揉造作，这是有益处的。”

LXXXVII.1 从他的亲笔信可以看出，他在每天的讲话中经常运用一些他喜欢的和特有的表达方式，其中他想指出某些人永远都不会还清欠款的时候，一遍遍说的是：“他们要到希腊人的初一③才会还清。”在规劝大家要容忍各种现状的时候，他说：“让我们对这个加图④感到满意吧。”在表示事务紧急到飞快时，他说：“比烹饪芦笋还快。”**2** 他一再地用“呆瓜”来表示笨蛋，用“灰不溜秋”来表示灰暗，用“脑子空掉”来表示神智混乱，用感觉“没生机”来表示感觉不好，用“像个甜菜根”来表示虚弱，⑤而老百姓的说法则是

① 显然这两位乃当时文风仿古的语法学家。——洛布版注

② 历史学家克里斯普斯·撒路斯特和小加图的祖父，作家及政治家老加图（Marcus Porcius Cato Maior）都以文风仿古而著称。

③ 初一（kalendae）的说法通常只在古罗马传统的阴历中才有，表示的是月亮新露出月牙的那一天，为每个月的头一天。而古希腊人日常使用的历法则是阳历，不存在初一的说法。

④ 指的是小加图。关于小加图在内战中坚定地站在贵族派一边同恺撒作战之事，请参见《被奉为神的尤利乌斯》，XIV，2之注脚。

⑤ 这里说到的奥古斯都所用的词全部都是俗话或粗话，它们中许多词的确切构成和来源并不明确。——洛布版注，有删减

“蔫儿啦”。同样是他，用 simus 来代替 sumus①，在表示单数属格时用 domos 来取代 domuos②。后两者他始终这么写，为的是怕有谁把它们当成是一时之误而非一种习惯。**3** 我还注意到他在书写时的一个怪癖：他不把单词分开，也不在一行结束时将多出的字母移到下一行，而是随手写到那下面并再加个圈圈住它们。

LXXXVIII.1 他并不十分严格遵守正字法——即由语法学家定下的书写规则与形式——这看起来更像是那些认为应该完全照我们发音进行书写的人遵从的观点。因为他时常颠倒或遗漏的不但有字母，而且还有音节，这是人类通常犯的错误。要不是其他一些人的叙述令我感到吃惊的话，我都不会记下这件事：当他注意到一位与执政官等衔的总督亲手把 ipsi 写成了 ixi 时，③就将这个粗鄙无知之人的职位交给了接替者。另外，他每次在用记号进行书写的时候，就会以 B 代替 A，以 C 代替 B，接下来以此规则类推，都用后一个字母代替［前面的］，至于 X④ 则用双 A 来代替。

LXXXIX.1 他对希腊人的学问倾注的心血并不亚于［罗马人

① 奥古斯都之所以用 simus 代替 sumus，有可能是在模仿常见于部分作家和诗人笔下的元音字母 i 和 u 之间的互换规律，用元音字母 i 取代 u 会让人觉得作者文辞古雅。但应注意的是，通常情况下 simus 表示第一人称复数现在时虚拟式，而 sumus 表示的是直陈式，单从语法角度来看，这里的元音显然不能替换。

② domus（单数主格时词尾 u 是短音。含义：家、宅）一词的单数属格形式通常遵从第二变格法变为 domi，词尾 i 是长音；或者遵从第四变格法变为 domus，词尾 u 是长音。此处 domuos 应该是第四变格法单数属格的古体形式。

③ 从发音上来看，拉丁语双辅音 PS 对应的应该是希腊字母 Ψ，而这个字母并未被引入拉丁语；而与拉丁字母 X 读音接近的双辅音应是 CS 或 GS，对应的希腊字母则是 Ξ。

④ 根据伊西多禄的《词源学》（*Hispalensis Etymologiae*），I，IV，14—15。拉丁字母 X 是在奥古斯都时代被引入拉丁语里的，而拉丁字母 Y 和 Z 直到奥古斯都时代都还未被书写过。因此当时字母 X 是字母表最后一个字母。

的]，且在这些学问上都表现得非常出色。他让帕伽蒙[①]的阿波罗多鲁斯出任演说术老师，后者在［奥古斯都］年轻时曾随他一起离开罗马城前往阿波罗尼亚，虽然当时此人已步入高龄。随后，他通过与哲学家阿勒乌斯及其儿子狄奥尼修斯和尼卡诺的共处，对诸多门类的学问都精通了起来。虽然如此，可他既不能流利地说［希腊语］，也不能［用希腊语］写任何东西，因为他若是非得要用［希腊语］干什么的话，就会用拉丁语打一遍草稿，再让别人翻译。不过，他也并非对［希腊语］诗歌一无所知，甚至还喜欢古代的喜剧并常常在公众赛会上进行演出。**2** 在阅读这两种语言的作家作品时，与箴言警句以及能为公众或个人带来裨益的内容相比，他不曾对其他事物投入同样多的精力。他往往逐词逐句地摘录上述内容，只要家中的人或者将领及诸行省的总督或者罗马城的官员需要接受告诫时，他就将之寄给他们。他甚至向元老院整卷整卷地宣读出来，而为了引起人民的注意，他还常常通过公告向他们颁布出来，例如昆图斯·梅特卢斯[②]的《论多子多孙》，鲁提利乌斯的《论建筑尺寸》，以此来使大家相信自己并非首位注意到上述之事的人，而是已经有前人关注到了。**3** 他尽一切努力呵护那个时代的天才，热情而耐心地聆听他们宣读［自己的作品］，其中不但有诗歌和历史书，还有演讲和对话录。虽然如此，可除非是在严肃作品中并由最出类拔萃之人书写，否则与他相关的任何文字都会让他感到恼怒，他还告诫裁判官们不要让自己的名字［频繁出现］在朗诵比赛中而变得掉价。

XC.1 他对待宗教和征兆方面的态度是这样的。他对打雷和闪电

① 位于爱琴海东岸伊奥利亚（Aeolis）地区的古城，今大致在土耳其的帕加马（Bergama）西北部。

② 昆图斯·切奇利乌斯·梅特卢斯·马其顿尼乌斯（Quintus Caecilius Metellus Macedonius），公元前 143 年的执政官，前 142 年出任近西班牙行省总督。罗马著名将领，曾率领军队彻底平息了马其顿人的叛乱。

有些害怕，以至于无论在哪儿总会携带一张海豹皮当作防护，而且一出现疑似巨大风暴的征兆时就会逃入地下洞穴躲避，因为，正如鄙人先前所说，[①] 他曾在夜晚的旅途中侥幸躲过闪电而惊吓不已。

XCI.1 他并非对自己的梦境以及与他有关的他人的梦境漠不关心。在腓力庇战争中，尽管他曾下定决心，因身体不好不离开营帐，可出于一位朋友的梦境的告诫，他还是离开了。结果，幸运的是，在营地被占之后，敌人冲进了营帐，以为他仍躺在那里，便将他的床榻乱戳一气，砍成了碎片。整个春季，他本人常梦见许多极其可怕而又无根无据、实现不了的东西；在其他时候，他梦见的东西就没那么多，也更为真实。**2** 由于他曾不停地造访在卡庇托山上的奉献给雷神朱庇特的神庙，卡庇托山的朱庇特便托梦给他，向他抱怨说，自己的献祭者正被带往别处，他答复道，自己在旁边侍奉雷神是为了给他当守门者。因此，他随后便将通常悬挂在大门的门铃系到了［雷神朱庇特］神庙的山墙上。再有，还是由于夜晚见到的梦境，他每年都在一个固定的日子向人民乞讨施舍物，并伸手摊掌来接住铜板。

XCII.1 有一些占卜和［别的］兆头他视之为极会应验之事：如果早上他把鞋子穿反了，即左脚的穿到了右脚上去，就会当成凶兆；如果在踏上一段漫长的海路或陆路旅行之前恰巧下细雨，他就会当成吉兆，预示着将会按时顺利返回。不过他尤其常被奇异之事触动。在自家屋前的石缝中间长出了一株棕榈树，他就把它移植到了供奉有家财神［的那间房］的中庭[②] 下面，并对它的茁壮生长关心备至。**2** 在卡普列耶岛，一棵极为古老的栎树树枝虽已枯萎并垂到了地上，

---

① 关于此事，请参见本卷，XXIX，3。——洛布版注

② 原文 compluvium，意思是古罗马建筑物的屋顶中间敞开的四方形方井，一般用作露光孔，下雨时雨水顺此方井流入屋子中间的蓄水池或园圃。

可在他到来时又恢复了生机，这令他喜悦到了这般程度，以至于他用埃纳里亚[①]跟那不勒斯人换得了那座岛屿。他还重视某些日子：他不会在市集日[②]的次日就踏上旅程，也不会在上弦月日[③]着手处理任何重大事务，而正如他给提比略所写的，在后一种情况下他躲避的只是日期名称上带有的忌讳[④]。

XCIII.1 他以再崇敬不过的态度对待外邦的宗教仪式，就好像它们是被完美设计出的古老事物一样，而外邦其他事物他则待之以蔑视的态度。比如，他在雅典曾被接纳进了［埃琉息斯］密仪[⑤]，后来当他在罗马开庭审理一起涉及阿提卡丰产女神[⑥]的祭司特权的案件，并获悉此事会把某些颇隐秘之事公之于众的时候，便遣散了裁决委员会及大量的随从人员，独自主持庭审。然而，相反的是，他非但没有在穿过埃及之时稍稍绕道去拜访圣牛[⑦]，而且还对外孙盖乌

---

① 今第勒尼安海上的伊斯基亚岛（Ischia），距离那不勒斯西南约 30 公里，面积要比卡普里岛大许多。

② 原文为 nundinae，指古罗马人一周（当时一周八天）的最后一天，这一天往往是集市开市的日子。

③ 根据古罗马的历法，上弦月日（Nonae）最初指的是月相露出一半的那一天，后来固定指三月、五月、七月、十月的第七天，其他各月的第五天。

④ 因为 nonis（nonae 的时间夺格用法）像 non is（你不走）的结合，请比照西塞罗的《论占卜》（*De Divinatione*），284；或有可能只是因为它带有 non（否定词）。——洛布版注

⑤ 指在雅典近郊埃琉息斯（Eleusis）地区举行的一种神秘祭祀仪式。该祭典活动每年都要举办，用以祭拜丰产女神德墨忒尔（Demeter）及其女儿冥后珀耳塞福涅（Persephone）。

⑥ 此处“丰产女神”一词借用了罗马人司掌谷物、丰收、孕育的女神色瑞斯（Ceres）之名。

⑦ 原文为 Apis，指的是古埃及人崇拜的圣牛。关于圣牛传说，请参见希罗多德的《历史》（*Historiae*），III，28（选自本引书汉译本，北京：商务印书馆，1997 年 2 月，第 206 页，王以铸译）：“在把这些人处死之后，他继而又把祭司们召到他跟前来。当祭司们所说的话也和前者相同的时候，他便说如果一个驯服的神到埃及人这里来的时候，他是愿意见识见识的；（转下页）

斯在途经犹太地区时未在耶路索利玛[①]祈祷而大加赞扬。

XCIV.1 既已至此，在这里列出他降生之前、出生当日，以及在那之后出现的［征兆］，就不是偏离主题之事了，而正是借由这些［征兆］，他的宏伟未来和长久鸿运能够被预见、被察觉到。

2 在古时候，当维利特莱的一段城墙被从天而降的［闪电］击中后，有神谕说，这座城的某个市民将主宰万物。有了这种保证，维利特莱人当时便立即向罗马人发动了战争，此后也时常交战，直至自身几近覆灭。可到了晚一些时候，人们才终于发现，那则征兆预言的是奥古斯都的当权。[②]

3 根据尤利乌斯·马拉图斯所述，他出生前的几个月在罗马曾有一个征兆显现于众人，由此宣示出，大自然正准备为罗马人民诞下一个王。受到惊吓的元老院颁下法令，在那一年降生的男婴任何人都不许抚养。那些怀有身孕的妻子，她们的丈夫人人都想让预言在自己家应验，于是便处心积虑地要阻止元老院的这项决议被录入国库［变成正式法律］。

4 在门德斯[③]的阿斯克勒皮亚斯的《论神明》几卷书里，我读到了以下这个故事。当阿奇娅[④]夜半时分来参加阿波罗的祭祀仪式的时候，把卧榻安放在神庙之后，她与其他妇女一起陷入了沉睡，突

（接上页）因此他不多废话，立刻命令祭司们把阿庇斯（即圣牛）带来。于是他们就找到了它并把它带来了，原来这个阿庇斯或埃帕波司是一个永远不会再怀孕的一只母牛所生的牛犊。根据埃及人的说法，母牛是由于受到天光的照耀才怀了孕的，此后才生出了阿庇斯。称为阿庇斯的这头牛犊的标志是这样的：它是黑色的，在它的前额上有一块四方形的白斑，在它的背上有一个像鹰那样的东西；尾巴上的毛是双股的，在舌头下面又有一个甲虫状的东西。”

① 今耶路撒冷。

② 关于屋塔维乌斯家族曾是维特莱利的名门望族，请参见本卷 I，1。

③ 位于埃及尼罗河三角洲东部的一座古城。

④ 乃奥古斯都之母，关于此人，请参见本卷 IV，1。

然之间一条蛇爬到了她的身边，片刻过后便爬走了。等醒来之后，就像和丈夫合过房一样，她洁净了自己的身体，突然间她的身上出现了形如蛇一样的记号，且永远都无法除掉，以至于她马上就再也不去公共浴池了。此后的第十个月，奥古斯都便降生了，有鉴于此他就被当成了阿波罗之子。同样是这位阿奇娅，在生子之前梦见了自己的内脏被拽向群星并在整个天地之间铺展了开来。那个父亲屋塔维乌斯则梦到了太阳从阿奇娅的肚子升起第一缕曙光。

5 在他出生的那一天，元老院议事堂里正在为喀提林的阴谋展开辩论，屋塔维乌斯因妻子分娩晚到了，而广为人知的是，当［占星家］普布利乌斯·尼吉狄乌斯在发觉到他耽误的原因，并得到了出生时辰之后，便断言世界之主宰已降生了。后来，当屋塔维乌斯领军穿过色雷斯的偏远地带之时，曾在酒神的圣树林里按蛮族的仪式问卜过儿子［的未来］，而祭司们给出了相同的结果，因为在把祭酒倾倒在祭坛上时有如此巨大的火焰蹿了上来，以至于据称火焰越过神庙屋顶升到了天上，而类似的征兆只有亚历山大大帝在同样的祭坛进行献祭的时候才显现过。**6** 还有，就在接下来的那天晚上，他梦到了这幅景象：儿子以比芸芸众生更宏伟的形象伴随着闪电、权柄，以及属于至高无上的朱庇特的饰物，乘着十二匹精挑细选的白马拉着的马车，戴着光芒四射的王冠出现在了眼前。根据流传至今的盖乌斯·德鲁苏斯的记载，在他还是婴儿时，有天晚上曾被奶妈放入摆在平地上的摇篮中，第二天凌晨他便不见了，经过一段时间的寻找，人们终于发现他正对着一轮旭日躺在一座极高的塔上。

7 当他刚刚开始会说话的时候，在其祖父位于郊区的［庄园里］，他命令那些正巧在乱叫的青蛙安静下来，从那以后据说那里的青蛙便不再呱呱乱叫了。在坎帕尼亚大道第四里程碑那儿的丛林里，一头鹰出其不意地将面包从正在吃午饭的他的手里叼走了，那鹰飞到极高的地方，随后又出乎意料地飞了回来，轻轻落下，归还了［面包］。

8 当昆图斯·卡图卢斯[①]给朱庇特神庙[②]奉上祷词之后，连续两个晚上都做了梦：头一晚，至高无上的朱庇特从一大群正在祭坛周围嬉戏的穿紫边托袈袍［的男孩］里将一人分了出来，并把手里握着的一尊象征国家的塑像放到了他［这位男孩］衣服的折兜里；后一晚，他看到相同的男孩正在卡庇托山的朱庇特神的膝上，而当他［昆图斯·卡图卢斯］要求把那男孩送下来时，神做出了拒绝，并告诫道，此人要被培养成国家的守护者。接下来的那一天，他［昆图斯·卡图卢斯］在路上遇见了素未谋面的奥古斯都，他不无吃惊地盯着这个男孩，并说他与自己梦到的男孩一模一样。一些人对卡图卢斯的第一个梦境做出了其他陈述：在一大群穿紫边托袈袍［的男孩向朱庇特］提出要为自己谋求一位监护人时，朱庇特从他们中间指出了一位能寄托他们全部希望的人，并用手指触碰了他的嘴唇后，再放回到自己的嘴唇上[③]。

9 当马可·西塞罗陪同盖乌斯·恺撒前往朱庇特神庙的时候，他碰巧向熟人道出了前一天晚上的梦境：一个面容高贵的男孩被一根金锁链拴着从天上放了下来，站在朱庇特神庙的门口，从朱庇特那里接过了一条鞭子。接下去，［西塞罗］忽然看到了由舅公恺撒领到祭祀仪式的当时尚不为大多数人所识的奥古斯都，便断言，此人之形象即是出现在自己睡梦里的那个。

10 他在穿成人托袈袍时，宽紫纹短袖袍松开掉到了脚上。[④]当

---

① 关于此人，请参见《被奉为神的尤利乌斯》，XV，1。

② 罗马朱庇特神庙曾在公元前 83 年毁于苏拉独裁时期的内战，后再由这位昆图斯·卡图卢斯重建。

③ 以此取代直接亲吻对方。——洛布版注

④ 古罗马人在最早的时候是裸身直接穿托袈袍的，但到了后来逐渐习惯于在托袈袍下面再穿一件打底的束腰袍。此处的宽紫纹短袖袍应该就是奥古斯都准备穿托袈袍时的打底衫，只不过这种服饰通常只允许元老等级使用。

时在场者将此情形诠释为，这分明就预示着，穿这种服饰的那个［元老］等级有朝一日将臣服在他之下。

11 当被奉为神的尤利乌斯在蒙达附近砍伐树木以腾出空地建造营地时，发现了一株棕榈树，便下令将它作为胜利的征兆保留了下来。从那时起，这棵树上就抽出了新枝，没过多少天，就到了这般地步，以至于不但和母树长得一样高大，而且还遮盖住了后者，另外有许多鸽子在那上面筑巢，尽管那种鸟会特意避开粗糙、尖锐的枝叶。人们说，正是那个预兆才让恺撒受到了触动，并希望除了妹妹的这个外孙之外不让其他任何人接替自己。

12 在［奥古斯都］退隐阿波罗尼亚期间，他在阿格里帕的陪伴下登上了占星家提奥根尼斯的观星室，当首先进行问卜的阿格里帕被预言出会有伟大而近乎难以想象的事迹之时，［奥古斯都］因害怕和羞于被算出自己将落得寂寂无闻而未告知也拒不透露自己的生辰[①]，虽然如此，可经多番劝说他并不情愿而又慢吞吞地道出生辰之后，提奥根尼斯一跃而起，拜倒在他的脚下。此后，奥古斯都便对命运持有如此坚定的信心，以至于既公布了自己出生时的星象，又在铜币和银币上打上了他出生时的星座[②]摩羯座的记号。

XCV.1 恺撒辞世之后，当他从阿波罗尼亚归来并踏入罗马城时，晴朗无云的天空突然之间就形成了一道圆形的彩虹并环绕住太阳，又在突然之间一道闪电击中了恺撒之女尤利娅的墓碑。另外，他在首次出任执政官期间还进行过鸟占，并和罗慕路斯一样看到了

---

① 原文为 genitura，指人出生的时辰，占星师得知人的生辰就能推算出出生一刻的星盘，而根据古典占星术，一个人出生时的星盘将影响到他一生的命数。

② 根据古典占星术，在一切星体当中，太阳起到了决定性的作用。因此在占星术中往往会将一个人出生时星盘中太阳所在的星座叫作他的出生星座。关于奥古斯都在钱币背面打上摩羯座的标记，请参见李铁生：《古希腊罗马币鉴赏》，北京：北京出版社，2001 年，第 150 页，图 7-2。

十二头秃鹰，而在宰杀牺牲时，所有祭品的肝脏都是在底部向内折叠的，精通此道的人一致认为上述征兆预示着有福之事和伟大之事。

XCVI.1 事实上，一切战争的发生他在事前都预见到了。当三巨头的部队齐集到博洛尼亚之时，一只鹰落脚于他的营帐上，并驱离了两只从两边分别对它发起攻击的渡鸦，还将它们击落到了地上。因此，全军上下推断，这［三位］同僚之间有朝一日将会出现不合，而后来果真如此，甚至连结果都预言到了。在前往腓力庇的路上，某个塞萨利亚人根据被奉为神的恺撒之意［向他］宣布了未来的胜利，因为在偏僻小路上恺撒的形象曾出现在他［这位塞萨利亚人］的面前。**2** 当他在佩鲁西亚附近宰杀祭品却未得到吉兆而下令献上更多祭品之后，敌人发起突袭把所有祭祀用品都夺走了，于是，占卜师一致认为，祭品上宣示出的凶兆和厄运将统统降临到保有内脏的那些人身上，事实果真如此。在西西里海战的前一天，当他行走在海边的时候，一条鱼从海里跳了出来，落在脚边。在阿克辛附近，当他启程出征之际，撞见了一头驴和一个赶驴人，赶驴人名叫尤提库斯，那头牲畜名叫尼康[①]；得胜后，他把自己的营地变作了神庙，并在那神庙里为这一人一驴分别立了一尊铜像。

XCVII.1 有一些再明显不过且事先为大家所知的征兆预示了他的离世（关于其离世我接下去会进行陈述）以及辞世之后会被奉为神。当他在战神平原上面对一大群人将祓除仪式推向尾声之时，一只鹰绕着他盘旋数周，然后直接飞向邻近的一座神庙，落在了阿格里帕族名的头一个字母上。在注意到这件事之后，他便命令自己的［监察官］同僚提比略宣读按惯例为下一个祓除仪式到来前的时间献上的祈愿词，因为虽然这些祈愿词已提前作了准备并写在了书写板上，可他仍拒绝担负那些［觉得］偿还不了的愿望。**2** 约莫就在那

---

① 尤提库斯（εὐτυχής），意思是“天命”“天助”；尼康（νικῶν），意思是“胜利”。

同时，他塑像上的铭文被一道闪电击中，抹掉了铭文上族名的第一个字母。[1]［精通占卜的人］解释说，从那时起他只能再活一百天，因为从字母C可以认识到这个数字，而且他将被列入众神的行列，因为“艾撒”一词（即“恺撒”之名失去首字母后余下的部分）在伊特鲁里亚人的语言里是对神明的称呼。**3** 随后，在他打算派提比略前去伊利里亚并有意一路陪同到贝内文托之时，诉讼当事人把接二连三的案件提交出来进行审理，使他无法动身，他大呼道，即便万事万物都来拉住自己，他也不要再待在罗马了。这件事后来被当成是一种征兆。当他踏上行程之后，便一路抵达了阿斯杜拉[2]，从那儿他一反常态地趁着微风连夜搭上了船，由此染上了以腹泻为初期症状的疾病。

XCVIII.1 那时，在沿着坎帕尼亚的海岸和相邻的岛屿航行一圈之后，他退居到卡普列耶并待了四天，其间他让自己彻彻底底放松了下来，还完全投身进了各种消遣活动当中。**2** 恰在他［坐船］经过普特奥利的港湾之际，一艘亚历山大里亚的船刚刚靠岸，船上的乘客和船员都身穿白衣、头戴花冠、焚烧乳香，慷慨地献上了一切祝福和极高赞誉，［并说道］他们因他而活、因他而航行、因他而安享自由与幸运。他对此事感到特别高兴，于是便给随从每人分了四十枚金币，并要他们逐一宣誓做出保证，给予他们的这笔钱只用于购买亚历山大里亚的商品。**3** 还有，在余下的一连数天里，除各式各样的小礼物之外，他还分发了托袈袍以及裹袍，并规定罗马人要穿希腊人的服饰并讲希腊人的话，希腊人要穿罗马人的服饰并讲

① 阿格里帕和奥古斯都的族名都是恺撒，因此首字母是C，在拉丁语里字母C也是数字一百。

② 位于今意大利中部拉齐奥大区安齐奥海湾的东南角，该地古时候是一座岛屿，现在则变成了半岛。

罗马人的话。他一再观看男孩们的军训[①]，而卡普列耶直至那时仍有相当一大群男孩按古时的规矩进行军训。他还为那些男孩们献上了一顿祭宴并亲自出席宴会，甚至还允许或更确切说是要求大家无所顾忌地开玩笑，争抢抛出的标有水果、佳肴及其他物品的彩券。总之，他没放过任何一种寻乐的方式。**4** 由于旅居那个地方的他的随从们过着悠闲的日子，他把卡普列耶附近的一座岛屿[②]称作阿普拉戈波利斯[③]。他还习惯把一个名叫玛斯噶巴的宠信之人唤作克提斯特斯[④]，就像后者是那座岛的建造人一样。当他从餐厅注意到一大群人举着密密麻麻的火把聚集在一年前去世的玛斯噶巴的墓碑旁，便即兴编了一行诗大声朗诵了出来：

> 吾见克提斯特斯之墓被火照亮。

接着，他转向提比略的随从特拉西卢斯——当时后者正躺在他的对面，对事情一无所知——对他发问道，你觉得这是哪位诗人的？正当对方犹豫之际他又加上了另一句诗：

> 看到否，借此光，玛斯噶巴已获荣耀？

然后也问了上述的诗句。除了这两句全都棒极了之外那个人别无任何其他答复，那时他大声嘲笑并将此当成笑话。**5** 他接着就前往那

---

① 原文为 excicentes ephebi。其中 ephebus 一词指的是约莫十七至十八岁的男孩，古希腊人认为这个年龄段的男孩身体已经成熟，因而需要离开父母并经过一段时期的军事方面的操练使他们成为能保护自己和国家的真正男人。

② 原文直接翻译过来应该如此，但洛布版译者认为卡普列耶岛附近没有其他岛屿，因此这里应当翻译成“卡普列耶岛上临近的一处地方”。

③ 希腊语 Ἀπραγόπολις，意思是“闲人之城”。

④ 希腊语 Κτίστης，意思是“缔造人”“砖瓦匠”。

不勒斯，尽管他的脏腑当时仍旧时不时闹出病症来。虽然如此，可他还是观看了为了他的荣耀而每四年举办一次的体育比赛，随后再和提比略一起朝目的地进发。然而，就在归途中他的病情加重了，终在诺拉[①]卧榻不起。待提比略从途中被唤了回来之后，他与后者进行了一段时间的密谈，接着便不再关注任何要事了。

XCIX.1 在生前最后一天，他一遍遍地问道，是否因为自己［病倒］［罗马］城里陷入了混乱。他要来了镜子，又命人为自己梳理头发，将张着的嘴给合上[②]，然后他让朋友们进来并问道，在他们看来他演完的这一生是否称意，接着又加了一句谢幕词：

> 既然我演得好，请你们都鼓掌吧，
> 就让掌声把我送下舞台。

然后在把他们全部送走之后，他一面向从罗马城来的人打听生病中的德鲁苏斯[③]女儿的消息，一面亲吻李维娅的唇并说道：“李维娅，活下去且记住我们的婚姻，别了。”就在那一刻他骤然辞别了人世，这如他此前一直希望的那样，得到了爽快一死的福气。**2** 因为，每每在听闻有谁死得既痛快又无痛苦时，他几乎都会祈祷自己也能有他那般的愉快离世[④]——这个［希腊］词语就是他时常用到的。就在他失去气息之前，只出现过一个神智错乱的迹象，即是他在突然而起的恐惧下抱怨道，自己正被四十位年轻人强拉着带出去。这与其说是个错觉还不如说是则预言，因为把他［的尸体］运出去供

---

① 位于那不勒斯东部的小镇。

② 此处原文直译过来为“命人把往下垂落的下颌给恢复过来”。

③ 小尼禄·克劳狄乌斯·德鲁苏斯（Nero Claudius Drusus Iunior）乃提比略与第一任妻子维普萨尼娅·阿格里皮娜（Vipsania Agrippina）的惟一儿子。

④ 原文用的是希腊语 εὐθανασίας。

公众瞻仰的近卫军士兵人数就是这么多。

C.1 他死在了父亲屋塔维乌斯去世的那一间卧室，是在两位塞克斯图（庞培和阿普列尤斯）出任执政官的那一年①的八月十九日，时间为白天的第九个时辰②，那一年是他生命的第七十六个年头，［离生日］还差三十五天。**2** 他的遗体被市镇和殖民地的地方元老们从诺拉一路运到了博维莱③，出于时节关系这些都是在晚上进行的，其间［尸体］会被放入沿途每一座城镇的礼堂或最大的神庙里。［随后，］骑士等级聚集到了博维莱，［把尸体继续］运往罗马城并安放在他屋子的前厅里。元老院如此争先恐后地提议为他举行体面的葬礼并给予隆重的纪念，以至于在诸多建议当中就有一则即是让葬礼队伍通过凯旋式的城门，同时由元老院议事堂里的胜利女神雕像打头，由出身一流贵族之家的男孩和女孩唱诵挽歌；另一些人［提议］在葬礼当天应摘下金戒指并换戴铁的；还有一些人［提议］该由级别最高的祭司团的祭司们把骨骸收集起来。**3** 还有一人建议，应把奥古斯都月的称呼［由八月］改到九月，因为奥古斯都生于九月，逝世于八月；另一个人［建议］从其出生的第一天至离世之日，这整段时光应被称为奥古斯都的时代，并将之记录于日历中。然而，虽然颁给他的荣耀受到了限制，可颂辞仍被宣读了两遍：第一遍在被奉为神的尤利乌斯的神庙前由提比略颂出，第二遍在旧的宣讲坛前由提比略之子德鲁苏斯颂出。接着，元老们用肩把他［的遗体］扛到了［战神］广场进行火化。**4** 也还有这么一位前裁判官，他发誓说自己看到［奥古斯都］本人的形象在火葬时升到了天上。骑士阶层里的头面人物光着脚、穿着不系腰带的短袖袍将骨灰收集了起

---

① 根据执政官列表，那一年是公元 14 年。

② 大致相当于现代的下午三四点钟。

③ 位于罗马东南约 18 公里处阿皮亚大道（via Appia）旁的一座古城。

来，并安放进了［家族］陵墓里。那座陵墓位于弗拉米尼亚大道和台伯河堤岸之间，是他在自己第六次出任执政官期间[①]建造起来的，而就在那时环绕［陵墓］的树林和步道也一并向公众开放并供人民使用。

CI.1 在卢西乌斯·普朗库斯和盖乌斯·西利乌斯出任执政官那一年[②]的四月三日，亦是其辞世前的一年四个月，他在两份手册上立下了遗嘱，［文字］一部分是他亲手写下的，另一部分则借助了被释奴波利比乌斯和伊拉里昂之手。该遗嘱曾保存在维斯塔贞女那里，于是她们连同三份密封的书卷一起将遗嘱公布了出来。上述这些文件都在元老院里被打开并宣读了出来。**2** 他规定了第一顺位继承人：由提比略继承三分之二的遗产，李维娅继承三分之一，还下令让他们保有自己的名号。[③]第二顺位继承人：由提比略的儿子德鲁苏斯继承三分之一的遗产，剩余的部分由日耳曼尼库斯和他的三个男孩继承。第三顺位继承人则是诸位亲人和朋友。他遗赠给罗马人民四千万塞斯退斯，遗赠给特里布成员三百五十万塞斯退斯，遗赠给近卫军士兵一人一千，给罗马保安队一人五百，给军团士兵一人三百。他下令立即付清这笔数目，因为他在私库里一直备有这么一笔钱以用作此目的。**3** 他还留了一些遗产以赠给各类人等，其数额达到了两万塞斯退斯，并以家财不多为由将兑付时限推迟了一年。他声称，落到自己继承人手里的不会多过一亿五千万［塞斯退斯］，因为虽然在近二十年的时间他从朋友们的遗嘱里获得了十四亿，可他已经将连同生父、继父[④]，以及其他人的几乎所有的遗产都耗费在

---

① 根据执政官列表，那一年是公元前 28 年。

② 根据执政官列表，这两人出任执政官的时间是公元 13 年 1 月至 6 月。

③ 即“奥古斯都”（阳性）和“奥古斯塔”（阴性），不过提比略直到元老院将这一名号颁授给自己之后才冠上它。——洛布版注，有删减

④ 原文为两位父亲那一方的人。

国家事务上。他拒不让女儿尤利娅和同名的外孙女在发生什么的情况下[①]葬入自己的陵墓。**4** 他在三份书卷当中的一份提到了自己的葬礼安排；另一份记录了自己已达成的事业，他希望将之刻在铜表上并立于陵墓前；第三份则是统治下的整个国家的概况：各地服役的士兵有多少，国库、私库里的钱有多少，税收上缴的钱会有多少。他还补充了可以问出详情的被释奴和奴隶的名字。

① 即指一旦她们去世的情况下，乃通常的委婉说法。——洛布版注

提比略

I.1 克劳狄乌斯部族中的贵族一支（因为另有平民一支，他们一样有权势、有威望）起源于萨宾人[①]的小王镇。罗马建城后不久，在罗慕路斯的同僚提图斯·塔奇乌斯的倡议下，抑或根据众所周知的观点，约莫在王遭驱逐之后的第六年[②]，在部族首领阿塔·克劳狄乌斯的倡议下，他们就带着一大帮族人从那里迁移到了罗马。随后，他们被选入了贵族，并为族人取得了阿涅内河对岸的一处土地，还为自己在卡庇托山脚下获得了一处墓地。**2** 后来，随着时间流逝，该族担任过二十八次执政官、五次独裁官、七次监察官，曾获得过六次凯旋式、两次欢呼式。虽然该族用过各种不同的首名和尾名，可在两位首名为卢西乌斯的同族人分别被判犯有抢劫和凶杀之后，他们便一致同意不再用这个首名了。然而，在诸尾名当中，该族首先使用了尼禄之名，在萨宾人的语言里这个词指的是孔武有力和活力充沛。

II.1 有多位克劳狄乌斯为国家做出过诸多杰出的功绩，相反也

---

① 居于意大利中部台伯河东岸山区的古老部落。

② 王塔克文遭驱逐的那一年是公元前 509 年，王遭驱逐后的第六年就是前 504 年。

犯下过诸多罪恶行径。不过就提一些重要的事迹吧，阿庇乌斯·契库斯①曾力争因没有丝毫益处而不该和皮洛士②王缔结任何同盟。克劳狄乌斯·考德克斯史无前例地领着一支舰队渡过了海峡，还将布匿人从西西里驱逐了出去。提比略·尼禄赶在对方和兄长汉尼拔会师之前就击溃了从西班牙出发率大军而来的哈斯朱拔③。**2** 相反的是，编纂法律的十人委员会④成员克劳狄乌斯·雷吉利安努斯为了满足淫欲而用武力强迫出身自由的处女沦为奴隶，致使平民再次从贵族那里撤离了出去⑤。克劳狄乌斯·德鲁苏斯⑥在阿庇乌斯广场上为自己树起了头戴王冠的塑像之后又试图借助族人占领意大利。克劳狄乌斯·普尔凯在西西里附近不顾宗教仪式［的凶兆］——在鸟占时鸡仔没有进食，他就把它们淹入了海里，正好比既然它们不愿进食那就让它们喝吧——便发动了海战，结果遭到了

---

① 阿庇乌斯·克劳狄乌斯·契库斯（Appius Claudius Caecus）。公元前 337 年的独裁官，随后又出任过执政官和监察官。根据尤特罗庇乌斯，II，9，他在担任监察官期间曾建起了水渠和阿庇亚大道。

② 公元前四世纪末三世纪初的伊庇鲁斯王，当政期间曾长期在意大利同罗马人作战，史称“皮洛士战争”。

③ 汉尼拔和哈斯朱拔是迦太基统帅哈米尔卡·巴尔卡（Hamilcar Barca）的两个孩子，他们两位在第二次布匿战争中都是迦太基名将。

④ 此处当指编纂十二铜表法的十人法律编纂委员会。设立于公元前 454 年，当时元老院迫于平民与贵族斗争的压力，而被迫设置十人委员会，派人前赴希腊考察法制以编纂法典。最终在公元前 451 年制定法律十表，第二年又补充二表，终成十二铜表法。

⑤ 平民的撤离运动（secessio plebis）是古罗马共和国早期平民与贵族之间的一种斗争方式。当时平民往往身陷贵族的债务奴役而不堪忍受压迫，于是便利用大敌压境的机会，携带武器，撤离战场，以此方式逼迫贵族做出让步。第一次撤离运动发生在公元前 494 年，迫使贵族允许平民选举平民保民官；此处提及的应该是公元 449 年的第二次撤离运动。

⑥ 洛布版及拉丁网络图书馆版本此处人名作克劳狄乌斯·鲁苏斯（Claudius Rusus）。

失败。[①]当元老院下令要指派独裁官时，他指派了自己的信使格利奇阿斯担任，就像是又一次把国家危难当成了笑料。**3**［该族］妇女也同样留下了好坏相对的事迹典范，因为该族有两位克劳狄娅，其中一位当载有众神之母伊迭阿[②]的圣物的船只在台伯河的浅滩搁浅之时，便公开祈祷道，假如她的贞洁是无可争辩的，那么就让自己如愿吧，经此一番祈祷她让船摆脱了搁浅。另一位则史无前例地成了人民中［第一位］被判犯有叛国罪[③]的妇女，因为她曾因马车在拥挤的人群中通行缓慢而公然发愿道，真希望自己的兄弟普尔凯复活过来并再损失掉一支舰队，这样罗马的人流就能变少了。**4**除此之外，最广为人知的事便是：除了为了把西塞罗逐出罗马城而将自己过继[④]给一位比自己年轻的平民普布利乌斯·克洛狄乌斯[⑤]之外，每一位克劳狄乌斯都是贵族，且始终是贵族威望和权力的坚定支持者。他们以如此粗暴、如此傲慢的态度对待平民，以至于有［族］人在人民面前被控犯下死罪时都不会忍辱负重地更换服饰[⑥]或乞求饶命，有几位在争辩和吵嚷中还打了平民保民官。一位维斯塔贞女

---

① 关于此事，请参见尤特罗庇乌斯，II，26："在普布里乌斯·克劳狄乌斯·普尔克（Publius Claudius Pulcher）和卢西乌斯·尤尼乌斯（Lucius Iunius）出任执政官的那一年，克劳狄乌斯不顾占兆凶险而发动战斗，结果被迦太基人所败。220 艘战船中，随他一同逃脱的只有 30 艘，另外有 90 艘战船连同船上的士兵一起被俘，剩下的则都沉没了。"

② 在伊达山（Mount Ida）附近受人膜拜的弗里吉亚女神西贝拉（Cybele）。公元前 204 年，对她的祭祀仪式被引进了罗马，而在罗马她被作为伟大之母（Magna Mater）进行膜拜。——洛布版注

③ 原文为 iudicium maiestatis［laesae］，意思是：判处犯有让最高大权的威严受到损害的罪行。在帝国时代该罪名常被用于制造迫害。

④ 关于此事，请参见《被奉为神的尤利乌斯》，XX，4。——洛布版注

⑤ 克洛狄乌斯（Clodius）是克劳狄乌斯（Claudius）一词的另一种拼写方式。

⑥ 显然指改换成丧服。

的兄弟[①]未得人民的批准就举行了凯旋式，她还同时登上了［自己兄弟的］凯旋式的战车一路随行到了卡庇托山，以免当哪位保民官行使否决权或前来阻止时能将劝阻变成渎神行径。

III.1 提比略·恺撒的血统便是源自这里，而且父系和母系双方全都如此：父系源自提比略·尼禄[②]，母系源自阿庇乌斯·普尔凯，这两者皆是阿庇乌斯·契库斯的儿子。他还通过过继进入了外祖父李维家族。此家族虽源自平民，但却以八次出任执政官、两次出任监察官、三次举行凯旋式，以及独裁官和骑士长使自家发达了起来，并且还通过显赫人物特别是萨里纳托尔[③]和诸德鲁苏斯让家族声名鹊起。**2** 那位萨里纳托尔在监察官任上对所有特里布都标记上了反复无常的恶名[④]，因为他们在他首次出任执政官后曾判他有罪并罚了好多钱，可随后又让他当上了执政官和监察官。德鲁苏斯则出于在一场近身厮杀中杀死了敌方统帅德劳苏斯[⑤]而为自己及自己的后人获得了［德鲁苏斯］这个尾名。据称，他以与裁判官等衔的总督身份从高卢行省夺回了曾经在塞农人包围卡庇托山时付给他们的黄

---

① 此处指的是阿庇乌斯·克劳狄乌斯·普尔凯（Appius Claudius Pulcher），公元前 143 年的执政官。他曾打败了萨拉西人，但元老院却拒绝颁给他凯旋式，他便自己出资举行了一场凯旋式。

② 提比略·克劳狄乌斯·尼禄（Tiberius Claudius Nero），阿庇乌斯·克劳狄乌斯·契库斯第四子，下文提到的普尔凯，为契库斯第二子。

③ 马可·李维·萨里纳托尔（Marcus Livius Salinator），曾在第一次和第二次布匿战争中两次出任执政官。根据尤特罗庇乌斯，III，18，他在第二次布匿战争时，以执政官的身份在皮西努姆人的城市塞纳（Piceni civitas Sena）附近对哈斯朱拔设下了埋伏，最终在战场上大败并杀死了对方。

④ 指监察官在监察记录（nota censoria）上记下某位公民所做的恶劣行径，并将之公布于众。这是监察官的职权之一。

⑤ 德鲁苏斯之名拉丁语为 Drusus，而敌方统帅德劳苏斯则为 Drausus，两者从词形和发音上看相近。

金[①]，而根据传下来的说法，卡米勒斯[②]当时都没把这批黄金夺回来过。他的曾曾孙因极力反对［两位］格拉古[③]而被称为“元老院的捍卫者”，此人留下一子，而当这个孩子在相同的纷争中正着手推进诸多不同计划时被反对派设计害死了。

IV.1 提比略的父亲尼禄[④]是盖乌斯·恺撒手下的财务官，并在亚历山大里亚战争中指挥过一支舰队，还为胜利做出了相当大的贡献。因此，他接替了普布利乌斯·西庇阿的大祭司之位，并被派往高卢以管辖包括纳尔榜[⑤]和阿勒莱特[⑥]在内的诸殖民地。虽然如此，可在恺撒遇害之后，大家出于害怕引起暴乱而全体支持大赦之时，他仍然支持悬赏缉拿弑君者。**2** 随后，在他出任裁判官，任期行将结束之际，三巨头之间产生了不和，他在任职法定期限到期后继续保有了［裁判官的］标记，并追随三巨头之一［马可·安东尼］的弟弟卢西乌斯·安东尼到了佩鲁西亚。待他人投降之后，惟有他仍坚守在同党这边。他先是逃往了普莱奈斯特，然后再从那里逃到了

---

① 关于高卢塞农部落围困卡庇托山并获得罗马人的黄金之事，请参见尤特罗庇乌斯，I，20：“紧接着，高卢人的塞农部落逼近了罗马城。他们在离城达第 11 里程碑的阿里亚河（flumen Allia）附近击败了罗马人，并一路追击占领了罗马。罗马人除了卡庇托山之外，再也没有什么能被用来抵御他们的了。高卢人围困了一段时间，罗马人在神庙内忍饥挨饿，就在这时，高卢人得到了为解卡庇托山之围而奉上的黄金，就撤离了开去。”

② 马可·弗里乌斯·卡米勒斯（Marcus Furius Camillus），罗马贵族后裔、战士、政治家。曾四次获得凯旋式、五次出任独裁官，并因击退塞农人拯救了罗马城而获得了“罗慕路斯第二”（secundus Romulus）的称号。

③ 即提比略·格拉古（Tiberius Gracchus）和盖乌斯·格拉古兄弟。公元前二世纪下半叶古罗马著名的政治家，以力推以土地改革为核心的一系列政治、经济改革而留名史册。因这些改革措施极大打击了权贵利益，所以曾遭到贵族派的疯狂攻击，最后以失败告终。

④ 此人即是《被奉为神的奥古斯都》，LXII，2 中提到的提比略·尼禄。

⑤ 今法国南部的古城纳博讷（Narbonne）。

⑥ 今法国南部位于罗讷河（Rhodanus）三角洲的古城阿尔勒（Arles）。

那不勒斯，并许诺给予奴隶自由而把他们招募起来，却以失败告终，于是他就逃入了西西里。**3** 但是，塞克斯图·庞培并未立即接见他，也不允许他使用法西斯，于是他感觉受到了冒犯便渡海去了亚该亚[①]马可·安东尼那边。没过多久，待普遍的和平重新恢复之后，他与后者一起返回了罗马，并在奥古斯都的请求下将已为其生下一子且当时正怀有身孕的妻子李维娅·德鲁西拉让给了对方。[②]又过了不久，他便辞别了人世，并留下两个都叫尼禄的孩子，他们分别是提比略和德鲁苏斯[③]。

V.1 有一些人认为提比略出生在丰迪[④]，证据仅在于他的外祖母是丰迪人，以及后来经元老院决议批准一尊天助女神[⑤]在那里建立起来。然而，据大多数人以及更为可靠之人所述，他出生在罗马的帕拉丁山，日期为十一月十六日，是在马可·埃米利乌斯·雷必达（第二次）和卢西乌斯·穆纳奇乌斯·普朗库斯出任执政官的那一年[⑥]，且在腓力庇战争期间。因为，日历和国家邸报[⑦]上面就是这么记载的。虽然如此，可仍不乏有一些人写道，他出生在上一年，即伊尔奇乌斯和潘萨出任执政官的时候[⑧]，也有另一些人写道，他出生

① 古罗马行省名，设立于公元前 27 年，大致相当于希腊的中部和南部。

② 关于此事，请参见《被奉为神的奥古斯都》，LXII，2。——洛布版注

③ 尼禄·克劳狄乌斯·德鲁苏斯·日耳曼尼库斯（Nero Claudius Drusus Germanicus），提比略的弟弟，关于此人，曾在《被奉为神的奥古斯都》，LXXI，3 当中被提到过。

④ 位于罗马和那不勒斯中间阿皮亚大道上的重要定居点。

⑤ 原文 Felicitas，是由形容词 felix（幸运的、获得天助的）一词派生出的表示状态的名词，即表示有好运相伴的状态。在古罗马时代它也表示给人带来好运乐事的女神。

⑥ 根据执政官列表，那一年是公元前 42 年。

⑦ 原文为 acta publica，指的是一种登载有政府发表的官方公告或国家新闻的出版物。

⑧ 关于这两人出任公元前 43 年执政官之事，请参见《被奉为神的奥古斯都》，X，3。

在下一年，即塞尔维利乌斯·伊苏里库斯和［卢西乌斯·］安东尼出任执政官的那一年。

VI.1 他度过了艰难而困苦的童年，无论父母逃亡何处，他都相伴相随。在那不勒斯，当敌人攻入城里之际，他们正悄悄前往一艘船上，而他有两次差一点就因自己的哭喊把他们暴露了出来，一些人在情急之下试图帮助［两位］年轻妇人减轻负担，便连忙将他先从奶妈的怀里，随后再从他母亲的胸前夺了过去。**2** 在一路经过了西西里和亚该亚之后，他被托付给了拉栖弟梦人[①]并由他们共同照料，因为他们那时正属于诸克劳狄乌斯的依附者。当他赶夜路离开那里的时候，险些因树林着火而丢了性命，那火焰突然之间就从四面八方燃烧了起来，将整队人马团团围住，以至于李维娅的部分衣服及头发都烧掉了。**3** 在西西里，塞克斯图·庞培的姐姐庞培娅[②]送给他的礼物——一件希腊军用斗篷和一副扣环，还有几件金饰品——至今仍在巴耶展出。在返回罗马城之后，根据元老马可·伽利乌斯的遗嘱他被过继并得到了遗产，但不久就放弃了族名，因为伽利乌斯成了奥古斯都敌对派的一员。**4** 他九岁时在宣讲坛前为去世的父亲发表了悼词。后来，待体毛长出之后在因阿克辛之战的胜利而举行的凯旋式上他以陪同之身登上了奥古斯都的战车，驾驭靠左的挽缰马，屋大维娅之子马尔切卢斯则驾驭靠右的那匹。他还主持罗马城的赛会，并充当稍大一些的男孩那伙的领导人在椭圆形竞技场里玩特洛伊战戏。

VII.1 从穿上成人托袈袍直至以元首之身开始当政为止，在其整个年轻时代及稍后的一段时间里他主要做了如下这些事：为了纪念

① 即斯巴达人。

② 即《被奉为神的尤利乌斯》，XXVII，1 中提到的与法奥斯图斯·苏拉订婚的庞培（三巨头之一）之女。格涅乌斯·庞培是她的哥哥，塞克斯图·庞培则是其弟弟。

父亲他举办了一场角斗士比赛，为了纪念外祖父德鲁苏斯[①]他又另外举办了一场，两场比赛都在不同时间和地点，第一场是在广场上，第二场则是在圆形竞技场，一些退役的角斗士也在每人十万塞斯退斯的赏钱下被叫了过来；他还举办过庆典赛会，但却未置身会场。所有这些活动都办得规模盛大，而开销则由母亲和继父承担。**2** 他娶了阿格里皮娜，她是马可·阿格里帕的亲女儿，西塞罗曾去过信的罗马骑士切奇利乌斯·阿提库斯的外孙女。虽然她生下了一个儿子德鲁苏斯，而且［和他］情投意合并再度怀孕在身，可他仍被迫休了她而匆匆迎娶奥古斯都的女儿尤利娅。此事令他心里万分苦恼，因为他与阿格里皮娜相处很好，却对尤利娅的秉性感到不满，即便他觉察到对方在其前夫在世时就对自己表现出了情意，而大家显然也是这么认为的。**3** 可是，在离婚之后他又对休去阿格里皮娜感到了后悔，在惟一一次再和她相遇的时候他是那么专注地用一双泪眼紧盯着她看，以至于人们采取了防范措施，今后不让她再进入他的视野。他一开始和尤利娅过得还算融洽，他也回应了她的爱，［但］后来他就变得冷漠起来，甚至到了一直和她分开睡觉的程度，等到他们的毛头小孩在阿奎莱亚夭折，儿子产生的羁绊已被切断，他就很快和她分开了。他在日耳曼尼亚失去了弟弟德鲁苏斯，随后他全程徒步走在弟弟的遗体前一路抵达罗马。

VIII.1 他的政治生涯始于在各不相同的案件里为阿基拉乌斯王[②]、特拉勒斯人[③]和塞萨利亚人进行辩护，主持审判的是奥古斯都。

---

① 即本卷 III，2 提到的那位德鲁苏斯。

② 指阿基拉乌斯四世，乃公元前一世纪末至公元一世纪初时小亚细亚半岛东部内陆卡帕多西亚（Cappadocia）的国王。因他在阿克辛之战后抛弃了马可·安东尼，奥古斯都扩大了他的王国，但他并不受到臣民的爱戴，他们甚至将他告到了罗马。因而才有此处提到的提比略为他进行的辩护。

③ 特拉勒斯城（Tralles）位于小亚细亚半岛西南、爱琴海东岸，今土耳其的艾登（Aydin）。

他还替在地震中遭受损失并乞求援助的劳迪西亚人、锡亚蒂拉人、希俄斯人[①]向元老院发出吁请。他裁定与瓦罗·穆雷纳一起密谋反对奥古斯都的法尼乌斯·切皮奥犯有叛国罪，并做出了判决。在此期间，他执行了两项任务：供应当时颇为紧缺的粮食，以及在整个意大利清查那些奴隶的工棚——他们的主人恶名在外，因为遭扣押的似乎不仅有正常的旅人，而且还有那些由于害怕服兵役而躲到这种地方来寻求庇护的人。

IX.1 他第一次执行军事任务是以军事保民官的身份出征坎塔布里亚，随后他率军前往东方替提格拉尼斯恢复了亚美尼亚王国，并在审判台前为其戴上了王冠。他还夺回了帕提亚人从马可·克拉苏那里夺来的军旗。这件事过去之后，他又在长发高卢当政近一年，并平息了因蛮族入侵和首领不和而起的混乱。接着他又对雷蒂安人和维因德利奇人，接着对潘诺尼亚人，再后来对日耳曼人发动了战争。**2** 在与雷蒂安人和维因德利奇人的战争中，他征服了阿尔卑斯山诸族；在潘诺尼亚战争中，他征服了布留西人和达尔马提亚人；在日耳曼尼亚战争中，他将四万投降者迁入了高卢，并在莱茵河的岸边给他们分配居所，让他们定居了下来。由于上述事迹，他既举行了欢呼式又驾着战车进入了罗马城，而正如某些人认为的，在此之前他就已经被授予了尚不曾颁授给任何人的一种新的荣耀：凯旋徽记。**3** 在达到法定年龄之前他就已经接手了财务官、裁判官、执政官的官职，而且任职几乎都是不间断的。[②]过了一段时间，他又

---

① 劳迪西亚（Laodicea）、锡亚蒂拉（Thyatira）、希俄斯（Chios，又译：开俄斯）三地都位于小亚细亚半岛西部，爱琴海东岸。此处提到的地震应该指发生在公元 17 年的小亚细亚大地震。

② 鉴于他在公元前 23 年出任财务官，公元前 13 年首次出任执政官，“几乎都是不间断的”一说用得牵强了一些，泛指的是不顾各类官职所要求的年龄以及所规定的任职间隔。——洛布版注

再次出任执政官并同时取得了保民官的权力，任期达五年之久。

X.1 正当一个又一个的胜利向他涌来之际，他突然决定趁年富力强时引退官场，并让自己尽可能地远离政事中心。也许这么做是出于对妻子的厌恶，因为他既不敢控诉她或休了她，也无法再忍受下去了；或者为了避免熟络带来的失尊而通过缺席（甚至在国家需要他的场合）来保全自己的威望。有一些人觉得，既然奥古斯都的［两个养］子已经长大了，那么他便效仿马可·阿格里帕（此人在马可·马尔切卢斯登上政坛之后就引退去了密提林，这是为了不让后者看起来会因自己的抛头露面而遭到阻碍或非难）主动从高位及长期占据的二把手之位上退了下来。**2** 他本人给出的原因就是这样的，不过那是在事后。而在［事发］当时他却是以厌倦了显官要职并想摆脱公事得到休息为借口提出了引退。即便母亲低声下气地进行恳求，抑或继父在元老院里公开抱怨，他也不做出让步。事实上，当他们更为费力地加以规劝之时，他四天拒不进食。最终，在获准离开之后，他把妻子和儿子留在罗马，自己则匆匆南下前往奥斯提亚①，对前来送别的人，无论谁他连一个字都没说，而且出发前仅对极其个别的人吻别。

XI.1 当他从奥斯提亚启程沿着坎帕尼亚的海岸随波航行之际，有消息传到，说奥古斯都身体不适，他便停了一段时间。可是谣言甚嚣尘上，就好像他耽搁下来是为了等待时机图谋大位，他不顾逆向的狂风一路航行到了罗得岛，因为在从亚美尼亚踏上归程并停泊在这座岛屿的时候，他就曾被它的美妙和舒适所吸引。他对那里大小适中的房屋以及不很宽敞的郊外庄园感到满足，并决定完全按一个普通公民的方式生活。有时他还不带扈从或随行人员［独自］在体育场漫步，并与当地希腊人近乎平等地互致问候。**2** 恰巧有一次，

① 位于罗马附近临近台伯河出海口的一处港口城镇。

在清晨安排一天的日程时，他吩咐道，自己想要拜访城里每一位生病者。他的意思被身旁的人误解了，于是命令颁了下去，所有的病人都被集中到了公共柱廊，还按疾病种类进行了区分。于是，他对这意想不到的情景感到了震惊，有好一会儿都吃不准自己该做什么，最后他逐一来到每一个人面前，向他们（甚至还有最卑微的寂寂无闻者）对其所作所为致以了歉意。**3** 只有在这一件事上，大家目睹到他行使过保民官的权力，除此之外不再见到过还有哪次了：那时他常常来到学校聆听教授们授课，有一次几位博学之士在互相激辩时，他也参与了进去，对其中一方表示支持，有个人便对他恶语攻击。于是他不紧不慢地回到家里，又即刻带着仆从冲了过去，他让宣令者宣读旨令，命人抓捕那个出言不逊者，将他传唤到审判台前，随后判其入狱服刑。**4** 随后，他获悉，妻子尤利娅因为放纵和通奸而遭到了［流放］，并且在奥古斯都的主导下一份以他自己名义写的休书交到了她的手里。虽然他为这则消息感到高兴，可仍旧觉得自己有责任尽一切努力多次去信规劝继父与其女儿和好，还提出无论她该受何种［惩罚］，只要是他送的礼物她都可以保留下来。**5** 此外，当保民官的权力到期之后，他终于坦诚道，自己引退下来无非是为了免受大家的猜疑，以为自己会和［阿格里帕与尤利娅所生的两个孩子］盖乌斯及卢西乌斯形成竞争态势，他还提出，自己已经摆脱上述方面的嫌疑，鉴于他们现已长大成人并轻而易举就保住了继承人的位置，于是他想要获准回去见见朝思暮想的亲人。不过这一请求非但未得到准许，甚至他还被告诫道，要舍弃对自己亲人的一切眷念，因为他曾经是那么希望撇下他们。

XII.1 于是他并不情愿地在罗得岛待了下来，并在母亲的协助下好不容易谋得［许可］：使他在远离罗马时能作为奥古斯都的特使以掩饰其耻辱。**2** 那时，他实际上不仅如一介平民一样过着日子，而且还生活在危险和恐惧之中，他藏身于远离大海的乡村，以避开那些经常走海路的人，因为但凡率兵之人或文职官员没有不经罗得岛而前去［其他］任何地方的。还有其他原因让他更感不安：当他途经萨摩斯并打算拜访养子、东方的统治者盖乌斯[①]的时候，他发现盖乌斯出于其参谋兼卫士马可·洛利乌斯[②]的谗言对自己多多少少有些疏远。**3** 他还遭到了怀疑，以为他凭借某些由自己任命的休假后返回营地的百人队队长，向许多人分别送去含义模糊但看起来有意激起大家革命的书信。奥古斯都把对他的上述怀疑告知于他，于是他就不断提出恳请，能另外再派一个无论什么等级的护卫过来监视自己的言行。

XIII.1 他还放弃了寻常的马匹和武器操练，他脱去父辈们的衣服，穿上了［希腊式样的］裹袍和便鞋[③]。他如此这般继续了差不多两年，变得愈发遭人歧视和厌恶，以至于奈茅苏斯人[④]推倒了他的半身像和塑像，还有一次在熟人的宴会上他被人提到了，有人起身向盖乌斯做出保证，只要他下令，自己就能即刻坐船去罗得岛，并一定携那位遭流放者（当时人们常这么称他）的头颅归来。**2** 上述之事尤其使他陷入了毁灭而非［单单］危险，这逼着他拼命发出乞求，以期能把自己召回去，他的母亲也如此乞求；他的请求被接受了，不过某种程度上也是出于偶然。因为奥古斯都决定，这件事只根据年长的那个养子［盖乌斯］的意见解决，而当时那位养子恰恰与马可·洛利乌斯闹得很不开心，便自然而然地被养父的恳求所打动。于是，在盖乌斯的同意下他被召了回来，但是条件是不得涉足

① 原文如此。但盖乌斯·恺撒显然是奥古斯都的养子（年长的那位），而不是提比略的养子。

② 奥古斯都当政期间此人曾在日耳曼尼亚遭到战败。关于此事，请参见《被奉为神的奥古斯都》，XXIII，1。

③ 原文 crepidae，指的是希腊人的一种简便凉鞋，即用几根皮带在脚上绑几圈，然后再在下面垫上硬鞋底。

④ 奈茅苏斯（Nrmausus）即今法国南部的尼姆城（Nimes）。

任何国家事务，也不得对它们产生丝毫兴趣。

XIV.1 在引退八年之后他又怀着对未来坚定的信念返回了［罗马］，而这种信念自出生时起就以预兆和征兆的形式显现了出来。**2** 在李维娅怀着他的时候，曾试图凭借诸多不同的征兆来问卜降生的是否是男孩，她从正在孵蛋的母鸡下取出一枚鸡蛋，轮流在自己和女侍的手里捂着，直至一只带漂亮顶冠的雄鸡破壳而出。在还是婴儿的时候，占星师斯克里波尼乌斯便预告了他［未来的］辉煌事业，甚至有朝一日会当上不戴王冠的那种王，因为那时人们尚不知晓诸恺撒的统治。**3** 他第一次出征时率兵穿过马其顿进入叙利亚，当时发生了一件事：在腓力庇附近由过去得胜的军团奉献的祭坛突然间就自己着了火。后来，在前往伊利里亚途中他拜访了帕塔维乌姆[①]附近的杰里昂神谕所，并抽到了这样的签，示意他若想解惑就要往阿波努斯泉里抛入金骰子，结果由他抛出的骰子显示出最大的数字。今天，那几枚骰子仍可在水下看到。**4** 就在他被召回前没多少天，一头鹰（此前在罗得岛从未见过有鹰）落到了他的屋顶上，而在他获准返回的前一天，当他换衣服时短袖袍看上去发出了亮光。那时作为饱学之士而被纳为幕僚的占星师特拉西卢斯也确认了他［的命数］，因为正和［特拉西卢斯］一起在海岬边漫步的［提比略］考虑到变得更加残酷的事实和对方的预言相违背，便以为他是个假冒的占星师，悔于自己已鲁莽地向他吐露私密，于是便决定将其推入海里，而就在那一刻当［特拉西卢斯］目睹到船之后便宣布令人高兴之事到来了。

XV.1 等他返回罗马，并把儿子德鲁苏斯送入政坛之后，他就立即从卡里纳坡[②]及庞培屋搬进了埃斯奎利山[③]的梅切纳斯花园，并摆

① 今意大利东北部城市帕多瓦（Padua）。

② “龙骨坡”，这么叫是因为它的形状，位于埃斯奎利山西坡，现在为被缚的圣彼得（S. Pietro in Vincoli）教堂的所在地。——洛布版注

③ 罗马七丘之一，位于罗马城东部。

脱了国家职事而只致力于个人事务，彻底过上了悠闲的日子。**2** 当盖乌斯和卢西乌斯在三年内双双去世之后，他连同他们［盖乌斯和卢西乌斯］的弟弟马可·阿格里帕一起被奥古斯都收养，［前提是］他本人被迫先收养自己弟弟的儿子日耳曼尼库斯①。从那之后他就不再担任一家之长，也丝毫不再保有他已放弃的任何权力。因为他既不进行赠予也不释放奴隶，甚至除了奴隶的私蓄②之外连一点遗产或遗赠都不曾获得过。自那时起，任何增加其名望的事都不会被放过，特别是当阿格里帕遭到解职并被驱逐之后，继承大权的希望就只落到他一人身上的情况下。

XVI.1 当再次被授予长达五年的保民官权力后，他领命平定日耳曼尼亚的局势，帕提亚人的使节在罗马向奥古斯都禀告使命之后又受命前往那个行省去拜访他。而当伊利里亚叛乱的消息传来之后他被派去应对这场自布匿战争以来一切对外战争中危害最大的新战争，这场战争中他动用了十五支军团和数量相当的辅助军团，打了三年时间，其间充满了各种各样的困难，供给也极其匮乏。**2** 虽然常被召回［罗马］，可他仍坚持不懈，以防附近兵力占优的敌人构成威胁并使［罗马人的军队］后撤，他以坚韧不拔的意志取得了巨大的回报，因为居于意大利、诺里库姆王国③、色雷斯、马其顿，以及多瑙河和亚得里亚海之间的整个伊利里亚都被他征服并纳入了统治。

XVII.1 当时的情境让他的荣耀增加到了至高无上的地步。因为差不多就在那段时间，昆提利乌斯·瓦鲁斯随三支军团一起在日耳

---

① 关于此人，请参见《被奉为神的奥古斯都》，XXXIV，2 及注脚。

② Peculium 作为术语指的是奴隶或儿子在其一家之长控制下的积蓄，这种积蓄虽然严格说来是属于主人或一家之长的，但仍作为属于自己的财产而允许他们保有。——洛布版注

③ 诺里库姆（Noricum）指欧洲中部（今意大利北部、奥地利大部）的地区名，该地原是凯尔特人的居住地，当地居民曾建立过自己的王国。公元前 1 世纪末期随着罗马疆域的扩大，该地遂被并入了罗马版图。

曼尼亚遭到毁灭之后，没有一个人怀疑，要是伊利里亚未被事先征服的话，得胜的日耳曼人就会和潘诺尼亚人一起联合起来。鉴于上述原因，一场凯旋式和诸多盛大的荣耀被颁授给了他。**2** 还有一些人认为他该冠上潘诺尼库斯的尾名，另一些人则认为该冠上英维克图斯，也有一些人则认为该冠上庇乌斯[①]。可是，奥古斯都却否定了上述尾名的说法，重申他［提比略］对自己辞世后会继承［自己的名号］而感到满足。［提比略］本人虽因国家痛失瓦鲁斯正沉浸在悲痛中而推迟了凯旋式，不过他依然身穿紫边托袈袍、头戴月桂冠进入了城里，并登上了设在塞普塔投票场的高台，那时元老们分列两侧，他则与奥古斯都一同落座于两位执政官中间，在从那里向人民致以问候之后，他就被领去各座神庙［向众神致以谢意了］。

XVIII.1 下一年，他返回了日耳曼尼亚。当他意识到瓦鲁斯的覆灭在于将领［一人］的莽撞与草率之后，便决定在未事先征求意见时，不采取任何行动，而在此之前他向来都是独断专行、自恃自立的，在那个时候则一反常态地跟许多人讨论起了战争策略来。他行事也比往常更为谨慎小心。在他准备渡过莱茵河之际，他为所有的辎重都设定了规定的限度，而且不事先在岸边检查车载物资以防将不许携带或并非必需之物带上船，他是不会渡河的。**2** 渡过莱茵河之后，他便过起了这样的生活：他坐在光秃秃的草地上用餐，并时常不搭帐篷夜宿在外，他通过书面形式下达第二天的一切指令以及在突发情况下应遵循的事项，还加上告诫说，无论谁只要对哪件事存有疑问，都可随时来问他，即便是在夜晚。

XIX.1 他执行再严格不过的纪律，并恢复了古时的惩戒方式，甚至还出于军团将领派了几位士兵随自己的被释奴一起渡河狩猎，

---

① 英维克图斯（Invictus）拉丁语本意是“战无不胜的”；庇乌斯（Pius）本意则是“虔诚的”“忠诚的”。

便将其降了职。虽然他一点儿都不指望运气与巧合，可在夜晚工作时每当油灯未经任何人干预就自己突然熄灭的时候，他依然坚定不移地踏上战场，因为正如他常说的，他和自己的先祖们在每一场战斗中都发现这是一种再可靠不过的［得胜的］征兆，所以对它充满了信心。不过，就在得胜之际，他差一点就没能躲过某个布鲁克特里人①的谋杀：当时后者就混在他身旁的人中间徘徊着，却因表现紧张而被人觉察了出来，经过一番拷打之后他也坦白交代了策划的阴谋。

XX.1 两年之后，他返回罗马城并举行了曾被推迟的凯旋式，其间还有他推荐过的该得到凯旋桂冠的那些将军相伴。在调头前往朱庇特神庙之前，他便下了马车，双膝跪倒在了主持典礼的继父［脚下］。在给潘诺尼亚人的首领拔托送上厚礼之后，他把对方送去了拉文纳以示谢意。因为，有一次，当［提比略］领着一支军队在一处崎岖不平的地方遭到包围的时候，［拔托］把他们放跑了。然后，他为人民摆了千席宴，还赏赐给每一名男子三百塞斯退斯。他用战利品的收益修缮、装饰了和谐神庙，此外，还有以他和弟弟之名修缮的波吕克斯和卡斯托尔神庙。

XXI.1 鉴于［两位］执政官在不久之后就颁行法律，让他与奥古斯都一起管辖诸行省并共同进行人口普查，他在完成祓除仪式后就启程奔赴伊利里亚。中途他被立刻唤了回来，却发现奥古斯都那时虽气息尚存但已命悬一线，于是他独自［在奥古斯都的身边］待了整整一天。**2** 我知道，百姓相信的是，好像在一番秘密谈话之后，提比略就走了出来，然后侍寝者听到奥古斯都说道："罗马人民就要被慢慢嚼烂了，真是可怜啊！"我知道的是，有一些人转述道，奥

① 日耳曼人的一支，当时居于日耳曼尼亚的西北部，今德国北莱茵－威斯特伐利亚（North Rhine-Westphalia）一带。

古斯都曾毫不掩饰地公开对他凶狠的秉性表示出如此不满，以至于常常在他来时就会中断颇为轻松愉快的谈话，而［奥古斯都］之所以没有拒绝收养［提比略］，则是出于敌不过妻子的恳求，抑或是怀有这般想法：有这么一位接替者在，有朝一日他本人就会受到更多的怀念。**3** 虽然如此，可我仍无法信服，一位极其贤明、极富远见的元首会在特别是这么要紧的一桩事上草率处置，而［我相信的是，］他是在仔细比较过提比略的缺点和美德之后才认为他的美德更重要，尤其当他在集会的场合宣誓说，自己是为了国家的缘故而收养的，还在数封信件里将其描绘成对军事极为精通者、国家之惟一守护者。从这些信件当中，我选择一些内容作为例子：**4**“就此搁笔了，再讨人喜爱不过的提比略，愿胜利眷顾你，你是在为我、为缪斯而战。再讨人喜爱不过的——若非如此，愿我不得幸运——再勇武不过的英雄、极其尽职尽责的将领，就此搁笔了。”**5**“我的提比略啊，我真要赞赏你在夏季战役中的表现，而我认为除你之外没有谁能够在手下战士消极应战的情况下面对那么多的艰难之事，同时还做出比你更明智的行动。那些跟你在一起的人也全都承认如下的诗句可以形容你：

独此一人，以其警觉替我们守住了国家。①”

6“若是出现哪件需要更费心思考的，或者让我感到愤怒的事情，那时，借着真理之神②，我十分希望得到我的提比略，而荷马的如下诗句进入了脑海：

---

① 请参见恩尼乌斯的《年代记》（*Annales*），370，V2；原文无“以警觉”（vigilando）一词，用的是“以拖延”（cunctando）。——洛布版注

② 原文 Fidius，即罗马人的主神朱庇特。

即使有熊熊烈火环绕，惟愿他与我相随，

因他极富智慧与学识，我俩都将返回故乡。①”

“当我听到并读到，接连不断的操劳已令你疲惫不堪的时候，如果我的身躯不为此而战栗的话，就让众神将我毁灭。我恳请你能爱惜自己，以免我和你的母亲听到你身体不适的消息便一命呜呼，[以免你因身体不佳而] 危及罗马人民未来的统治者。”“若你不好的话，我自己好不好就一点意义都没有了。”“我祈求众神，若他们不憎恨罗马人民的话，就为了我们护佑你，并让你从现在起一直健康下去。”

XXII.1 他直到 [奥古斯都的亲外孙] 小阿格里帕被处死之后才公布奥古斯都的死讯。一位受命担任 [小阿格里帕] 看守的军事保民官收到了写有要他这么做的命令的书写板，然后便杀死了他。这些书写板究竟是奥古斯都本人为了排除今后发生动乱的隐患而在临死时留下的，还是李维娅借奥古斯都之名亲自口述并让人写下的，究竟提比略对此是知情还是不知情，这都无从知晓了。当这位保民官禀告吩咐做的事已经完成之时，提比略回复说，自己未曾下达过命令，对方应该向元老院讲明缘由。显然，他是在避免当即引起公愤，因为在后来，随着他闭口不谈，这件事也就被人遗忘了。

XXIII.1 可当他行使保民官的权力并召集起元老院开始致辞之后，突然间就哀号了起来，他哀痛不已、难以自支，以致不但不想出声，而且连活都不想活了，他便将写下的演说词交给儿子德鲁苏斯来念完。随后，他拿来奥古斯都的遗嘱，让一位被释奴宣读出来，除了元老等级的 [遗嘱] 证明人被允许进入元老院议事堂之外，其

---

① 请参见《伊利亚特》，10，264f。——洛布版注

他见证过签名的证明人都在议事堂外面。遗嘱开头是这样的："鉴于险恶的命运从我身边夺走了盖乌斯和卢西乌斯［二］子，提比略·恺撒当为我继承人，并得三分之二的遗产。"这么说本身就更让人怀疑，［奥古斯都］以他为继任者与其说出于选择，还不如说出于不得已，因为他在一开头就主动写下了这么样的话。

XXIV.1 虽然提比略毫不犹豫就占据并行使起元首职权，还派兵驻守身旁，即以彰显其权力和威仪，可他仍很长时间都拒不接受元首的头衔，同时又以再无耻不过的伪善一会儿斥责那些对他进行规劝的朋友，骂他们不知道最高权力是种何等凶猛的野兽，一会儿在全体元老向他下跪恳求之时，他又以模棱两可的答复与装模作样的拖延让他们得不到结果。最后，一些人失去了耐心，有一人在混乱中呼喊道："他要么履职，要么去职！"另一个人公开奚落道，别人推迟的都是他们许诺过会做的事，而他则推迟许诺自己在做的事。**2** 最后，他终于一边抱怨沉重奴役的负担被强加给了自己，一边看似无奈地被迫取得了大权，虽然如此，可他仍用这般方式表示自己希望有朝一日能引退下来。他的原话是："我就先当着，直到你们看起来觉得可以让我这样一个老头休息为止。"

XXV.1 之所以犹豫不决，原因在于他害怕受到来自四面八方的诸多威胁，以至于他常说道，自己正抓着狼耳朵。譬如，一个名叫克莱门斯的阿格里帕的奴隶为替主子报仇而召集起了一支规模不小的队伍，贵族卢西乌斯·斯克里波尼乌斯·李波正悄悄谋划着叛乱，以及在伊利里亚和日耳曼尼亚两地都掀起了士兵暴乱。**2** 两支部队都提出了许多违背规制的要求，首要的便是领取与近卫军一样的军饷。还有，日耳曼尼亚的军队不愿接受一位并非由他们自己拥立起来的元首，而且不顾对方的坚决拒绝，尽极大努力恳求当时统率他们的日耳曼尼库斯夺取国家。尤其出于对上述状况感到害怕，他向元老院提出要求，希望能按他们乐意的方式把自己分派到国家的任一部门，并请求给自己设置同僚，因为若不和另一个人或数个人一起而只有他一人的话，没有谁能够担当得了一切事务。**3** 他还装作身体不适，以便日耳曼尼库斯能更无愧于心地等着快速继位，或至少可以期待共掌元首之职。暴乱被镇压之后，他也施计蒙骗了克莱门斯并将其重置于自己的掌控下。为了免于在初御大权之际采取什么更严厉的措施，他直到次年才在元老院对李波进行了审判，而在那之前他只满足于时刻提防对方。譬如，当李波与他一起随大祭司们献祭的时候，他用一把铅制匕首替换了［通常用的］祭刀①；在对方提出要密谈时，在没有儿子德鲁苏斯相随的情况下，他拒不进行，而在他们交谈期间，他始终抓着对方的右臂，就像需要依靠它走路一样。

XXVI.1 从恐惧当中解脱出来之后，他一开始表现得非常规矩得体，甚至与一介平民相比都谦卑有余。在众多至尊的荣耀当中除了少数几个普通的之外［其余］他并未接受。他生日的那一天恰逢在椭圆形竞技场举行平民赛会，而他只允许在赛会上增加一辆双驾马车以示庆祝。他禁止表决为自己设置神庙、主神祭司、祭司，甚至还不准在未得其许可的情况下就摆放自己的塑像和肖像，而且只允许在这样的条件下［进行摆放］：不得将其与众神像放在一起，而是放在神庙的装饰品中间。**2** 他不允许大家为赞同自己的行为而进行宣誓，② 也不允许九月被冠上提比略之名，十月被冠上［母亲］李维娅 ③ 之名。他还拒绝了“发号施令者”这个首名以及“国

---

① 祭刀（secespita）刀身长、刀尖锐利、两边开锋，带饰有金银的象牙柄。——洛布版注

② 一种由全体公民对皇帝在过去已做和将来可能做的行为表示支持而进行的宣誓。参见狄奥·卡西乌斯（Dio Cassius），57，8。——洛布版注

③ 由于月份（mensis）一词为阳性，所以李维娅之称在这里就变为了同源阳性词李维（Livius）。

父”这个尾名，也拒不同意在［居室］门口放上市民冠。除了那些寄给诸君诸王的信件之外，他甚至都不加上“奥古斯都”的名号，即便这属于他继承的遗产。［当上元首］之后他担任执政官未超过三次[①]：第一次没担任多少天，第二次担任了三个月，第三次是在他离开罗马期间，并一直做到了五月十五日。

XXVII.1 他对谄媚是那么地深恶痛绝，以至于绝不容许任何元老或是为表达敬意或是出于公事而靠近自己的车舆。当一位与执政官等衔者为向他表达歉意而试图抱住其膝盖恳求时，他却为了逃避对方仰面跌倒在地上。再有，如果有人在交谈或演讲中对他大加奉承什么的话，他就会毫不犹豫地打断对方并进行斥责，并当场做出纠正。因曾被某个人称作“大人”，他就告诫对方不要再出于羞辱之故而这么称呼他了。有一个人说他担当了神圣之职，另有一人说他曾以此等威权君临元老院，面对上述情况，他强迫后者把“当权者”一词改成“提议者”，强迫前者改说“辛劳”一词以替换“神圣”。

XXVIII.1 不只如此，面对针对他和他手下人的恶言谩骂、流言蜚语以及冷嘲热讽，他也保持了忍耐与克制，并不断声称，在自由的国度里言论应当是自由的，思想应当是自由的。还有一次，元老院要求对冒犯他们的罪行和罪人进行审理，他却说道：“我们没有太多空闲去打理那些千头万绪的琐事。如果你们开了这种先例，其他事就会一件都干不了啦，因为这会成为一个借口而使所有人把争执摆到你们面前。”在元老院里还记载有他的一段非常平易近人的讲话：“若是［有人］说出不同意见的话，我将仔细地解释我所做所说的，如果他还要坚持的话，那我反过来就将对他生出恨意。”

XXIX.1 下面这些事他做得更加出色，因为在亲自向元老致以

① 根据执政官列表，提比略称帝后出任执政官的年份依次为：公元 18 年、21 年、31 年。

崇敬之情时，无论是单独还是全体，他几乎都是用超乎礼貌的方式进行的。当他在议事堂里不赞同昆图斯·阿特里乌斯的见解的时候，是这么说的："如果我就像一位元老一样过于随意地说了什么与你意见相左的话，我请求你原谅。"然后他向整个元老院讲道："元老们，无论是现在还是过去，我常说的是，你们把那么巨大、那么不受约束的权力颁授给了一位做出贡献的贤明元首，他就必须为元老院效劳，还应该为全体公民、有时甚至要为单个公民提供服务。我不曾为说出这些话感到过后悔，而我也把你们当作了善良、公正、宽容的［国家］主人，且直至现在都如此看待。"

XXX.1 他甚至还通过保留元老院和长官古老的尊严和权力打造了一副自由的形象。事务无论大小、无论公私，他一律提交元老们审议，比如：关于税收和专卖的问题，关于建筑的新建或重建的问题，甚至关于士兵的招募或遣散以及正规军团和辅助军团的分配的问题，最后关于指挥权的延长或战争兵将的选派问题，还有该以什么内容、什么形式令人满意地回复诸王的信件。当一位兵阵侧翼［骑兵］的长官被控犯下使用暴力及抢劫的时候，他强迫对方在元老院里进行陈情。他从来都是独自一人踏入元老院议事堂的。曾有次他因为生病而被人用肩舆抬入了议事堂，随后他也［立即］屏退了随从。

XXXI.1 当某些违背其意愿的法令得以通过的时候，他甚至都没有抱怨。虽然他拒不允许那些受命的官员离开［任职地］以使其亲自处理公务，可一位当选裁判官却获得了使节之权以得便［前往他地］。再有一次，当他建议将一笔原本遗赠给特雷比亚人[①]修建新剧场的钱转拨到修路上时，却没能成功地阻止留下遗嘱之人的遗愿被执行。一次，元老院在通过一项法案时恰巧分成了两派，即便他

---

① 特雷比亚城即今意大利翁布里亚大区的特雷维（Trevi）。

加入了少数派，可没有谁因此倒向他这一边。**2** 在处理其他事务时他也完全借由长官和通常的法律来进行，而执政官则保有如此巨大的权威，以至于一些从阿非利加来的使节向他们抱怨道，自己本来被派来去见恺撒［提比略］的，可他只是在白白浪费他们的时间。这不是令人吃惊的事情，因为大家都清楚的是，即便他本人在见到这些［执政官］时也会一边起身一边让道。

XXXII.1 一些统领军队的与执政官等衔者由于未以书面形式向元老院汇报所做之事，而且为了给士兵颁授一些奖赏向他提出请求，就好像他们自己无权颁授一切奖赏一样，他便对他们进行了指责。一位裁判官因在履职之际恢复了当众颂扬自己祖先的古代传统，他便对其大加赞赏。他常出席某些著名人物的葬礼，甚至还前赴火化仪式。**2** 他对身份较低微的人和琐碎的事务都一视同仁。当罗得岛的地方长官因为在给他的公函上未署落款而被他召来之后，他未说一语，只是命令他们补上落款后再回去。在罗得岛，每逢安息日都开讲授课的语法学家狄奥根尼斯，有一次当提比略未按规定的时间前去听讲时，对方没让他进来，而是派自己的小奴出面让他等到一周的第七天［安息日］再来。在［狄奥根尼斯］置身罗马，立在殿门外准备向［提比略］致以敬意的时候，后者除了告诫对方到第七年再来之外没有做出更严厉［的报复之举］。对那些建议在诸行省征收苛税的总督，他回复道，好的牧羊人给牲畜剪毛而不是剥皮。

XXXIII.1 他是慢慢地露出其作为元首本来的面目的，他虽然有很长一段时间行事变化不定，可仍时常表现出一副友善的面貌并积极为公共福祉做出贡献。最初，他插手的往往只限于阻止不当之事的发生。因此他取消了一些元老院的决议，还在长官们登上审判席开庭审理案件时落座于他们身旁或审判台正对他们的一侧，并不时给出自己的意见。若是出现传闻说，有哪位被告人凭借影响力要被开释，他就会突然现身，并从宣判台下或宣判台上提醒审判者们应注意法律和誓言，以及他们审理的案子的严重性。另外，若公众道德不论在哪一方面受到懒惰或坏习惯的影响而陷于沦丧时，他就要求做出改正。

XXXIV.1 他减少演员的报酬，还把对战的角斗士数量限定在特定的数字，以此削减了庆典赛会和角斗士比赛的开销。他对科林斯青铜器的价格升到出格的程度，以及三条鲻鱼要花三万塞斯退斯表示了强烈不满，于是他提议为采办家什设置限制，并让元老院每年为集市上的粮价做出裁定，还让市政官受命对酒馆、饭馆加以限制，以至于连面饼都不许他们贩卖。为了能以身作则地鼓励公众奉行节俭，他常在正式晚餐时端出前一天吃到一半的食物以及剩下的半只野猪，并同时强调说，它们尝起来与整只的全无差别。**2** 他以法令形式禁止了日常的接吻礼，同时也禁止了人们在一月一日过后再互赠新年礼物。[在收到礼物之后] 他往往亲手按四倍的价值奉上回礼。不过他后来中止了这一做法，因为那些节日当天没能来到他身旁的人在整整一个月里令他不得安宁，他对此感到烦恼。

XXXV.1 他恢复了古时的习惯：当公诉人不在的时候，亲戚们通过商议后的决定就能对犯下奸污的有夫之妇进行惩处。一位罗马骑士的妻子被发现与其女婿犯有通奸，即使这位骑士曾经宣誓过永不将她休弃，他仍解除了对方的誓言，让他休掉了妻子。**2** 一些臭名昭著的女人为了规避法律的惩罚就放弃了有夫之妇的权利和身份，① 继而宣布自己为妓女；出身元老和骑士等级 ② 的极放荡堕落的年轻人也个个自愿降低等级，以免受到元老院法令的约束而登不上舞台和竞技场。为了不让任何人利用此等诡计作为逃脱制裁的手段，

① 通奸被公元前 18 年的《尤利乌斯法》定为了刑事犯罪。——卡特琳 · 爱德华兹译本注

② 原文直译为“两个等级”。

他对上述男女统统施以流放。他了解到，一位元老为了能在七月一日[①]过后在罗马城里租到便宜点的房子，特地在那一天到来之前离城入住［城郊的］庄园，在这种情况下他就脱去了对方的宽紫纹短袖袍。另有一人，因为在抽签［挑选赴任行省］的前一天与妻子结婚，抽完签的后一天就将她休掉，于是他便将其从财务官的职位上撤了下来。

XXXVI.1 他禁止了外邦的宗教仪式，特别是埃及人的、犹太人的[②]，并强迫那些笃信上述外教的人焚烧教袍及一切祭器。他表面上借服役之名把年轻的犹太人派往天气更为恶劣的行省，而余下的同族者或有类似信仰的人，他则把他们逐出了罗马城，若不服从，就以终身为奴处置。他还流放了占星师，不过对那些哀求宽恕并许诺会放弃技艺的人，他却网开一面。

XXXVII.1 他尤为注重不让流寇和强盗的骚扰破坏安定和平之环境。他在整个意大利遍设由士兵把守的岗哨，且间距比以往都小。他在罗马为近卫军大队建立了营地，而在此之前他们都是分散寄住在各处的。**2** 他费尽心力地防止民众发动骚乱，而一旦发生了，他就用再严厉不过的手段进行弹压。［曾有一次，］当剧场发生冲突，有人因此死亡之时，他就放逐了阵营领袖[③]和演出者——争议就是因这些［演出者］而起的——而无论人们如何乞求都不能影响到他，让他召回这些人。**3** 当波伦提亚[④]的平民用暴力让［队长的］继承人

---

① 七月的第一天乃租赁屋子和房间的日子，因此那一天是“迁居日”。请参见马尔提阿利斯的《铭辞》(*Epigrammaton Libri*)，XII，32。——洛布版注

② 埃及和犹太当时都在罗马人的统治下。

③ 古罗马人在剧场观看比赛时，观众往往会因共同支持某位参赛者而结成不同的阵营，各阵营在赛场上分别为各自的参赛者助威。

④ 今意大利皮埃蒙特大区（Piemonte）的波伦佐（Pollenzo）。

出钱举办一场角斗士比赛之后才允许把某个第一百人队队长[①]的尸体运出广场，面对那种情况，他从罗马城派出了一支大队，又从科提乌斯[②]的王国派出了另一支，却未透露调兵的缘由。他把两大队士兵从不同的城门送入城内，而他们在突然间露出了武器并吹起了号角，随后他就把当地大部分平民和地方元老终身囚禁了起来。他废除了各处圣地庇护所的传统权力[③]。当齐兹库斯人[④]胆敢以非常粗暴的态度对抗罗马公民的时候，他取消了他们因米特里达梯战争而赢得的自治权[⑤]。**4**［当上元首］之后他未发动过一场征伐，而是由将领镇压敌人挑起的暴乱，而［即便如此］他也只是在不得已之下勉勉强强地交由他们来镇压的。对于那些不怀好意而又信任不了的

---

① 原文为 primipilarius，意思是古罗马一个军团中的第一大队第一百人队的队长。一支军团的第一大队往往是由该军团中最优秀的战士组成的，而且人数也远多于其他大队。关于此，请参见韦格蒂乌斯的《兵法简述》（*Renati Epitoma Rei Militaris*），II，6（选自本引书汉译本，北京：解放军出版社，2006 年，第 93 页，袁坚译）："一个军团有十个大队。第一大队在人员数额和素质上要优于其他大队。编入这个大队的男子在出身和受教育程度方面都是优秀分子。他荣持鹰帜，这是罗马军团的主要旗帜，同时也是整个军团的军旗。他是帝王们形象的纪念标志，也就是真正的神圣的军旗。这个大队有 1150 名步兵，132 名穿着铠甲的骑兵，素有'千人大队'（cohors miliaria）之称。它是军团的主体，当需要投入战斗时，布阵就从它排起。"

② 马可·尤利乌斯·科提乌斯一世（Marcus Iulius Cottius），居于科提亚阿尔卑斯山（Aples Cottiae）一带的利古里亚人（Ligures）之王，在位期间，与罗马人保持了和睦关系。奥古斯都曾任命他出任当地的长官（praefectus）。他的王国一直维持到尼禄时代，并最终被尼禄变为科提亚阿尔卑斯行省。

③ 在古罗马时代，凡逃至宗教圣地（神庙、祭坛，以及神明和帝王的塑像周围等）的人就可受到人身庇护，免遭惩罚。

④ 齐兹库斯乃古代希腊名城，其城址位于今土耳其境内马尔马拉海西南岸的亚洲一侧。

⑤ 古罗马时代拥有自治权（libertas）的城市在内政事务方面不受帝王诏令或代理人的管辖。

王，他宁愿用威胁和训斥而非武力加以压制；他通过甜言蜜语和承诺将某些王引诱至自己身边，又不让他们离去，比如日耳曼尼亚的马罗布杜斯、色雷斯的拉斯库波里斯和卡帕多西亚的阿基拉乌斯——他甚至把阿基拉乌斯的王国降为行省。

XXXVIII.1 自任元首之后，他一连两年时间都未曾踏出过城门一步，在那之后他也只是去去附近的城镇，最远就到过安提乌姆，而且只在非常偶然的场合才会待上几天。虽然如此，可他还是常常声称自己会游历诸省并巡视那里的军队，几乎每年他都会为准备出行而备齐车马，并在各处市镇和殖民地储备粮草。到了最后，他还允许人们为自己的出行和归来进行许愿，以至于百姓开始取笑他，管他叫“卡利皮德斯”，那在希腊谚语里表示的是在奔跑却没有向前跑出一肘长的人。

XXXIX.1 然而，在失去了两个儿子——死在叙利亚的［养子］日耳曼尼库斯和死在罗马的［亲生儿子］德鲁苏斯——之后，他引退到了坎帕尼亚，几乎所有人都确信并声称，他将永远不会返回，甚至很快就会死［在那里］。而上述两件事差一点就都变成了事实，这么说是因为他没有再回到过罗马，并且几天之后，正当他在塔拉奇纳[①]附近的一座名为洞室的官员府邸用餐的时候，大量硕大的石块猛然间从［石砌的］屋顶坠落下来，多位赴宴者和侍从被压身亡，他却侥幸逃脱了。

XL.1 在遍历坎帕尼亚之后，他为卡普阿献上了朱庇特神庙，又为诺拉献上了奥古斯都神庙，这便是其出巡的借口。随后他前往卡普列耶，且尤其钟爱那座岛屿，因为那里只有从一处小的海滩才能进入，［其余地方］到处都被落差极大的山崖及深深的大海环抱。费

① 位于罗马东南 76 公里海岸边的一座滨海城镇。

德奈[①]有两万多人在观看角斗士比赛时因圆形竞技场倒塌而殒命，出于上述惨祸［当地的］人民不断提出请愿，他因此被立刻唤了回去。他回到了陆地上并颇为乐意地准许接见所有想见自己的人，因为他在离开罗马城的时候曾颁令不许任何人打扰到自己，整段旅途期间也不曾让什么人来见自己。

XLI.1 待返回那座岛屿以后，他就对国事全然不放在心上了，以至于在那之后他未曾补充过一位由骑士组成的十人裁决委员会成员，也未更换过一位军事保民官、长官或者行省的总督，他任由西班牙和叙利亚多年处在没有总督[②]的状态下，任由帕提亚人占领亚美尼亚，任由达契亚人和萨尔玛提亚人[③]占领默西亚[④]，任由日耳曼人蹂躏高卢诸地，这对帝国来说是十分有失体统的，更是极为危险的。

XLII.1 另外，在引退之后，他像是远离了公众的视野一样挣脱了约束，最终一头栽进了隐忍许久的一切罪恶行径当中，其中一些容我一一从头道来。当他在营地里还是个新兵时因为嗜酒如命，［名字中的］“提比略”就被人改作了“毕比略”，“克劳狄乌斯”改作了“卡尔狄乌斯”，“尼禄”改作了“梅禄”[⑤]。到了后来他成为元首，正当他忙于纠正国家风俗之际，他一连两个白天和一个夜晚都与庞普

---

① 位于罗马以北约 8 公里的盐道（Via Salaria）边上的一座古城。

② 该官职原文为 consularis legatus，直译是“与执政官等衔的将军（或使节）”，相当于元首直辖行省的总督。

③ 当时，萨尔玛提亚人是居于黑海北岸的多支操印欧语的部落联盟，达契亚人则居于多瑙河北岸。他们对罗马人来说都属统治范围之外的“蛮族”。

④ 古罗马帝国时期的地区（后变为行省）名，其地域大致位于今巴尔干半岛中部，多瑙河南岸，与多瑙河北岸的达契亚隔河相望。

⑤ 即名字提比略·克劳狄乌斯·尼禄被人改称为毕比略·卡尔狄乌斯·梅禄。毕比略（biberius）一词由动词喝（bibo）而来，意思是“饮酒者”，卡尔狄乌斯（caldius）意思是“火热的”“有激情的”，梅禄（mero）原形为 merum，意思是“未兑水的纯酒”；连在一起就是“对纯酒充满激情的饮酒者”。

尼乌斯·弗拉库斯和卢西乌斯·皮索一起享用美酒盛宴，还即刻把叙利亚行省交付其中一人，把罗马市长之职交给了另一个人，并在委任状中称他们为总能指望得上的最令人愉快的朋友。**2** 曾被奥古斯都降职的生活奢靡的老色狼切斯提乌斯·伽卢斯，几天前［提比略］本人还在元老院向他发起过责难，［几天后］他在这般条件下答应出席对方举办的宴会，即对方无须改变自己设宴的习惯，而且宴会应使用裸体女孩作为侍者。一位极不出名的财务官候选人因在宴会上接受他的劝酒并干下了一坛子酒，于是和那些再尊贵不过的候选人相比他更看重此人。阿塞利乌斯·萨宾努斯创作了一则蘑菇、啄木鸟、牡蛎、画眉之间争执的对话，他就为此赏给了对方二十万塞斯退斯。最后，他新设了一个新的官职以管理娱乐，并任命罗马骑士提图斯·切索尼乌斯·普里斯库斯出任。

XLIII.1 待引退到卡普列耶之后，他确实为自己见不得人的淫欲设置了秘屋，各地搜罗来的成群的女孩和男妓们，以及那些会翻着花样玩床戏的被唤作“斯宾特里亚”① 的奇葩男子被送到那间屋子，他们当着他的面三人一组相互奸淫以供其观赏，并借此来激发他衰退的欲望。**2** 他多处卧室都摆有再淫荡不过的绘画和塑像，并备有埃勒凡提斯② 的书，以免有哪位上演奸淫戏的人没有体位的范例。他还在树丛和树林里到处设置“维纳斯之地”，男女成年者在各阴凉处和山崖洞穴中身着潘神和仙女的装束性交，百姓公开为那座岛取了个一语双关的名字，叫“山羊岛”③。

XLIV.1 他还背负有更肮脏龌龊的恶名，以至于［这些事］连叙

---

① 原文 Spintria，源自希腊语 σφιγκτήρ，意思是肛门括约肌。

② 公元前一世纪后半叶的希腊女诗人，其作品以描绘淫荡的行房情节而著名。

③ 司牧神潘神的形象是半人半羊，长有羊角、羊蹄、羊尾，其余部分皆人形。那座岛的名称是卡普列耶（Capreae），山羊一语为 Caprineus，两者形式和发音相近。

述或听说几乎都让人接受不了，更别说去相信了。比如他蓄养被唤作小鱼儿的粉嫩小男孩，让他们在自己游泳时一边穿行于两腿间一边用舌头进行舔舐和慢慢轻咬；再比如他把颇为活泼却尚未断奶的婴孩放到自己的阳具和乳头处，而他更乐于这种泄欲方式乃其本性和年龄使然。**2** 一幅描绘阿塔兰忒为墨勒阿革洛斯[①]口交的帕拉西乌斯所作的画被遗赠给了他，同时附上了如下条件：如果画作让他觉得不舒服，他可获得一百万塞斯退斯取而代之。他不仅收了下来，而且还把它放在卧室展示。还有一则说的是，他曾在一次献祭时被一名侍从的美貌吸引，难以抑制住自己，几乎未等祭祀仪式结束他就迫不及待地将对方及其吹奏笛子的兄弟一起带离，并［对他们俩］实施了强暴，随后由于他们对这种暴行报以一阵咒骂，他竟打断了他们的两条腿。

XLV.1 他还习惯用非常粗暴的方式奸淫女子，其中甚至有身份高贵者，这从某个叫玛罗尼娅的女人的死亡上就极清晰地显示了出来：当时她被带了过来，极其顽固地对［他所做的］一切都拒不接受，在那种情况下他就把她丢给了告密者[②]［进行起诉］，还在她接受审判时不停地打断她［并询问］“有无悔意”。最终她离开法庭，回到了家里，把那位毛发浓密的恶心老头大肆辱骂一番之后便刺死了自己。因此，在接下来的庆典赛会期间的一场荒诞剧表演里，［诋毁他的］金句“老公羊用舌头舔嫩母羊”引起了广泛的共鸣并流传了开来。

---

① 阿塔兰忒（Atalanta）和墨勒阿革洛斯（Meleager）都是希腊传说中的英雄人物。阿塔兰忒是阿卡迪亚（Arkadia）王伊阿索斯（Iasos）之女，著名的女猎手；墨勒阿革洛斯是卡吕冬（Calydon）王俄纽斯（Oeneus）之子。他们两位之间发生的故事应该就是所谓“狩猎卡吕冬野猪”的著名传说。

② 原文 delator，指的是告发者、告密者，本意专指那些向掌管帝王私库的官员提供生财情报的人，后来逐渐演变成对有钱人进行告发和起诉以便查没其财产的人。

XLVI.1 他吝啬又抠门。他从不向一同出行和远征的战友们支付军饷，只供给食物，只有一次他对他们表现出了慷慨，而且是出于继父的好意，那时他根据每一个人的身份高低将他们分成了三等：付给第一等［每人］六十万塞斯退斯，第二等四十万，第三等（他不称这个等级为朋友而是希腊人）二十万。

XLVII.1 成为元首后他从未建过一座宏伟的建筑，因为他主持的工程只有奥古斯都神庙的修建和庞培剧场的重建，而且历经数年至其撒手人寰都未完工。他完全没有举办过赛会，也极少出席他人举办的，以免那种场合人们会提出什么恳求，尤其在他被迫释放[①]了喜剧演员阿克奇乌斯之后。在对为数不多的几位陷入贫困的元老伸出援手之后，为了能不向更多的人提供帮助，他就声称，除非能向元老院证明其陷入窘困是有正当理由的，否则自己将不再向他人施以援助。于是，拘束和羞愧让许多人开不了口［向他索要救济］，其中就有演说家昆图斯·奥尔滕西乌斯[②]的孙子奥尔塔卢斯，他在奥古斯都的鼓励下不顾家境贫困生了四个孩子。[③]

XLVIII.1 他总共有两次向公众展示出慷慨的一面：一次是提供了为期三年的一亿塞斯退斯无息贷款，再有一次是替西利翁山[④]上被火烧毁的公寓房[⑤]的房东弥补了损失。前一次是在经济陷入巨大困境，人民提出了请求之下，即便实施了元老院的决议，让债主将三分之二的可继承财产投入土地买卖，而欠债者须立刻偿还同等数

---

① 此处释放一词原文为 manumittere，该动词仅表示摆脱奴隶之身而获得自由人的身份。

② 关于这位演说家，请参见《被奉为神的奥古斯都》，LXXII，1。

③ 关于奥古斯都鼓励罗马上层人士多生孩子，请参见《被奉为神的奥古斯都》，XXXIV，1—2。

④ 罗马七丘之一，位于罗马城东南部。

⑤ 原文 insula，本意是岛屿，这里指的是与带院墙和园圃的房子（domus）相对的一种供多人居住的多层楼房，为当时典型的穷人居所。

额的债务，却也不见好转，面对那种情况他才被迫施以援手。另一次［也］是为了化解严峻的情势。虽然如此，可他把后一次的恩惠看得那么重，以至于下令把西利翁山改名叫奥古斯都山。**2** 在将奥古斯都遗嘱中的遗赠数量翻倍赠予之后，他便不再向士兵派发任何赏赐了，例外的有：他赏给近卫军士兵每人一千德纳里乌斯，因为他们没有加入塞雅努斯[①]那一边；他还赏给叙利亚的军团一些犒赏，因为只有他们的军团没把塞雅努斯的肖像加到军旗上。他甚至极少让老兵退役，以便等他们老死，死后就可省下一笔退役金了。[②]除了亚细亚因有一些城市毁于地震之外，他不曾用任何赏赐减轻行省的负担。

XLIX.1 随着时间的推移，他不久便将心思转向了劫掠。众所周知的是，他曾让极其富有的格涅乌斯·莱图卢斯·奥古尔指定自己是惟一继承人，然后再让对方在恐惧和焦虑中感到厌世，以此将其逼死；为了向富裕却无子的与执政官等衔的昆林尼乌斯[③]示好，他判处遭其休弃的出身再高贵不过的女子雷必塔流放，因为前者在事经二十年之后起诉她曾经企图对自己下毒。**2** 除此之外，高卢诸地、西班牙诸地，以及叙利亚、希腊的头面人物因如此琐碎、如此无耻的缘由遭到起诉而被罚没了财产，以至于一些人受到控告无非就因

---

① 卢西乌斯·埃利乌斯·塞雅努斯（Lucius Aelius Seianus）自公元 14 年起出任罗马的近卫军长官之职直至公元 31 年被处决。尤其在公元 26 年提比略引退之后，他便成了国家实质上的当权人物。

② 当时罗马士兵在服役期间除了能得到必要的衣食之外，通常只能领到非常有限的金钱收入。但罗马军团士兵在服役期满之后，可以领到一大笔退役金或获得一块份地；辅助部队的士兵还能得到罗马公民身份，他的孩子也就可以顺利进入罗马军团。

③ 普布利乌斯·苏尔皮西乌斯·昆林尼乌斯（Publius Sulpicius Quirinius），罗马贵族，奥古斯都及提比略时期的政治家及军事将领，公元 6 年—12 年的叙利亚总督。

为他们保有的部分家产是钱币。[①] 许多城市和平民古来就享有的豁免权、采矿权、征税权都被剥夺了。还有，被其臣民驱逐的帕提亚人之王沃诺尼斯[②]大概是信赖罗马人民而携大量财宝来到了安条克城[③]，却遭他背信弃义掠走了财产，人也落得个身死覆灭。

L.1 他把愤恨撒到了亲人身上，首当其冲的便是弟弟德鲁苏斯，因为后者曾有一封信被公布了出来，信中［德鲁苏斯］和他一起讨论应强迫奥古斯都恢复共和国。接着他又瞄准了其他人。他在妻子尤利娅被放逐之后，非但未对她表示出一丝一毫的关心或友善，都到了无人能及的地步，以至于虽然根据她父亲［奥古斯都］的命令她当被禁闭在一座城里，可他甚至不让她离开屋子，也禁止她与人往来沟通。由于奥古斯都在遗嘱里未对这类事做出交代，他还以通行之法为借口侵占了她父亲授给她的私人财产和年俸。**2** 他声称母亲李维娅要和他共享同等的大权，对她嫉恨在心，于是他避免与她过往甚密，也避开了时间较长、颇为隐秘的谈话，以免看起来是在征询她的意见——虽然如此，可他的确时常需要听取她的意见。他还因元老院的如下行为而备受折磨：在他诸多头衔里（与“奥古斯都之子”一回道理）还加上了“李维娅之子”。**3** 因此，他不允许她被唤为“国之母”[④]，也不允许她公开获得任何显赫的荣耀，更有甚者，他经常告诫她要远离非常要紧之事和与女子不相符的事宜，特

---

① 借口他们出于掀起暴动为由而积蓄钱币。恺撒曾规定，任何在意大利的人，其携带的钱币数量不应超过六万塞斯退斯。请参见塔西佗的《编年史》（*Annales*），6，16；狄奥·卡西乌斯，41，38。——洛布版注

② 帕提亚王沃诺尼斯一世（Vonones I），于约公元 8 年—12 年统治帕提亚帝国，后遭帕提亚贵族废黜而流亡到了亚美尼亚。奥古斯都在位期间，他又流亡到了叙利亚。

③ 指当时东方的著名都会，叙利亚行省省会，也被译成“安提俄克”，今土耳其东南部毗邻叙利亚的安塔基亚（Antakya）。

④ 原文 parens，指父母亲之一。

别是此前他注意到维斯塔神庙附近着火时她本人曾出现在人民和士兵中间，按她丈夫［奥古斯都］在世时的习惯，以此鼓励大家奋力扑火。

LI.1 再后来，出于大家所称的如下缘由，他发展到了［同她］对抗的地步：当她反复敦促他把一位受赠取得公民权的人列入十人裁决委员会的时候，他宣布，除非她允许在官方记录上写上一笔说，自己是在母亲的威逼下才这么做的，否则他无论如何都拒不照此任用。她被激怒之后就从神龛中取出了一些奥古斯都写给自己的论及他秉性鲁莽、心胸狭窄的旧书写板，并将之宣读了出来。这些文件既被保存了如此之久，又被如此肆无忌惮地拿来进行抨击，这令他着实难以忍受，以至于有些人认为这便是他选择引退的重要原因。**2** 自他引退之后，母亲活在世上的整个三年期间，他只探望过她一次，而且见面的时间连一个白天都不到，仅极少的几个时辰。后来她很快就得病了，他也没有费心去探望她。正当他许了愿要亲自过来之时，她去世了，尸体却这么一直搁着，一连好几天［也未见到他来］，最后等到腐坏了才举行葬礼，在那种情况下他还禁止尊奉她为神，就像这是她亲自交代的一样。他还不顾她的遗嘱，在很短的时间里就整垮了她的所有亲朋好友，甚至还包括在她临终之际托付的打理自己葬礼的那些人，那些人当中有一名骑士等级的男子，竟被处以踩起重车①。

LII.1 无论是亲生儿子德鲁苏斯抑或养子日耳曼尼库斯，他都不对他们施以父爱，还对前者犯下的罪行感到恼怒，因为德鲁苏斯过着散漫而放荡的生活。于是，即便在［德鲁苏斯］去世之时，他都

---

① 原文 antila，指的是一种依靠人力脚踩的木质大轮子，通常被用来取水，后来也被用于推磨和升降重物，其功效类似水车和风车。古罗马时代踩这种车子的人往往都是犯人。

没有太过在意，也不允许服丧悼念的时间过长，而是在葬礼之后差不多立即就回到了日常的工作上。**2** 而且，当伊利昂的使节向他致以稍有些迟到的哀悼之后，他就像悲痛的记忆已被忘却一样笑着回答道，他也反过来向他们致以哀悼，因为他们曾失去了出类拔萃的市民赫克托[①]。他对日耳曼尼库斯的贬损都到了这般地步，以至于视其辉煌事迹如累赘，再者斥其极光荣不过的胜利是于国有害的。[日耳曼尼库斯] 因突如其来的巨大饥荒而未同他商议就前往亚历山大里亚，他为此在元老院发出了抱怨。**3** 人们甚至相信，[日耳曼尼库斯] 之所以死去，正是他借了叙利亚总督格涅乌斯·皮索之手，而某些人则认为，要不是那指令已在私底下趁 [皮索将之] 呈献出来之际被夺走了，[皮索] 本人也遭到了处决，否则 [皮索] 在因上述罪行受审的时候真就打算供出 [他给自己下达的] 指令了。出于上述原因，"还给我们日耳曼尼库斯" [这些字] 在许多地方被写了出来，又整夜整夜地被一遍遍喊了出来。到了后来，他本人对日耳曼尼库斯的妻子甚至孩子都干出了残忍之事，这就更加深了他的上述嫌疑。

LIII.1 养子之妻阿格里皮娜[②]丧夫之后，他埋怨起她来一定程度上更肆无忌惮了，他握着她的手引用希腊诗文说道："乖女儿啊，你要是不称王称后，就觉得自己受到了不公吗？"之后他便不再屈尊与她进行任何对话。事实上，一次在晚饭时她没敢吃他亲自递来的苹果，那之后他甚至不再叫她 [一起吃饭] 了，借口便是自己被控犯下了投毒罪。而整件事情都是事先预谋好的，即由他亲自奉上

---

① 荷马史诗《伊利亚特》中的英雄人物，特洛伊城（即伊利昂）第一勇士，特洛伊战争中特洛伊一方的统帅。最后死于希腊联军第一勇士阿喀琉斯（Achiles）之手。

② 即奥古斯都的外孙女，关于她嫁给日耳曼尼库斯一事，请参见《被奉为神的奥古斯都》，LXIV，1。

[苹果] 进行试探，再等她因那会带来死亡而做出拒绝。**2** 最后，他诬告她一会儿想要逃到奥古斯都的塑像旁，一会儿又想逃去军队那里，就将她放逐到了潘达特里亚岛，还在她咒骂他时让一位百人队队长对她实施了殴打，并打瞎了一只眼睛。此外，当她决心绝食自尽之时，他颁令强行撬开她的嘴并灌进食物。更有甚者，当她坚持 [绝食] 并因此死去之后，他就用再恶毒不过的诽谤进行了抹黑，还说服 [元老院] 准予把她的生日列入了诸事不宜之日[①]，他甚至遗憾自己没有设计将她绞死并抛尸杰莫尼亚阶梯[②]，还让 [元老院] 通过法令，向自己致以谢意并为卡庇托山上的朱庇特神奉献金子，以此彰显其何等的宽厚仁慈。

LIV.1 日耳曼尼库斯这边他有三个养孙：尼禄、德鲁苏斯、盖乌斯；[亲儿子] 德鲁苏斯那边他只有一个孙子提比略。待他的子辈去世之后，他就推荐日耳曼尼库斯的两个年龄较大的孩子尼禄和德鲁苏斯进入了元老院，还为了庆祝他们两位到达服役年龄而分别在当天向平民发放了赏赐。可是当他发现在新年伊始也有人公开为他们的健康许愿的时候，就把这件事提交到了元老院，并说这样的荣誉应该只被授给那些有点岁数的经验丰富之人。**2** 从那时起，他露出了自己内心深处的真实想法，并利用一切罪行使他们遭到起诉，再利用各种诡计引诱他们，使他们对他做出了反击，结果等他们被激怒了而闹腾起来时他就让人告发他们，然后他写信以再严重不过的罪名对他们进行了控告，在被定罪并宣判为公敌之后，他饿死了他们：尼禄是在庞奇亚岛[③]，德鲁苏斯则是在帕拉丁山的一处极深的

---

① 原文为（dies）nefastus，指日历上那些有违神圣法的日期，在这些日子里不得从事任何公共活动。

② 指罗马城里连通卡庇托山和罗马广场的一段台阶路。

③ 今意大利第勒尼安海上的蓬扎岛（Ponza），与意大利半岛的海岸相距 33 公里。

地下室里。大家相信，尼禄是被迫自杀的，因为自称从元老院那里领受权力的刽子手曾向他展示了套索和铁钩；而德鲁苏斯，他被饥饿折磨到了这般地步，以至于都试图啃食床垫了。他们两人的遗体按此方式遭到了肢解，以至于当时只能勉勉强强将它们搜集起来。

LV.1 除了旧友和密友之外，在国事上他还从国内的头面人物中请出了二十位，让他们如同谋士一样来替自己出谋划策。在上述所有人当中他几乎仅让两三个人未受伤害，其他人他都用各不相同的借口进行了处决，其中就有牵连到太多人并致使他们身死的埃利乌斯·塞雅努斯。他曾把此人提拔到了至高的权位上，这么做与其说是出于好意，还不如说是为了让他出手并利用花招对日耳曼尼库斯的孩子们施加攻击，以确保自己的孙子（即由儿子德鲁苏斯传下的那位孙子）可以继承大权。

LVI.1 他对待希腊的随从们也一点都不和善，虽然他极其乐于和他们相处。当某个叫克桑诺的人在用颇为华丽的辞藻进行讨论的时候，他问对方那种让人听得不舒服的话到底是什么方言，那人回答是多利安方言①，于是他就把对方流放到了辛纳里亚②，因为他觉得那人是在抨击自己先前的引退生涯，③ 而罗得岛人说的正是多利安方言。他还习惯在享用晚餐时对每天读到的著作提出一些问题，而他获悉到语法学家塞琉古在到处向自己的侍从打听，［自己］在什么时候关注哪些作家的作品，以便来的时候做好准备，于是他先将对方逐出了随从的圈子，随后再逼迫其自尽。

LVII.1 即便在孩童时代，他残忍、凶狠的天性就已不再遮遮掩

---

① 古希腊语的一种方言，流行于西西里、大希腊（意大利半岛南部）、希腊半岛西北部、克里特岛和罗得岛。

② 今希腊爱琴海东部的小岛基纳罗斯岛（Kinaros）。

③ 关于提比略曾引退到罗得岛，请参见本卷 XII—XIV。

掩了。修辞老师加大拉人[①]提奥多鲁斯似乎最先洞悉到这一点，同时还极其贴切地将之刻画了一番，每当责备他的时候［提奥多鲁斯］就称他为 πηλὸν αἵματι πεφυραμένον，即“掺着血捏成的泥”。然而在他成为元首之后上述天性表现得愈发显著起来，即使一开始他为博取人们支持而假装克制的时候，亦是如此。**2** 曾有送葬队伍经过，其中的小丑大声对死人做出了嘱咐，要他通知奥古斯都，留给平民的遗产还未分发呢，于是［提比略］就把［那个小丑］扭送到自己跟前，下令将其应得的那份还给他，并对其施加惩处，再要他把这实情告知自己的养父。不久之后，当某位叫庞培的罗马骑士在元老院里［对他提出］激烈反对之时，他一边用囚禁加以威胁，一边宣布要将一位叫庞培的变成庞培派的一员，以此在粗暴地戏谑了此人族名的同时又侮辱了那个老旧派别的命运。

LVIII.1 约莫就在那时，一位裁判官问道，是否该下令审理叛国罪的案件，他答复道，法律该被执行，而且该以再严格不过的方式推行下去。某人曾把奥古斯都塑像上的脑袋切了下来以便换上另一个［脑袋］，此案被诉至了元老院里，且证人因证据相互矛盾而受到了拷打。在被告定罪之后，这类控告愈演愈烈到了这般地步，以至于犯有下列行径者都会被判死刑：在奥古斯都像周围殴打奴隶、更换衣服，携带印有［奥古斯都］头像的钱币或戒指踏入厕所或妓院，对他的任一言行加以批判。最后，某人在自己的殖民地准许在某天授给自己荣耀，而那一天正是奥古斯都曾经被授予那个荣耀的日子，那人最终因此身死覆灭。

LIX.1 除此之外，他还以严厉和恢复传统为幌子（可实际上却是在越发地顺从他的本性）干出了那么多残忍暴虐之事，以至于一

---

① 加大拉（Gadara）为古代东方的古城，城址位于今约旦北部靠近叙利亚的乌姆盖斯（Umm Qais）附近。

些人用小诗来表达对当前罪恶之事的愤恨，同时还对未来罪恶之事做出告诫：

残暴且严厉的人啊，我可以略略道出我想说的一切吗？
如果你还有感觉，就让我死吧。

你不是骑士，为什么？你连十万［塞斯退斯］都没有；
你若是问起一切原委，那便是罗得岛乃［你的］流放之地。

恺撒啊，你改变了属于萨图尔努斯神[①]的黄金世纪；
因为你活着，就一直是黑铁世纪。

这家伙不再关心酒了，因为他已对血饥渴难耐；
他如此贪婪地喝了血，就像从前喝酒一样。

2 罗马人啊，快瞧瞧苏拉，幸福[②]的是他自己而非你，
如果你愿意的话，再瞧瞧马略，不过是在他重返罗马[③]之后，
也别不管安东尼那双挑起内战
不止一次沾染血迹的手。
然后快说：罗马毁灭了！无论谁只要从流放中归来，
他踏上王权后就用大量鲜血行其统治。

① 关于萨图尔努斯神，请参见《被奉为神的奥古斯都》，XXIX，5 及注脚。

② 原文 felix，意思是“幸运的”“幸福的”“胜利的”，这个词同时也是苏拉的尾名。

③ 马略在与苏拉的内战中曾一度被苏拉驱逐，但随后又和执政官科尔涅利乌斯·秦纳（Cornelius Cinna）一起重新占领了罗马城。他们入城之后对苏拉一派进行了血腥清洗。

起初，他希望这些诗歌应该是对其改革感到不满的那些人所做的，借此表达的是他们内心的愤怒和不满而不是真实想法，他曾一遍遍地说道：“让他们恨我吧，只要敬畏我就行。”到了后来，他本人让大家相信了，上述诗行是十足准确的事实。

LX.1 在他抵达卡普列耶之后没几天，一个渔民悄悄出现在他面前并献上了一条大得出奇的红鲻鱼，由于此人是从岛屿背部爬过崎岖而鲜有人迹的地带来到他跟前的，受到惊吓的他便下令用那条鱼蹭对方的脸，那人则一边受着惩罚一边为自己献上的不是抓到的那只大龙虾而感到庆幸，他就下令拿龙虾划他的脸。一名近卫军士兵由于从园圃中偷了一只孔雀就被他处以死刑。在一次出行中，他因乘坐的肩舆被荆棘丛挡住了，就把探路人（第一大队的一位百人队队长[①]）伸展着固定在地上，并将其几乎鞭打至死。

LXI.1 他很快就深陷种种的残忍之中，且从不放过任何机会。他迫害的首先是母亲的好友甚至熟人，接着是孙辈和养儿媳的，最后则是塞雅努斯的。待此人［塞雅努斯］死后，他表现得比以往都要残暴。由此清楚地表明了，与其说他本人的往常举动是受到塞雅努斯的鼓动，还不如说是塞雅努斯为满足他的愿望而创造了条件。虽然他在其简单、短小的自传里曾给出了这么一则说法，据此他大胆地写道，自己惩处塞雅努斯是因为他曾发现对方冲自己养子日耳曼尼库斯的孩子发火，可事实上是他本人处死了他们：其中一个是在塞雅努斯遭怀疑之后，另一个则是在塞雅努斯最终垮台之后。**2** 分别记述他残暴的行径会是件冗长之事，只需列举几类体现凶狠的例子就足够了。他没有一天不处决人，即便在举办祭祀仪式的日子和宗教节日，甚至在新年来临之际都会处决一些人；许多人连同孩

① 关于该军职，请参见本卷 XXXVII，3 及注脚。

子一起遭到了起诉并被判刑，甚至还有人就是被自己的孩子起诉而判刑的；亲人不得为被判死刑之人进行哀悼；对于控告［他人］者会授予特别奖励，有时这种奖励还会颁给证人；告密者的每句话都被当作事实。**3** 每一项罪名都会被处死刑，连说几句简单的话都会落得这般地步。一位诗人因在悲剧中讽刺了阿伽门农就遭到了起诉；一位历史学家因把布鲁图和卡西乌斯说成是最后的罗马人就遭到了起诉。作者即刻就被处死，作品遭到了毁灭，即便数年前在奥古斯都面前公开诵读这些都是允许的。**4** 一些关入狱中的人非但被剥夺了通过学习求得慰藉［的权利］，而且还不得进行讨论和会谈。因卷入官司而被传唤之人觉得自己难逃有罪判决，为避免招惹烦恼或丢人现眼，他们有的在家里割断自己的动脉，有的在元老院议事堂吞下毒药，虽然如此，可待受伤者经过包扎之后，在他们尚且半死不活、颤颤巍巍之际仍被迅速投入了监狱。领受刑罚之人没有哪个不是被抛下杰莫尼亚阶梯后再用铁钩拖拽到提比略处，如此抛下、拖拽，一天有二十人之多，其中还有女子和孩童。**5** 因为根据传统规矩，绞死处女是不合天理的，于是未被玷污过的女孩就先遭刽子手侵犯，随后再被绞死。希求一死之人被逼迫着活下去。因为，他认为处死是那么轻的刑罚，以至于当他听到被告当中一个名叫卡尔努卢斯的人已抢先一步死掉之时，便大呼道："卡尔努卢斯从我这儿逃脱了。"还有，在他巡视狱中犯人之际，有一个人恳求早点受死，他答复说："不行，我跟你不曾有过交情。"**6** 一位与执政官等衔者在自己的编年史里记载道，一次在一场有［作者］本人出席的盛大宴会上，某个在桌旁与弄臣站一块儿的侏儒突然大声问他［提比略］，为什么被控犯有叛国罪的帕科尼乌斯还活着，［他还记载道，提比略］即刻就责骂［那个侏儒］出言不逊，不过没过几天［提比略］还是致信元老院，要尽可能快地对处死帕科尼乌斯做出裁决。

LXII.1 在得知自己的儿子德鲁苏斯的死讯并因此被激怒之后，

他行事愈加地凶残起来。他一度觉得［德鲁苏斯］是因为疾病和放纵无度才去世的，最后他了解到［德鲁苏斯］是在妻子李维拉和塞雅努斯的阴谋设计下才中毒而亡的，在那种情况下，他没放过任何一人而不让谁免受折磨或刑罚之苦，并一连数日都全神贯注地投身在此事的调查上到了这般［走火入魔的］程度，以至于当消息传到说，他以亲密信件唤来罗马的罗得岛客人已抵达他那里之后，他下令立刻对其施以拷打，就好像来者是一个重要知情人一样，在发觉弄错之后，为了不让冤情败露出去，那人随后还是被处死了。**2** 在卡普列耶，现在仍可看到他处决人的那处地点，他曾命令从那里把那些经过长时间拷打的被判有罪之人当着他的面头朝下丢进大海，与此同时舰队等在下面，用橹和桨击打尸体，以防有谁还尚存气息。另外，在诸种拷打方式中他还发明了这样一种：先用甜言蜜语给人灌入大量的酒，再突然把阳具扎紧，以绳扎和无法排尿来折磨人。**3** 若非死亡阻止了他，以及若非如大家说的，［占星家］特拉西卢斯故意让他怀有还能活很久的希望而令他推迟执行一些行径的话，据信，他一定会处死更多的人，甚至连［他自己］尚活于世的其他孙辈都不会被饶恕，因为他怀疑过［养孙］盖乌斯，还视提比略①为通奸所生而对其心怀憎恨。下列之事也并非不属实：他一遍遍地把普里阿摩斯②唤作幸福之人，因为他曾沽得比自己家所有人都长。

LXIII.1 有诸多证据表明他非但那么遭人嫉恨、惹人憎恶，而且还活在极度忧惧之中，甚至还遭到了侮辱。他禁止人们在没有证人的情况下偷偷去找占卜师问卜。事实上，他甚至试图把神谕宣誓所从罗马城附近移除，不过却在对普莱奈斯特神谕神力的惧怕下未

① 关于此处提到的孙辈盖乌斯和提比略，请参见本卷 LIV，1。

② 荷马史诗《伊利亚特》中的人物，为特洛伊末代国王，他与妻子赫库巴（Hecuba）生下的所有孩子除了赫勒诺斯（Helenus）之外全部在他之前死于特洛伊战争。

能付诸实施，因为虽然他将神谕封印在匣子里并带到了罗马，可在送回神庙之前在那只匣子里面并未找到它们。**2** 他曾把行省指派给一两位与执政官等衔之人，但却不敢让他们离开自己，一直扣留到数年之后指派他人接替为止。其间他们不曾走开一步，他则保留了他们的官职头衔，还不断委派了许多事务，并交由他们的将领和代理人去费心打理。

LXIV.1 在流放养儿媳和孙辈之后，除了给他们绑上锁链，让他们乘坐缝得严严实实的肩舆，同时再派一队士兵以阻止路人发现他们或在什么地方阻挡车舆之外，他从不将他们迁至别处。

LXV.1 意识到塞雅努斯正谋划着掀起革命之后，虽然提比略看到已在为自己公开举办生日庆典，以及随处都在为自己树立金色塑像，可几乎是到了最后关头他才动用狡诈与诡计而非凭借元首的权威将对方整垮。因为，为了把他和他自己的随行人员分开，［提比略］一开始就以荣耀为幌子推选对方作为自己第五次出任执政官时的同僚，虽然［提比略］自己已有很长一段时间置身他处了，可为了这一目的他仍亲自担当起了职务。[①] 接着，［提比略］再以有望获得联姻和保民官的权力欺骗他，并趁其放松警惕之际通过一篇卑鄙可耻的演说辞对他发起了控告，其中除去别的内容之外，他还恳求元老们能从［两位接任］执政官当中派出一位，带着武装护卫人员将年老而又孤单的他送入他们的庇护下。**2** 然后，出于猜疑和害怕出现一场暴乱，他也曾下令，若情况需要就释放当时仍关押在罗马监狱的养孙德鲁苏斯，再任命他出任将领。他甚至考虑能逃亡到随便哪支军团那里，连船都准备妥当了；他一次次地从高到不能再高的悬崖上观察远方［是否］发出信号，因他曾吩咐过，在有事发生

① 关于提比略以元首身份第三次出任执政官时并未身处罗马，请参见本卷 XXVI，2 及注脚。

的情况下就在远处发出信号，以防报信者行动迟缓。可是，待塞雅努斯的阴谋被挫败之后，他都未增加丝毫的安全感或安定心，而是在接下去一连九个月里都未离开过那座被唤为约尼斯[①]的庄园。

LXVI.1 各地的诸多刺耳之声炙烧着他焦虑的心灵，因为每一个被判有罪之人不是当着他面就是通过在［剧场］主宾席贴上诽谤的招贴向他掷去了各种各样的咒骂。他对待上述咒骂的反应着实差异极大：有时是出于羞耻心而希望对一切骂声不闻不问并加以掩盖，有时对同样的骂声则示以鄙视并主动提及甚至还将其公之于众。另外，帕提亚人之王阿塔巴努斯曾在信里对他进行了抨击，指责他弑亲、滥杀、慵懒、奢靡，还告诫他应主动自尽以尽快让怀有巨恨——再正当不过的巨大恨意——的公民感到满足。

LXVII.1 到了最后，连他都对自己感到了厌恶，并在如下一封信的开头处差不多坦言了自己的极度不幸，信的内容是："元老们，我要给你们写什么，或该按什么方式写，或有什么是现在完全不该写的，要是我知道的话，就愿众男神、众女神用比我每天感受到的苦厄更为痛苦的方式把我毁灭掉。" **2** 一些人认为，凭借对未来之事［进行问卜］的技艺他曾预知到上述的境况，而且很久之前就曾预见有朝一日等待自己的会是多大的不满和恶名，因此在成为元首之时，他极其坚决地推辞了国父之称并拒不让元老院为支持自己的行为宣誓，以免很快就会被人发现自己配不上此等荣耀，从而招致更大的耻辱。**3** 事实上，从他的与这两件事有关的演说里也可以得出上述结论。比如他说，只要自己心智健全，就会始终如一且永不改变自己的秉性，不过出于会被当成先例之故，元老院不应盲目遵从任何人的行为，因为那人可能因某种事由而发生变化。再者，**4** 他说：

---

① 原文 Ionis，也许是"朱庇特的"（Iovis）和"朱诺的"（Iunonis）这两个词的合写形式。

“如果你们一旦对我的秉性和我对你们衷心的奉献存有疑问——我希望在你们改变对我的看法之前大限之日就已降临于我了——国父之称就不会为我增加丝毫的荣耀，反倒会出于你们为我颁授上述尾名的鲁莽之举，或者你们对我做出前后矛盾的裁断，而给你们带去非议。”

LXVIII.1 他身材高大而又强壮，身高比一般人更高；他肩膀和胸膛宽阔，身体从头到脚都长得比例匀称。他左手更为灵敏和有力，骨节如此强健，以至于一根手指就能击穿一颗新鲜完好的苹果，轻弹一下就会弄伤男孩甚至青年人的脑袋。**2** 他肤色白皙，头发颇长并披在脑后，还遮住了颈部，这看起来是其家族的特点。他面容俊美，虽然如此，但也会突然之间就长出密密麻麻的粉刺。他眼睛很大，甚至令人吃惊的是在晚上都能看见黑暗中的东西，不过那只是在从睡眠醒来之后开始的一小会儿，接着就又恢复迟钝了。**3** 他行走时脖子僵硬而微倾，脸色通常都是凝重的，且大部分时候都静默不语，不吐一言——或只在极其偶然的场合才与身旁的人交谈，谈话时也极其慢条斯理，并辅以手指打出的弯曲动作。奥古斯都注意到了这种种不招人喜欢，甚至是充满傲慢的行为，时常在元老院和人民当中宣称这是其天性的缺陷而非内心的邪恶，并以此试图为他求得原谅。**4** 他安享再健康不过的身体，且在执掌元首大权期间也确实几乎完全没有得过病，即便自二十九岁起他便全凭自己的主意而非医生的帮助或忠告来维护健康。

LXIX.1 他对诸神和宗教祭祀颇不在意，却醉心于占星学，还完全相信万事皆受制于命运，虽然如此，可他总是万分惧怕雷鸣，无论何时只要天气变得阴沉起来，他就在头上戴上桂冠，因为据说这种树叶招惹不到闪电的袭击。

LXX.1 他极用心地研究了两种语言的博雅之艺。在拉丁语演说术方面他遵从的是在年轻时就曾耳闻目染的当时已上了年纪的科尔沃斯·梅萨拉[①]。可是，过多的情感流露和无病呻吟令他的文笔矫揉造作到了这般地步，以至于他即兴发表演讲的时候要比经过准备的更为出色。**2** 他还创作过以《哀悼卢西乌斯·恺撒之死》为题的挽歌。他对优弗里昂、里亚努斯以及帕特尼乌斯进行模仿并写作希腊语诗歌，上述每位诗人的作品他都非常喜爱，他还把他们的塑像放到了公共图书馆，和古时那些出类拔萃的作家列在一起。正因此，许多博学之人争相向他献上了多篇关于上述诗人作品的评论。**3** 虽然如此，可他尤为上心的却是神话方面的知识，而且都到了痴迷可笑的地步了。因为他常用诸如此类的问题考验语法学家，而正如鄙人说过的，他对这类人特别地欣赏，这些问题有："谁是赫库巴[②]的母亲？""混在少女当中的阿喀琉斯[③]曾用的是什么名？""塞壬习惯唱什么歌？"还有，奥古斯都去世之后，在他第一天步入元老院议事堂时就立马担负起了宗教的和子女的责任，并以当初米诺斯[④]在儿子去世时做的为榜样用乳香和酒（但却未用到吹笛手）举行了宗教仪式。

LXXI.1 他虽然随时都能轻而易举地说出希腊语，可却并非在任何场合都会使用，尤其在元老院中［当遇到希腊语时］他会显得如此谨慎，以至于在准备说出"专卖权"[⑤]一词之前他会先请求原谅，因为他不得不用到一个外来词。还有一次，在某一项元老院法令中

---

① 关于这位梅萨拉，请参见《被奉为神的奥古斯都》，LVIII，2 及 LXXIV，1。

② 指荷马史诗《伊利亚特》中的人物，为特洛伊国王普里阿摩斯之妻。关于此人，请参见本卷 LXII，3 之注脚。

③ 指荷马史诗《伊利亚特》中的人物，为希腊联军一方的英雄。荷马之后的诗人，如公元一世纪中叶的罗马诗人斯塔奇乌斯（Statius），曾写到过，阿喀琉斯在奔赴特洛伊战争之前曾假扮少女隐藏在斯基罗斯（Skyros）王吕克蒙德斯（Lycomedes）的宫廷里。

④ 古希腊传说中的克里特国王，乃宙斯和欧罗巴之子。

⑤ 拉丁语 monopolium，该词乃希腊语 μόνος（独一）和 πωλέω（卖）的合成。

要写入 ἔμβλημα[①] 一词，他下令在我们的语言里找出一个词来替换外来词，若找不到这个词，就用多个词甚至迂回累赘的说法来表述这个事物。也有一次，当一名士兵受到希腊语质询需要作证时，他要求对方除非用拉丁语否则就不作答。

LXXII.1 他在引退的整个一段时光里只有两次试图返回罗马：一次是在台伯河岸上一路布置了守卫以阻隔途中前来见面的人群之后，乘一艘三桡船一直来到了人工湖[②]附近的花园；再有一次是一直抵达了阿皮亚大道第七里程碑的地方。不过他［两次都］未到达罗马而只是远远地眺望城墙就返回了，第一次是出于某种不为所知的原因，后来那次是出于对一个征兆感到了恐惧。**2** 在他的宠物当中有一条大蛇，当他准备按习惯亲手喂养它的时候却发现它已被蚂蚁啃食掉了，他由此受到告诫，要注意多数人的力量。于是，他匆匆返回坎帕尼亚，并在阿斯杜拉染上了疾病，恢复一些之后他又继续前行到了齐尔切伊[③]。为了不让大家对其虚弱的身体产生猜疑，他不但参与了营地内的庆典赛会，还从高处向被放进竞技场的野猪投去了标枪。很快，他就感到腹侧疼痛，又由于在发烧的那会儿吹到了风，他的病情变得更加严重起来。**3** 然而他仍支撑了好一段时间，虽然他继续行进到了米塞努[④]，［其间］也并未忽略每天的既定安排，甚至一方面出于自己的放纵另一方面出于掩饰自己的病情，连宴会或其他的娱乐活动都没放弃掉。事实上，当医生卡里克勒斯正准备离开宴席告退之际，他握着［提比略］的手想要亲吻，［提比略］觉得他在为自己诊脉，便劝其回到餐桌上再待一会儿。［提比略］继续

① 希腊语的意思是“镶嵌在器皿上的金属饰物”。

② 关于那座人工湖，请参见《被奉为神的尤利乌斯》，XXXIX，4。——洛布版注

③ 关于这处地方，请参见《被奉为神的奥古斯都》，XVI，4 及注脚。

④ 关于这处地方，请参见《被奉为神的奥古斯都》，XLIX，1 及注脚。

将宴席进行了下去，即使在宴会结束时他也未舍弃这样的习惯：由一名扈从陪着站在餐室中间叫出赴宴宾客的名字，并与他们一一话别。

LXXIII.1 就在那期间，他在元老院的议事录上读到一些被告（他之前只草草写下了这些是被告密者提到名字的人）在未经审理的情况下就被释放了，当时他怒吼道，自己遭到了蔑视，并下定决心无论用什么方式都要返回卡普列耶，因为除非是在那处安全之地否则他不敢放手大胆一搏。可是，风暴和愈益加重的疾病使他不久之后在卢库拉纳庄园辞世而去。那一年是他生命中的第七十八年，掌权的第二十三年，逝世之日是在格涅乌斯・阿切罗尼乌斯・普罗库卢斯和盖乌斯・庞奇乌斯・尼格里努斯出任执政官的那一年[①]的三月十六日。**2** 一些人相信，盖乌斯［・卡里古拉］曾给他下过慢性毒药；另一些人相信，从发烧当中渐渐康复的时候他想要进食却未得食物；也有一些人相信，从一次晕厥中很快苏醒之后他要求拿回被取走的戒指，在那种情况下他被人用枕头给闷死了。塞涅卡[②]写道，在意识到自己大限将至之后，他摘下了戒指，像是准备将它交给其他人，却又攥了一小段时间，随后他把它戴回指头上，并紧握住左手静静地躺了许久，［接着又］突然间呼唤起侍从，见无人应答，他便起了身，却在离床榻不远的地方失去气力，倒地而亡了。

LXXIV.1 在他最后一次生日那天，他在睡梦中目睹从锡拉库萨运来并被摆在新神庙[③]图书馆里的特美诺斯的阿波罗神（一尊无比巨大、无比精美的神像）在向他［提比略］宣布道，自己［阿波罗

---

① 根据执政官列表，那一年是公元 37 年。

② 卢西乌斯・阿奈乌斯・塞涅卡（Lucius Annaeus Seneca），公元一世纪时罗马著名的斯多葛派哲学家、政治家，皇帝尼禄的导师。他自提比略当政时开始步入政坛，直至尼禄当政时因卷入政治阴谋而被赐死。

③ 即奥古斯都神庙。

神］不会由他［提比略］奉献。就在临终前没多少天，卡普列耶的灯塔因地震而倾塌。在米塞努，送入餐厅用来取暖的余火和燃煤的灰烬在熄灭许久且已变凉之后到了晚间早些时候突然燃烧了起来，火焰一直不停地烧到了深夜。

LXXV.1 人民对他的死感到如此高兴，以至于刚一获悉死讯一些人就一边到处奔跑一边呼喊道："送提比略进台伯河！"[①] 一些人恳求大地之母和冥界众神，除了在那些不虔诚者中间以外不得让那个死人［在冥界的其他地方］安置居处。另一些被其旧时的残暴和新近的暴戾惹怒的人威胁要用钩子把尸体拖下杰莫尼亚阶梯。**2** 元老院颁布法令规定道，对被判死刑之人的行刑一律推迟到第十天，而当时某些人的行刑之日恰巧就是和提比略相关的消息传来的那一天。这些人恳求延期行刑，［但］因为盖乌斯［·卡里古拉］那时尚未在场而没有人能够接受诉求，看守们害怕做出什么有违律法的事来，便将他们绞死后抛下了杰莫尼亚阶梯。**3** 因此，就像是在这位暴君死后其残暴仍将持续一样，［对这位暴君的］憎恨变得更深了。当他的遗体开始从米塞努运出的时候，许多人吵嚷道，这具遗体更应该被运去阿特拉[②]，并在圆形大剧场内进行半焚化[③]。而他的遗体则被士兵运到了罗马，并在公共葬礼上进行了火化。

LXXVI.1 两年之前他就立下了一式两份的遗嘱，其中一份由他亲手所写，另一份出自一位被释奴之手，然而内容却是一模一样的，并由身份再卑微不过的人用印记加以封印。在这份遗嘱里他将遗产

① 原文 Tiberium in Tiberim，其中提比略一词的宾格 Tiberium 与台伯河一词的宾格 Tiberim 相近。

② 因为阿特拉乃大众滑稽戏的故乡，而在圆形竞技场内将尸体焚化到一半原本可能是滑稽戏里的荒诞场景。——罗伯特·格拉夫译本注

③ 原文 semiustilo，指把尸体只焚化到半焦的状态，这显然是一种有辱死者的行为。

平均分给了［两位］孙辈：日耳曼尼库斯之子盖乌斯［·卡里古拉］和德鲁苏斯之子提比略，若有一人去世则另一位就成为惟一继承人。他还给了许多人遗赠，其中有维斯塔贞女，还有全体士兵和每一位罗马平民，甚至还单独给街区的官员留下了遗赠。

盖乌斯·卡里古拉

I.1 盖乌斯·恺撒的父亲日耳曼尼库斯乃德鲁苏斯和小安东尼娅之子，在被其伯父提比略过继之后，离法定年龄还差五年就当上了财务官，等上述官职卸任之后又立刻当上了执政官。当奥古斯都驾崩的消息传来之后，他被派往日耳曼尼亚的部队那里，所有军团都以再坚决不过的态度拒不接受提比略而把国家的大权授给了他，当时不清楚是忠心还是尊敬发挥了更大的作用，他制止了他们，并很快因克敌于外而举行了凯旋式。**2** 随后，他再次被选为执政官，却在履职之前出征东方去平定那里的局势，他战胜了亚美尼亚王，将卡帕多西亚降为了行省，然后因久病不愈在安条克城辞世而去，那一年是他生命的第三十四年。并非没有人怀疑他是遭毒害致死的，因为其尸体全身都是暗蓝色的斑点，嘴里流出了泡沫，火化之后发现心脏在骨骼当中未被焚毁，而据信，沾过毒之后火就无法将之烧掉，这是心脏的自然属性。

II.1 大家［普遍］相信的是，他死于提比略的阴谋设计，［这一计划］是经同时代的叙利亚总督格涅乌斯·皮索[①] 的协助实施的。

① 指《提比略》LII，3 提到的那位叙利亚总督。——洛布版注

此人有一结论，养父或养子两个人自己看起来怎么都要得罪一个，他就用再严厉不过的言辞和再激烈不过的行动对待日耳曼尼库斯，即便对方生病后都不曾停止过。出于上述缘由，待返回罗马之后，差一点就被人民撕成碎片的［皮索］被元老院判处了死刑。

III.1 大家都认同的是，日耳曼尼库斯拥有身体和灵魂的一切美德，且无人能与之媲美：他外表出众、勇气过人，在［拉丁语和希腊语］两种门类的口才和学识方面都具备优异天赋，他极为仁慈，并对博得他人的敬意与激发他人的爱戴具有强烈的愿望和显著的能力。他的双腿与其他部位相比显得极为孱弱，不过他通过坚持餐后骑马从而让身体的比例渐渐恢复了协调。**2** 他常常与敌人展开近距离厮杀并将对方杀死。即使在举行过凯旋式之后他仍会到庭参加辩护。除去其他一些学问方面的成就之外，他还留下了希腊语的喜剧作品。无论在内在外他都表现得彬彬有礼，在进入有自治权的和结盟的城市时他往往不带扈从。无论在哪儿，只要认出是名人的坟墓，他都会为亡灵献上祭品。他打算将瓦鲁斯战败时散落的阵亡将士的古老遗骸葬在一座坟墓里，还成了第一个力图亲手搜集遗骸的人。**3** 即便对贬损他的人，无论他们是谁、无论出自何种缘故，他都以如此平淡、如此宽仁的态度对待他们，以至于当皮索取消他颁布的法令并迫害其附庸之时，他都未下定决心对其动怒，直至发现自己遭受了毒药和巫术的攻击为止。即便到了那个时候，他也只按祖辈们的做法宣布和对方断绝友谊，并吩咐家庭成员一旦自己遇到不测就替自己复仇，此外未再逾越一步。

IV.1 他收获到如此丰富的美德的果实，并受到自家人这般的认同和喜爱，以至于奥古斯都（我不提其他亲人吧）在很长一段时间都犹豫着是否要选定他作为自己的继承人，后来还让提比略收养了他。他那么受到百姓的欢迎，以至于许多人都称，每当他去哪里或从哪里离开，他都会因前来见面或送别的大量人群而时常产生性命之忧，事实上，在他平定了战乱从日耳曼尼亚归来之后，虽已有命令传来，只能有两支近卫军大队离开，可全体近卫军大队仍都前去迎接他，此外罗马人民——无论性别、年龄、等级——全都一涌而出，来到离城第二十里程碑的地方。

V.1 虽然如此，可在他临死时以及死后亦曾出现过远为显著、远为激烈的事件以彰显大家对他的态度。就在他逝世的那一天，神庙遭人投石，众神的祭坛被掀翻，护家神被一些人摔到了外面，新生下的孩子遭到了抛弃①。人们还说，即便那些相互混战或者同我们打仗的蛮族，也像是族内经历了一场悲剧一样一致同意停战；某些酋长剪掉自己的胡子，剃掉妻子的头发，以示万分的哀痛；甚至诸王之王②都停止了与贵族们的狩猎和宴会，而这在帕提亚人中是国丧的标志。

VI.1 在罗马当关于他身体不佳的消息首次流传开来之时，陷入悲伤和惊恐的市民们等待着进一步的消息，夜幕降临之后突然不知从哪里传来消息说他已经痊愈了，这则消息最后越传越广，大家举着火把、带着牺牲从四面八方涌到了朱庇特神庙，差点儿就挤倒了神庙的大门，没有任何东西能阻挡大家还愿的热情。提比略都从睡梦里被欢呼声和来自各处的齐声歌唱吵醒了［，大家唱的是］：

罗马安康，祖国安康，日耳曼尼库斯安康。

2 到了最后，他已死的事实为人所知，无论借助哪种安慰还是通过法令都无法阻挡公众的哀痛之情，甚至在整个十二月的节日期间③

---

① 因为他们出生在这个不幸的日子里。——商务印书馆译本注

② 诸王之王（regum rex），或万王之王，乃波斯或帕提亚统治者的名号。

③ 指农神节。——洛布版注

这种哀痛都不曾中断过。而紧随其后的时代的恐怖又增加了他死后的荣耀和怀念之情，所有人在经过深思熟虑之后都认为，正是出于对他的敬畏和顾忌才使提比略后来爆发出来的残暴秉性［暂时］得到了收敛。

VII.1 他娶的是马可·阿格里帕和尤利娅的女儿阿格里皮娜[①]，并和她生下了九个孩子：其中的两个在婴儿时就夭折了，一个长到孩童时［也去世了］——那是个俊俏的男孩，李维娅按丘比特的装扮在卡庇托山的维纳斯神庙里奉献了一尊他的塑像，奥古斯都为了能亲吻他在自己的寝宫也放了另一尊。其余的六个孩子都活得比父亲长，［其中］三个女孩是阿格里皮娜、德鲁西拉、李维拉，她们是在三年里挨个出生的；还有同样数量的［三个］男孩是尼禄、德鲁苏斯、盖乌斯·恺撒。元老院曾在提比略的指控下将尼禄和德鲁苏斯判定为公敌。[②]

VIII.1 盖乌斯·恺撒生于八月三十一日，是在自己的父亲和盖乌斯·芳特尤乌斯·卡庇托出任执政官的那一年[③]。关于他出生在哪里，因众说纷纭而不甚清晰。格涅乌斯·莱图卢斯·杰图利库斯[④]写道，他出生于提布尔；普林尼·塞库杜斯[⑤]则写道，他生于［高卢］特维里人领地中汇川城[⑥]上方的安比塔维乌姆镇，作

---

① 即奥古斯都的外孙女，关于她嫁给日耳曼尼库斯一事，请参见《被奉为神的奥古斯都》，LXIV，1;《提比略》，LIII，1。

② 关于此事，请参见《提比略》，LIV。——洛布版注

③ 根据执政官列表，那一年是公元 12 年。

④ 乃公元 26 年的执政官，随后赴上日耳曼尼亚出任军团将领，最终因卷入针对卡里古拉的阴谋而遭处决。他本人曾创作过诗歌及其他一些作品。

⑤ 盖乌斯·普林尼·塞库杜斯（Gaius Plinius Secundus），即通常说的老普林尼。公元一世纪中叶著名的博物家、作家。留有百科全书式的巨著《自然史》（*Naturalis Historia*）传世。

⑥ 原文 Confluentes，指的是“河流汇集”，乃两条河流莱茵河和摩泽尔河（Moselle）汇集的地方。今德国的科布伦茨（Koblenz）。

为证据，他还补充道，那个地方存有刻着铭文“OB AGRIPPINAE PVERPERIVM”[①]的祭坛。他执掌大权之后很快流传开的一些诗句则表明，他降生在军团过冬的营地[②]里：

他生在营地，接受祖国武装的养育，

这已然是命中注定成为元首的征兆。

2 我在国家邸报上找到的是，他生于安提乌姆。普林尼对杰图利库斯［的说法］进行了驳斥，说对方为献媚而编造了谎言，以便通过献给赫拉克勒斯的这座圣城[③]在这位年轻兼爱慕虚荣的元首的名望上再增加点别的什么，并且他撒谎还有十足的底气，因为差不多在那之前一年日耳曼尼库斯确有一个儿子降生在提布尔，而且也叫盖乌斯·恺撒，关于其惹人喜爱的童真以及过早的夭折，鄙人已在上文讲述过了[④]。**3** 普林尼弄错了时间先后。因为那些记下奥古斯都的事迹的人一致认同的是，日耳曼尼库斯直至执政官任期届满之后才被派往高卢，而那时盖乌斯已经降生了。祭坛铭文也丝毫无助于为普林尼的观点增加分量，因为阿格里皮娜在那个地方［高卢］两次生下的都是女儿，而出生之人不论性别是否有异都叫 puerperium，因为古时 puella［女孩］也叫 puera，正如 puer［男孩］也叫作 puellus 一样。[⑤] **4** 现

---

① 意思是“因阿格里皮娜产子［而作］”。

② 原文直译为“在过冬的军团当中”。

③ 显然指上文提到的提布尔。在古罗马时代提布尔是意大利地区祭拜赫拉克勒斯的著名地点，胜利者赫拉克勒斯（Hercules Victor）也是当地的主神。

④ 关于此事，请参见本卷 VII，1。

⑤ 男孩拉丁语的通常说法是 puer，女孩则是 puella，这两个词词干不一致，而 puer 和 puerperium 词干一致，有人会误会 puerperium 一词只表示生男孩。所以才有此处一说：古时女孩也叫 puera，而 puer、puera、puerperium 三个词词干一致。

在还存有一封奥古斯都写给外孙女阿格里皮娜的信，那封信写于他死前的几个月，内容和这位盖乌斯有关，因为当时没有任何别的活着的婴孩叫这个名："昨天我已与塔拉里乌斯和阿西利乌斯决定好了，若众神愿意，就让他们在五月十八日那天将你的孩子盖乌斯带过去。除此之外，我还从自己的奴隶中派出一位医生随行，而我已给日耳曼尼库斯写过信了，如果他想要就可以把这位医生留下。再见，我的阿格里皮娜，记得要安然无恙地来到你的日耳曼尼库斯那里。"**5** 我认为，盖乌斯不可能降生在直到他接近两岁的时候才被从罗马城带去的那个地方，这是十分清楚的事。这封信也让人们对上述诗行产生更大的怀疑，因为它们没有作者。因此，大家应该接受国家记录中惟一现存的证据，尤其鉴于盖乌斯就如对待出生地那般喜爱安提乌姆——与其他任何地点相比他始终更愿意把它作为引退之地，据称他在对罗马城感到厌倦时甚至都曾考虑把居所和最高权力的所在地迁到那里去。

IX.1 因为他是在士兵当中穿着军服被抚养大的，所以他便从军营里得到了"卡里古拉"这个尾名①。除此之外，由于这么一段在军中养育的经历，他从士兵那里得到了那么多的爱戴和衷心，此事特别出于下列缘故而被信以为真：[士兵们] 在奥古斯都辞世之后正准备掀起暴乱，当他们一意孤行地要干出疯狂之举时，单凭他一人露脸就毫无疑问地将他们安抚了下来。因为，直至看到他之所以被转移托付给毗邻的城市是出于 [他们掀起的] 暴动会造成危险之后他们方才平静下来。当时他们终于幡然悔悟了，他们拉住了他的马车不让走，哀求着能原谅他们做出的丢人现眼之举。

X.1 他还陪同父亲一起远征了叙利亚。待从那里返回之后，他

① 即"小靴子"（虽然实际上是单数）。caliga，或半长筒靴，通常由士兵所穿。——洛布版注

先是和母亲生活在一起，在她遭到流放之后又和自己的曾祖母李维娅·奥古斯塔生活在一起，后者过世后，那时仍身穿紫边托袈袍的［年幼的］他曾在宣讲坛前对她致颂词，他随后交由祖母安东尼娅［抚养］。在十八岁时他被提比略召到了卡普列耶，并在同一天里既穿上了托袈袍又第一次刮了胡子，但与他哥哥到［成年］服役年龄时举行的庆祝相比，少去了一切场面盛大的成分。**2** 尽管在那里大家试图使尽一切手段来诱骗他，逼迫他［与提比略］发生争执，他却没给他们任何得逞的机会。同样他还对自家人遭遇的灾祸漠不关心，就好像不曾有什么事发生在哪个人身上一样，而对自己遭受的这些灾祸，他也以令人称奇的冷漠态度置之不理，同时对继祖父［提比略］和他身边的人却百依百顺，以至于大家不无理由地说道，与他相比没有更好的奴隶和更差的主人了。

XI.1 虽然如此，那时他却无法控制住残暴和恶毒的天性，他极其渴望亲睹对那些受刑者施加惩处和刑罚，夜晚他借着假发与长衣的遮掩流连于小饭馆和妓院之间，他以再狂热不过的热情投身于又唱又跳的舞台之艺，而提比略着实纵容了这些事情，以期借此可以驯服他凶残的天性。这个再精明不过的老人对其天性深有远见，以至于曾数次声称盖乌斯活着就会给自己和所有人带来毁灭，而他为罗马人民养了一条毒蛇，为整个世界培养了一个法厄同①。

XII.1 不久之后，他迎娶了再高贵不过之人马可·希拉努斯的女儿尤尼娅·克劳狄拉。随后，鉴于其尽职尽责、表现出众，他接替自己的哥哥德鲁苏斯被任命为占卜官，而在担任上述职位之前，他就已被提拔上大祭司之位，因为当塞雅努斯被怀疑为公敌并很快

① 希腊神话中的神祇，乃太阳神赫利俄斯（Helios）之子。曾不顾反对驾驭父亲的太阳车，但却因紧张和恐惧让马和车完全失去了控制，最后被宙斯以一道闪电劈死而跌落进了埃利达努斯河（Eridanos）。

倒台之后，宫廷遭受孤立而丧失了已有的支持，所以他渐渐变得更有希望继承［大统］。**2** 为了让上述希望变得愈加稳固，待尤尼娅死于生产之后，他诱奸了当时掌管着近卫军大队的马克罗的妻子埃尼娅·奈维娅，还许下诺言说，假如自己真的取得了大权，就把她娶过来，甚至通过宣誓并立下字据来对上述事宜做出担保。在凭借着她渐渐讨得了马克罗的欢心之后，正如某些人猜测的那样，他毒杀了提比略，且不等后者气息断绝就下令取下他的戒指，接着由于他怀疑［提比略］拒不摘戒便命人用枕头蒙住了他，或者甚至由他亲手扼住脖子［将其掐死］，① 而那位因这番残忍暴行而呼喊出声的被释奴则被立刻送上了十字架。**3** 此事并非无稽之谈，因为有一些作者写道，他本人后来曾坦言，弑亲之事他即便未有实施过，却也的确曾经动过念头，因为在提及自己的孝敬时他不断吹嘘说，为报杀父杀母之仇，他曾趁对方入睡之际携匕首闯入提比略的寝宫，却被怜悯折服而丢下武器并退了出来，虽然他［提比略］知道这桩事情，却既不敢调查，也不敢追究。

XIII.1 在如此这般取得了最高权力之后，罗马人民或要我说人类一族的最高心愿得以实现，因为绝大多数的行省居民和士兵都极其渴望由他出任元首，而且许多人在他还是婴儿时就知道他了，此外全体罗马城的平民都出于对其父日耳曼尼库斯的记忆以及对该家族近乎灭族的同情［也极其渴望由他出任元首］。于是，当他离开米塞努时，尽管既穿着丧服又护送着提比略的遗体，② 可大家仍一路设置了祭坛，摆出牺牲，举着燃烧的火把，除了一些吉利的名称之外还管他叫他们的“星”“鸡仔”“小囡”和“粉嫩仔”。

XIV.1 进入罗马城之后，在元老院和闯入元老院议事堂的群众

---

① 关于此事，请参见《提比略》，LXXIII，2。

② 关于提比略死后遗体被运出米塞努，请参见《提比略》，LXXV，3。

的一致赞同下，他被立刻授予对一切事务的独揽裁断之权，而不顾提比略的遗嘱——根据该遗嘱，提比略让另一位当时仍穿紫边托袈袍的［年幼的］孙子[①]和他一起成为继承人。[②]公众对此感到如此欢喜，以至于在接下来的三个月或三个月不到的时间里有超过十六万头牺牲被宰杀并供奉了出来。**2** 接着，几天之后，当他渡海去坎帕尼亚近岸的岛屿时，人们还为他［平安］归来许愿，也没放过一丝一毫的为其安危表示出顾虑和关心的机会。当他患上疾病时，所有的人都在帕拉丁山附近守候了一整夜，为了使生病的［盖乌斯］康复过来，也不乏有人许愿要亲自拿起武器参加角斗，还有人打出书写板许愿献出自己的性命。**3** 在公民们无限的爱戴之外，甚至还有外邦人令人瞩目的支持。譬如，始终公然憎恨并蔑视提比略的帕提亚人之王阿塔巴努斯却主动寻求起他的友谊来，他前来参加与［罗马人］总督[③]的会谈，并渡过幼发拉底河，对罗马军旗和诸恺撒的肖像进行了膜拜。

XV.1 他还通过博取众望的方式燃起所有人［对自己］的热爱之情。在众人面前极其声泪俱下地对提比略加以一番歌颂，并万分隆重地举行过葬礼之后，他立即赶赴潘达特里亚岛和庞奇亚岛将母亲和哥哥的骨灰转移［到罗马］，当时适逢风暴天，这让其孝心愈发地彰显了。他以敬畏之心对待这些骨灰，亲自将它们装入骨灰瓮里，他使用了不少舞台效果，把骨灰瓮装在船尾插上旗帜的二桅船上，运到了奥斯提亚，再从那里沿着台伯河溯流而上抵达了罗马，并由骑士等级中最出类拔萃者在正午人最多的时候用两驾车舆将它们抬

---

① 指元首提比略之子德鲁苏斯的儿子提比略。关于此人，请参见《提比略》，LIV，1；关于元首提比略希望把大权移交给这位孙子，请参见《提比略》，LV，1。

② 关于提比略的遗嘱，请参见《提比略》，LXXVI，1。

③ 原文直译是与执政官等衔的将领，在帝国时代通常指元首直辖行省的总督。

入了陵墓。他以国家之名设立了一年一次的祭奠仪式，还为纪念母亲举行了竞技比赛，并在游行队伍中展示她的肖像。**2** 而为了纪念父亲，他把九月命名为日耳曼尼库斯月。在这之后，他通过元老院的决议将李维娅·奥古斯曾经取得过的荣耀全部颁给了祖母安东尼娅；他让当时仍是罗马骑士的叔父克劳狄乌斯[①]获得了与自己同僚的执政官之职；他在对方穿上成人托袈袍的那一天就过继了堂弟[②]提比略，并给对方冠上了“青年领袖”之名。**3** 他把妹妹们的名字加到了一切誓言当中［，譬如］：“与对待盖乌斯及其妹妹相比，我将不会用比之更亲切的方式来对待自己及自己的孩子。”同样的，在执政官提出动议时［，会先说］[③]：“愿盖乌斯·恺撒及其妹妹拥有好运和福气。”**4** 一样深得众望的是：他召回了曾被判流放的人；之前的诉讼案件若尚未审理他一律予以赦免；他为了不让任何告密者或证人今后产生什么恐惧，便将牵涉到自己母亲和兄弟的一切案件记录都运到了广场并加以焚毁，事先还光明正大地请众神作证，自己未曾看过、翻过任何文件；他拒不收取一份呈上来的关乎其安危的小册子，同时严正指明道，自己未曾做过任何遭人憎恨的事情，因而拒绝听取告密者之言。

XVI.1 他将性欲方面有别常人的被叫作“斯宾特里亚”[④]的变态者逐出了罗马城，［而本来他是想将他们］沉入水里的，不过还是被

---

① 提比略·克劳狄乌斯·日耳曼尼库斯（Tiberius Claudius Germanicus），乃盖乌斯·恺撒之父日耳曼尼库斯的弟弟，公元 41 年—54 年出任罗马元首。

② 此人乃元首提比略之子德鲁苏斯之子，而盖乌斯·恺撒之父日耳曼尼库斯乃是受提比略过继的养子，因此盖乌斯·恺撒和此人之间的堂兄弟关系只是法律上的，并非实质血亲关系。

③ 执政官在元老院提出动议时开头会有一系列的客套话（请比较《被奉为神的奥古斯都》，LVIII，2;《被奉为神的尤利乌斯》，LXXX，2），以期皇帝取得胜利，或早先时候的以期国家取得胜利。——洛布版注

④ 关于这种男妓，请参见《提比略》，XLIII，1 及注脚。——洛布版注

说服了［不这么做］。曾在元老院的决议下遭禁的提图斯·拉比埃努斯、科尔都斯·克莱姆奇乌斯、卡西乌斯·塞维鲁[①]的著作，他允许它们被找出来、流传、诵读，因为他尤为关心的是，把发生过的每一件事都告诉给后人。他公布了奥古斯都曾定期发表的而到了提比略则不再发表的最高权力的账目报告。**2** 他颁授给长官们不受限制的权力，而且无须请示他批准。他对罗马骑士进行了严格、仔细又适度的审核，对于那些犯有某种羞耻或罪恶行径的骑士，他公开剥夺了他们的马匹；至于那些犯下较小过错的骑士，他则在宣读骑士名字时将他们略去，以此方式［进行惩处］。为了减轻裁决委员会的工作，他在原先四个裁决委员会的基础上又加上了第五个十人裁决委员会。他甚至试图以复兴公民大会的传统来恢复人民的选举权。**3** 尽管提比略的遗嘱已被宣布无效，可他却［非但］二话不说就如数遵照他的遗嘱进行了兑付，而且连被提比略扣住未兑现的奥古斯塔·尤利娅的遗嘱，他都如数兑付了。他免除了在意大利征收的二百分之一的拍卖税；他为许多在火灾中遭受损失的人提供补偿；只要他给那些人恢复王权，他就会把自他们退位后积累的全部税收和财政收入一并发还，例如，曾充入国库的一亿塞斯退斯［他发还］给了科马根的［王］安条克。**4** 为了彰显他支持一切形式的善行义举，他赠予一位被释奴妇女八十万塞斯退斯，因为她在遭受极其严厉的酷刑之下仍对自己庇护人的罪行未发一言。鉴于上述事迹以及别的一些荣耀，一面金圆盾被授给了他，那面金圆盾在每年的特定日子会被由元老院护送着的祭司团带到朱庇特神庙，同时再由出身高贵的男孩和女孩合唱赞歌以歌颂其美德。另外，他初御大权的那

① 从上下文来看，这三位应该都是奥古斯都和提比略时期著书抨击过时政的历史学家或法学家。

一天亦被颁令唤作净牲节[①]，就像罗马城获得重建一样。

XVII.1 他曾四度出任执政官：第一次始于七月一日，当了两个月；第二次始于一月一日，当了三十天；第三次一直当到一月的满月日［十三日］；第四次则当到相同月份满月日之前的第七天［一月七日］。在上述所有执政官任期里，只有最后两次是在连续的［两年里］[②]。此外，第三次任职时，他是独自一人在吕格杜努姆[③]履职的，这并非如某些人设想的那样是出于高傲或［对规矩的］漠视，而是因为他的同僚正巧在［一月］一日之前去世，当时他不在［罗马城］，因而无法得知消息。**2** 他两次向人民分发每人三百塞斯退斯的赏赐，两次给元老等级和骑士等级甚至还有他们的妻儿奉上再丰盛不过的祭宴。在后一次祭宴里，他为赴宴的男子分发了正装［托袈袍］，为女子和小孩子分发了绛红色和猩红色的缎带。为了永久增加公众娱乐的时间，他还给农神节增加了一天并称之为青年日。

XVIII.1 他举办过数场角斗士比赛：其中一些是在由斯塔提利乌斯·陶鲁斯建的圆形大剧场里举行的，另一些是在塞普塔投票场举行的。在这些比赛里，他还从阿非利加人和坎帕尼亚人的搏击手中选出最优秀者进行分队对决比赛。他并非总是亲自主持这些赛会，而是有时把主持赛会当作赏赐分给了官员或朋友。**2** 他不停地在多处地方进行不同种类的舞台表演，有时甚至在夜晚点亮整座罗马城进行演出。他还抛撒不同种类物品作为赏赐，并向每一个人分发装有食物的食篮。在宴会期间，由于正对自己的一位罗马骑士吃得颇

---

① 原文 Parilia，指的是每年的四月二十一日，罗马人会在那一天祭祀牧羊人和羊群的保护神帕勒斯（Pales），并会洗净牲口。同时，那一天也是罗马建城的周年纪念日。

② 根据执政官列表，他出任执政官的年份依次为：公元 37 年、39 年、40 年、41 年。最后三次都是连续的年份。

③ 今法国里昂（Lyon）。

为津津有味，他就把自己的那份送给了他；再有，他出于相同的缘故就不顾正常程序指派一位元老出任裁判官。**3** 他还从黎明至夜晚举行一场又一场竞技比赛，一会儿上演的是耍豹子，一会儿又是特洛伊战戏。其中有几次场面特别盛大，椭圆形竞技场缀满红色和绿色的彩带，驾驶赛车的全都是元老等级。他甚至还举行过毫无准备的即兴赛会，因为当时他正从杰洛奇亚屋[①]［向下］察看椭圆形竞技场[②]的设施情况，有几个人从毗邻竞技场的楼房阳台提出了［举行赛会的］请求。

XIX.1 除此之外，他还设计了一种奇异的新式赛会。他把各处的运输船都聚集起来，让它们排成两排后抛下锚，随后再在上面撒上土，铺筑成阿皮亚大道的样子，以此在巴耶和普特奥利的防波堤之间宽达三千六百步的海峡上搭起了一座浮桥。**2** 他一连两天都沿着这座桥来回奔走：第一天骑的是一匹饰有金属胸饰的马，而他自己则以栎木枝制成的头冠、小圆盾、剑、金色的希腊军用斗篷装饰；第二天他身着赛车手的装束，坐在一辆由两匹名马拉的马车里，在他前面带着从帕提亚俘虏中选出的叫达勒乌斯[③]的男孩，陪伴［盖乌斯］的还有近卫军的队伍以及在二轮战车里的朋友们的队伍。**3** 我知道，许多人觉得盖乌斯设计这么一种浮桥是为了要跟薛西斯[④]一比高低，因为后者曾在比之更狭窄的赫勒斯滂海峡上搭建起了浮

① 该屋子位于帕拉丁山上，卡里古拉时代曾作为元首的宫殿，卡里古拉死后那里变为宫廷书童的寄宿学校。

② 此处应该指罗马城内最著名的、坐落于帕拉丁山和阿文丁山（Collis Aventinus）之间低地的至大椭圆形竞技场（Circus Maximus，也被翻译成“马克西姆斯椭圆形竞技场”），所以从帕拉丁山上的杰洛奇亚屋可以一直望到山下的那座竞技场。

③ 原文 Dareus，与古代波斯著名皇帝大流士（Darius）一词相近。

④ 著名的古代波斯皇帝，大流士一世之子，公元前 485 年—前 465 年在位，执政期间将入侵希腊的希波战争延续了下去。

桥，[①] 由此引来了不小的惊叹；另一些人则觉得他旨在凭借某种具有巨大名声的工程让日耳曼尼亚和不列颠感到害怕，因为他一直都对他们怀有企图。不过，当我还是男孩的时候，我常听自己的祖父说，据宫内近臣透露，建那个工程的原因是，当提比略正为继承人犯愁并倾向于自己的亲孙子时，占星家特拉西卢斯曾对他预言：与其说盖乌斯会执掌最高权力，还不如说他会骑着马越过巴耶的海峡。

XX.1 他还在外地举办赛会，即：在西西里的锡拉库萨举办雅典城邦赛会，在高卢的吕格杜努姆举办风格混搭的赛会，而就在这次赛会上他还举办了希腊语和拉丁语的演讲比赛。根据大家说的，比赛获胜者的奖品是由落败者提供的，而且落败者还不得不［为获胜者］创作颂词，此外对于那些写得不好的人，若不愿遭受棍棒责打或沉入附近河流的话，就得受命用海绵或舌头擦掉自己所写的内容。

XXI.1 他完成了在提比略统治时建到一半的工程，即：奥古斯都神庙和庞培剧场。他还动工在台伯河附近兴建了引水渠，在塞普塔投票场附近兴建了一座圆形竞技场，这两项工程里的一项［引水渠］由他的继任者克劳狄乌斯建造完成，另一项［圆形竞技场］则中途放弃了。在锡拉库萨，因年代久远而毁坏的城墙和众神的神庙得以重修。他还曾决定重建萨摩斯的波利克拉特斯[②]的宫殿，把米利都[③]

---

① 关于此事，请参见佐西莫斯，I，II，2：“这场胜仗让希腊人声名鹊起。不过薛西斯在大流士逝世之后携一支规模庞大得多的军队再次入侵希腊，以至于整个亚细亚都倒向了他的一边，如此这般他带兵侵入了希腊，出于他必须从亚细亚渡到欧洲，他在大海上铺天盖地布满了舰船，陆地上密密麻麻布置了士兵，以致自然元素似乎都无法支撑远征的部队，他只能改变它们原先的状态。他建起了一座横跨赫勒斯滂海峡的浮桥以让步兵通过，还开凿了一条穿越阿索斯山的水道以让舰队行进其间犹如在大海上一样。”

② 古希腊萨摩斯的僭主，约公元前 538 年—前 522 年在位。

③ 位于爱琴海东岸安纳托利亚西海岸的古代希腊城邦，城址在今土耳其艾登省境内。

的狄杜玛阿波罗神庙修建完毕，以及在阿尔卑斯山山脊上建起一座城市，而排在所有工程［计划］首位的则是在亚该亚挖通伊斯特摩斯建造运河，并且他已经派出一位第一百人队队长测量工程数据。

XXII.1 至此讲述的都是关于他作为元首的事迹，余下的则是关于他作为禽兽的。在取得诸多尾名之后（如他常被称为“庇乌斯”“营地之子”“军队之父”“至高至善的恺撒”），当他偶然听到一些来罗马城向其致敬的王在晚餐期间讨论起他们自己的高贵血统之时，他呼号道：

> 应只有一主一王。①

并差点儿就要立即戴上王冠，把元首制度的门面改换成王政的形式了。**2** 当他受到提醒，意识到自己达到的高度已然超越了诸元首和诸王之后，从此就开始谋求起神明般的尊荣。他命人把在宗教和艺术方面都非常出名的众神的塑像（其中就有奥林匹亚的朱庇特神像）从希腊运了出来，去掉它们的脑袋后再换上自己的。他让一部分宫殿一直延伸到了广场，并使波吕克斯和卡斯托尔神庙变成了［宫殿的］前厅，而他则常常站在这对神明兄弟中间，亲自接受前往那里的人的膜拜，更有些人欢呼他为拉丁朱庇特神②。**3** 他甚至把自己作为神灵并建起了一座神庙，创设了祭司团，还供奉有再精挑细选不过的祭品。在那座神庙里立有一尊和他一样大小的金像，塑像每天都换上与其本人当天所穿的一样的衣服。每一位再富裕不过的人都争相利用自己的影响力并开出极大的价钱来角逐该祭司之职。祭品有红鹳、孔雀、松鸡、珠鸡、雉鸡，每天都轮换着供奉一种。**4** 夜

---

① 请参见《伊利亚特》，2，204。——洛布版注

② 关于这个神祇，请参见《被奉为神的尤利乌斯》，LXXIX，1之注脚。

晚只要一出现皎洁夺目的满月，他就总会邀请月亮［女神］入怀共眠。而在白天他却常和卡庇托山上的朱庇特神窃窃私语起来，有时候对着它耳语，接着又反过来把耳朵凑过去倾听，有时则发出很大的声音甚至是争吵声。因为有人曾听到如下的恐吓声：

把我举起来，否则我就把你举起来。①

最后，如他声称的那样，在恳求之下朱庇特神已被说服，他已受邀与［朱庇特神］共居一室，于是他在被奉为神的奥古斯都神庙上方架起了一座桥把宫殿和朱庇特神庙连接了起来。随后，为了能更靠近［神庙］，他在卡庇托山的空地上奠基建造新的房子。

XXIII.1 鉴于阿格里帕的卑微血统，他不愿被当成或说成是那人的外孙，若有谁在演说里或歌曲里将那人列入诸恺撒的祖先之中，他就会生气。他甚至还常常宣称，自己的母亲是奥古斯都与其女儿尤利娅乱伦之后产下的。而他并不满足于对奥古斯都的上述诽谤，还下令禁止把［奥古斯都］在阿克辛战争和西西里战争获胜［的日子］当作节日进行庆祝，理由是那些胜利对罗马人民来说死伤惨重，犹如灾难。**2** 他一遍遍地把曾祖母李维娅·奥古斯称作“穿女袍的尤利西斯”，还大胆地在某一封致元老院的信里抱怨起她的卑微，宣称她的外祖父只是一位丰迪的十人裁决委员会成员，而根据国家记录能确定的是，［她的外祖父］奥菲狄乌斯·卢尔库曾在罗马担任高官。当他的祖母安东尼娅请求私下会见的时候，他回复道，除非有近卫军长官马克罗在场，否则就不行。这般侮辱加之恶劣的态度

---

① 引文出自《伊利亚特》，23，724。经过一场漫长而无结果的摔跤比赛，埃阿斯为了解决这场争斗，就用这句话对奥德赛发出了挑战。Ἀνάε ι ρ ε 无疑是语义双关，也许是语义中断，“把我举到（天上），否则我就把你……”——洛布版注

便成了促使她死亡的原因，虽然如此，可仍有一些人相信他曾给她下过毒。她死后他仍未给予其丝毫的荣耀，而是从餐厅远远望着火葬堆燃起火焰。**3** 他突然之间就向弟弟提比略[①]派去了一位军事保民官，毫无征兆地处死了对方。同样的，他还逼迫岳父希拉努斯用剃刀割开喉咙结束了自己的生命。因为［希拉努斯］被控未随他一起在风急浪高时出海，而是留下来以期趁自己在风暴中发生不幸时能够占领罗马城。而对于前者［提比略］，他指控对方有一股解毒剂的味道，就好像他在采取行动以防自己被下毒一样。事实是，希拉努斯忍受不了晕船而避开了会令自己感到不适的航行，提比略使用药物则是因为他患有持续加重的咳嗽。至于叔父克劳狄乌斯，若非此人能当笑料的话，他就不会让他活了。

XXIV.1 他与自己三个[②]妹妹都发生过不干不净的性关系。在一场盛大的宴会上，他把她们挨个儿放到自己下面［发生了关系］，而当时他的妻子正躺在一旁。据信，这些妹妹中那个德鲁西拉的第一次[③]就是在他还穿着紫边托袈袍［尚且年幼］时发生的，当时竟被正抚养着他们的祖母安东尼娅捉奸在床。后来，即便她成了与执政官等衔的卢西乌斯·卡西乌斯·朗吉努斯的妻子，可仍被他从后者那里夺走，又公然待她像合法妻子一样。他还在病中将她立为了财产和帝国的继承人。**2** 同样，在她去世之后，他宣布了国丧，在那丧期里，嬉笑、沐浴以及和父母或配偶或子女一起用餐都是死罪。他悲不自胜，以至于在夜晚突然就冲出了罗马城，穿过坎帕尼亚，抵达锡拉库萨，再从那里迅速返回，连头发和胡子都没修剪。在那之后每每遇到重大事件，甚至在人民集会时或当着士兵们的面，他

① 指盖乌斯·卡里古拉的继祖父提比略的亲孙提比略·杰梅卢斯（Tiberius Gemellus），因此他和卡里古拉之间并非亲兄弟关系。

② 原文直译是“所有的”。

③ 原文直译是“至事发时仍为处女之身的”。

只指着德鲁西拉神灵发誓。**3** 剩下的［两个］妹妹他并不特别喜爱，也未给予太多荣耀，以至于时常让自己的男宠享用她们，以便能更方便地在埃米利乌斯·雷必达的案子里判她们有罪，因为她们犯下了奸淫并且又参与了针对他的阴谋。他非但公布了通过诡计和诱惑得来的她们所有人的亲笔信，而且还向复仇之神玛尔斯神奉上带着铭文的［她们］准备用来谋杀他的三把剑。

XXV.1 要判断他在缔结婚姻、解除婚姻、维持婚姻时哪一个表现得更可耻，这绝非易事。在李维娅·奥勒斯提拉嫁给盖乌斯·皮索时，他本人参加了婚礼，就在当时他即颁下命令，把李维娅·奥勒斯提拉带回了自己那里，没过几天他又把她休掉了，两年之后再以她那段时间似乎回到了前夫那里为由将她流放。另一些人讲道，在受邀参加婚宴之后，他给躺在对面的皮索传话道："不得动我的妻子。"并立即将她与自己一起带离了宴席，第二天就颁令道，他以罗慕路斯和奥古斯都为榜样[①]给自己找到了个妻子。**2** 当有人提到，洛利娅·保林娜（她被执掌军队的与执政官等衔的盖乌斯·梅米乌斯迎娶为妻）的祖母[②]曾经是最漂亮的女子之后，他就立马把洛利娅·保林娜从行省召了过来，让其丈夫把她休掉之后又同自己结了婚，不久又抛弃了她，并禁止她终身再和任何人发生性关系。**3** 既无姿色又不年轻的切索尼娅已和另一位男人结婚而成了三个女孩的母亲，可当她在奢靡和淫乱中放纵自己时，他却爱她爱得既忠贞不渝又如干柴烈火，以至于常常让她身穿希腊军用斗篷、手执新月形盾牌、头戴头盔、骑马在旁，如此这般展示给士兵们看，甚至还让她裸身出现在朋友面前。直到她生下孩子之后他才给予其作为妻子

---

① 关于罗慕路斯，有可能说的是罗马人的祖先抢夺萨宾人妇女为妻。关于奥古斯都，也许指的是他经常勾引他人之妻。

② 或外祖母。

的待遇，并在宣布自己成为她丈夫的同一天又宣布自己是她产下的婴儿的父亲。**4** 还有，这个被命名为尤利娅·德鲁西拉的婴儿，他带着她跑遍了所有女神的神庙，最终将她放入了密涅瓦的膝下，把她托付给了这位女神进行抚养和教育。没有任何证据比她的凶残更令他坚信她是自己生下的种，因为即便在那么小的时候她就有如此表现，以至于曾用手指狠狠抓破过一同玩耍的孩子们的脸和眼睛。

XXVI.1 在这之外再记上他对待亲友的态度就会是一件细琐乏味且没有意义的事情。他的远亲①——因为此人是马可·安东尼由其女儿塞莱尼所生的外孙——犹巴王之子托勒密，以及特别是帮助［盖乌斯·卡里古拉］获得大权的马克罗和埃尼娅，所有这些人，他对他们的亲属关系和忠诚效力的回报却是血腥的死亡。**2** 他对待元老院毫无敬意且脾气恶劣。他让某些掌管极高职位之人穿着托袈袍跟随自己的战车一直跑了数里路，还在用餐时让他们束腰穿上亚麻布的衣服或是站在屏风处或是立于他的榻脚［听候使唤］。对另一些人，他秘密处死了他们，同时又不停地召这些人过来就像他们还活着一样，几天之后再假装宣布他们自杀了。**3** 当［两位］执政官忘记宣布他生日的时候，他解除了他们的职务，并让国家整整三天都没有人担任最高官职。他的一位财务官因被控犯有阴谋罪而被扒了衣服后遭其鞭打，扒下的衣服则扔到了士兵脚下，好让他们接下去动手打的时候站得稳当。**4** 他以同等的傲慢与残暴对待其他等级之人。一群人从半夜起就来椭圆形竞技场占免费的位置，吵闹声惊扰了他，他因此用棍棒将他们统统赶走了，在这场骚乱中有二十多位罗马骑士、同样数量的妇女，以及数不胜数的其他群众身死殒命。

---

① 原文为 consobrinus，应指同辈的表亲或远房亲戚。事实情况是马可·安东尼是奥古斯都的妹夫，而奥古斯都是盖乌斯·卡里古拉外祖母的父亲。中文很难表达这层亲属关系，因此选用远亲一词。

在赛会舞台表演时，为了制造平民和骑士之间的不合，他时常提前分发抽奖券，以至于骑士席竟被最低等级的人给霸占了。**5** 他在角斗士比赛时经常正当太阳最晒的时候就收起［观众席顶上的遮阳］帆布，同时禁止任何人离场。他让最差的上了年纪的角斗士在除去通常的装备之后和瘦弱的野兽决斗，也让一些虽有好的名声、身体却明显有些孱弱的一家之长互相进行非致命的决斗。他还时不时关闭粮仓，让人民陷入饥荒。

XXVII.1 他的残暴尤其在下列事件中展现出来。为了给角斗士比赛准备的野兽备食，当作为饲料的牲畜的价格变得非常昂贵时，他想到了从罪犯中选人出来当作饲料，于是他让囚犯排着队进行复核，却不去看他们的罪状牌，而只是站在柱廊中间下令把“从光头到光头”的人带出来。**2** 有人曾许下过诺言，若他能康复，自己会去参加角斗士比赛，他就强迫那人履行诺言，还［亲自］观看他手拿武器进行决斗，直到其成为胜者并屡屡做出恳求之后才放走了他。另一个人也出于上述缘由许愿自己赴死，却迟迟未死，他就将对方交给了奴仆们，他们在让他戴上圣冠、披上圣袍之后，［就像带着牺牲］还愿一样一路驱赶着他穿街过巷，直到把他从一堵土墙上抛了下去。**3** 许多等级尊贵之人先被烙上烙印[①]，然后再被他判处挖矿、筑路或与野兽决斗，再不然他就按野兽的方式让他们四肢着地关在兽笼里，再或者把他们的身体锯开。他们［遭受这等惩罚］并非出于严重的罪行，而只是批评了他的一场角斗士比赛，或者从不以他的守护神进行宣誓。**4** 他经常强迫父母出席子女的死刑场面：其中有一个人称病，他就派肩舆去接；另有一人在观看完施刑之后，他立刻邀请其赴宴，还大献殷勤以愉悦并逗对方开心。他一连几天当着自己的面让人用锁链殴打角斗士比赛和狩猎比赛的管理者，直至

① 原文 stigma，指的是烙在逃亡奴隶和罪犯身上的烙印。

闻到了对方头部伤口腐坏的臭味之后，才将其处死。由于一行语义双关的嘲讽诗，他在圆形竞技场的沙场中间活生生烧死了一位荒诞诗人。当一位被丢到野兽面前的罗马骑士高呼自己无罪的时候，他就把他捞了回来，割下舌头之后又扔了回去。

XXVIII.1 他询问某个经历长久流放后被召回的人，那人流放时到底在做什么，对方谄媚地答道："我曾不断向众神祈祷，愿提比略死掉由您来统治，结果应验了。"想到被他流放的人也在祈祷自己死掉，他便派人到诸座岛屿[①]，把［流放者］给统统杀掉。他想要把一位元老撕碎，于是就说服一些人趁对方正进入元老院议事堂之际，突然将其宣布为公敌并向其发动攻击，在用笔刀戳他之后，再把他交给别的人乱砍一通，直到看见人体的四肢、躯干、软组织被拖过街巷堆在一起之后他才感到满足。

XXIX.1 除去极其残暴的行径之外他还说过恶毒的言语。他常说，除了（用自己的话来说）被称为"泰然"[②]（也就是无耻）之外，就没有任何更值得称赞的天性了。当祖母安东尼娅提出告诫时，他非但全然不从，而且还说："要记住，我有权对任何人做任何事。"在他打算杀死弟弟［提比略·杰梅卢斯］的时候，由于怀疑后者害怕遭毒害而预先服下了解药，他问道："还有反对恺撒的解药？"在妹妹遭放逐之后，他威胁道，自己不仅有岛还有剑呢。**2** 一位因病引退安迪基拉的与裁判官等衔之人再三向他提出希望延长病假的请求，他下令处死那个人，还补充道，对用了那么长时间的草药都不起作用的人必须要用放血治。每隔九天在签署要被送去接受决斗比赛的犯人人选时，他也常说，自己在清理账目。在判处一些高卢人

---

① 岛屿因四面环海，通常被选为流放的目的地。

② 原文 ἀδιατρεψία，"泰然"，乃斯多葛学派的一种美德。因为在盖乌斯身上，这表现为对苦难表示铁石心肠而漠不关心，在大众看来这就成了无耻。——洛布版注

和希腊人同时行刑之后，他吹嘘自己征服了高腊[①]。

XXX.1 若不是在遭受密集轻伤的情况下，他不会轻易让哪个人断气。他不停地下达现已广为人知的命令："就这样揍，让他感受死亡。"因弄错了名字，另一个人而非本该受刑的人遭到了惩处，对此他说道，此人也理该受此等惩罚。他时常说出下面的悲剧台词：

让他们恨吧，只要他们害怕。

2 他常常不分青红皂白就痛骂全体元老，就像他们是塞雅努斯的附庸，以及自己母亲和哥哥的告密者一样，他还拿出曾经假装烧掉的书写板，并以逼不得已为由替提比略的残暴进行了辩护，因为面对那么多的指控对方不可能不信。他不断抨击骑士等级沉溺于戏剧表演和决斗比赛。当群众支持与他热衷的［车队］为敌的那支［车队］时，他大喊道："但愿罗马人民只有一个脖子！"还有，当大家要求强盗特提利尼乌斯［登场决斗］的时候，他说道，那些提出要求的人是和特提利尼乌斯一伙的。**3** 有五位穿束腰上衣的持网斗士[②]组队与一样数量的剑盾斗士[③]相互厮杀，未经搏斗就投降了，当那些［持网斗士］被下令处死之后，其中一人重新操起三叉戟独自就把获胜者统统杀死了。在一道公告中，他既痛哭于这场最残忍的杀戮，又对那些忍心目睹之人感到了憎恶。

XXXI.1 他甚至时常对自己统治下的状况公开表示不满，因为

---

① 原文 Gallograecia，乃高卢（Gallia）和希腊（Graecia）两个词合并后造出的新词。

② 原文为 retiarius，指角斗士的一种，决斗时手持大网兜和三叉戟，将对手罩住后进行刺杀。

③ 原文为 secutor，指角斗士的一种，装备一般为方盾、短剑、光滑的圆形头盔，在竞技场上通常与持网斗士进行对决。

那时没有发生什么重大的国家灾难：奥古斯都担任元首时有瓦鲁斯的战败，提比略时有费德奈附近的竞技场的倒塌[①]，因而他们当政的时代得以被铭记，到了他当政时却因天下太平而有被遗忘的风险。于是他一次次地渴望军队覆灭，渴望爆发饥荒、瘟疫，渴望发生火灾或是地震。

XXXII.1 即便在身心放松、娱乐、宴会的时候，他的一言一行都透露着残暴。他经常一边享用午餐酣饮，一边通过拷打来审问重大案件，还备有一名熟悉杀头之技的士兵，以便随时都能斩下狱中拉出的任何囚犯的脑袋。在普特奥利的浮桥的（那座桥鄙人已提及过，是他设计的）[②]落成仪式上，当他邀请一大帮人从岸上来到自己这边之后，突然间把每一个人都推落下去，有些人即使抓住了船舵也被他用橹和桨赶下了海。**2** 在罗马的公共祭宴上，一个奴隶因剥下了榻上的银镶片就被他立即交给了刽子手，砍下其双手后再从脖子上悬挂到胸前，他还打出一块招贴显示其遭受这般惩罚的原因，同时让人领着他在宴会宾客中间游荡。当一位来自角斗士学校的鱼盔斗士[③]持木剑和他决斗并主动倒地的时候，他用铁的短弯剑刺［死］了对方，然后按获胜者的方式带着棕榈枝跑了起来。**3** 当祭品被放到祭坛边上之后，他身穿敲击陪祭司[④]的衣服，高举锤子击杀了屠宰陪祭司。在一场颇为盛大的宴会上，他突然间迸发出了狂笑，躺在一旁的［两位］执政官讨好地询问他笑什么。他说道："无非就是我点一下头你们俩的脖子就会立刻被拧断。"

---

① 关于此事，请参见《提比略》，XL，1。——洛布版注

② 关于此事，请参见本卷 XIX，1。

③ 原文为 murmillo，指的是角斗士的一种，装备一般为方盾、短剑、带鱼形图案和顶饰的巨大头盔，除头盔之外武器大致与剑盾斗士相似，他们通常的对手为色雷斯斗士（Thraex）或圆盾斗士（Hoplomachus）。

④ 敲击陪祭司（popa）用锤子或斧子背把牺牲击倒，随后屠宰陪祭司（cultrarius）再割破动物的喉咙。——洛布版注

XXXIII.1 在各种各样的玩笑中，有一次他站在朱庇特神像旁询问悲剧演员阿佩勒斯，在他看来两者之中哪个更伟大，在对方犹豫之际，他就用鞭子进行抽打，当那人做出哀求时，他大声赞美道，即便是哀号对方的嗓音仍十分动听。每当他热吻妻子或情人的脖子的时候，总会加上一句："多么好的脖子啊，只要我一声令下，它就立马被砍下。"他还不断吹嘘说，他甚至可以动用刑具从他的切索尼娅嘴里弄明白为何自己爱她爱得那么深。

XXXIV.1 几乎每一个时代的人类都被他攻击过，其中他表现出的嫉妒和怨恨并不亚于傲慢和残暴。由于地方狭窄，奥古斯都曾把一些著名人士的塑像从卡庇托山上的宫廷搬到了战神平原，他却把这些塑像都推倒了，他把它们破坏到了这般地步，以至于都无法将它们连同铭文一起进行恢复。他还规定道，此后若没有他的旨意和支持就不许为任何还活着的人树立塑像或半身像。**2** 他甚至还想销毁荷马的诗歌，因为他说为什么柏拉图有权把此人从自己缔造的城邦里赶出去，而他自己就没有权力？此外，他还把维吉尔和提图斯 · 李维的作品及肖像从一切图书馆中移除了出去，并攻击前者既无丝毫天赋又无点滴学识，侮辱后者写历史既冗长又草率。至于精通律法者，他好像也打算不让他们有任何机会运用自己的知识，他经常威胁说，以赫拉克勒斯之名，自己真该确保他们不能够提出任何有违他［意愿］的建议。

XXXV.1 他从每一位再高贵不过者身上剥夺了古老家族的象征物：他从托卡图斯那儿剥夺了项圈，① 从辛辛纳图斯那儿剥夺了一撮

① 托卡图斯（Torquatus）在拉丁语里的意思是戴项圈的人。关于这个尾名的来历，请参见尤特罗庇乌斯，II，5："元老当中一位名叫卢西乌斯 · 曼利乌斯（Lucius Manlius [Torquatus]）的地位极高的青年，独自冲上前，同一位前来叫阵的高卢人决斗并将他杀死，随后他取下了高卢人脖子上的金项圈，把它戴在自己的脖子上，并永远以托卡图斯作为自己及后人的尾名。"

头发，[①] 从格涅乌斯·庞培那儿剥夺了属于其古代先人的马尼乌斯[②]的尾名。在邀请我提到过的[③]那个托勒密国王访问罗马，并加以体面招待之后，他突然就处决了对方，原因仅仅在于举行角斗士比赛时他留意到托勒密一踏入赛场就以一身紫色外袍吸引了人们的视线。**2** 每每他遇到俊俏的长发男子时就会让他们把脑后的头发剃去使之变丑。有一位叫埃西乌斯·普罗库卢斯的第一百人队队长的儿子，因体型壮硕、貌美无比，被称为“大爱神”，他下令将此人突然拽出赛会看台，丢进了决斗沙场，让对方同色雷斯斗士[④]随后又同圆盾斗士[⑤]进行较量，却两次都成了胜者，在这种情况下他命人立刻将其绑走，穿上破衣烂衫后被人领着游街串巷，并展示给妇女们看，随后再对其进行处决。**3** 最后，即便在身份如此低贱、命运如此凄惨的人里面，也没有谁出于一些优点而不遭到他的嫉妒。当时的内米之王[⑥]已取得祭司职位多年了，他就请了一个更强壮的人前去挑

---

① 辛辛纳图斯家族的祖上曾是将罗马人的军队从敌人的围困下解救出来的独裁官，关于那段历史，参见尤特罗庇乌斯，I，17：“接下来的一年里，正当罗马人的军队被围困在距离罗马差不多达第 12 里程碑的阿尔基多斯山上的时候，卢西乌斯·昆提乌斯·辛辛纳图斯（Lucius Quintius Cincinnatus）被推举为了独裁官，那时他正亲手耕作着属于自己的四亩地。找到他时，他正在地里劳作着，接着他擦去汗水，披上了带紫边的托架袍。随后，在敌人遭戮之后，他将军队解救了出来。”

② 拉丁语 magnus，意思是“伟大的”。

③ 请见本卷 XXVI，1。——洛布版注

④ 原文为 Thraex，指的是角斗士的一种，装备一般为一面小盾牌、一柄剑锋略弯曲的短剑、护膝、护腰、护肩及头盔，他们通常的对手是鱼盔斗士。

⑤ 原文为 Hoplomachus，指的是角斗士的一种，装备一般为圆盾、剑或刺枪、希腊式的重型护甲及头盔，他们通常的对手是鱼盔斗士。

⑥ 即内米的狄安娜女神（Diana Nemorensis）的祭司，此人必须是一个逃亡奴隶，且要通过杀死前任的方式来取得职位。——洛布版注

战。战车斗士[1]波里乌斯在某个举行角斗士比赛的日子里，于一场战斗得胜后释放了自己的一个奴隶并以此博得了热烈的掌声，当时［盖乌斯·卡里古拉］气急败坏地离开了赛场，以至于一脚踩在了托袈袍的边上脸朝下摔下了台阶，他恼怒地大吼道："统治世界的罗马人民出于极其微不足道的一桩事就授予一位角斗士那么多的荣耀，那荣耀比给予被奉为神的元首们的或正置身现场的自己的都要多。"

XXXVI.1 他既不坚守自己的贞洁，也不珍惜他人的。据称，他曾爱过马可·雷必达、仿剧演员姆内斯特，以及一些［外邦来的］人质，并和他们发生过不正当的性交。年轻人瓦勒里乌斯·卡图卢斯生在与执政官等衔之人的家族，他也公然声称［盖乌斯·卡里古拉］被自己侵犯过，并且在和他的互动中累坏了自己。除去和妹妹的不伦之事以及和妓女皮拉利斯之间那再出名不过的情事之外，几乎没有哪位颇具名望的女子是他未曾染指过的。**2** 她们时常与丈夫一起被召来赴宴，当她们从他脚前[2]经过时，他就像购买奴隶一样仔细而又缓慢地对她们进行检查，甚至若有谁因害羞低下脸去，他还会伸出手将她们的脸抬起。接着，只要有让他感到满意的，他就走出餐厅，把那个最满意的女子带到自己这边，随后没过多久他们［俩］再带着一脸的淫荡返回餐厅，他常公开赞美或批评对方，并对其身体上和性交技巧上的优缺点逐一评价。他以对方不在场的丈夫的名义向某些女人亲自送去休书，并下令将之记录进档案。

XXXVII.1 他挥霍的天性胜过一切败家的徒子徒孙。他用新的方法沐浴，用再怪异不过的方式进食、用餐，如他用冷和热的香油洗浴，把最为昂贵的珍珠溶入浓醋后再喝掉，在宴会上端出金黄色

---

① 原文 essedarius，来源于高卢战车（essedum）一词，指的是一种乘战车进行决斗的角斗士。

② 显然在用餐时他是躺在榻上的，所以这里脚的位置应当在面前。

的面包和肉类，还宣称，人要么做一个俭朴的人要么就做恺撒。此外，他一连数日从尤利乌斯礼堂的顶上向平民抛撒大量钱币。**2** 他还建造了有十排桨座的利布尔尼亚船，船尾饰着珠宝，船帆各色各样，船上设有巨大的浴池、柱廊、宴会厅，甚至还载有大量的葡萄和多种结着果实的果树。从一大早开始，他一边听着歌曲或合唱躺卧于长榻，一边乘这些船游弋于坎帕尼亚的海岸。他建造宫殿和庄园时完全不考虑花销，只渴望做成大家认为不可能做成的事。**3** 就这样，他把防波堤修筑在了波涛汹涌的大海深处，把最坚硬的燧石山体凿穿，把平原升高与山峰平齐，把山峦掘低变成平原。上述这些工程都以令人难以置信的速度完成了，因为有所耽误就会被判死刑。不再一一列举。总之包括提比略·恺撒在内积蓄起来的二十七亿塞斯退斯在内的巨大财富，全被他在一年不到的时间里给耗费掉了。

XXXVIII.1 于是，在耗尽自己的财富之后，他将心思转向了掠夺，并且是用一种极其精心设计的方式通过诬告、拍卖、征税来进行的。除了［父亲传给］儿子之外，他不允许人们及其后代合法地享有他们祖辈取得的罗马公民权，因为“后代”的解释应该只限于儿子的程度①。当人们拿出被奉为神的尤利乌斯和被奉为神的奥古斯都开具的荣退证明函②时，他对这些古老又过时的文件不屑一顾。**2** 如果一些人的财产在普查之后无论出于什么原因而有所增加，他就控告他们在普查时未如实申报［，从而没收他们的财产］。若身为第一百人队队长者从提比略出任元首之初起就既未把那个［提比略］也未把自己列入继承人，他就以忘恩负义为由撤销了他们的遗嘱。对于其他人，若有哪位说过一旦死了就打算让恺撒做继承人，他也

---

① 此处原文直译为“因为‘后代’不该被解释为超越上述提及的程度”。

② 原文 diploma，确切含义是服役者在荣誉退伍后取得相应特权的证明文件。

同样宣布他们的遗嘱作废无效。[①] 此事引起了巨大的恐慌，以至于和他无关的人会公开将他与自己家人一起宣布为继承人，为人父母者也会公开将他与孩子们一起宣布为继承人。[②] 若他们在宣布完［遗嘱］之后依然活在世上，他常以此为由起诉他们戏弄自己，并给他们中的许多人送去了带毒的甜点。**3** 此外，他还常常亲自审理那么多案子，而在落座审判席之前他就先预设好打算判处的［犯人］数量，直到达成才会起身。他容忍不了丝毫的耽搁，并曾经在一次审判里就对超过四十位犯有不同罪行的被告做出了判决，还在切索尼娅一觉醒来之后向她吹嘘道，趁她午睡的那会儿自己就干了那么多的事情。**4** 他举行拍卖会以便把所有赛会剩下的物品都送去拍卖并出售，同时还亲自把价格追高到了这般程度，以至于一些人因不得不出巨资购买一些东西，而在耗尽财富后割脉自尽。这件事是出了名的：当阿波尼乌斯·萨图尔尼努斯在座席上打盹时，盖乌斯提醒宣令者不要漏掉那个在频频点头向他示意的裁判官，而竞价直到那个毫无意识的熟睡者用九百万塞斯退斯拍下了十三名角斗士才宣告结束。

XXXIX.1 在妹妹被判刑之后，他还在高卢以极高的价格出售了她们的饰品、家具、奴隶，甚至被释奴。发现有利可图之后，他就派人把老宫殿[③] 里的一切器物统统运出了罗马城，送到自己这边。为了运输需要他征调了公租车和磨坊的骡子，这导致罗马常常缺少面包，许多诉讼当事人因［缺少交通工具］无法赶到而没能履行出

---

① 隐含的意思应该是："他宣布他们既有的遗嘱作废无效，以便他们重新订立新的遗嘱，而将自己列入继承人之列。"

② 从原文来看应该如此翻译，但这句话在语义和逻辑上似乎都有些奇怪。因此有英译者（罗伯特·格拉夫译本和克莱恩翻译本）和汉译者（田丽娟、邹恺莉译本）做出了不同的解读："……，甚至那些并不认识他的人都会告诉他们的朋友或孩子，他们已经把所有的东西都留给了盖乌斯。"

③ 奥古斯都和提比略占有的那部分。卡里古拉曾对原来的宫殿进行了扩建。——洛布版注

庭保证，于是输掉了诉讼。**2** 为了将这些器物脱手，他采用了各种各样的欺骗和诡计：一会儿逐一斥责［竞价者］贪婪，因为他们保有比自己更多的财富却不为此感到害臊；一会儿对允许平民获得元首的物品而装出后悔的样子。他获悉一个富裕的行省居民曾向自己的宴会召集人付过二十万塞斯退斯，以通过作弊的方式将自己安排进宴会里，他并未为自己的一顿晚餐能被看得如此之重而感到任何不快。接下去的一天，当这个人坐在拍卖会上时，他派人以二十万的价格交给对方一件不值钱的东西，还说道，恺撒亲自请他与自己共进晚餐。

XL.1 他首先通过包税人开征闻所未闻的新税，后来鉴于获利丰厚他就让近卫军的百人队队长和军事保民官去征收，他征的税没有哪类物品或哪类人逃得过一种两种的。对可食之物只要是在罗马城里［卖的］，一律征收固定不变的税；对于诉讼和审判，无论在哪里发生，一律征收诉求金额的四十分之一，若有谁被证实已做出妥协或放弃打官司，就免不了受到惩处；对搬运工征收每天收入的八分之一；对妓女每人都征收睡一次所获的收入，此外他还对上述法律条款进行了补充：曾经卖过淫或拉过皮条的人都得缴纳这项公共税，甚至已经结了婚的都不能免除。

XLI.1 当上述税种被宣布出来之后，由于不是张榜公布的，许多人因不知道条文而触犯了法律，于是在人民的强烈要求下他才张榜公布了法律，不过却是用小到不能再小的字母挤在极其狭窄的地方，为的是不让人能抄写下来。为了不漏掉任何一种没有尝试过的掠夺手段，他还在宫殿里设立了一座妓院，多间房间被留了出来并按与该地点相符的规格装修了一番，再让妇女和出身自由的年青人衣着暴露地站在里面，随后他派出宣名者[①]到广场和礼堂邀请老少

---

① 参见《被奉为神的奥古斯都》，XIX，1 及脚注。

之人前来寻欢，并对来者提供付息的借款，还公开登记了他们的名字，就像是恺撒收入的赞助者一样。**2** 他甚至无所顾忌地通过骰子游戏来牟利，并以谎言和假誓来谋取更多的收入。有一次［在玩骰子时］他把轮到的机会让给了身边的同玩者，自己则步入了屋子的中庭，当时正有两个富有的罗马骑士经过，他就下令立刻抓住他们并抄没他们的财产，接着又心满意足地返回了［屋内］，并吹嘘自己玩骰子还不曾有过那么好的运气。

XLII.1 女儿出生之后，他却以不仅要负担最高权力的重任而且还要承担父亲的重担为由，哀叹自己陷入了贫困，并开始为女儿的抚养和嫁妆收取钱财。他宣称自己不会拒收新年礼物，并在一月一日那天站到了宫殿入口，以便各色人等在他面前用手和衣服抛出钱币时可以抓住。最后，为了能感受到触摸金钱的感觉，在上述欲望的灼烧下，他时常在露天场所堆出大量的金币，随后光着脚在上面踱步，又用整个身子长时间地在上面打滚。

XLIII.1 他经历过一次军事作战，不过并非出于既定的谋划，而是［临时起意的，因为］在他来到梅瓦尼亚①拜访克利图姆尼河②和两岸树林的时候，被人告诫道，有必要补充自己身边的巴达维亚人③护卫的人数，于是他就发动了一场对日耳曼尼亚的远征。他毫不迟疑地召集起各地的军团和辅助部队，又以最严格的方式在各地招兵买马，还把每一种供给物资都补充到了前所未有的程度。随后他踏上了征程，而行进的速度有时是如此匆忙、如此迅疾，以至于近卫军大队被迫有违惯例地用牲畜驮运军旗，这样才赶上他，有时又是如此懒散、如此放纵，以至于要乘坐八人抬的车舆，并让附近

① 今意大利中部翁布里亚大区的贝瓦尼亚（Bevagna）。

② 卡里古拉拜访的应该是当地奉献给克利图姆尼河神的一座带神谕宣誓所的神庙。

③ 日耳曼人一支，当时主要居于莱茵河三角洲（今荷兰境内）一带。

城市的平民为自己清扫路面、洒水除尘。

XLIV.1 抵达营地之后，为了显示自己是一位果断而严厉的统帅，那些从不同地方率领辅助部队前来的将领，若有所延误就被他不光彩地免去了职务。另一方面，在检阅部队时他以他们个个都上了年纪且身体虚弱为由解除了多位第一百人队队长的职务，虽然他们早就担任了这个职务而且有几人还差不了几天就要完成服役了。剩下的［第一百人队队长］，在对他们的贪婪指责一番之后，他将完成服役后的退役金总数削减到了六千塞斯退斯[①]。**2**［那次远征的］唯一成果就是接受了投降过来的不列颠人之王希诺贝利努斯的儿子阿德米尼乌斯（此人遭父亲驱逐后曾偕一小队人马逃了过来），而他仿佛整座［不列颠］岛都投降了过来一样，向罗马送去了歌功颂德的信，并告诫信使要一路驾着邮车直抵［罗马］广场和元老院议事堂，且只可当全体元老到场之际在玛尔斯神庙里将信交到［两位］执政官手里。

XLV.1 不久，由于几乎找不到人可以进行战争，他就派出日耳曼人护卫，命他们渡过莱茵河，躲藏在对岸，午饭过后伴随着再吵闹不过的喧嚣，敌人接近的消息传到了自己这边。闻听敌报，他就带了朋友和部分近卫军骑兵冲入邻近的树林里，从一些树上砍下树枝并用它们装扮成记功柱的样子之后，才打着火把返回。他于是奚落起那些没跟他一起去的人胆小懦弱，而对于跟着他的人和胜利的参与者们，他赠给他们一种带新名字的新式桂冠，这种饰有太阳、月亮、群星图案的桂冠他称之为突击冠。**2** 还有一次，一些［外邦］人质被从识读学校[②]带出来并让他们在前面跑，然后，他突然离开

① 为奥古斯都定下的金额的一半。参见狄奥·卡西乌斯，55，23。——洛布版注

② 原文 litterarius ludus，字面的意思是“教识字的学校”。从上下文判断，应该是当时接收蛮族孩子并教他们拉丁语的学校。

宴会，把他们当成逃亡者一样带着骑兵前去追剿，并将他们绑缚着抓了回来。在这出“仿剧”中他做出了夸张的举动。当他回到晚宴之后，有人向他禀告部队已经召集了起来，他便劝他们就这样身披锁子甲入榻享宴。他还用维吉尔那句再著名不过的诗行告诫道：“让他们坚持住，让他们保全自己以待好运来临。”[①] **3** 同时，他因全体元老和人民都未出现而在一份再严厉不过的公告中对他们大发雷霆，因为当恺撒正在危险中战斗时，他们仍沉浸于一时的宴会，仍流连于剧场和心仪的安居之所。

XLVI.1 最后，就好像他有意要结束那场战争一样，当投射器械和攻城器械被架设在大洋的海岸上之后，没有人明白或猜到他到底打算要做什么，就在当时他突然命令大家搜集贝壳并用头盔和长袍装满，还管它们叫“应该献给朱庇特神庙和帕拉丁山的从大洋夺来的战利品”。为了表明胜利，他还树起了一座极高的塔，夜晚从那座塔射出的灯火指引着船只行进的航线，就跟亚历山大里亚灯塔[②]一样。他还允诺给予每名士兵一百德纳里乌斯的赏赐，同时就像他已做到空前绝后的慷慨一样，说道：“高高兴兴地离去吧！腰缠万贯地离去吧！”

XLVII.1 随后他把心思转向了凯旋式。［在凯旋式上被引领出的］除了战俘和逃亡过来的蛮族之外，他还在高卢诸地中把身材极高的人，连同用他自己的话叫配得上在凯旋式上展示的人，以及一些首领都选了出来。被挑出参加凯旋式游行的人，他强迫他们不仅要把头发染成红色，要蓄留长发，而且还要学日耳曼人的话并起蛮族的名字。他甚至命人将他乘着驶入大洋的那艘三桡船运回了罗

---

① 引文出自《埃涅阿斯记》，1，207。——洛布版注

② 原文 Pharos，本意是亚历山大里亚城港口外一座岛屿，公元前 280 年—前 278 年在该岛上修成一座高达约 130 米的巨大灯塔，因此该词也特指这座灯塔。亚历山大里亚灯塔以其宏伟而堪称古代世界的七大奇迹之一。

马，且大部分路程都走的是陆路。他还写信给财务官，要他们准备一场花费尽可能少的凯旋式，但规模却不输给曾经有办过的任何一场——既然他们对所有人的财产都由保有权利的话。

XLVIII.1 在离开行省之前，他策划了一起残暴得无法言表的计划：屠灭那些在奥古斯都故去后曾发动过叛乱的军团，因为他们当时包围了作为统帅的他的父亲日耳曼尼库斯和仍是婴孩的他自己。大家差一点就没能说服他放弃那个冲动的想法，不过却无论如何也无法阻止他坚持执行十一抽杀的念头。就这样，军团被召集到了一起，他们不许携带武器，甚至连剑都不许佩，再由武装起来的骑兵将他们围了起来。**2** 不过，当他看见许多人对事情起了疑心而偷偷溜走拿回武器以防发生暴力之时，他从集会上逃走了，并匆匆赶去罗马城，为了转移涉及其丑陋行径的流言蜚语，他将一切残暴都转向了元老院，还公开对他们进行了威胁。在别的一些事情当中他还抱怨起自己并未得到理应给予的凯旋式，虽然在不久之前他亲自宣布了命令，即不得授予自己任何荣耀，违者甚至要处以死刑。

XLIX.1 于是，就在［返回罗马的］途中，那个最光荣的等级派出使团觐见了他，并恳请他加快行程，他用最大的嗓门说道："我要回去，我要回去，而且带着这个。"边说边频频拍着佩在腰间的剑柄。他还声称，自己这次只是回到那些希望他回来的人（即骑士等级和人民）那里，而元老院将既不再有他这位公民也不再有这位元首。**2** 他甚至还禁止任何元老跑来迎接自己。随后，在凯旋式被取消或被推迟的情况下，在其生日那天他以欢呼式进入了罗马城。［入城后］不到四个月他就死去了，其间他犯下了巨大的罪行，甚至还谋划着某些更大的。因为他曾决定先杀掉元老和骑士两个等级中每一位最出类拔萃者，接着搬到安提乌姆，[①] 然后再迁移到亚历山大里

① 关于此事，请参见本卷 VIII，5。

亚去。**3** 对于任何人来说下面似乎是一件毫无疑问的事：在他的私人物品里曾被发现藏有两本书名不同的小册子，一本叫“剑”，另一本叫“匕首”，两本都写有他决定处死的人的名字和记号。被发现的还有满满一大箱子的各种毒药，据称这些毒药后来被克劳狄乌斯丢进了海里，造成了鱼的死亡，以至于潮水都把这些死鱼拍到了附近的岸上。

L.1 他身材十分高大、肤色白皙、身形走样，他脖子和双腿极细、双眼和两边太阳穴下陷、前额宽阔而令人生畏、头发稀疏、头顶附近光秃，身体的其他部位毛发浓密。因此，当他从一旁经过时，若有人从较高的地方往下看，或者完全不管出于什么原因提及山羊，就会被当成死罪。他的面容着实生得狰狞而又丑陋，为了让自己显得更野蛮，他甚至还会对着镜子扮出各种可怕的表情。**2** 他在身体和心灵上都不健康。在孩子时他就患上了癫痫，年轻时他虽然颇能忍耐，可仍时常伴随突如其来的晕厥而几乎无法行走、站立、集中思路，甚至抬起脑袋。连他都觉得自己的心智不健康，并不断考虑引退以让头脑放松下来。据信，妻子切索尼娅确实给他下过春药，可那药却让他变疯了。**3** 他尤其受到失眠的困扰，因为他夜晚睡眠的时间往往不超过三个时辰，即便在那些时间里都安睡不了，而是会被梦中的异象惊吓到，有一次他似乎梦到了他在与海交谈。因此，夜晚的大部分时间他都一边醒着，一边疲乏地躺着，一会儿起身坐在床榻上，一会儿又漫步于长而又长的柱廊，还习惯于一遍遍地呼唤着、期待着曙光的到来。

LI.1 关于极度自信和与之相反的极度怯懦，我并非没有理由将他身上的两种再对立不过的缺点归因于他心智的不健康之上。因为，这种连众神都全然蔑视的人面对再轻微不过的打雷和闪电仍习惯于闭起眼睛、蒙住脑袋，若是［雷电］变得更厉害时，他通常会从床榻上跳下并躲到底下。西西里旅行期间他在尽力嘲笑发生神迹的地方之后，却对埃特纳火山冒出的烟与发出的轰隆声感到惊慌而突然连夜逃离了墨西拿。**2** 虽然他也对蛮族施加最为严厉的威胁，可当他渡过莱茵河，乘战车在隘路上行军的时候，有个人在说，一旦敌人从哪里出现就会变成一场不小的混乱，在那种情况下他立即上马急速奔回了桥边，当时他发现随军奴隶和辎重正挤满了桥面，他没有耐心等待，于是就让大家用手将自己从人们的头上运到了对岸。**3** 没多久，一听到日耳曼尼亚掀起暴乱的消息之后，他就准备逃跑，还备好了逃跑用的舰船。想到万一［日耳曼人］像当年的辛布里人一样得胜之后占领了阿尔卑斯山脉，或如当年的塞农人一样甚至占领了罗马城，在那种情况下自己将来仍统领有海外诸行省。有了这一种宽慰，他心里才平复下来。我相信，正因此后来刺杀他的人才想到向骚乱的士兵撒下谎言，说他是在接获战败的消息之后受到惊吓而自尽的。

LII.1 他所用的衣服、鞋子，以及其他装束始终都不像乡民和市民同胞穿的那样，甚至都不像男子穿的，事实上连人类穿的都不像。他经常穿着饰有花纹和宝石的斗篷①，外加一件长袖上衣和一副臂环，在公众面前抛头露面。他有时穿丝织的衣服②和女式袍③。他一会儿穿方便鞋或方便靴④，一会儿又穿冲锋靴，有时还穿轻便拖鞋⑤。然而，在许多场合他显现的形象却是：金色的胡子，手执闪电或三叉戟或节杖这类众神的象征物⑥，甚至还有维纳斯的装束。他还时常

---

① 原文 paenula 一词指一种在旅途和雨天穿的长外套。

② 男子禁穿丝织的衣物。参见塔西佗的《编年史》，2，33。——洛布版注

③ cyclas 指的是一种妇女穿的带金色和紫色饰纹的长袍。——洛布版注

④ 原文为 crepida 和 coturnus，两者指的应该都是一种除了厚鞋底之外都由结绳制成鞋帮的方便拖鞋或中筒靴。区别可能是前者更轻便简洁，鞋帮低一些；后者的鞋帮高一些。

⑤ 原文 soccus 指的是一种带皮革鞋帮而不是用结绳绑住脚的拖鞋。

⑥ 手执闪电的是朱庇特，手执三叉戟的是尼普顿，手执节杖的是墨丘利（Mercurius）。

在出征前就身穿凯旋式的装束，有时甚至还穿上从亚历山大大帝的棺材中取回的他的胸甲。

LIII.1 至于博雅之艺，他极不注重文学方面的学习，却极其看重口才方面的操练，且随时都能脱口而出，特别是在对某人横加控诉的场合。因为在他生气时就会言语自如、表达通畅，他进行宣讲和发表演说时会由于激动而无法伫立一处，并且站在远处的人都能听见。**2** 当他打算亮出结论的时候，他会以威胁的口吻说道，自己将拔出晚上打磨好的标枪，他如此蔑视优美文雅的写作风格，以至于说当时极受欢迎的［小］塞涅卡“只是在像做习题那般”进行写作，并且“是没掺石灰的沙子”。他惯常对一些演说家成功的诉讼状写反驳状，还针对在元老院受审的重要被告写起诉状和辩护状，并且仅仅根据文笔就决定是毁掉对方还是支持对方，同时他还发布公告邀请骑士等级前来旁听。

LIV.1 此外，他还怀着万般热情操练门类极不相同的其他诸种技艺：色雷斯斗士［的角斗术］和赛车手［的驾车术］，同样的还有歌咏者［的唱歌术］和舞蹈者［的跳舞术］。他常拿实战武器进行搏斗，在建于多地的椭圆形竞技场内驾驶赛车，他常在唱歌和跳舞上投入如此多的热情，以至于即便在公共演出时他都无法克制要和正准备唱诵的悲剧演员一同歌唱，并且公然模仿起演员的一举一动，同时还提出赞许或加以纠正。**2** 就在他离世的那一天，似乎仅仅为了利用那个能方便登上舞台的时机好让自己首次献演，他就宣布举行通宵演出。另外，他还不时在夜晚跳起舞来，一次他在晚上的二更时分[①]派人把三位与执政官等衔者召入宫里，当他们怀着巨大甚至极度的恐惧被

① 古罗马时代，罗马城一个晚上（从日落至日出）须由四班士兵轮流值夜以巡视城防，因此一个晚上就以守夜士兵的值班时段分成四个更（vigilia），二更时分相当于上半夜临近午夜的时候，等同于今天的夜晚十点过后至十二点左右。

他安排登上舞台之后，他随后在一阵巨大的骨笛声和鸣踏鞋[①]的声响中，穿着女式裹袍和长及脚踝的短袖袍，突然间就冲了出来，伴着歌声演了段舞蹈后就离开了。此人虽习得那么多的技艺，却不会游泳。

LV.1 对于那些他真正倾心热爱的，他都由爱变成了狂。他常亲吻仿剧演员姆内斯特，即便是在演出现场，而若在对方跳舞的时候有谁发出哪怕轻微的响声，他都会命人将其拖走，然后亲自动手鞭打。一位罗马骑士因发出喧嚣，他就派了一名百人队队长命令其立即出发去奥斯提亚，然后再去毛里塔尼亚给托勒密王送去自己的信件，其中的内容是："我派到这里来的这个人，你对他既不要做什么好事，也不要做什么坏事。" **2** 他让一些色雷斯斗士掌管日耳曼人贴身护卫。他减少了鱼盔斗士的武器装备。虽然［鱼盔斗士］科伦布斯成了胜者，可仍受了轻伤，他就在其受伤的部位加了毒药，还以此称那种毒药叫"科伦布斯之毒"，这样的名字至少在他写的［毒药名录里］被发现与其他的毒药列在了一起。他如此热爱、如此忠诚于绿队[②]，以至于经常在他们的马厩里吃晚饭和过夜，并在一场餐宴上赠予车手尤提库斯两百万塞斯退斯的赏赐。**3** 在举行竞技比赛的前一天，为了不打扰马匹"驰骋王"[③]休息，他往往让士兵到附近街区吩咐［那里的居民］保持安静，除了大理石制的马厩、象牙制的饲料槽、紫色的马具和宝石制的项圈之外，他甚至还赠予它一栋房子并配备佣人和家具，以便能更体面地招待以它的名义受邀而来的人，还有人称他曾决定让它当执政官。

---

① 原文 scabellum 指的是一种通常由演员穿的鞋子，那种鞋的鞋底是加厚或双层的，并带有夹层，夹层内放入能发出声响的金属片，因此人穿上它走路时就会发出声音。

② 古罗马时代的赛车手在参加比赛时根据服饰的颜色分成绿、蓝、红、白四队进行角逐，观众们会分成不同阵营为各自支持的队伍助威加油。

③ 原文 incitatus 指"驰骋者""疾速者"。

LVI.1 由于他这般放纵嬉闹的行径，确有许多人对他起了歹意。不过，在一两宗阴谋遭败露之后，其他的阴谋策划者因时机未成熟而踌躇不决，就在那时有两个人协力做成了这件事，而且那是在最具权势的被释奴和近卫军长官的默许下达成的。虽然此前关于他们涉嫌参与某项阴谋的指控是假造的，可他们仍觉得自己受到了猜忌和憎恨。因为他曾将他们带到一旁，一边拔出剑一边宣称，若在他们看来自己死有余辜的话，那他就会自杀，这给他们招致了巨大的恨意。从那时起他便不停地对他们中的一个人控告另一个人，并让他们所有人都变得不和。**2** 帕拉丁赛会对他们来说是下手的好机会，当他正午时分离开赛场之际，近卫军大队的军事保民官卡西乌斯·凯莱阿主动承担起了重要的责任，因为盖乌斯爱奚落这位年纪颇大之人，并惯于用尽一切侮辱手段指责对方既柔弱又女气：当［卡西乌斯·凯莱阿］询问起口令的时候，他给出的是“普里阿波斯”① 或“维纳斯”；当［卡西乌斯·凯莱阿］出于某种缘故向他致以谢意的时候，他伸出一只手让对方亲吻，同时还做出猥琐的手势。

LVII.1 曾出现过多个征兆预示他将遇害。此前由他下令分割成块后运往罗马的奥林匹亚的朱庇特神像② 突然就迸发出如此响亮的耻笑声，以至于脚手架都散落了下来，工人们四散而逃。接着，出现了某个名叫卡西乌斯的人，他声称自己在梦里受命向朱庇特神献祭一头公牛③。**2** 卡普阿的朱庇特神庙在三月十五日④ 被从天而降的闪

---

① 在希腊神话里，普里阿波斯（Priapus）是家畜、果树、园圃，以及男性生殖器的保护神，该神的突出形象是总带着一根时刻勃起着的巨大阳具。

② 关于卡里古拉把奥林匹亚的朱庇特神像运回罗马，请参见本卷 XXII，2。

③ 祭祀朱庇特神的祭品需是一头洁白的公牛。关于此事，请参见佐西莫斯，II，VI，1：“而在朱庇特的祭台上要奉献雪白的公牛作为祭品，且须在白天而非夜晚：因为天界众神只接受白天祭献的供品。”

④ 尤利乌斯·恺撒遇害的日期也在三月十五日。关于此事，请参见《被奉为神的尤利乌斯》，LXXXI，4。

电击中，罗马帕拉丁山［宫殿］管家的房间也同样［被闪电击中］。有人依据两种征兆中的［后］一种做出推断说，这预示着主人有被护卫们谋害的危险，又依据［前］一种做出推断说，与曾在相同日子遇害的那位人物一样显赫的另一个人也会遇害。当他以自己的生辰问卜时，占星家苏拉也宣布道，再确信不过的杀戮正在逼近。**3** 安提乌姆的命运女神神谕也告诫他要当心卡西乌斯，因为这个缘故，他就颁令处死时任亚细亚总督的卡西乌斯·朗吉努斯①，却忘记了凯莱阿的族名也叫卡西乌斯。就在他遇害的前一天，他梦见自己站在天上朱庇特的御座旁，然后被朱庇特用右脚大脚趾踢到，一头栽倒到了地上。就在他遇害当天，在事发前不久发生的一些事也被当成了征兆。**4** 在进行献祭的时候他被火烈鸟的血沾到了；仿剧演员姆内斯特跳起了悲剧演员尼奥普托勒姆斯曾在马其顿王腓力②被杀的庆典赛会上表演过的那出悲剧；在一出名叫《［马贼］佬勒奥卢斯》的仿剧中，那位主演在上演逃跑时倒地吐了血，多位场后临演者③为争相表明自己精于此道就在舞台上弄得到处是血；当时还在排练一场由埃及人和埃塞俄比亚人上演的内容与冥界有关的夜戏。

LVIII.1 一月二十四日，在近第七个时辰时，他犹豫着要不要起身去吃午饭，因为前一天吃的食物还未消化完，胃里还不舒服着，最后在朋友们的劝说下他才离开。那时一些从亚细亚召来登台献演的高贵男孩正在他要通过的那条通道里排练着，他驻足观看了排练并对他们加以鼓励，随后若非那群人的首领说自己着了凉的话，他就真想返回并让他们立马开演了。**2** 由此往下的事情有两个版本。

---

① 即盖乌斯·卡里古拉的妹妹德鲁西拉的合法丈夫。关于此人，请参见本卷 XXIV，1。

② 马其顿国王，公元前 359 年—前 336 年在位，亚历山大大帝的父亲。

③ 拉丁文 secundarum partium 指的是那种在演出结束后为娱乐观众而模仿明星剧中演技的演员。——洛布版注

一些人称，趁他和男孩们谈话之际凯莱阿从背后靠了过来，并用剑奋力刺向他的脖子，同时大喊道："动手吧！"[①]于是，阴谋参与者中的另一位、保民官科尔涅利乌斯·萨宾努斯从正面刺入了他的胸部。另一些人则称，一起参与阴谋的百人队队长驱离人群之后，萨宾努斯按军中习惯询问口令，当盖乌斯给出"朱庇特"一语时，凯莱阿大呼道："如你所愿！"[②]并趁其回头张望之际，一剑劈在了下巴上。**3** 就在他躺倒在地，四肢扭动着，大喊自己仍活着之时，其他人补了三十刀将其毙命。因为四面八方只有一种声音："再来一下！"甚至有些人把武器捅入了私处。在骚乱开始之际，肩车舆夫曾赶来用车杆施以援助，很快日耳曼人贴身护卫也赶来救援，他们杀掉了几名刺杀者，也杀了一些无辜的元老。

LIX.1 他活了二十九年，掌国三年十个月又八天。他的尸体被秘密运入了拉米亚园，随后放到匆匆搭建起来的火葬堆上火化，却未焚化殆尽就被埋入了一层不厚的草皮下面，到了后来［这具遗骸］才被从流亡中返回的妹妹掘起，经彻底焚化后葬入了陵墓。众所周知的是，在这么做之前，［拉米亚］园的守卫们曾为鬼魂所扰，而且在他遇害的那座屋子里也没有一个晚上不出现可怕的东西，直至屋子本身在大火中被烧毁为止。其妻切索尼娅随他一同被杀，她是被一位百人队队长用剑刺死的，其女儿则被摔死在了墙上。

LX.1 无论谁都可以借下列之事对那个时候的情况做出一番评判，即：他遇害的消息流传出去之后，大家没有立刻相信，而是怀疑那是盖乌斯本人捏造出来的遇害谣言，散布出去以刺探人们对他

---

① 为祭祀仪式用语的一部分。负责宰杀的陪祭司举起斧子的时候会问"Agone?"，即"我要动手（指'敲下去'）吗？"祭司则作如此回答："Hoc Age."——洛布版注，有删减

② 另一句固定的标准说法"实现你的征兆"，指的是提到了朱庇特，而朱庇特是雷神和暴毙之神。——洛布版注，有删减

的想法。阴谋者对谁来取得大权没做出决定，而元老院对恢复自由是如此毫无异议，以至于［两位］执政官最先召集元老院会议时并非是在元老院议事堂（因为那地方被称作尤利乌斯议事堂），而是在朱庇特神庙，并且也确有一些元老提出了建议，要抹除诸位恺撒的记录并摧毁［他们的］神庙。此外，人们还发现并评论道，从一开始秦纳时代就被杀的那位[①]算起，所有首名叫“盖乌斯”的恺撒都是被武器杀死的。

① 盖乌斯·尤利乌斯·恺撒·斯特拉波（Gaius Iulius Caesar Strabo）被杀于公元前 87 年。但其独裁官父亲却是自然死亡的，还有奥古斯都的外孙盖乌斯·恺撒也是自然死亡的，请参见《被奉为神的奥古斯都》，LXV，1。——洛布版注

被奉为神的克劳狄乌斯

I.1 克劳狄乌斯·恺撒的父亲德鲁苏斯曾经的首名叫德西姆斯，后来叫尼禄，他是有孕在身的李维娅在与奥古斯都成婚之后不满第三个月时生下的，于是就有人怀疑他是由那位继父经通奸后怀上的。这句诗的确很快就流传了开来：

天命之子，怀胎三月而出世。

2 这个德鲁苏斯在财务官和裁判官任上时，先是雷蒂安战争中接着又是日耳曼尼亚战争中的统帅，在罗马人的将领当中，他史无前例地航行到了北方之洋[①]，并在莱茵河的对岸耗费巨大劳力动工开凿出了几条运河，从那时起直至今日这些运河都被冠以德鲁苏斯的名字。即便在多次击败敌人并将他们赶到大陆深处的蛮荒之境以后，他都没有停下追击，直至出现一个身形大于人类的蛮族妇女的形象操着拉丁语禁止这位得胜者继续前进下去为止。**3** 出于上述战绩，他获得了佩戴凯旋徽记并举行欢呼式的权利。裁判官卸任后，他即

① 今北海。

刻当上了执政官并重新踏上了征程，却在夏营里因病而辞别了人世，那地方因此被称作“煞营”。他的尸体由市镇和殖民地中的头面人物运到了罗马城，在路上受到了一群书记员的迎接，随后葬在了战神平原上。军队还给他另外树起了一尊纪念碑，在那之后士兵们每年都会在固定的日子绕着那个碑举行绕行式，而高卢诸地的城市则［在那一天］举行公众祈祷式。除了其他诸多荣耀之外，元老院还颁令授予他一座位于阿皮亚大道的带记功柱的大理石拱门，并让他的后裔保有日耳曼尼库斯的尾名。**4** 另外，据信，他既渴望获得荣耀，又注重遵纪守法。因为，除了克敌制胜以外他还谋求取得最杰出的战利品，于是他常常冒着危险奔袭在整个战场追击日耳曼人的首领。他不曾掩饰过，只要自己有权力就会恢复国家古时的状态。我觉得，正是出于这个缘故，有些人才敢声称，他受到了奥古斯都的猜忌而把他从行省召回，由于他耽搁不行，便遭到了毒杀。**5** 我提及此事与其说出于我相信那是真事或近似真事，还不如说我不想使这种说法不为人知，因为，事实上奥古斯都在［德鲁苏斯］在世时是那么地喜爱他，以至于总将他和［两个］养子一起并称为［自己的］共同继承人，正如他曾经在元老院宣称的那样。［德鲁苏斯］死后［奥古斯都］在集会上对他进行了如此的赞颂，以至于祈祷起众神让自己的［两个养子］恺撒都能像他一样，并且在自己离世时［众神］也能给予自己他死时给予过他的那般的荣耀。［奥古斯都］不满足于在其墓碑上刻下自己写的诗歌作为墓志铭，还写了一篇散文以追忆他的生平。**6**［德鲁苏斯］和小安东尼娅生了多个孩子，却一共只有三个活了下来，即：日耳曼尼库斯、李维拉、克劳狄乌斯。

II.1 克劳狄乌斯生于吕格杜努姆，日子是在尤卢斯·安东尼和费边·阿非利卡努斯出任执政官的那一年①的八月一日，那一天

① 根据执政官列表，那一年是公元前 10 年。

也是那个地方第一次给奥古斯都奉献祭坛的日子，他被称为提比略·克劳狄乌斯·德鲁苏斯。后来，当他哥哥[①]被过继入尤利乌斯家族之后，他得到了日耳曼尼库斯的尾名。不过，当他还是孩子时就失去了父亲，并且在几乎整个儿童和青年时期都遭受到多种顽疾的折磨，以致人们觉得他无论长到几岁，其心灵还有身体都缺少活力，无力处置公私之事。**2** 甚至在他过了需要监护人的年龄之后，仍有一段时间处于他人的教导和管束之下，对那个人他曾在小册子里抱怨对方是个蛮族，而且曾经管过骡子，被调过来管自己明显是为了无论出于何种缘故他都能用尽可能严厉的态度责罚自己。同样因为他体弱多病，在他和哥哥为纪念父亲而举办角斗士比赛时，他还不同先例地穿着裹袍主持赛会。就在他穿上成人托袈袍的那一天，约莫午夜时分，他被一辆肩舆抬入了朱庇特神庙，并未根据仪式要求［由亲朋好友陪护着］。

III.1 他从最初起就对文学方面的学问产生了不小的兴趣，还时常逐一发表他试写的文字。即便如此，他都丝毫无法得到职位，也无法让自己对拥有更加幸福的未来抱有任何希望。**2** 母亲安东尼娅常称他为"人类中的怪种，一个自然让其开始却未让其完成的怪种"。如果她责怪某人木讷就常说"他比自己的儿子克劳狄乌斯还要呆"。他的祖母奥古斯塔始终以再鄙视不过的态度对待他，甚至都不怎么和他说话，对他进行告诫时也通常只是写下一句严厉而简短的话或通过使者来传递。当姐姐李维拉听说他有朝一日将取得大权之后就公开且大声地咒骂起罗马人民承受了多么残酷、多么可悲的命运。最后，为了更清晰地展示继祖父[②]奥古斯都对他持有什么好的

---

① 即《被奉为神的奥古斯都》，XXXIV，2 里提到的那个日耳曼尼库斯。

② 原文 avunculus maior，指的是母亲那方的上一代男性亲戚。实际情况是克劳狄乌斯的祖母李维娅在生下了克劳狄乌斯的父亲德鲁苏斯之后与奥古斯都成婚，所以奥古斯都与克劳狄乌斯并无血亲关系，只能算是继祖父。

和坏的态度，我列出从其本人的书信中摘选出的一些内容：

IV.1“我的李维娅，正如你吩咐过的那样，我已与提比略谈到了应该在玛尔斯庆典赛会上为你的孙子提比略［·克劳狄乌斯］做点什么。而我们两个都一致认同的是，我们应该一次就定下在他身上采取何种态度。因为如果他是个完整的人（用我的话说是健全的人），那么我们就按照和他哥哥受到提拔时经历过的相同的官阶顺序来对他进行提拔还有什么疑问呢？**2** 可要是我们知道他并不健全，而且在身体和心智上都不强健的话，我们就不该弄出受人耻笑的机会，也不该把他和我们暴露在惯于苛责和嘲笑这类事的人们面前。事实上，对于是否能让他担负起那样的显官要职，如果我们今后每次遇到这种场合就再从长计议，而非早早就打定了主意，我们始终都会处于苦恼状态。**3** 虽然如此，可你问起现在这桩事情，如果他允许亲戚希尔万努斯的儿子向自己提出建议，以免会干出什么丢人现眼、遭人耻笑的事的话，我们对他在玛尔斯庆典赛会期间负责祭司的餐食并不表示反对。我们不接受的是，他在元首包间里观看竞技比赛，因为当他出现在观众眼前的时候就会引起注意。我们不接受他在拉丁庆典期间进入阿尔巴山[①]或待在罗马。因为，若他能够随自己哥哥一起进入［阿尔巴］山的话，那为什么不被选上罗马市长呢？**4** 我的李维娅，你知道我们的观点了，我希望能一次就把一切都解决掉，以免令我们始终在希望和担心间摇摆不停。另外，若是你愿意，就可把信的这一部分交给我们的亲戚安东尼娅读。”还有另一封信：**5**“你不在的时候，我确实将邀请年轻的提比略［·克劳狄乌斯］每天共进晚餐，以免他独自与自己的苏尔皮西乌斯和阿特诺多鲁斯一起享用晚餐。我希望他能更聪明一点（而不是没头脑

---

① 关于阿尔巴山和拉丁庆典，请参见《被奉为神的尤利乌斯》，LXXIX，1及注脚。

地）替自己选一个人以模仿其举止、穿着、步态。此人不得天助、令人同情，因为，在重大事情上，当他把心思集中起来的时候，其秉性里的高贵仍足以显示出来。”同样，还有第三封信：**6**“如果你的孙子提比略［·克劳狄乌斯］在发表演讲时能让我感到满意，如果这不让我感到吃惊的话，我的李维娅啊，就让我去死吧。因为，我没看到有哪个讲话思维如此混乱的人能在演讲时把该说的都说明白。”**7** 在这之后，毫无疑问奥古斯都会做出什么样的决定。除了鸟占祭司的职位之外［奥古斯都］再未给他留下任何荣耀，而且只把他列在了第三顺位继承人当中，［若他能继承遗产就］与那些差不多是外人的人一样分得六分之一的遗产，那种情况下［奥古斯都］留给他的遗赠也没超过八十万塞斯退斯。

V.1 他的伯父提比略在他提出谋求官职时就给了他执政官的徽记，不过当他急切要求得到真正的官职时，［提比略］仅仅在书写板上写下答复说，自己已经在农神节期间给他送去了四十枚金币了。最后，［克劳狄乌斯］舍弃了一切当大官的希望而一头栽进了赋闲无事当中。他时而蛰居在园圃和郊区的屋子里，时而居于坎帕尼亚的引退之处，并且由于和最卑微的人物为伴，除了早前就有的出了名的懒散之外，他还染上了酗酒和赌博的恶名。其间他虽这副德行，可始终不乏来自个人的关注和来自公众的敬意。

VI.1 骑士等级两次选他充当使团的庇护人以代表他们传达意见：第一次是［骑士等级向两位］执政官提出，要用自己的臂膀将奥古斯都的尸体运到罗马；[①] 第二次是在塞雅努斯垮台之后，他同样被派去向［两位执政官］致以祝贺。还有，在他来到赛场的时候，［骑士等级］通常会起身并脱下短披风。**2** 元老院也做出决议：在抽签选择的规矩之外再增补他为奥古斯都祭司团的一员，随后当他的屋子

① 关于此事，请参见《被奉为神的奥古斯都》，C，2。

毁于大火之后，又拨公款给他进行重建，并且还让他保有［在元老院里］和与执政官等衔者一起发表意见的权利。提比略以其健康不佳为由取消了最后一项法令，还承诺会自掏腰包来弥补［屋子被毁的］损失，因而也取消了第二项法令。[①] 虽然［提比略］也给了他大约两百万塞斯退斯的遗赠，并做出交代，把他连同其他列名的亲属一同托付给军队、元老院和罗马人民，可在临死时还是把他列在了第三顺位继承人之列，［若他能继承遗产就］分得三分之一的遗产。

VII.1 在其侄子盖乌斯的统治下，由于［盖乌斯·卡里古拉］在统治之初想尽一切方法来博取好感，于是［克劳狄乌斯］取得了显官要职，并和［盖乌斯·卡里古拉］一起当了两个月的执政官。当他第一次偕同执法西斯的扈从踏入罗马广场的时候，一头鹰正好飞了过来，落在了他的右肩上。到了第四年，他抽到了签，再次出任执政官，[②] 且数度接替盖乌斯主持赛会，人民有的欢呼道："发号施令者的叔叔幸福！"有的欢呼道："日耳曼尼库斯的弟弟幸福！"

VIII.1 可这丝毫没让他摆脱掉接二连三的冒犯。譬如，若他比预定时间稍微晚一点前来吃晚饭的话，就只能跑遍餐厅才最后费力地找到空位置，而每当他在饭后打起盹时——这在他身上经常发生——就会被人扔橄榄和枣子，有时还会被弄臣们像在庆典赛会上表演一样用棍棒或鞭子弄醒，他们还往往趁其打鼾时把便鞋套到他手上，以便在他突然醒来后可能会拿那东西擦自己的脸。

IX.1 然而，他也不乏面临真正危险的时候。第一次就在他出任

① 此句并非直译，为便于读者理解，译者把元老院的决议翻译成了三项。而根据原文，其中的第二和第三项法令内容中间并无连词分隔，在语法上可以视作一项法令，因此此处提比略取消的后一项法令（所用代词为 quod）实际指的是第二和第三项法令。

② 盖乌斯一次任命多人担任执政官，因此大家就通过抽签来决定那一年该由谁获得那个职位。——洛布版注

执政官时，因为他在承办设置恺撒的哥哥尼禄和德鲁苏斯的塑像时耗费了太多时间，差点儿就为此被罢了官；接下来，他不断遭到外人甚至家人的各种各样的攻击；再者，当雷必达和杰图利库斯的阴谋①败露之后，他与［其他］使者一起被派往日耳曼尼亚［向元首］致以祝贺，那时他甚至遇到了生命危险，因为盖乌斯对从众人当中选了叔叔到自己这里感到气恼和愤怒，就好像对方是来教导孩子一样，他气愤到了这般地步，以至于一些人说，［克劳狄乌斯］刚一到，还穿着衣服，就被丢进了河里。**2** 此外，从那时起，在元老院里他永远都排在执政官等衔者的最后一个发表意见，并且出于羞辱，向他征询意见也排在一切人的后面。一份带有克劳狄乌斯本人签名的遗嘱竟被认定是伪造的。最后，为了能履行新祭司②之职，他被迫支付了八百万塞斯退斯，这让他的家产陷入了这般窘境，以至于都无法偿付拖欠国库的债务，③结果根据长官们颁布的法令，他的财产遵照《售卖法》遭到了拍卖以弥补国库的亏空。

X.1 当他在上述状况下度过了极其漫长的一段生涯之后，就在生命的第五十年出于十足的偶然他取得了最高权力。当盖乌斯的刺杀者借口他［元首］希望独处而屏退了众人之后，［克劳狄乌斯］也和其他人一起被赶走了，并退到一间名叫埃尔麦乌姆的房间。不久之后，刺杀的流言传到，他在惊吓中爬到了最近的阳台，并藏身于垂挂在门前的帘布中。**2** 一个普通士兵在巡逻之际正巧注意到［一双露出的］脚，正想询问那到底是谁，［士兵］把躲在那里的人拉了出来并认出是他，当他在恐惧中跪倒下来之时，［士兵］则以元首之

① 前文曾提及关于埃米利乌斯·雷必达的阴谋，请参见《盖乌斯·卡里古拉》，XXIV，3。

② 关于新祭司之职，请参见《盖乌斯·卡里古拉》，XXII，3。——洛布版注

③ 为了担任新祭司职务的履职费用，他曾向国库借款，并用家产做出担保。——洛布版注

称向其致敬，随后［士兵］把他领到了当时仍处在踌躇不前和暴躁不安中的其他战友那边。他被他们送上了肩舆，由于他自己的肩舆车夫都逃散了，他们便轮流抬车将痛苦和不安中的他送入了营地，路上群众都怜悯他，就好像他是要被抓去处刑的无辜者一样。**3** 进入营垒里面，他在士兵的看守下度过了一个晚上，与［对自己能活下来的］信心相比，他［对自己称帝］仍非常不抱希望。因为［两位］执政官偕全体元老和罗马保安队已经占领了罗马广场和卡庇托山，并打算要保卫共同的自由①。当他本人受平民保民官之邀，须赴元老院议事堂发表看法之时，他答复道，自己身陷武力和困境之中而无法脱身。**4** 可到了第二天，由于不同政见者的喋喋不休的争执，元老院一再推迟执行［保卫共同自由的］计划，而聚集在元老院周围的大批人却要求由一人充当统治者，还点了［克劳狄乌斯的］名，那时他才允许武装起来的［士兵们］在集会上对自己的族名宣下誓言，还许诺赠给每人一万五千塞斯退斯，在诸位恺撒当中以犒赏收买士兵忠诚者他是第一个。

XI.1 待统治稳固之后，他认为首要之事是要把这两天的记录抹除掉，因为在这段时间里人们曾考虑过改变国家的形式。于是，他批准法令，一律赦免那段时间各人所做的行径和所说的言论，并且永远都不会提及，而除去阴谋刺杀盖乌斯的参与者中只处决了为数不多的几位保民官和百人队队长之外——这一方面是为了以儆效尤，另一方面还因为他意识到他们曾有意要杀死自己——他都是照此奉行的。**2** 从此，为了回到对家人忠诚的义务上，他把以奥古斯都之名起誓作为其再神圣不过、再常用不过的宣誓方式。他颁授给祖母李维娅神圣的荣耀，并在竞技比赛的仪仗队中安排用象车载着她的肖像，就和奥古斯都的一样。他为双亲举行公共祭奠，此外还每年

---

① 指通过恢复共和国。——洛布版注

在父亲生日那天举行竞技比赛，并将母亲［的肖像摆在］二轮马车上穿过赛场，还授予她奥古斯塔的尾名，虽然她生前拒不接受。为了纪念哥哥，他抓住一切机会给予其荣耀，在那不勒斯举行体育比赛[①]时上演一部［由他哥哥创作的］希腊喜剧，还根据评委们的意见授予［该剧］桂冠。**3** 他直到［外祖父］马可·安东尼也得到荣耀并获得赞扬时方才罢休，有一次他还以公告的形式宣布，自己十分强烈地恳请大家能为父亲德鲁苏斯的生日举行庆祝，因为同一天也是自己的外祖父安东尼的生日。他建成了庞培剧场附近的献给提比略的大理石拱门，那工程当初是由元老院颁令建造的，后来却被弃之不顾。虽然他还废除了盖乌斯的一切法令，却拒不将对方的遇害日列入节日之中，即便那一天也是他自己开始成为元首的日子。

XII.1 然而，谦逊有礼的他对为自己冠上“发号施令者”的尊名推辞不受，还拒不接受过度的荣誉。他女儿的订婚和外孙的生日都是在低调中进行的，而且只举行家族内部的仪式。若没有元老院的首肯，他从不召回任何流亡之人。当他要让近卫军长官和军事保民官随自己一起进入元老院议事堂时，当他要批准自己的行省代理人的庭审决定时，就向元老院提出请求以获得特权。**2** 他向［两位］执政官提出请求以获准在其私人土地上开设市集。在长官们展开法庭调查时他通常只以一名咨询者的身份出现，而当同样这些人举办竞技比赛时他便和其他众人一同起身，用欢呼和鼓掌表达敬意。当平民保民官来到他的审判台前的时候，他向他们致以了歉意，因为地方不够宽敞［而审判台又太过高大］，如果他们不站起来的话，他就无法听到他们说话了。**3** 因此，他在很短的时间内就博得了那么广泛的爱戴和支持，以至于有消息传来说他在出发前往奥斯提亚时

① 参见《被奉为神的奥古斯都》，XCVIII，5。这出喜剧无疑是由日耳曼尼库斯创作的，参见《盖乌斯·卡里古拉》，III，2。——洛布版注

路遇伏击而死，在那种情况下人民掀起了巨大的动乱，他们既把士兵当成是背叛者，又把元老院当成是弑君者，不停地用恶毒的诅咒向他们发起攻击，直至一人、两人，接着是许多人被长官们送上了宣讲坛，作证他仍安然无恙且正［往罗马］赶来为止。

XIII.1 虽然如此，可他一直以来并非未经历过阴谋暗算，而且受到的攻击既有来自个人的，又有来自阴谋的，最后还有出自内战的。半夜在他的卧室附近抓到过一个携带匕首的平民；两位骑士等级者被人发现正在公共场所等候他：其中一位趁他走出剧场时准备杖剑冲上去，另一位趁他在玛尔斯神庙献祭牺牲时准备使用猎刀。**2** 另外，演说家波利奥和梅萨拉的孙辈伽卢斯·亚细尼乌斯和斯塔提利乌斯·科尔维努斯曾在多名自己的被释奴和奴隶的参与下阴谋策划过革命。达尔马提亚总督弗里乌斯·卡米勒斯·斯科里波尼亚努斯发动了内战，不过五天之内就被镇压了下去，因为变更誓言后的军团出于下列超自然的原因而改变了态度：当他们宣布向新的发号施令者进发之后，恰恰就在那时鹰旗无法被缀上饰品，军旗也无法被拔起并移动。

XIV.1 除了最初的那次之外，他还当过四次执政官：其中的第一次和第二次是连续出任的，接下来的［两次］每次相隔四年，[①] 最后一次当了六个月，其他几次都是两个月。另外，第三次时他接替的是过世者的位置，而对元首来说这是没有先例的做法。无论身为执政官还是卸去官职之后，甚至在他自己和自家人的生日时，有时竟还在传统节日和出现凶兆的日子里，他都极其尽心尽责地主持案件的审理。他并非始终遵照法律条文断案，而是依据自己对善良和公平的理解，对诸多判罚过重或过轻的案件做出了适当调整。譬如，

① 根据执政官列表，克劳狄乌斯后四次出任执政官的年份分别是：公元 42 年、43 年、47 年、51 年。

当一些人因在民事审判官面前提出比法律规定的更多的索求而败诉时，他允许对这些人的案子进行重审，而若是那些被判犯下较重罪行者，他则施加比法律规定的更严厉的刑罚，判处他们与野兽决斗。

XV.1 可是，在审理和判决时他却心性变化无常，时而小心谨慎，时而莽撞冲动，有时还像疯子似的干出蠢事。在审查裁决委员会成员时，有一人本可以因子女［众多］而免于担任裁决委员会成员，却因热衷于审判而未加以说明，他便取消了对方的资格；还有一人，在受到反对者的质疑，说他自己还有一桩诉讼［尚未解决］时，此人拒不承认那是桩需要［由元首来］调查的案件，而是普通的案子，那时他强迫对方立即在自己面前对该案做出陈述，因为在一桩涉及自身的官司中的表现将看出此人在另一桩官司里会是一位怎样公正的裁决者。**2** 当一名妇女拒不承认自己的儿子，且双方证据又相互抵触之际，他颁令让她嫁给那名年轻人，以此方式迫使她供出了事实。只要有一方缺席审判，他就不顾当事人是出于过错还是某种不可抗力导致其未到场，毫不犹豫地判到场一方获胜。当有一个人喊出应该砍掉某位犯下伪造文件罪的人的双手之后，他就派人敦促刽子手立刻携行刑刀具和垫座前来。在一桩涉及外邦人身份的案子里，当事双方围绕一件无关紧要之事——即此人［庭审时］应该穿托袈袍还是裹袍[①]——展开了辩论，他便下令让对方在受到控告及进行辩护的不同场合反复变换着装，以此显示自己的不偏不倚。**3** 甚至，据信在某桩官司里他事先在书写板上写下了这样的决定，自己判说出真相的那些人获胜。下列事迹使他的名誉受损害，以至于到处都遭到公开的蔑视。一名证人经他［克劳狄乌斯］传唤后却拒不从行省赶来，他为此请求获得原谅；这个人说他无法到庭，却一直对其原因遮遮掩掩，最后经长时间的盘问后，那人说道："他

① 只有罗马公民才有权穿托袈袍。——洛布版注

已死，我认为［这个理由］成立。”另一个人因他允许其为被告进行辩护而致以谢意，当时此人还补充道：“然而，这么做是惯例。”我还常听上了年纪的人说起这件事，一些讼师惯于滥用他的耐性到了这般地步，以至于在他离开审判台时，他们不但扯着嗓子叫他回来，还抓住托袈袍的边角（有时抓住他的脚）不让他走。**4** 为了不让谁对上述事情感到吃惊，［我还补充一事,］一位希腊讼师曾在争辩中无意丢出一句：“你又老又糊涂。”还有一件众所周知的事是，一名罗马骑士受控对妇女做出不三不四的行为，不过那是其不择手段的敌人捏造出来的罪名，当［这名骑士］看到妓女受雇来对他做出指证，而且证言又被听信之后，就一边大骂［克劳狄乌斯］愚蠢、野蛮，一边随手抄起铁笔和书写板，对着他的脸掷了过去，以至于都把他脸颊擦出了重伤。

XVI.1 他还取得了从普朗库斯①和保罗②担任监察官之后便长期中断的监察官之职，不过在担任该职时无论就心性还是行为来说，他都是前后不一、变化多端的人。在对骑士身份进行审核时，只因一名年轻人的父亲声称自己对他［儿子］极其满意，［克劳狄乌斯］就放过了这个劣迹斑斑之人，未记下其任何恶行，并说道，此人有自己的监察者。另有一个顶着腐败和通奸恶名的人，他除了告诫对方不要太沉溺于年轻姑娘，或者做事要更谨慎周全之外，外加一句“因为，我有什么必要知道你的情妇是谁呢”，就没再做过别的什么了。当在熟人的恳求下他去掉了加给某人的监察官标记③之后，他说道：“虽然如此，可得把修改的记录留下。”**2** 一位希腊行省的有名望的头面人士因不懂拉丁语，他非但将其从裁决委员会成员中去除

① 即《被奉为神的奥古斯都》，VII，2 中提到的那位穆纳奇乌斯·普朗库斯。

② 即《被奉为神的奥古斯都》，XVI，3 中提到的那位埃米利乌斯·保罗。

③ 若有人在普通法庭被判犯有某项罪行，而且此人也已经遭到了处罚，那么罗马监察官可以给此人加上标记以显示其带有恶名。

了，还把他的身份降为外邦人[①]。若非由本人亲口尽其所能地说出，而非借助于应诉人，否则他不许任何人陈述生平。他给许多人加上了［监察官］标记，一些人还出乎意料地受到新奇的指控：他们没知会过他并获其批准就离开了意大利；某个人只因在行省当了王的同伴，他就援引起一桩古时的案例，当时拉比里乌斯·珀斯图姆斯为收回借款而随托勒密［十二世］一同进入了亚历山大里亚，因此被法庭判处犯有叛国罪。**3** 当他试图给更多的人加上［监察官］标记时，却因调查官的疏忽令他更为羞愧难当；因为他发现他们几乎都是清白无辜的，而每一个或被指独生不婚或被指无孩不生或被指穷困潦倒之人，实则被证实或已成婚为夫或已为人之父或富足安康。有个人被控用武器进行自残，而此人脱去衣服后身体上却未显出伤口。**4** 他在任职监察官时做过如下出名之事：他下令在希吉拉里亚街购入一辆造价不菲的银制战车，再当着他的面将之肢解；在一天当中他颁布了二十道法令，其中就有如下两道，一道是告诫大家由于葡萄产量丰盛，酒桶须好好刷上沥青，另一道是除了紫杉木的汁之外，别无他物能有效治疗毒蛇咬伤。

XVII.1 他总共只进行过一次规模不大的远征。当元老院颁授给他凯旋徽记之时，他认为这般荣耀与元首之尊相比太过卑微了，于是就想要得到正规凯旋式的荣誉，因而他选了不列颠作为最有可能取得上述荣誉的地方——自被奉为神的尤利乌斯之后尚不曾有任何人试图染指过那处地方，而当时由于［不列颠的］逃亡者未被［罗马人］送回，那里仍处于暴乱状态。**2** 就在他从奥斯提亚航行去那里的时候，有两次（分别是在利古里亚[②]及在斯托卡得群岛[③]附近）

---

① 指剥夺了公民权。

② 意大利西北部沿海岸线一带的地区名。

③ 今法国东南部土伦（Toulon）以东的耶尔（Hyères）群岛。

差一点就被猛烈的西北风掀翻了船。因此，从马西利亚至杰索里阿库姆[①]的整段路程他都走的陆路，然后［再从杰索里阿库姆］渡海而去，没过多少天他就在未经一战和未流一滴血的情况下接受了那座岛上部分地区的投降。出征之后的第六个月，他便返回了罗马，并以再盛大不过的排场举行了凯旋式。**3** 为了［让大家］目睹这一盛况，他非但允许行省的总督来罗马城，甚至还让一些流放者过来。作为渡过并征服了海洋的象征物，他将一顶海军冠与敌人的战利品一起安置在了帕拉丁山屋子的山墙上，且是在市民冠的旁边。其妻子梅萨利娜乘坐二轮马车跟在他的车后，跟随在后面的还有在同一场战争里获得凯旋徽记的其他人，除去马可·克拉苏·弗鲁吉是骑在一匹饰有圆章饰物的马上并身带穿棕榈枝边饰的衣服之外——因为他已是第二次获得这种荣耀了——其他人皆身披紫边托袈袍徒步行进。

XVIII.1 他始终极为细致地照顾着罗马城和粮食供应。当埃米利亚纳[②]燃起火灾而难以扑灭之时，他两个晚上都待在了唱票堂[③]，在出动了大批士兵和家用奴隶都帮不上什么忙的情况下，他通过官员从各处街区把平民召集了起来，在他们面前摆上装有钱币的袋子，鼓励他们去救火，还当场向每个人支付应得的劳动报酬。**2** 另外，持续不断的灾荒导致粮食供应颇为吃紧，一次他在广场中央被一伙人拦住，他们一边骂一边丢来碎面包，以至于他只能从后门勉强安全地逃进了宫里，此事之后他便想尽一切办法要把粮食运至［罗马］，甚至是在冬季。一旦商人中有谁遭遇风暴，他就通过补偿对方

① 今法国北部港口城市布伦（Boulougne）。

② 罗马城郊的一处地区，位于城北，塞尔维乌斯城墙（Murus Servii Tullii）之外。——洛布版注

③ 原文 diribitorium，指的是位于罗马城北郊战神平原上的一座建筑，负责投票的官员在这座建筑物里清点人民投出的票。

损失的方式保证他们能获利。他还根据每个人的条件为贸易商船的建造者提供大量好处：

XIX.1 对于船主，如果是［罗马］公民他授予其《帕皮乌斯·波派乌斯法》[①]的豁免权，如果是拉丁公民[②]他授权其罗马公民权，对于妇女他授权她们四子权利[③]。这些规定一直保留到了今日。

XX.1 他完工的建筑与其说多还不如说宏伟与有用，特别是由盖乌斯动工兴建的引水渠，还有富基努斯湖的抽水工程和奥斯提亚的港口，虽然他知道，后两项工程中的［前面］一项马尔西人曾不断提出过吁请，可仍旧被奥古斯都否决了，而另一项虽被奉为神的尤利乌斯常常惦记在心，可还是因为难度被放弃了。他用石砌建筑把克劳狄亚渠中大量的冰凉泉水（其中的一条名叫蓝泉，另一条名叫库尔奇乌斯和阿尔布狄尼乌斯泉）同时还有新阿涅内河的河水引入了罗马城，并让它们分别流入多座装饰极美的水池里。**2** 他进行富基努斯湖的工程不仅是希望得到荣耀，同样也是为了获得利益，因为若是能将抽干水之后的土地让给他们，有些人就愿自掏腰包承担抽水的费用。另外，工程当中，有的地方凿山，有的地方开渠，整整绵延三里，虽有三万人力在无休无止地劳作着，可他仍在十一年之后才勉强让工程完工。**3** 他在奥斯提亚从［海岸的］左右两侧延伸出去构筑成环形土堤，又在正对入口的深海中垒土堆造了一座防波堤，以此方式建了港口。为了让防波堤有更为稳固的基础，他先弄沉了从埃及运送大方尖碑的那艘船，然后打上固定桩，再在上面按亚历山大里

---

① 在奥古斯都的《元老及骑士阶层婚姻法》失败之后，于公元 9 年通过。请见《被奉为神的奥古斯都》，XXXIV。——洛布版注

② 关于拉丁公民权，请参见《被奉为神的尤利乌斯》，VIII，1 之注脚。

③ 根据字面意思，显然指的是剩下四个孩子的母亲享有的特权。关于奥古斯都鼓励罗马上层人士多生孩子，请参见《被奉为神的奥古斯都》，XXXIV，1—2。

亚灯塔的样子建了一座极高的灯塔，以便夜晚点火给船只照亮航程。

XXI.1 他时常向人民分发赏赐。他还举行过多场盛大的赛会演出，不仅有中规中矩在平常的地方举办的，而且还有新设计出的以及按古时风格恢复的，此外举办的地点也是在他之前未曾举办过任何赛会演出的地方。他重建了被大火焚毁的庞培剧场，在为剧场落成举办的庆典赛会上，他先在位于［看台］上方的神庙供奉祭品，然后在全场一片鸦雀无声中走下阶梯穿过一排排坐满观众的座位，从位于主宾席的高台上宣布赛会开幕。**2** 他还举办过世纪庆典，理由是之前由奥古斯都举办的那场赛会太早而且并未按规定时间进行，[①] 虽然他本人在自己的历史书里宣称，在中断了很长时间之后，奥古斯都经过极为仔细的年份推算将它们［世纪赛会］恢复到了本来的时间点。因此，当宣令者按仪式的套话邀请大家参加［这一时代的人里］之前无人看过此后也不会有谁看到的［世纪赛会］时，宣令者的话遭到了嘲笑，因为之前观看过［世纪赛会］的某些人仍然在世，而某些曾经参演过［世纪赛会］的演员那时竟又参演了一遍。他还时常在梵蒂冈椭圆形竞技场举办赛会，并在五场［赛车比赛］之后不时地穿插一场狩猎比赛。**3** 而在至大椭圆形竞技场，由他设置的赛车出发处的隔栏是大理石的，终点锥标是金色的，而在之前这两样分别是泉华岩制的和木制的，他还为元老辟出了属于他们自己的专座区，而之前的惯例是他们与普通大众在一起观看赛会。除了四驾马车竞赛之外，他还举行过特洛伊战戏，并上演过对阿非利加的野兽的狩猎赛，那场比赛是由一群近卫军骑士在军事保民官和他们自己的一位长官的率领下完成的。除此之外，［他还举行这样的表演：］他让塞萨利亚人骑士在整座竞技场内追捕野公牛，等它

① 关于奥古斯都举办过世纪庆典之事，请参见《被奉为神的奥古斯都》，XXXI，4。

们筋疲力尽后再跳上背去，抓着牛角将它们掀翻在地。

4 他在很多地方举行过许多角斗士比赛，如：在近卫军营地里每年举行一次的既无狩猎表演又无装置点缀的周年赛；在塞普塔投票场里举行的普通正规赛；在那里也举行过时间短到只有几天的特殊赛，由他开始管这种比赛叫“野餐”，因为在第一次举行这样的比赛之前，他向人民做出邀请，就像请他们来参加一场仓促决定的小饭局一样。**5** 没有哪种赛会比这种更让他感到安心自在了，以至于他甚至会随百姓一起伸出左手，一边扳着指头，一边大声数着赏给获胜者的金币，他一遍遍地称大家为主人，不时穿插着一些生硬而怪异的玩笑话，还时常给人们鼓劲，鼓励并请求他们玩得尽兴。譬如，当大家要求唤来帕伦布斯[①]时，他许诺道，若能被抓到，那他就是他们的。下面这件事则应对得十分适时得当：当他出于对方四个儿子的恳请而在一致的高声赞赏下授予一名战车斗士木剑[②]的时候，他当即送出了一份书写板，告诫人民，儿女满堂必会带来巨大好处，因为他们看到了，即便是角斗士，子女都会成为他的守护和帮助。**6** 他在战神平原上按真实战争的样子上演对城镇的攻袭和劫掠，以及不列颠诸王的投降，还身穿紫斗篷指挥。另外，就在他打算从富基努斯湖往外抽水的时候，他先举行了一场模拟海战。不过，当时参加模拟海战的士兵们喊出了：“发号施令者在上，将死之人向您致敬！”他回复道：“或者不会。”说出这句话之后，没有任何人再愿意战斗了，就好像已得到赦免一样，为此他踌躇良久以便决定是否该用火和剑把他们统统杀掉，最后他从自己的座位上跳了起来，无不笨拙地沿着湖边蹒跚走动，以威胁和规劝并用的方式强迫他们

① 意思是“鸽子”，为一名角斗士的绰号。——洛布版注

② 木剑是释放角斗士的标记。参见贺拉斯的《书信集》(*Epistulae*)，I，1，2。——洛布版注

进行战斗。在这场演出中，西西里舰队和罗得岛舰队展开了对战，双方各有十二艘三桡船，一尊银色的特里同①在机械的帮助下从湖中央浮了起来，吹响了螺号。

XXII.1 在涉及宗教仪式、战事与民事风俗事务，还有海内外一切等级之人的地位方面，他要么对一些［规矩］做出了改进，要么对已废弃的进行了恢复，要么甚至创立了新的。在为诸祭司团选祭司的时候，如果对方不先行宣誓②他不会任命任何人。他一丝不苟地恪守［下述做法］：只要罗马城一发生地震，就让裁判官召集集会并宣布放假；只要在卡庇托山看到凶险的鸟兆，就会举行公众祈祷式；举行上述仪式时，他撤走了大批工人和奴隶，以大祭司长的职权独自走到宣讲坛前面对人民。

XXIII.1 早先法庭审理案子分冬夏两个不相连的季节，他将它们连续了起来。信托案件的管辖权之前通常按一年期限只授给罗马城的地方官员，他将之变为终身期限并扩大到了诸行省的总督。他废除了提比略·恺撒为《帕皮乌斯·波派乌斯法》增补的一项条款，该项条款内容似乎是到了花甲之龄的男子不得生子。**2** 与以往惯例不同，他颁行法令，由［两位］执政官为孤儿委派监护人；还有，那些遭行省官员驱逐的人也不得进入罗马城甚至意大利。他还亲自给某些人施加了一种新的流放刑③：禁止他们走到罗马城外超出第三里程碑的地方。当他准备在元老院议事堂中处理非常重要的事务时，常常在［两位］执政官的座席中间或保民官的席位上落座。他亲自保有了之前通常由元老院掌握的批准在国外旅行的权利。

① 希腊神话中的海神信使，为海神波塞冬和海后安菲特里忒（Amphitrite）之子，通常表现为人身鱼尾的形象，也常出现手执海螺壳进行吹奏的形象。

② 宣誓那些他选出的人配得上这种职位。——洛布版注

③ Relegatio 指的是一种较轻微的流放，且不带公民权的丧失或财产的罚没，而在这里，受刑者并非遭到放逐，而是被限制在罗马城及其近郊。——洛布版注

XXIV.1 他甚至将执政官的徽记授给了年薪二十万塞斯退斯的代理人。① 若有谁拒不接受元老等级的荣耀，他就会从他们身上把骑士身份一并剥夺掉。② 虽然在统治之初他就宣称，除了罗马公民的曾曾孙辈之外，自己将不会再选任何其他人成为元老，可他仍把宽紫纹短袖袍授给了被释者之子，且仅以那人先由一名罗马骑士的过继作为条件。即便如此，由于害怕受到责备，他进而指出，自己家族的祖先监察官阿庇乌斯·契库斯就曾把被释者的儿子选进了元老院，却不顾在阿庇乌斯及其稍后的一段时期“被释者”一词指的并非是那些得到释放的［奴隶］，而是由这些［被释奴］生下的出生即自由之人。**2** 他免除了财务官筑路的义务，取而代之的是举行角斗士比赛，他还解除了他们对奥斯提亚和高卢行省的职权，并恢复了他们对萨图尔努斯神庙国库的职权，而在当时这项职权如现在一样是由裁判官或曾经担任过裁判官的人保有的。**3** 他授给与自己女儿订婚的、那时尚未成年的西拉努斯③ 凯旋徽记，而［这类徽记］他也如此轻易就授给那么多年纪非常大的人，以至于军团共同联名上

---

① Procuratores 指君王的代理人，他们在整个帝国境内履行各种不同的管理职责。这些人都是骑士等级成员，以他们的年薪为基础可以分成如下等级：trecenarii、ducenarii、centenarii 和 sexagenarii，相应表示取得三十万、二十万、十万和六万塞斯退斯者。——洛布版注

② 根据公元前 218 年的《克劳狄乌斯法》(*Lex Claudia*)，元老或元老之子不得拥有可载超过三百陶罐（容量大致相当于 7 升）容量的海船。由此禁止了元老及其家人通过海外贸易获得利润的通道，也正因此贸易在古罗马通常被视为骑士等级的致富手段，而元老等级通常都是采用保有土地的方式。所以，有骑士等级者不愿被提升为元老等级，也许正是出于这个缘故。

③ 卢西乌斯·尤尼乌斯·西拉努斯（Lucius Iunius Silanus），公元 48 年的裁判官。克劳狄乌斯曾将自己女儿克劳狄娅·屋大维娅（Claudia Octavia）许配给了他，可后来却遭到克劳狄乌斯（第四任）妻子阿格里皮娜的反对，因为她希望将后者许配给自己的儿子尼禄。于是克劳狄乌斯取消了婚约，并逼迫西拉努斯辞去公职，这最终导致其自杀。

书，要求凯旋徽记应一同被授给总督和他们的军队，以免他们会想方设法为发动战争而寻找理由。他还颁授给奥卢斯·普劳奇乌斯[①]欢呼式，又在对方入城之时亲自出来迎候，还在后者前往朱庇特神庙并从那儿返回时恭敬地让出了中间的道。伽比尼乌斯·塞库杜斯因战胜了日耳曼人部族高基人，他就让对方获得了高基乌斯的尾名。

XXV.1 他如此这般安排骑兵的服役顺序：[步兵] 大队之后再进入侧翼 [骑兵] 服役，在侧翼服役之后他再任命其出任兵团军事保民官。他设立了军职体系和一种被称为“编外”的不必在岗的军职，因而履职者可以不到岗而仅保有头衔。他甚至通过元老法令禁止士兵以致问候的缘故踏进元老的家里。他把那些冒充罗马骑士的被释奴的财产充入了国库，把那些忘恩负义的和招惹庇护人不满的被释奴重新降为了奴隶，同时对他们 [庇护人] 的讼师说，自己不准备受理起诉自己被释奴的案子。[②]**2** 当一些人为节省治疗费用而把体弱多病的奴隶丢弃在埃斯库拉庇乌斯之岛[③]上时，他颁行法令，所有被丢弃的 [奴隶] 一律变成自由人，要是他们康复了，就无须回归主人的支配，且若有谁杀害任何 [生病的奴隶] 而非丢弃 [埃斯库拉庇乌斯之岛]，那此人就犯下了谋杀罪。他颁布法令，规定旅人若非步行，或非坐在 [抬着的] 座椅上，或非乘坐车舆，就不得穿过意大利的城镇。[④] 他在普特奥利和奥斯提亚分别派驻了灭火大队。**3** 他禁止外邦出生者使用罗马人的名字（仅指族名）。那些非法取得罗马公民权的人，他用斧子将他们斩杀于埃斯奎利平原。他把亚该亚

---

① 公元 29 年的接任执政官，随后在克劳狄乌斯当政初期执掌了行省（可能是潘诺尼亚）总督的职权。

② 意思是，如果他们自己的被释奴被证实忘恩负义，而他们希望起诉这些被释奴的话。——洛布版注

③ 即医神埃斯库拉庇乌斯神庙所在的岛屿，为台伯河上的台伯岛，关于这座岛屿，请参见《被奉为神的奥古斯都》，LIX，1 及注脚。

④ 这一法令也许旨在禁止旅行者驾驭牲畜或驾驶畜力拉的车穿过意大利的城镇。

和马其顿重新变成了元老院行省，而之前是提比略将它们划归自己管辖之下的。他因为吕西亚人内部的严重不和就剥夺了他们的自治权，罗得岛人因为悔改了旧时的过错就恢复了他们的自治权。他永久免除了罗马人的始祖伊利昂人的税赋，并宣读了一封由罗马元老院和人民写给塞琉古王[①]的希腊语的古老信件，信里提到，如若王能免除他们的［始祖］伊利昂人一切税赋负担，［罗马就］许诺给予其友谊并缔结同盟。**4** 由于犹太人在基督[②]的煽动下不断掀起动乱，他便将他们逐出了罗马。由于被日耳曼人使者的天真与可靠打动，他便允许他们坐在主宾席上；事情原委是这样的：他们曾被领到普通人的席位上，在发现帕提亚人和亚美尼亚人的使者都和元老们坐一起之后，就一边宣称自己的尊严或待遇不得受到丝毫减损，一边主动挪到了同一片区域。**5** 他在高卢人中彻底废除了残忍且恐怖的德鲁伊信仰，而在奥古斯都当政时这种信仰仅仅在公民中遭到了禁止。与之相反的，他甚至试图将埃琉息斯密仪从阿提卡引入罗马，他授意从罗马人民的国库拨出经费重修因年代久远而坍塌的西西里的艾里克斯维纳斯神庙。在与诸王订立条约时，他就在［罗马］广场上宰杀一头母猪并诵读古时的外交辞令。不过在做上述这些及其他的一些事务，乃至在他任元首的大部分时间里所做的一切事务时，他看重的不是自己而是妻子和被释奴的判断，因为他几乎总是在按

① 指塞琉古王国的国王。塞琉古王国乃公元前 312 年时由亚历山大大帝的部将塞琉古一世所建，统治中心大致在两河流域及叙利亚一带，极盛时统治版图曾到达伊朗及中亚部分地区。公元前二世纪开始因内外矛盾重重，塞琉古王国开始走向衰落，终在前 64 年被罗马统帅庞培征服。

② 但是基督耶稣被钉在十字架上的时间应该是在提比略当政时。关于此事，请参见拉克坦提乌斯的《论迫害者之死》(*De Mortibus Persecutorum*)，2，1："在提比略·恺撒最后的时光里，正如鄙人从写下的作品中读到的那样，我主基督耶稣被犹太人钉上了十字架，那一天是两位杰米努斯（Geminus）出任执政官时的四月十日［有人主张是三月二十三日］。"

他们的兴趣或喜好行事。

XXVI.1 他年轻时曾有过两位订婚者：奥古斯都的曾外孙女埃米利娅·雷必达，此外还有拥有卡米拉尾名（这个尾名出自独裁官卡米勒斯的古老家族）的李维娅·梅杜林娜。由于前者的父母得罪了奥古斯都，他便抛弃了她，且抛弃时未曾发生过关系；后者恰在预定举行婚礼的那一天因病而亡，他于是也失去了她。**2** 随后，他便［先］迎娶了普劳奇娅·乌尔古兰尼拉（她的父亲取得过凯旋徽记），接着再迎娶了埃利娅·佩提娜（她的父亲与执政官等衔）。此两人他都休弃了，休掉佩提娜是因为琐事造成的不愉快，休掉乌尔古兰尼拉则是因为她淫荡龌龊且涉嫌犯下杀人罪。在她们之后，他又与自己的远亲巴尔巴图斯·梅萨拉的女儿瓦勒里娅·梅萨利娜缔结了婚姻。那时，他发现除去别的一些无耻、丢脸的行径之外，她竟已在事实上和盖乌斯·西利乌斯成婚了，并且还当着证婚人的面签署了婚约，在这种情况下他判处她死刑，还在近卫军士兵的集会上宣布，鉴于自己的婚姻到头来皆以不幸收场，他就打算单身下去了，若不能信守诺言的话，他不会阻挠他们亲手杀了自己。**3** 可他未能抑制住立即寻觅新欢的计划，甚至还有之前被他休弃的佩提娜以及曾为盖乌斯·恺撒的妻子的洛利娅·保林娜。不过在他哥哥日耳曼尼库斯的女儿阿格里皮娜的勾引下——她借助［亲人间］接吻的权利及亲热的机会，博得了他的爱——他在下一次元老院会议上事先打点好了元老们，让他们通过决议，强迫自己娶她为妻，就好像这么做主要是为了国家利益一样，而对其他人来说至那时仍属乱伦的婚姻结合此后变成了合法的。① 仅隔一天，他就举行了婚礼，而除了

① 佐证有，盖乌斯的《法学阶梯》关于近亲婚姻方面只禁止尊卑亲属（无论血亲还是法律关系）间的婚姻，以及父母亲至少有一方相同的同辈之间的婚姻，但男子迎娶兄弟的女儿除外。关于此事，请参见盖乌斯的《法学阶梯》，I，59—63。

一名被释奴以及一名第一百人队队长之外，再无他者仿效这一做法了，他偕阿格里皮娜一起参加了那名［第一百人队队长］的婚礼。

XXVII.1 有三位妻子给他生下了孩子，即：由乌尔古兰尼拉生下的德鲁苏斯和克劳狄娅，由佩提娜生下的安东尼娅，由梅萨利娜生下的屋大维娅以及首先被他冠上日耳曼尼库斯，随后又［改冠］布列塔尼库斯尾名的那个［儿子］①。在德鲁苏斯差不多成年时他便失去了他，原因是在一场游戏里一颗生梨被高高抛起，［德鲁苏斯］张大着嘴接住了，结果就被憋死了。而就在之前没多少天［克劳狄乌斯］已让他和塞雅努斯的女儿订了婚。这不由得令我怀疑起一些人所称的，他是被塞雅努斯设计杀死的。克劳狄娅是由他的被释奴博特尔［与乌尔古兰尼拉］所生的；虽然在离婚后的第五个月前她就降生了，而且开始也受到［克劳狄乌斯的］抚养，可他还是下令将她扒得精光并丢弃在［她］母亲的家门外。**2** 他让安东尼娅［先］嫁给了格涅乌斯·庞培·马尼乌斯②，随后又嫁给了法奥斯图斯·苏拉③，他们［两位］都是再高贵不过的年轻人。他先让屋大维娅与西拉努斯订婚，后来则嫁给了自己的养子尼禄。布列塔尼库斯是在他执掌大权后的第二十二天（即其第二次出任执政官的那一年）出生的，在他还是小毛头时，［克劳狄乌斯］就经常亲手抱着他并介绍给集合起来的士兵，有时也在举行赛会表演时让他站在自己腿上或自己面前可以触及的地方以介绍给平民，还时常随人群一起欢呼并向他送上一切祝福。［三位］女婿当中［克劳狄乌斯］过继了尼禄，至于庞培及西拉努斯他非但拒绝过继他们，而且把他们处死了。

---

① 名为提比略·克劳狄乌斯·恺撒·布列塔尼库斯（Tiberius Claudius Caesar Britannicus）。

② 关于此人，请参见《盖乌斯·卡里古拉》，XXXV，1。

③ 此人为《被奉为神的尤利乌斯》，XXVII，1 提及的那位法奥斯图斯·苏拉的儿子。

XXVIII.1 被释奴里他格外重视阉人波西德斯，甚至在不列颠战争的凯旋式上他将其列为战斗人员，还送上了一柄无头长矛[①]。他同样器重菲利克斯，并让其指挥［步兵］大队和两翼［骑兵］，同时还让对方管辖犹太地区，［而这位菲利克斯］也是三位女王的丈夫。他还器重阿尔波克拉斯，并授予其在罗马城内用肩舆代步以及举办公共庆典演出的权利。与上述几位相比，他对咨政秘书[②]波利比乌斯宠爱更甚，而后者经常在两位执政官中间漫步行走。可在所有人当中，最令他看重的是御用秘书纳奇苏斯和度支专员帕拉斯，对于他们［两位］他喜于通过元老院法令授予荣耀，非但有丰厚的奖赏，而且还有财务官和裁判官的徽记。除此之外，他还允许他们获取并掠夺那么多的财富，以至于当他有次抱怨起私库变得捉襟见肘时，得到的回应是，如果他和那两名被释奴共享财富的话，就会有花不完的钱了。

XXXIX.1 正如我说过的，在这些人及其妻子的操控下，他当的并不是元首而是臣子，并根据他们每个人的利益或欲望或胃口赐予荣耀、军队指挥权、刑罚豁免权，而绝大多数时候他根本不清楚也未认识到［真实的情况］。我没必要逐一细述颇为琐碎之事，例如取消他的赏赐，废除他的裁决，偷偷变更甚至公然调换他颁发的委任状。［我想讲述的是，］他用模棱两可的罪名且不容许任何辩解就处死了自己的继岳父[③]阿庇乌斯·西拉努斯和［两个］尤利娅（一个

---

① 指一种除去了尖头的长矛，罗马人用它来奖励在战斗中奋勇杀敌的士兵。

② 咨政秘书（a studiis）、御用秘书（ab epistulis）、法务秘书（a cognitionibus）、谏言秘书（a libellis）、机要秘书（a memoria），乃帝国时代朝廷具有影响力的五个重要职位。最初这些职务都由御用被释奴担任，可自帝国中期元首哈德良（Hadrianus）内政改革之后，它们便被授给了骑士阶层。

③ 原文为 consocer，比纯粹的岳父（socer）一词低一个等级。阿庇乌斯·西拉努斯乃克劳狄乌斯第三任妻子梅萨利娜的继父，而且是在克劳狄乌斯与梅萨利娜成婚之后才与后者的母亲结婚的，因此他和克劳狄乌斯之间的丈婿关系只是纯粹的法律关系。

乃德鲁苏斯之女，另一个乃日耳曼尼库斯之女），还同样处死了大女儿的丈夫格涅乌斯·庞培及与小女儿订婚的卢西乌斯·西拉努斯。**2** 那个庞培是在与年轻的男性爱人享受同床之欢时被刺死的，而西拉努斯则被迫在十二月二十九日辞去裁判官之职后，于新年伊始之际自尽了，自杀的那一天正是克劳狄乌斯和阿格里皮娜举办婚礼的日子。他毫不在乎地处死了三十五位元老及三百多名罗马骑士，当一名百人队队长回来禀报一位与执政官等衔之人被处死的消息时说道，他交代下来的事已办成；那时他拒不承认自己曾下达过任何命令，却也一点都不反对这么做，因为被释奴们宣称，士兵们在命令未下达时就迫不及待地履行了替皇帝复仇的职责。**3** 另一方面，这件事实在让人难以相信：在梅萨利娜和奸夫西利乌斯举行的婚礼上，他是在受到欺骗后才亲自［以证婚人的身份］签署了婚约，就好像设计这场假冒的婚姻是为了免除和转嫁据说梅萨利娜的丈夫会遭受的危险一样。

XXX.1 他外貌不乏威严而又令人生畏，不过却是在站立不动或坐下尤其是在躺下的时候，因为他身材高大而不瘦削，脸孔俊俏、发色灰白、脖颈强劲。然而，他在行走时因双膝不怎么强健而步态蹒跚，而且无论在空闲还是忙碌的时候，他都会做出许多惹人讨厌的行为：他笑起来不得体，生起气来就口吐泡沫、鼻涕横流，更显得丑态百出；除此之外，他讲话结巴，脑袋不停地摇晃，尤其是在他不尽力进行控制的时候。

XXXI.1 尽管之前他健康状况不佳，可成为元首之后，除了那种，用他的话说，折磨得令他想要自杀的胃痛之外，身体变得健康了。

XXXII.1 为了能一次就招待六百多人用餐，他经常在极为宽敞的地方举办盛大的宴会。他在富基努斯湖的抽水渠边上举办宴会，水猛然间就被放了下来并淹没了这片地方，他差点儿就淹死了。他常请自己的孩子与高贵人士的儿女一起共进晚餐，并按旧时风俗让后者[①]在餐榻末端［有枕垫的地方］落座。他认为一位宴会宾客在前一天偷走了一只金色的双柄低足杯，于是接下去的一天他又邀请此人赴宴，并在他面前摆上了一只陶土杯。据说，当发现有个人在宴会上怕丢脸而忍住屁不放，结果憋坏了身体的时候，他甚至计划颁布一条法令，准许在宴会上放出响屁和哑屁。

XXXIII.1 无论何时何地，他都对食物和酒充满欲望。当他在奥古斯都广场上开庭审理案子时，因近旁的玛尔斯神庙正在为萨利祭司们[②]准备午饭，他闻到一股饭的香味，就走下审判台，登上祭司们待的地方并和他们一同用餐。直到吃饱喝足了才勉强离开餐桌，接着立即仰面躺倒，大张着嘴睡起觉来，为了减轻胃部负担他还把一根羽毛塞进嘴里［以便能吐出东西］。**2** 他睡觉时间极其短暂，因为他通常会在半夜之前醒来；虽然如此，可他白天在审理案件时就会不时睡去，即便讼师为此提高了嗓门都很难把他唤醒。他对女性充满了无限的欲望，对男性则绝无丝毫兴趣。他极其热衷于掷骰子，还发表了一卷掷骰子技艺方面的书，他甚至习惯在行驶的战车上玩骰子，并在车内加装一块游戏盘以免玩的时候被颠翻。

XXXIV.1 他天性残暴而又嗜血，且无论在大事还是再琐碎不过的事情上都表现如此。对于刑讯拷问以及惩处弑亲者，他总是当着自己的面立即执行。当他在提布尔的时候，极想观看古时的处决方式，而在犯人被绑上刑柱却缺少刽子手时，他便派人从罗马城去请并一直等到傍晚。他下令，无论他自己办的还是别人办的，只要在角斗士比赛中有人跌倒，即便是不小心的，也要被割喉，特别是那些持网斗士，而他这么做为的是能看到断气之人的表情。**2** 有一对

---

① 此处原文为阳性复数的关系代词，应该指前文的高贵人士，但也可能是高贵人士的子女。

② 指专司战神玛尔斯祭祀的神职团体，通常由十二位穿着古代勇士装束的贵族青年组成。

角斗士在相互搏杀后都倒在了地上，在那种情况下他即刻下令用他们各自的武器打造［两把］小刀以供自己使用。[①] 他对斗兽比赛和午间戏[②] 是如此喜爱，以至于天刚破晓就下山去看比赛，正午时分等人们散去吃午饭后他还坐在那里。除了事先安排好的之外，他还出于突然的微不足道的原因就安排其他人进行比赛，对战的有工匠、侍从，以及诸如此类的人物——若［由他们负责的］装置或布景或任何这类的东西出了问题的话。他竟还强迫自己的一位宣名者穿着托袈袍参加决斗。

XXXV.1 但事实上，他确实就是个懦弱而缺乏自信的人。在最初踏上最高权力的日子里，虽然如鄙人之前所说，他展现出了一副平易近人的样子，可若没有巡逻兵带着短矛环护四周，又不让士兵担负起侍从的职责的话，他就不敢前去赴宴；还有，若不是事先巡查过病室，并掀起枕垫和床套仔细翻检的话，他从不拜访任何病人。另外，其余时候，对所有来访的问候者，他总会把他们先交给再严格不过的搜查者进行搜身。**2** 事实上，直到当权后期他才勉强不再对妇女、未成年的男孩和女孩进行粗暴搜查，也不再让随从或书写员交出装芦管和笔刀的匣子。当［弗里乌斯·］卡米勒斯发动内战时，他并不怀疑无须诉诸战争就能让［克劳狄乌斯］吓破胆，而且当他在一封措辞无礼、充满威胁、严厉傲慢的信中命令［克劳狄乌斯］放弃最高权力，以平民之身悠闲度日的时候，［克劳狄乌斯］便把头面人物召集起来，询问他们是否要顺从对方。

XXXVI.1 他对一些报告上来的无根无据的阴谋诡计感到如此恐

① 根据普林尼的《自然史》(*Naturalis Historia*)，28—38，用杀死过人的刀子杀死的猎物对癫痫有奇效。——洛布版注

② 古罗马人举行赛会时通常是从上午的野兽狩猎赛（venatio）开始，午间戏（meridiani）指的是野兽狩猎赛结束后和角斗士比赛开始前（一般在正午时分）上演的比赛或表演，内容往往是对犯人实施处决。

惧，以至于曾尝试过放弃大权。正如我在上文提到的，[①] 当他奉献牺牲时，抓到了一个携带武器出现在其身边的人，他立马让宣令者召集元老院，并流着泪大声地哀诉起自己的处境，说没有一处地方是安全的，［随后］有很长一段时间他都没在公众面前出现。他对梅萨利娜的极其炙热的爱意也变得冷淡了，这与其说是出于她招人非议的不洁行径，还不如说是出于害怕危险，因为他曾相信，她计划将权力转移到她的奸夫西拉努斯手里——当时，他以可耻的方式仓皇逃到了［近卫军］营地，一路上除了问自己的权力是否保住了之外什么都没有做。

XXXVII.1 在他看来没有哪一桩引起猜忌之事，也没有哪一个引起猜忌之人是微不足道的，且到了这般地步，以至于只要让他感到丝毫不安就会加以防范并进行报复。当［两个］诉讼当事方中的一个前来致以问候时，那人将他拉到一边，然后对他声称，自己睡觉时梦见他［克劳狄乌斯］被一个人杀死了；不久之后，那人便指认正在递交文书的诉讼对手，就像他认出了那个凶手一样，于是对方被当成"现行犯"立即遭到了逮捕并交付惩处。**2** 阿庇乌斯·西拉努斯也是以相同方式被搞掉的：当梅萨利娜和纳奇苏斯谋划着要除掉［阿庇乌斯·西拉努斯］的时候，两人还有一番分工，纳奇苏斯在日出前惊慌失措地闯入了庇护人［克劳狄乌斯］的寝宫，声称自己梦见他［克劳狄乌斯］遭到了阿庇乌斯的袭击，梅萨利娜一边装出一副吃惊的样子一边讲道，自己几个晚上都见到了同样的梦境。不久之后，在事先安排下，有人通报阿庇乌斯闯了进来——因为此人前一天曾接到命令，要他那个时候来到［寝宫］——这样一来梦的真实性似乎就变得确凿无疑了，于是他下令立即起诉并处决［阿庇乌斯］。而在接下来的一天，克劳狄乌斯毫不犹豫地向元老院细数

① 关于此事，请参见本卷 XIII，1。

事情经过，并向被释奴［纳奇苏斯］致以谢意，因为他连睡觉的时候都在惦记着自己的安危。

XXXVIII.1 他清楚自己暴躁且易怒，并通过法令对这两项进行了辩解；他还对上述两者做出了区别：他说前者既短暂也无害，而后者不会事出无因。他因奥斯提亚人未在自己进入台伯河时派小帆船前来迎候而对他们大发雷霆，以至于他写道，自己被降为了平民等级。可突然之间他又原谅了他们，还差点儿就做出了道歉。**2** 他亲手推开那些在公众场合及不合时宜的时间走近他的人。同样的，他未经审问就流放了一名财务官的书记员以及一名领有裁判官职位的元老，即便他们是无罪的，因为前者在［克劳狄乌斯］还是平民时曾当庭极力反对他，后者在出任市政官时曾因不得贩售烹饪过的食物的禁令而处罚过租住他房产的租客，还鞭笞了出面进行阻挠的地产管理员。出于这个缘故，他甚至剥夺了市政官对餐馆的处罚权。[①]**3** 他也不对自己的愚蠢默不声张，还在一些简短的讲话中声称自己在盖乌斯统治时曾故意装疯卖傻，因为不然就会活不下来而且也达不到已取得的地位。虽然如此，可人们却不相信他的这种说法，因为在很短的时间内有一本名叫“傻瓜飞黄腾达”的书被发表了出来，而论点便是没有人会冒充傻瓜。

XXXIX.1 在其他一些事物当中，人们对他的健忘和短视（或让我用希腊语说 μετεωρία 和 ἀβλεψία）感到吃惊。在处死梅萨利娜之后没多久，他躺在餐榻上，问起皇后为什么没来。被他判处死刑的人，到了第二天他竟下令将其中的多位召来为自己出谋划策，甚至和自己玩骰子游戏，要是他们没赶来的话，他就派使者斥责他们是懒虫。**2** 当他打算违背天理要娶阿格里皮娜的时候，他竟还在每一场演说里不停地称她为女儿和由自己带大的女孩，还说她在自己的

① 关于市政官对餐馆的管辖权，请参见《盖乌斯·卡里古拉》，XXXIV，1。

怀中出生和长大。就在他打算收养尼禄的时候——在已有一个成年的亲生孩子的情况下再收养一个养子，就好像这么做一点都不该受到责备——他一次次公开宣称目前还没有一人以收养的方式加入克劳狄乌斯家族。

XL.1 事实上，他行事说话常常表现出一副如此心不在焉的样子，以至于人们觉得他既不知道也不考虑谁在讲话，讲给谁听，在什么时候、什么地点发表讲话。当［元老们］为肉商和酒商展开辩论时，他在元老院议事堂内大呼道："我问你们，不吃东西的话谁还能活？"而后他又描述了多处自己以前常爱去买酒的古老酒肆。**2** 他给出的支持某位财务官候选人的理由，其中一点便是，对方的父亲在他生病要水喝时曾递来过凉水。当一名女证人被召到元老院之后，他说道："此女是我母亲的被释奴及梳头丫鬟，不过却总把我当成庇护人。我说这个是因为至今我家里仍有一些人不把我看成庇护人。"**3** 另外，当奥斯提亚人为某件事公开向他提出恳请的时候，他在审判台上勃然大怒，并高声说道，自己没有任何理由施恩于他们，如果其他人有谁是自由的话，那他也是自由的。再有，他每天都把这样的话挂在嘴边："什么，在你看来我是特勒杰尼乌斯[①]吗？"还有："骂可以，别动手。"以及许多诸如此类的连平民讲出来都不合适的话，更别提既非无口才又非缺修养，相反还潜心致力于博雅之艺的元首了。

XLI.1 年轻时候，他在提图斯·李维的鼓励下及苏尔皮西乌斯·弗拉维的帮助下着手撰写罗马的历史。但当他首次在大量听众面前宣读那部作品时，连独自念完都困难重重，因为在他开始念诵的时候一个胖子坐坏了好几条长凳，引起大家一阵狂笑，而在那阵

① 显然这应该是当时一个出了名的傻瓜，但对于他我们一无所知。——洛布版注

骚动平息下来之后，他却无法抑制住自己回想起刚才那一幕，再次禁不住狂笑起来。**2** 当上元首之后，他还写下大量篇幅，并不断通过朗诵者进行诵读。此外，那部历史书他曾以独裁者恺撒遇害作为起点，不过后来又把时间往后推迟了，变为从内战结束开始，因为他觉得自己在陈述较早的事迹的时候既无力做到畅所欲言也无法据实直书，而且母亲和祖母也时常对他加以责备。叙述前一部分历史的著作他留下了两卷，后一部分的则留下了四十一卷。**3** 他还写过八卷本的自传，写得与其说平庸还不如说笨拙。他还写过非常充满智慧的《赞西塞罗驳阿西尼乌斯·伽卢斯之书》。他还构想出了三个新字母①，并将它们加进了旧的字母表里，就好像它们是极其必要的一样。在他还是平民的时候他就为关于它们的构想发表了一卷书，成为元首之后，他毫不费力地将［这三个字母的］用法推广开来。这些字母现在仍可在多本书里、每天的公告中和建筑的铭文上见到。

XLII.1 对于希腊语他也尽心尽力地投入了研究，并在一切场合都声称自己对这种语言和它的优点的热爱。当有某个蛮族用希腊语和拉丁语发表讲话的时候，他就向对方说道："既然我们的两种语言你都掌握了……"在向元老们推荐亚该亚时，他说道，由于有共同的学术纽带，那个行省令自己感到亲切。他时常在元老院里用拟定好的［希腊语］说辞答复［希腊人］使者。事实上，他还在审判台上引用荷马的诗行。每当对敌人或阴谋者进行惩处的时候，他通常会对按例来询问卫兵口令的军事保民官给出这样的［希腊文］诗行：

> 首先袭来者，一律奋力击退。②

① 即所谓的"克劳狄乌斯字母"（litterae Claudianae），三个字母分别是"Ⱶ""ↄ""Ⅎ"。这三个字母在克劳狄乌斯去世后即遭到废止。

② 引文出自《伊利亚特》，24，369；《奥德赛》，21，133。——洛布版注

2 最后，他甚至写了希腊语的历史书：二十卷的《第勒尼安史》，八卷的《迦太基史》。因为这些书的缘故，以他的族名命名的新博物馆被并入了古老的亚历山大里亚博物馆，还做出规定，每年在［新旧两座］博物馆中的一座由不同的朗诵者轮流公开诵读完整的《第勒尼安史》，在另一座诵读《迦太基史》。

XLIII.1 在生命临终之际，他对和阿格里皮娜结婚以及收养尼禄显出了某种明显后悔的迹象。因为，当他的被释奴赞赏他前一天判处某位女被告犯有通奸罪时，他说娶来的妻子全都不干不净，且都受到了惩处，那是自己的命。不久之后，他遇到了布列塔尼库斯，他一边紧紧拥抱对方一边鼓励他快点长大，以便能理解自己所做的一切事迹的原因，此外他还补充了一句希腊语："疗伤还需致伤人。"当小小年纪的［布列塔尼库斯］尚未成熟之时，他就以身高已达标准为由决定授给对方托袈袍，还补充道："罗马人民终于有了一位真正的恺撒啦。"

XLIV.1 不久之后他便立下了遗嘱，并在上面加盖所有官员的印章。不过就在他采取进一步措施之前却被阿格里皮娜先下了手，因为除去一些罪行之外，不少告密者正指控她还犯下过诸多其他罪行，而她对此也心知肚明。**2** 他是被人毒死的，这着实为众人所认同。不过，何时并由何人施毒，却存在着争议。一些人声称，当他在卫城[①]里和祭司们一同享用祭宴时，是试毒的阉人阿洛图斯［下的毒］；另一些人声称，在家中用餐时阿格里皮娜亲自端上了已下过毒的蘑菇，而那是他最喜欢吃的菜。接下来发生的事也是众说纷纭。**3** 许多人说，他一吃下毒药就立刻发不出声了，并在经过了一整夜的极度疼痛后在临近黎明之际辞世而去。有些人说，他先是陷入了

① 即位于卡庇托山北部的卡庇托山卫城（Arx Capitolina）。

昏迷，随后大量的食物统统吐了出来，接着毒药被再次投下——有可能是在他精力耗尽之后以需要补充食物为借口而投进了麦片粥里；或者也有可能是在他似乎进食过多引起了不适而要以排泄的方式减轻负担时，通过灌肠输送进去的。

XLV.1 他的死讯一直秘而不宣，直至和继承者有关的一切都安排妥当为止。因此，直到那个时候祈愿活动仍照旧进行，就好像他还在生病当中一样，而喜剧演员也装模作样地被送了进来，就好像［克劳狄乌斯］需要他们为自己取乐一样。他去世的那一天是阿西尼乌斯·马尔切卢斯和阿奇利乌斯·阿维奥拉出任执政官的那一年①的十月十三日，是在其生命的第六十四年，执掌大权的第十四年。他的葬礼是按元首的规格举行的，［死后］还被列入了众神的行列——尼禄曾无视并最终废弃了他的这种荣耀，后来是韦斯帕芗将之恢复了。

XLVI.1 和他死亡有关的预兆主要有：被人们称作彗星的长发星升了起来；父亲德鲁苏斯的陵墓被天上落下［的闪电］击中；各类官员当中有许多人都在这一年死去了。此外，确实有多项证据表明，他本人似乎并非没意识到自己的生命行将告终，也未对此遮遮掩掩。因为，他在任命执政官的时候，他去世的那个月之后没再任命任何一人；在他最后一次出现在元老院时，他真诚地恳请自己的孩子能保持和睦，并卑躬屈膝地把他们俩都托付给了元老们，以便在孩子年幼时［能获得他们的照顾］；当他最后一次坐在审判台上进行断案的时候，虽然有旁听者的劝慰，可他仍一次又一次地声称，自己走向了寿终。

---

① 根据执政官列表，那一年是公元 54 年。

尼　禄

I.1 在图密奇乌斯部族中有两个有名望的家族：卡尔维努斯家族和阿埃诺巴尔布斯家族。阿埃诺巴尔布斯家族的祖先（同样也是该尾名的开创者）是卢西乌斯·图密奇乌斯，据称，一次当他从乡下归返的时候，遇到了一对身形颇具神性的年轻双胞胎，他们命令他向元老院和人民传达直到那时仍尚未确定的胜利的消息，而为了让他信服他们具有神性，据说他们摸了一下他的面颊，结果毛发由黑色变成了红中泛黄之色，就跟铜的颜色一样。这种记号在他的后代中保留了下来，而他们中的大部分都有红色的胡子。**2** 在出任过七次执政官、举行过一次凯旋式、担任过两次监察官，并被选入贵族之后，他们都依旧使用上述这个尾名。至于首名，除了格涅乌斯和卢西乌斯之外，他们不再使用其他的了，而使用首名的时候也存在显著不同，有时一连三个人都使用同一个首名，又有时逐一交替使用不同的首名。因为，我们总是听到，阿埃诺巴尔布斯家族中的第一个、第二个、第三个人都叫卢西乌斯，按顺序接下来的三位又都叫格涅乌斯，再后来的人又全都轮流称作卢西乌斯和格涅乌斯。看起来叙述这个家族中多位人物的事迹，以便更清晰地展现出尼禄是如何从自家人拥有的美德上走向堕落的，以至于他就像天性使然那般再现了他们每一个人的罪恶行径，这么做是值得的。

II.1 那么就让我从稍微古老的地方开始讲述吧。他的曾曾曾祖父格涅乌斯·多米奇乌斯在保民官任上时，因大祭司们选出其他人而非他自己来接替其父亲的［大祭司］之职而对他们颇感不满，就将选举祭司接替者的权力从祭司团转到了人民那里，而在担任执政官时，他战胜了阿洛布罗杰斯人和阿维尔尼人，并在一群士兵的跟随下骑着一头大象穿过了［高卢］行省，场面就像是在举行凯旋式一样。**2** 演说家李锡尼·克拉苏抨击他时，说他有古铜色的胡子不足为奇，因为他有一副铁面和一颗铅心。他的儿子出任裁判官时，在盖乌斯·恺撒执政官卸任之际将其传唤至元老院接受质询，因为［盖乌斯·恺撒担任执政官时的］所作所为被人认为违背了占兆和法律。随后，在执政官任上时，他曾试图剥夺［盖乌斯·恺撒］对高卢军队的统帅权，再通过同党提名由自己出任对方的接替者，而内战开始后他在科尔菲尼乌姆被俘。**3** 获释之后，他亲临现场以激励陷入围城之苦的马西利亚人，接着又突然离他们而去，最后死在了法萨卢斯战场上。他是个没有足够决断力又生性残暴的人，在战事陷于绝境时他曾试图自杀，却又［对死亡］感到如此之恐惧，以至于在后悔中吐出了吞下的毒药——由于他的医生对他有先见之明而故意给了他毒性较小的药，他为此还释放了这名医生。还有，当格涅乌斯·庞培针对如何对待中间之人和两面派征询意见的时候，只有他认为该把他们当作敌人一样对待。

III.1 他留有一个儿子，且无疑是该部族所有人中最为出色者。他虽未参与刺杀阴谋，可仍依据《佩狄乌斯法》[①] 被判定与刺杀恺撒

① 该法案由公元前 43 年的执政官昆图斯·佩狄乌斯（关于此人，请参见《被奉为神的尤利乌斯》，LXXXIII，2）颁布，大体内容为，对所有参与刺杀恺撒之人以及所有曾为恺撒之死叫好的人施加惩处。

之人等同，于是他加入了自己的近亲卡西乌斯和布鲁图斯那一方，待那两人都死去之后，他仍保有曾经指挥过的那支舰队，甚至还将它进行了扩充，直至各地的同党都被打垮了，他才主动将它交给了马可·安东尼，而且交出的时候简直像帮了对方大忙一样。**2** 所有依据相同法律遭到判处的人当中，只有他被允许返回故土，继而在那里担任最为荣耀之职①。等国内重燃战火之后，他成了安东尼的将领，并被那些对克里奥帕特拉感到羞耻的人授予了最高指挥权，却因突发疾病而没敢接受下来，不过也没敢断然拒绝。他转而投靠到了奥古斯都那一边，没过几天便撒手人寰了。连他这样的人都并非毫无瑕疵。因为安东尼曾宣称他因希望和女友塞尔维利娅·奈斯在一起就投靠敌方去了。

IV.1 他生有多米奇乌斯，而后者随后成了奥古斯都遗嘱中的家产和财富的购买人②，此事令他在群众当中出了名。此人年轻时以驾车技术闻名在外，其闻名程度并不亚于随后因日耳曼尼亚战争而取得凯旋徽记之事，不过，他傲慢、纵欲、残忍。在出任市政官时，他就强迫监察官卢西乌斯·普朗库斯为自己让路；在出任裁判官和执政官时，他让罗马骑士和已婚妇女登台献演仿剧；他在椭圆形竞技场和罗马城内的每一处地方都上演狩猎表演，而他举办的角斗士比赛也是如此残忍，以至于奥古斯都在私下做出警告而无效的情况下不得不颁布法令予以限制。

V.1 他和老安东尼娅③生下了尼禄的父亲，此人终其一生都令人憎恶，因为当他作为年轻的盖乌斯·恺撒的随从前往东方的时候，

① 即执政官之职。

② 即奥古斯都的遗嘱执行人。遗嘱订立者选一个人在见证人在场的情况下象征性地购买（参见《被奉为神的奥古斯都》，LXIV，1）他的一切财产。买入者随后再按指定的方式交付给他的继承人和受赠人。——洛布版注

③ 乃马可·安东尼和奥古斯都的姐姐小屋大维娅的女儿。

由于自己的一名被释奴拒不按其命令喝下那么多酒便将他处死了，在被清除出［盖乌斯·恺撒的］朋友之列后他的生活也没有丝毫收敛起来，反而在阿皮亚大道上的村镇里突然催赶拉车的牲畜，故意踏死了一个男孩；在罗马，他还由于一名罗马骑士颇为直率地对他做出指责就在罗马广场上挖出了对方的一颗眼珠。**2** 他着实阴险狡诈到了这般地步，以至于不但在已购货物的价格上欺骗［替自己付钱的］钱庄主，而且在担任裁判官时还骗取了发给得胜的赛车手的奖赏。当他因为此事遭到姐姐的嘲笑，而［赛车队的］老板也发出抱怨的时候，他便颁行法令，往后奖赏应当场发放。① 就在提比略去世之前，他被控犯有叛国罪、通奸罪，以及被控与妹妹雷必塔存在乱伦关系，却因正值大权交替而脱了身。他因浮肿病死在了皮尔吉②，［死前］正式承认了日耳曼尼库斯的亲女儿阿格里皮娜所生的儿子尼禄。

VI.1 尼禄出生在安提乌姆，出生那天是十二月十五日，是在提比略辞世后的第九个月，且正逢太阳升起之时，几乎就在触地之前阳光已先触到了他的身上。许多人根据他的生辰便立刻做出了诸多可怕的预言，甚至其父亲多米奇乌斯的一句话那时也成了先兆：就在朋友们前来表达祝贺之际，他承认，除了令国家感到憎恶的邪物之外自己和阿格里皮娜无法再生下什么了。**2** 在举行洁净式的那一天③，关于这个人未来厄运的［另一个］显著征兆显现了出来，因为当盖乌斯·恺撒的妹妹［阿格里皮娜］请求［盖乌斯·恺撒］为这个婴儿起一个中意的名字的时候，他看着自己的叔叔，后来当上元

---

① 在他裁判官的职权范围之内。这增加了他的骂名，因为这项法令并未在当时那件事上生效。——洛布版注

② 位于罗马城以北 50 公里处的古代港口城镇。

③ 男孩在出生后的第九天，女孩在出生后的第八天以供奉牺牲进行洁净，同时被授予名字。该仪式叫作洁净式（lustratio）。——洛布版注

首并过继尼禄的克劳狄乌斯，并说道，给［婴儿］起他的名字吧。他说话时是一副开玩笑的态度，而非严肃认真的。可阿格里皮娜对此表示了不满，因为克劳狄乌斯那时在宫廷里还属于遭人嘲讽的对象。**3**［尼禄］三岁时没了父亲，作为继承人他有三分之一的遗产，不过这些遗产他没有全部得到，因为与他同为继承人的盖乌斯①霸占了全部的财产。随后他的母亲也遭到了流放，变得几乎一贫如洗的他是在姑妈雷必塔的家里由两位老师（一位舞者、一位理发师）抚养长大的。然而，当克劳狄乌斯取得大权之后，［尼禄］不但夺回了父亲的财产，而且还通过继承自己继父克里斯普斯·帕西埃努斯的遗产增加了财富。**4** 幸而母亲被［从流放地］召了回来，还恢复了［原来的财产和地位］，凭借她的影响力他一跃而起到了这般地步，以至于群众当中流传着这样的消息：克劳狄乌斯的妻子梅萨利娜把他视为布列塔尼库斯的竞争对手，因此她曾派人趁他午睡之际将其勒死。这条传闻还被人添油加醋：那些［被派去杀他的］人是被一条从他枕头底下窜出的大蛇给吓跑的。虽然这一传言的来源仅是在他床榻上枕头附近的地方找到了蛇蜕下的皮，可遵照他母亲的希望，那张蛇皮还是被包裹在了一副金臂环上，而那副臂环长久以来都戴在他的右臂上，后来对母亲的回忆令他感到厌烦，最终他扔掉了这副臂环，可在走向绝境之际他曾再度寻找过它，却没有找到。

VII.1 在他还是个年轻、未成熟的男孩之时，就在椭圆形竞技场里参加了特洛伊战戏，他表现得尤其优秀，还赢得了赞赏。在生命的第十一年他被克劳狄乌斯过继，并被托付给那时已身为元老的阿奈乌斯·塞涅卡教导。据称，第二天晚上，塞涅卡就梦见自己在教导盖乌斯·恺撒，而尼禄很快就第一次展现出其残暴的秉性，由此证实了上述梦境具有的预见性。因为，他在接受了［克劳狄乌斯的］

① 即卡里古拉。

过继之后，继弟[①]布列塔尼库斯仍按以往习惯在打招呼时称他为阿埃诺巴尔布斯，于是他就试图让继父相信［布列塔尼库斯］有取代他的野心。此外，在姑妈雷必塔遭起诉后，他公开举证反对她以取悦于正在想方设法扳倒对方的［自己的］母亲。**2** 当他被正式引荐开启政治生涯时，他宣布向人民发放赏赐，向士兵发放酬金，举行绕行式[②]，还亲自手持盾牌走在近卫军士兵的前面，接着在元老院里向继父致以谢意。在继父出任执政官时，他在对方面前用拉丁语替博洛尼亚人，又用希腊语替罗得岛人和伊利昂人进行了辩护。当他在拉丁祭祀期间担任罗马市长[③]的时候，首次亮相审理法律诉讼，当时一些再出名不过的辩护人未遵循常规只提交一些微不足道的案件，而是争相向他提出大量再重要不过的案子，虽然克劳狄乌斯禁止这么做。没过多久，他迎娶了屋大维娅，并为祝福克劳狄乌斯健康而在椭圆形竞技场里举办了比赛和狩猎。

VIII.1 十七岁那一年，当克劳狄乌斯［辞世］的消息被公之于众后，他在第六和第七个时辰之间[④]前往担当警卫的士兵那边，因为一整天都有凶兆出现，对于他来说除了那个时辰之外似乎没有别的时间更适合开始［掌权行动］的了。他在宫殿台阶前被欢呼为皇帝，随后乘肩舆进入了［近卫军］营地并匆匆向士兵们发表了讲话，再后来他便被从营地带到了元老院议事堂并待到傍晚才离开，而在授给他的大量荣耀当中只有国父之名因年纪［太轻］的缘故才被他给拒绝了。

---

① 布列塔尼库斯乃元首克劳狄乌斯与梅萨利娜所生的儿子，尼禄则受到元首克劳狄乌斯的过继，因此尼禄和布列塔尼库斯之间的兄弟关系并非血缘上的亲兄弟关系。

② 关于这种仪式，请参见《被奉为神的克劳狄乌斯》，I，3。

③ 拉丁祭祀（或称“拉丁庆典”）期间两位执政官都必须前往阿尔巴山参加宗教仪式，因而这段时期他们在罗马城的职权暂时交由罗马市长行使。

④ 相当于正午过后不久。

IX.1 他为克劳狄乌斯操办了一场极为盛大的葬礼，还致了悼词并将其奉为神，由展示自己的孝敬开始了［他的统治］。他以极高的荣耀纪念了［亲生］父亲多米奇乌斯。他把一切国事和私事全都托付给了母亲。甚至在执掌大权的第一天他就向军事保民官给出了“首屈一指的母亲”这样的口令，后来，他时常乘坐她的肩舆，与她一起在公众面前穿行而过。他在安提乌姆创建了一处殖民地，并从近卫军中征调了老兵外加那些被迫进行迁居的极其富有的第一百人队队长，还耗费巨资在那里建起了一座港口。

X.1 为了进一步表现当时已颇为明显的［善良］天性，他宣布，自己将遵循奥古斯都确立的原则进行统治，而且不放过任何机会以展示其慷慨、仁慈以及和蔼。对于重税，他或是废除或是减征。对于［揭发违反］《帕皮乌斯法》的告密者，他将奖赏削减到了四分之一。在向人民每人分发了四百塞斯退斯之后，他还决定向每一位身份极其尊贵却没有家产的穷困元老发放年薪，对一些人甚至多达五十万塞斯退斯。同样，他还按月向近卫军大队提供免费粮食。**2** 当某个被判处死刑者照例要交由他来签字行刑之时，他说道：“真希望自己不认识字。”他向所有等级者打招呼时历来都是随时凭记忆脱口而出的。元老院致以谢意时他答复道：“等到我配得上［你们致谢］的时候吧。”他甚至允许平民来到平原看他进行军事操练，还经常公开发表讲话。他不仅在家里而且还在剧场中朗诵诗歌，这让所有的人都感到那么高兴，以至于为他的朗诵而颁令举行了一场公众祈祷式，而部分诗歌则用金色字母刻写出来奉献给了卡庇托山上的朱庇特神庙。

XI.1 他举办过多种不同类型的竞技表演：青年表演[①]、椭圆形竞技场内的［赛车］比赛、戏剧演出、角斗士比赛。在青年表演中他

① 为了纪念他第一次刮胡子而举行的比赛，见下文 XII，4。——洛布版注

也让上了年纪的与执政官等衔者和妇人参加赛会。在椭圆形竞技场内的［赛车］比赛中，他把骑士和别的人分开并为他们设了专区，他还献上了由四匹骆驼拉车的赛车比赛。**2** 在为祝福统治长久而下令举办的被冠以“至大”之名的戏剧演出里，有［元老和骑士］两个等级男女多人参与其中；有一位再著名不过的罗马骑士骑一头大象从绳索上走过；上演阿弗拉努斯的剧名为“火灾”的托袈剧[①]时，演员们被允许进入着火的房子，把里面的家具搬出并据为己有。每天都有代表各种礼物的彩券被抛给人民：每天各种鸟一千只、多种食物、谷物券、衣服、金银、宝石、珍珠、画作、奴隶、拉重物的牲畜，甚至还有被驯服的野兽，最后是船舶、公寓房、田地。

XII.1 他从紧靠舞台前方的高处［包间］观看演出。在战神平原一带不到一年工夫就建起了一座木制圆形大剧场，他在那座大剧场里举办角斗士比赛，比赛中他未让一人被杀死，哪怕是罪犯。但是，他还迫使四百位元老和六百位罗马骑士（其中一些人富裕而有名望）登台决斗，甚至同野兽搏斗者和剧场上的各类侍从[②]都是从这［两个］等级当中选出的。他还举行过模拟海战，并且用的水是海水，还有海怪在里面游。同样是他，让一些希腊年轻人跳战舞，演出结束后还给他们每个人都颁发罗马公民权的证明函。**2** 战舞表现了许多场景：有“帕西法厄”[③]藏进木制小母牛塑像的腹中，一头公牛骑

① 指古罗马时代的一种喜剧类型，其中的题材多为罗马当地人物日常生活，剧中人物也多穿罗马人的日常服装，因而通称托袈剧。另一类呈现希腊人日常生活的喜剧，因剧中人物多穿希腊人的长袍，而被称为披衫剧（fabula palliata）。

② 乐师，机械师等。参见《被奉为神的克劳狄乌斯》，XXXIV，2。

③ 古希腊神话传说中的人物，为克里特王米诺斯（Minos）之妻，被一头波士顿派来的从海中出现的公牛玷污后生下了半人半牛的弥诺陶洛斯（Minotaur）。

在上面，至少许多观众是这么认为的；“伊卡洛斯”[①]在第一次尝试［飞行］的时候掉在了他的榻旁，鲜血溅在了他身上。［说到榻］是因为他几乎不主持赛会表演，只是习惯躺在榻上［观看］，一开始是通过［包间的］小窗，后来则是在完全没有遮掩的楼厅[②]里。**3** 他史无前例地在罗马设立了每四年举行一次的竞技赛（他管它叫“尼禄尼亚”），并按希腊人的习惯将之分成三部分：音乐赛、体操赛、骑马赛。那时他会贡献出［自己的］浴池和体育场，还向每位元老和骑士提供橄榄油。他通过抽签让与执政官等衔者坐在裁判官的座位上主持整场竞技赛。随后，他下到主宾席和全体元老中间，并接受拉丁语演说和诗歌的桂冠，这顶桂冠曾是每一位再尊贵不过之人都力图争夺的，［后来］在他们一致赞同下被授给了他本人；而当裁判员把演奏西塔拉琴的桂冠也颁给他时，他却在鞠躬之后下令将之摆放在奥古斯都的塑像前。**4** 他在塞普塔投票场里举行体操赛，在比赛时他一边献祭了一头公牛，一边第一次刮掉了胡子，并把剃下的胡子装入一只由极珍贵的珍珠装饰的金匣子再奉献给朱庇特神庙。他还邀请维斯塔贞女观看运动员比赛，因为在奥林匹亚丰产女神的女祭司也同样有权观看比赛。

XIII.1 我该把提里达特斯进入罗马城算入表演当中，这么做并无不妥。此人乃亚美尼亚之王，尼禄以丰厚的许诺将此人引诱到了罗马，并通过公告定好日子把他展示给人民，可却因［那天］阴云密布［尼禄］就推迟了日子，不过还是一有机会便将［提里达特斯］

---

① 古希腊神话传说中的人物，曾与父亲代达罗斯（Daedalus）一起用蜡和羽毛做成翅膀，试图飞离克里特岛。后来他因为飞得太高，蜡被太阳晒化而坠落海中丧命。

② 在圆形大剧场里，楼厅指的是靠近沙场的一处高处平台，平台上设有专供元首家族、高级官员、维斯塔贞女落座的专座。尼禄则在那里躺在榻上。——洛布版注

带了出来。[当时的场景是：] 武装起来的近卫军大队排列在罗马广场上的神庙四周，[尼禄] 则身着凯旋式的装束坐在左右立有军旗和旗帜的宣讲坛上的权贵席中。**2** [提里达特斯] 在沿着斜坡走上平台之后，[尼禄] 首先让他跪倒在地，然后用右手将他扶起并热情地亲吻了他，接着在对方提出恳求时把他的包头巾解了下来，换上了王冠。一位与裁判官等衔之人在对这位恳请者的话进行翻译之后向众人宣读了出来。[提里达特斯] 随后被领到了 [庞培] 剧场里，然后就在他再次提出恳请的时候，[尼禄] 让他在自己的右边落座。出于上述这些事迹，[尼禄] 被唤为施令者，而他在把桂冠放入朱庇特神庙①后，就合上了双面神雅努斯神庙的大门，也就是说不再有任何战争了。

XIV.1 他出任过四次执政官：第一次当了两个月，第二次和最后一次都是六个月，第三次四个月。中间两次是连续出任的，剩下的 [第一次和第二次、第三次和第四次] 中间相隔一年。②

XV.1 在法律诉讼上，若不是等到第二天使用文书给出判决的话，他不会匆忙答复诉讼的发起者。他坚持这样的审理方式，即并非让一方不断进行陈述，而是双方就每一个问题逐一展开相互辩论。另外，无论什么时候，只要他退庭征询意见，就不会让人家针对什么问题进行公开讨论，而是让他们每个人将自己的意见单独写下来，并在私下单独阅读，然后再根据他自己的倾向做出裁定，就像那是大多数人的意见一样。**2** 有很长一段时间他都不许被释奴之子进入元老院，也拒不授予已被先前元首认可的显赫官爵。若候职者超出 [规定] 数量，他就让富余的人掌管军团以弥补推迟任职所耽搁的时

① 通常只在举行凯旋式的时候才会这么做。——洛布版注

② 根据执政官列表，尼禄出任过五次执政官，其年份分别为：公元 55 年、57 年、58 年、60 年、68 年。

间。他任命执政官通常任期六个月。若执政官中有谁在一月一日之前去世，他就不再任命他人取代，同时对卡尼尼乌斯·雷必鲁斯[①]作为一日执政官的古老案例表示出不满。他甚至授予财务官官衔者以及骑士等级中的一些人凯旋徽记，而且并非每次都是出于军事方面的原因。当他向元老院发表关于一些事务的演讲的时候，他通常跳过财务官的［宣读］职责而是通过一位执政官向元老院宣读出来。

XVI.1 他为罗马城设计出了一种新式建筑，即在公寓间和宅邸前建起了柱廊，以便能从上面的平台上救火，他还自掏腰包建造这种建筑。他也曾做出过决定，要把城墙一路延伸到奥斯提亚，然后再从那里挖一条运河将大海与古城罗马相连。**2** 在他当政期间，许多陋习都遭到了严厉惩处和抑制，比如：对奢侈进行了限定；把公共宴会的规格降为分发食品[②]；除了豆子和蔬菜之外，酒馆被禁止贩售任何烹饪过的食物，而在从前各种各样［琳琅满目的］待售食品都被摆放在了店里；基督徒作为一类信奉了新的有害的邪教的人而被施加刑罚；赛车手为了能寻欢作乐长久以来都有权到处游荡并以欺骗和劫掠取乐，他则禁止了他们的这项娱乐活动；仿剧演员和他们的追随者被同时逐出了［罗马］。

XVII.1 就在他统治时期，对付［文件］伪造者的方法被史无前例地创造了出来，即只在打完眼后再用麻线从孔中来回穿过三次的文件上签字。而在遗嘱方面则做出了规定，在把遗嘱交给签字者[③]签名时，开头两页只能有遗嘱订立者的名字，而且为他人书写遗嘱之人不得为自己分得一份遗产。同样是他，还规定了讼师为打辩护

---

① 指执政官盖乌斯·卡尼尼乌斯·雷必鲁斯。关于此人及其出任执政官的事迹，请参见《被奉为神的盖乌斯·卡里古拉》，LXXVI，2 及注脚。

② 原文 sportula，指的是庇护人向被保护人分发的食物和钱币。

③ 作为见证人。遗嘱订立者随后会在这两页上写上继承人的名字。——洛布版注

可获得一定的合理报酬，而凳子则完全由国库负担，不再需要人们支付任何费用。还有，在对涉及国库的案件进行庭审时，审理过程会被转移到罗马广场和仲裁官[①]那里［，而非移交到管理国库的长官那里］，而对裁决者提出的诉讼要全部提交到元老院。

XVIII.1 任何开疆拓土的愿望或增加统治地域的希望都不曾打动过他，他甚至还考虑过从不列颠撤出军队，却只是看起来对有损于继父的荣耀感到羞愧而作罢了。他仅仅把波勒蒙放弃的本都王国，以及同样的科提乌斯死后的阿尔卑斯王国变成了行省。

XIX.1 他一共就计划过两次外省出行：赴亚历山大里亚和亚该亚。不过，对于亚历山大里亚那次出行，在启程当天他便因危险的预兆而取消了行程。因为，他当时正在几座神庙周围绕行并坐在了维斯塔神庙里，正要起身离去之际先是衣角被挂住了，接着又升腾起了一股如此浓重的黑暗之气，以至于他都无法看见任何事物。**2** 在亚该亚，他试图凿通伊斯特摩斯［地峡］。他召集起近卫军士兵鼓励他们动工，在吹奏号角之后他首先挥动耙子掘开了地，并用双肩背走了满满一筐的土。他还准备远征里海之门[②]，并为此从意大利人中招募了一支由身高六尺的新兵组成的新的军团，还唤之为“亚历山大大帝的方阵”。**3** 我把上述这些事迹（其中的一部分并无苛责之处，另一部分甚至值得大加赞赏）归纳在一起，为的是与我接下去开始叙述的他的可耻之行、罪恶之事分开。

XX.1 在孩童时代，除去接受其他门类的教育之外他还初识了音乐，一取得大权之后他就立刻派人唤来了比当时其他人都活跃的西塔拉琴奏唱师特尔普努斯，一连几天都在晚餐之后聆听其歌唱直至

---

① 原文 reciperator，指的是受命对罗马人与非罗马人之间的诉讼做出仲裁的裁决者。

② 指位于里海西侧高加索山脉北麓的关隘，据说曾由亚历山大大帝所建。

深夜，而他也开始逐步训练自己，并且不放过任何一个由那类艺术家出于保护嗓子或使嗓音变得更洪亮的缘故而保有的训练方法。另外，他在仰面躺地时用铅板置于胸前，还用灌肠和呕吐的方式清洗肠胃，并禁食有损嗓子的水果和食物。虽然他嗓音微弱而沙哑，可在取得进步的鼓励之下，终于开始期盼能登上舞台。此后，在密友面前他不断引用希腊谚语，[说的是，]“不让人听到的音乐得不到任何关注”。**2** 他首先在那不勒斯进行了演出，即便剧场因突然发生地震而摇晃了起来，他仍把开始唱的曲子唱完方停下。他还在当地不停地唱了好几天的歌。即便在短暂停歇以让嗓子休息时，他都不能忍受不受人瞩目的境地，而是离开浴池来到了剧场，并在主宾席中间与聚到身旁的人民一起享用餐宴，还用希腊人的话许诺道，自己稍稍润一下嗓子就能唱出一些悦耳动听的歌来。**3** 另外，他被新近涌入那不勒斯的一群亚历山大里亚人有节律的掌声打动，于是便从亚历山大里亚唤来了更多的人。他甚至不满足于此，还从各地选了一些骑士等级的年轻人和五千多个再强健不过的年轻平民，将他们分成几组，学习［亚历山大里亚］式的鼓掌方式——他们称之为蜂鸣、瓦声、砖声——并在他歌唱时尽力为其鼓掌。这些人头发浓密、着装极其亮丽，左手空空不戴任何戒指，以此区别于他人，他们的首领一人可获四十万塞斯退斯的报酬。

XXI.1 他觉得仍非常有必要在罗马一展歌喉，于是就在预定举行尼禄尼亚赛会的那天到来前就再次举办了赛会。当所有人都强烈要求聆听他的天籁之音时，他答复道，若好多人都想听的话自己一会儿将在花园里演出，可是当那时正负责值守的士兵与群众一起发出恳请时，他做出了承诺，说自己很乐意立即献演。于是他就毫不犹豫地下令把自己的名字列入了参加比赛的西塔拉琴奏唱师的名单，把自己的名签与其他人一起投进了瓮里。轮到他出场时，他登上台去，一边有近卫军长官提着西塔拉琴，身后是军事保民官，身旁是最亲密的好友。**2** 站定之后，说完开场白，他就通过与执政官等衔的克卢维乌斯·鲁弗斯宣布自己将演唱《尼俄伯》[①]，并一直持续到近第十个时辰，还把这次比赛的桂冠［颁发］以及剩下的赛事都推迟到了下一年，以便让他有更多机会演唱。可对他来说这么等待的时间似乎也长了一些，于是就一次又一次不停地在公众面前抛头露面。在某位裁判官出资一百万塞斯退斯的情况下，他甚至考虑过是否要在个人举办的演出上与演员们一起表演。**3** 他还戴着面具演唱［表现］男英雄和众男神的，同样还有女英雄和众女神的悲剧，而面具也按他自己和他当时所钟爱的女子的脸型塑造。他演唱过的其他［作品］有：《临产的卡娜喀[②]》《弑母的俄瑞斯忒斯[③]》《被刺瞎的俄狄浦斯[④]》《变疯的赫拉克勒斯》。在上演赫拉克勒斯的传说时，有传言说，一名站在入口值守的新兵见到他一身如此打扮，还正如情节要求的那样被锁链缠绕着，便冲上去解救了他。

XXII.1 他自降生以来就对马怀有一种特殊的热情，且时刻都在谈论着椭圆形竞技场里的［赛车］比赛，尽管［老师］不许他说这些。有一次，当他在同学当中替一名被马拖在后面的绿队赛车手打

---

① 尼俄伯为古希腊神话中的悲剧人物，坦塔罗斯（Tantalus）之女。她生有七个英俊的儿子和七个美丽的女儿，并常在勒托（Leto）女神庙前自夸，由此激怒了女神。勒托便派阿波罗和阿尔忒弥斯（Artemis）杀死了她的所有孩子。

② 古希腊神话中的人物，为波塞冬之子埃俄罗斯（Aiolus）的女儿，因与自己的哥哥马卡柔斯（Macareus）乱伦并生下女儿伊萨（Issa），而被父亲勒令自杀，生下的女儿伊萨则被扔去喂了狗。

③ 古希腊神话中的人物，阿伽门农之子。阿伽门农远征特洛伊回国后被妻子克吕泰涅斯特拉及她的堂弟兼情人埃吉斯托斯（Aegistus）杀死，俄瑞斯忒斯也被母亲克吕泰涅斯特拉（Clytaemestra）流放。俄瑞斯忒斯长大后便杀死了母亲，替父亲报了仇。

④ 显然，根据古希腊神话传说，俄狄浦斯在获知自己犯下了弑父娶母的大罪之后就用胸针刺瞎了双眼。

抱不平时，老师责备了他，而他却谎称自己说的是赫克托。在统治之初，他就每天在一块平板上玩象牙四轮马车的游戏，也会为出席每一场椭圆形竞技场内的比赛（即便是再小不过的比赛）而从休憩之地返回，他起先是悄悄进行的，到了后来则公然这么做，以至于没有人会怀疑在［有比赛的］那一天他将［必定］到场。**2** 他常毫不掩饰地说自己希望增加奖品数目，因此比赛就会增加场次并持续到更晚，以至于各车队的主人竟觉得，除非是赛一整天车，否则就不值得把人派上场。很快他就盼望起能亲自驾车并经常在观众面前登场，于是先在花园里当着奴隶和一干粗俗平民的面操练一番之后，当一名被释奴从本属于官员的位置上抛下信号布时，他便亲自当着所有人的面在至大椭圆形竞技场里抛头露面了。**3** 他并不满足于在罗马展现自己精于这些技艺，而且正如鄙人曾说过的，[①] 他还前往亚该亚——他尤其受到下述情况的鼓舞：那里时常举办音乐比赛的城市此前就曾颁布规定，所有西塔拉琴的桂冠都颁授给他，他总是满心欢喜地收下这些桂冠，还不仅首先接见带来［桂冠］的使节，而且让他们参加只有密友参加的餐宴。当他们中的一些人在宴席过后恳请他一展歌喉，并对他的演出报以热烈掌声之时，他说道，只有希腊人才懂得欣赏［音乐］，只有希腊人才配得上自己那么努力［地表演］——他一点都没耽搁就出发了，他刚一抵达卡西俄佩就首先来到卡西俄佩的朱庇特神的祭坛进行演唱，随后再去参加所有的比赛。

XXIII.1 ［为了让自己能在逗留希腊期间参加更多赛会，］他还下令把间隔时间极长的赛事都放到一年里举行，结果一些赛事甚至举行了两遍，他还破例在奥林匹克赛会中添设了音乐比赛。在他投身于这些赛事的时候，为了使自己全然不受分心或妨碍，当被释奴

① 关于此事，请参见本卷 XIX，1。——洛布版注

艾利乌斯因罗马城事务而提醒他要身处罗马之际，他以下列话做出回复："虽然现在你建议并期望我尽快返回，可是你更应该鼓励我，并期待我返回时会是个堂堂正正的尼禄。" **2** 他在演唱时不许任何人离开剧场，即便有非常急迫的原因也不行，结果据说有些妇女在演出中生下了孩子，还有许多人对听歌和喝彩感到了厌烦，但鉴于赛场的门都合上了，他们或是偷偷翻过围墙，或是假装死亡而被人抬出去埋葬。而他在比赛时的紧张不安、面对对手时的你争我夺、对裁判的畏惧都到了这种地步，简直让人难以置信。碰到对手和他旗鼓相当时，他常对他们报以敬仰并试图博得他们的好感，同时却在背地里对他们大加诋毁，有时还在遇见时加以咒骂抨击，而如果他们在技艺方面胜过自己，他甚至惯于进行贿赂。**3** 还有，在开始表演之前他总会以再恭敬不过的语气向裁判员们发表讲话，说自己 [该做的] 一切都做到了，不过结果仍掌握在命运女神的手里，而作为睿智博学之人，他们应该不受偶然因素的影响。当他们吩咐他放心之后，他才稍稍放宽了心并返回 [准备演出]，可在此期间他仍有所顾虑①，并抱怨某些 [裁判员] 的沉默和忸怩是对自己的厌弃和怨恨，还声称，他对他们表示怀疑。

XXIV.1 在比赛中，他确实遵守规则到了这般地步，以至于从不敢清嗓子，也不敢用手臂擦拭额头上的汗水。一次，在悲剧演出时，他迅速捡起了一根掉落的节杖，他为此感到胆战心惊，生怕因这个失误而被比赛除名，直到伴演者②发誓说，这个失误淹没在人们的欢乐声和喝彩声中而并未被注意到之后，他才恢复了信心。另外，[在他得胜时，] 他常亲自宣布自己是胜者，而出于这个缘故，他还

---

① 此处原文直译为"并非毫无顾虑"。

② 伴演者（hypocrita）在悲剧演员说台词的时候会摆出手势并以笛子伴奏。——洛布版注

到处参加宣令者的角逐[①]。为了抹除对其他每一名赛事优胜者的记忆或清除他们在各处的痕迹，他下令把他们的塑像和半身像统统推倒，再用钩子拖拽并丢进公厕。**2** 他还在多处地方驾驶赛车，在奥林匹亚甚至还驾驶过十驾马车，虽然在自己的一篇诗歌里他曾就此批评过［本都］王米特里达梯。不过在他被从车里摔出又重新扶进去之后，尽管无法坚持下去并在跑完全程前就退出了，可他依然被授予了桂冠。随后，在他离开之际，他赐予整座［亚该亚］行省自治权，同时还赠给裁判员们罗马公民权以及大笔赏金。上述恩惠是在伊斯特摩斯赛会的那天由他本人于运动场中亲口宣布的。

XXV.1 从希腊归来后，由于他第一次登台是在那不勒斯，所以作为对待赛会优胜者的习俗，在拆掉一段城墙后他骑着白马进入了那座城市；他以同样方式进入了安提乌姆，接着又进入了阿尔巴努姆[②]，再后来进入了罗马。只是进入罗马的时候，他使用的是以前奥古斯都在凯旋式上用过的马车，并身穿饰以金色星辰的紫袍和军用斗篷，头戴奥林匹克赛会的桂冠，右手持德尔菲赛会的桂冠，在队伍的前面有描绘其他赛会的标牌，内容包括他在哪儿通过唱了什么歌或演了什么剧而赢了哪些人。马车后面跟的是欢呼式上的喝彩者，他们欢呼道，自己是奥古斯都的随从，是他的凯旋式上的士兵。**2** 他经过至大椭圆形竞技场当时已经拆除了的拱门，穿过维拉布鲁翁和［罗马］广场朝帕拉丁山和阿波罗神庙进发。一路上到处都有人在宰杀牺牲并不断地往路面泼洒香料，还献出了鸟雀、彩带、甜点。他把神圣的桂冠摆放在寝宫床榻周围，并摆上了几尊身穿西塔拉琴奏唱师服饰的自己的塑像，他还发行了铸有这种图案的铜币。**3** 到了后来，他仍丝毫不忽略、不放松［歌唱］训练，以至于若不是采

① 重大节日上的宣令者是从竞争者中通过角逐选出的。——洛布版注

② 今意大利罗马附近的阿尔巴诺－拉奇亚勒（Albano Laziale）。

用书面方式[1]或另请他人宣读，为了保护嗓子他就从不向士兵发表讲话；要是没有声乐老师站立在旁，告诫他保护好气管并该用手绢遮住嘴巴的话，他就既不做任何正事也不寻求任何乐子。他仅凭对方赞美的多寡就给予许多人友谊或对许多人报以敌意。

XXVI.1 一开始正如年轻人所犯的过错一样，他就表现得放荡、淫乱、奢靡、贪婪、残忍，虽然并不显著，且是私下之举，可即便那个时候也没有人怀疑，这是他天性中的罪恶在作祟而非年龄的关系。天色一黑他就戴上毡帽或皮帽踏入酒肆、徘徊市井、四处寻乐，虽然如此，却并不是没造成什么危害。比如他常殴打赴宴归来的人，如果他们反击的话，他就通常刺伤他们后再沉入引水渠里，他甚至还砸毁、劫掠店铺。他在宫殿里设立了市场，并在那里把战利品分成数份后进行拍卖，再把所获挥霍一空。**2** 在那种冲突当中，他时常冒着失去眼睛，甚至失去生命的危险。他因侵犯了某位穿宽紫纹短袖袍［的元老］的妻子而差点儿被这位元老给打死。因此，那之后如果没有军事保民官在远处暗中跟随的话，他再也不会在那种时辰独自在公众场合露面。白天他也偷偷坐在椅子上被人抬到剧场里，并从紧靠舞台前方的高处［包间］一边观看仿剧演员们制造的骚乱，[2]一边对他们进行怂恿，而当骚动演变成动手殴打，并用石头和弄折的长凳大打出手的时候，他亲自冲人们投掷了许多东西，甚至还打破了一位裁判官的脑袋。

XXVII.1 可当他的罪孽变得日渐深重之后，便抛下了嬉闹与遮掩，开始毫无顾忌地做出更大的罪恶。**2** 他让宴席从正午一直持续到午夜，还经常在冬天泡温水浴，抑或在夏天时泡雪水浴。他时常在战神平原或至大椭圆形竞技场上建起模拟海战用的围栏，再在那

---

① 此处原文直译是“自己不出现”。

② 还有他们的支持者们。关于此事，参见本卷 XVI，2。——洛布版注

里由罗马城各处的卖淫者和舞女侍奉着举行宴会。**3** 无论何时，只要他从台伯河顺流而下前往奥斯提亚，或在巴耶湾附近航行，就会在海岸、河岸边上沿途隔开一段距离设立供他豪吃的店铺，店内有妇女模仿成老板娘的模样，从她们各自所处的地方招呼他［靠岸光顾］。他还强迫挚友提供晚餐，其中一人花费了四百万塞斯退斯举办了一场戴头巾的晚餐，另一个人为举办玫瑰花晚餐花费更加巨大。

XXVIII.1 除去虐待出身自由的男孩以及同已婚妇女同床之外，他还强暴了维斯塔贞女鲁布里娅。他让与执政官等衔者发假誓，说被释女奴阿克特出身王族，从而差不多就和她缔结了合法婚姻。他甚至试图通过净身把男孩斯波鲁斯变性成女人，还以一场正规婚礼将其迎娶为妻，婚礼上［斯波鲁斯］既准备了嫁妆又穿上了婚纱，［尼禄］以极其盛大的排场将他接入了［宫里］，待之犹如妻子一样。某人讲的一则笑话一直流传至今，说要是［尼禄的］父亲多米奇乌斯有这么一个妻子，那么对人间该是件好事。[①] **2** 这位斯波鲁斯被穿上了奥古斯塔[②]的华丽装束，乘在肩舆上，由尼禄带着一起跑遍了希腊的巡回法庭和市场，随后又在罗马一起穿行于希吉拉里亚街上，［一路上］尼禄还一遍遍地激吻着斯波鲁斯。他还曾对母亲怀有非分之想，却被她的敌对者给阻止了，以免这个刚愎自用、粗野不羁的女人借此途径获得更大的权势，尤其是在他将一名长相与阿格里皮娜极其相似的女子纳为妾之后，就不再有谁怀疑此事了。一些人还声称，在那之前，每当他和母亲一起乘肩舆出行时都会与她发生不伦关系，而衣服上的污渍即证明了上述之事。

---

① 背后的意思是，尼禄之父多米奇乌斯要是娶了同为男儿身的斯波鲁斯，就不会生下尼禄了。

② 即奥古斯都之妻。

XXIX.1 他自己犯下的通奸行径到了这般地步，以至于在他把几乎自己的所有部位都弄得污秽不堪的同时又发明了一种情色游戏，在游戏里他披上野兽皮被从笼子里放了出来，然后袭击绑在柱子上的男人和女人的私处，当他的兽性得到满足之后又遭被释奴多里弗鲁斯征服。他本人甚至还嫁给了后者，就跟斯波鲁斯当初嫁给他一样，[行初夜的时候] 他还模仿起处女遭玷污时发出的呻吟声和哀嚎声。我从一些人那里获悉，他曾认为这是再可信不过的事实：没有一个人是清白的，大家的身体也没有任何一处地方是干净的，而且绝大多数人都在藏匿自己的罪恶并狡猾地把自己伪装起来。因此向他坦白下流污秽之行的人，连同那些人犯下的其他罪行他都一并宽恕了。

XXX.1 他认为除了奢靡挥霍之外就别无其他方式享受财富和金钱了。他称那些量入为出者是吝啬抠门之人，而那些开销甚巨、破费钱财之徒才是真正的高尚、伟大之人。他时常因叔叔盖乌斯在短暂的时间里就把提比略遗留下来的如此巨大的财富挥霍一空而对其加以赞美、心存惊叹。**2** 因此，他毫无限度地颁授赏赐、挥霍钱财。他在提里达特斯王身上（虽然看似几乎令人无法相信）一天就花费了八十万塞斯退斯，在他离开时又赠送对方超过一亿。他赠给西塔拉琴奏唱师梅内克拉特斯和鱼盔斗士斯皮库卢斯与凯旋者相同的财富和屋子作为赏赐。他送给猴脸高利贷者潘奈罗斯位于罗马城内和城郊的住宅从而使对方变得富裕，还以近乎王室的规格将其安葬。**3** 任何一件衣服他都从不穿两次。玩掷骰子时他的赌注为一个点数四十万塞斯退斯。他用金制的网和绛红色的绳钓鱼。据称，当他踏上旅程时运输物资的四轮［骡］车从不少于一千，而且骡子钉的是银掌，骡车夫穿的是用卡诺莎羊毛制的衣服，随车护送的一群马扎奇人戴的是臂环和圆章。

XXXI.1 虽然如此，可与其他任何方面相比，他在建屋造舍上的挥霍程度却是有过之而无不及。他建起了一座从帕拉丁山一直绵延到埃斯奎利山的宅子[①]，一开始他称这处宅子为“连山屋”，后来它被一场大火烧得精光，待重建之后他又称之为“金屋”。关于它建造得有多大、多华丽，可由以下细节详尽地描绘出来：其前厅树有一尊按照他自己的外形塑造的高达一百二十尺的巨像；它宽敞到了那般地步，以至于带三排立柱的柱廊就有一里长；还有一片宛如大海一样的池塘，池塘四周则建起了能代表几大城市的建筑；还有乡村的各种耕地、葡萄园、牧场、树林，以及各类牲畜与成群的野兽。**2** 屋内其他地方全都镀着金子并用宝石及珍珠贝点缀；餐厅用的是带活动象牙板的天花板，以便撒下鲜花或用管子从上面喷洒香气；宴会厅呈圆形，并根据星辰变化无论白昼黑夜始终都在旋转着；浴池里流的是海水和［含矿物质的］白水。当那处宅子按上述方式建成并由他奉献于神之际，他以赞许的口吻说道，自己终于开始住得像个人样了。**3** 除此之外他还开始建造一座泳池，范围从米塞努延伸到阿维努斯湖，泳池上以屋顶遮蔽，四周以柱廊环绕，而整个巴耶凡有温泉的地方，他都计划将温泉水引入泳池；他计划挖一条从阿维努斯湖到奥斯提亚的运河，这样乘船的旅程不必再走海路了，它全长一百六十里，河面宽阔，以至于可以两边对开五桡船。为了完成上述工程，他曾下令，各地的囚犯都应送往意大利，被判死刑的人也只应送去修造工程，以此作为惩处。**4** 除了对统治之域内的[收入]感到满足之外，他还对隐藏的巨大财富怀有期待——根据一名信誓旦旦的罗马骑士的证词，狄多女王[②]从提洛

① 原文 domus，指的是古罗马富贵人士居住的带院墙和园圃的房子。

② 《埃涅阿斯记》中的主要人物之一，迦太基的建城者和第一任女王。她曾为腓尼基提洛斯王贝卢斯（Belus）的长女，在弟弟皮格马利翁（Pygmalion）继承王位并杀死了自己的丈夫阿刻耳巴斯（Acerbas）之后，就带着随从和家产逃离了腓尼基，最终抵达北非利比亚。

斯[①]出逃时随身携带的再古老不过的巨大财富就被藏在阿非利加的一处极大的洞窟中，且费不了多少劲就能够挖出来——受此激励他更疯狂地挥霍了起来。

XXXII.1 而当上述期待落空之后，财源枯竭、身陷穷困的他便不得不削减甚至拖欠士兵的军饷和老兵的奖励，还有意实施诬告和劫掠。**2** 他首先做出规定，已故被释奴若没有任何令人信服的理由就使用了与他［尼禄］有关系的任何一个家族的族名，那么其财产的六分之五（而非一半）将强制归他所有。接着［他还规定道］，那些对元首忘恩负义之人的遗产应归帝王私库所有，并且曾替他们起草或口授遗嘱的法律从业人士也不得免受惩处。再有，能引起告密者注意的一切言行一律按叛国罪论处。**3** 为了答谢诸城当初颁授给他比赛优胜的桂冠[②]，他曾赠予过奖励，连这些他都要求归还。在宣布禁止使用紫色和绛红色染料之后，他又背地里让人在集市开市的日子售出少量上述染料，接着再把所有参与交易者［的店铺］都给关停了。此外，在他表演唱歌时曾注意到观众中有个妇人正身穿明令禁止的紫色衣服，据说，他向自己的代理人指了指那个妇人，她就被立刻拖了出去，不仅衣服被扒光了，连财产也都被没收了。**4** 他不任命任何人担任官职，除非加上一句“你明白我要的是什么”，以及“我们要努力不让任何人保有任何东西”。最后，他夺走了多座神庙的供品，并把金或银的塑像熔化掉，其中就有佩纳特斯诸神[③]的，不过没多久伽尔巴就重铸了。

XXXIII.1 从克劳狄乌斯［之死］他开始犯下了弑亲和屠戮之举，尽管那人的死他并非始作俑者，但却是同谋者，而且对此他也

① 古代腓尼基人的著名城市，位于今黎巴嫩南部地中海沿岸。

② 关于此事，请参见本卷 XXIV，2。——洛布版注

③ 指罗马人的家庭守护神。

毫不掩饰，因为他后来经常用希腊人的谚语把蘑菇当作众神的食物加以赞颂，而他［克劳狄乌斯］就是通过这种食物中毒的。[①]确定无疑的是，他使尽一切手段在言辞和行动上对死去的［克劳狄乌斯］加以攻击，[②]时而指责他愚钝，时而抨击他残暴，譬如当他说他［克劳狄乌斯］在人类当中不再驻留时，就常常开起玩笑地把第一个音节拖成长音；[③]他废除了多项［克劳狄乌斯的］法令和规定，就像那是由一个愚钝的疯子颁布的一样；最后，除了垒起一圈低矮的围墙之外，他不再看重他［克劳狄乌斯］的遗体火化处。**2** 他企图毒杀［继弟］布列塔尼库斯，原因与其说在于害怕对方因人们对其父亲［克劳狄乌斯］的记忆而使他有朝一日凌驾于自己，还不如说在于嫉妒对方的嗓音，因为那人的嗓音比自己的更甜美。他从某个叫卢库斯塔的女制毒师那里取得了毒药，当药效比预想的来得更迟缓而只是影响到布列塔尼库斯的胃而已的时候，他就派人把那个［制毒的］妇人唤了过来，一边亲手揍了她，一边指责她给出的是良药而非毒药。当她辩解称自己给毒性较小的药是为了让他的罪行不招人显眼的时候，他说道："我害怕《尤利乌斯法》[④]不成？"然后他逼迫她在寝宫里当着自己的面烹煮她能调配的最迅捷、最有效的毒药。**3** 接着，他［拿调配好的毒药］在一头羔羊身上尝试，它活过了五个时辰之后［才死去］，待毒药被一次次地烹煮之后他再次将它投给了一头小猪，见后者即刻毙命，他便命人把这种毒药送入餐厅并交给与自己一同进餐的布列塔尼库斯。对方刚尝了一口就倒地身亡了，而

---

① 关于克劳狄乌斯被怀疑是中毒而死的，请参见《被奉为神的克劳狄乌斯》，XLIV，2。

② 关于此事，请比较本卷 IX。——洛布版注

③ morari（短音 o）指"逗留""停留"，morari（长音 o）指"干蠢事"，语义双关部分似乎无法译出。——洛布版注

④ 指防范包括毒杀在内的暗杀行径（De sicariis）的部分，由苏拉颁行实施，尤利乌斯·恺撒进行了修订。——洛布版注

他却向赴宴宾客们谎称［布列塔尼库斯］是癫痫病发作了而他曾经得过这种病，第二天他冒着瓢泼大雨匆忙将其尸体掩埋了，连葬礼都没举行。因卢库斯塔尽心尽力的协助，他免去了她的惩罚，还给了她大片庄园以及一些助手。

XXXIV.1 他的母亲因较严格地对他加以监督并纠正他的言行而惹恼了他，可起初他的不满仅限于时常摆出一副打算从最高权力引退前往罗得岛的样子，以此让母亲变得不得人心。随后，他剥夺了她的一切荣耀和权力，接着又撤去了作为其护卫的罗马人和日耳曼人士兵，甚至还禁止她和自己住一起，并将她逐出了帕拉丁山。后来他仍不遗余力地骚扰她：当她待在罗马时他就雇人用官司打扰她，在她引退乡野之后他就雇人经陆路和海路从她的屋子附近经过用嘲笑声打扰她的安宁。**2** 最后，她做出了威胁，出于害怕对方使用暴力，他决定将她置于死地。他曾三次试图进行毒杀，不过都发现她事先有所防备，服过解药，在那种情况下他安装了嵌入式的天花板，以便趁她夜晚睡觉时用机关松开天花板，让它掉落下来［砸死她］。这一计谋被同伙泄露了出来，他继而设计了一艘容易散架的船，以船只失事或毁掉船舱的方式弄死她，随后他假装和解并以极其讨人欢喜的信件将她唤到巴耶与他一同参加密涅瓦节的祭仪，在她抵达之后他指示三桡船的船长撞沉她的利布尔尼亚船，就像一场撞船事故一样，然后他用宴会拖延时间把她留住，当她提出要返回鲍利[①]时，他送上了自己布置好的船以取代被撞沉的那艘，他兴致高昂地陪护着她［到了码头］，分别时还激吻了她的乳房。**3** 那晚余下的时间他一边怀着巨大的恐慌无法入眠，一边等待着计谋得逞。不过他却发现一切都出了岔子，她靠游泳逃过了劫难，当她的被释奴卢西

① 今意大利坎帕尼亚的巴科利（Bacoli），乃位于那不勒斯以西 15 公里处的一座小镇。

乌斯·阿杰姆斯兴高采烈地通报她仍安然无恙的时候，无计可施之际，他偷偷将一把匕首扔在了对方身旁，随后指控对方受到指使前来谋害自己而命人将其抓捕并绑缚住，再下令处死母亲，[一切处置得] 就好像她是为了逃避已经败露的罪行而自行了断一样。**4** 一些可靠的作者还补充了更加可怖的细节：他匆忙跑到外面观看她遇害之后的尸体，触碰她的四肢，批评哪些地方不好，又赞美哪些地方好，评头论足之际觉得口渴竟喝了起来。虽然如此，可或是在当时或是到了后来，他仍因背负着罪恶而无法忍受住良心的谴责，即便士兵、元老院、人民试图通过贺词令他安下心来。他时常坦言，称自己遭母亲的鬼魂和提着鞭子、手举火把的复仇女神的追打。此外，他还让琐罗亚斯德教信徒举行宗教仪式，并试图以此召唤亡灵，求其饶恕。在赴希腊旅行期间，他甚至都没胆量参加埃琉息斯密仪，因为仪式开始时宣令者会喊着让不敬神明者和有罪之人离开。**5** 在弑母之外他还添上了谋杀姑妈①的罪行。他曾去探望因便秘而卧病不起的姑妈，她习惯性地拉了拉他柔软的胡子——他那时已经成熟了——竟羡慕地说起来："一旦我得到这个，②我就死也愿意了。"在那种情况下，他转身向近旁的人玩笑似的说道，自己要立刻剔去胡子，随后命令医生给这位病妇服用过量的泻药，并在她未死透之际就霸占了她的财产，还扣押了她的遗嘱以免有什么从自己手里漏掉。

XXXV.1 除了屋大维娅之外，他后来还娶过两个妻子：首先是波佩阿·萨宾娜，她是一位与财务官等衔的父亲所生，在那以前曾嫁过一名罗马骑士；接着是举行过凯旋式的两届执政官 [斯塔提利乌斯·] 陶鲁斯的曾曾孙女斯塔提利娅·梅萨利娜。为了占有后者，

---

① 即本卷 V，2 提到的那位尼禄父亲的姐姐。

② 指"当我看到你长大成人"。罗马年轻人第一次剃胡子是一种具有象征意义的行为，通常会在二十一岁举行这种预定的仪式。——洛布版注，有删减

他杀害了她的丈夫，正在执政官任上的阿提库斯·维斯提努斯。他很快便对和屋大维娅在一起感到了厌倦，而当朋友们发出指责时他答道，她应该对妻子的名分感到满足。**2** 他随后数次想要勒死她，却没能得逞，于是便以无法怀孕为名把她休掉了，不过当人民对这样的离婚并不认同而表示出愤怒之时，他竟流放了她，还动用了无耻至极的诬告手段，最终以通奸的罪名将其处死了，因为在拷问中当所有人都矢口否认她的罪行时，他就安排自己的老师安尼切图斯充当告密者，并以伪证供述出自己诱奸过她。**3** 在与屋大维娅离婚后的第十二天，他就和波佩阿缔结了婚姻并专宠于她。虽然如此，可他却把怀有身孕且染病在身的她给踢死了，原因是她怒斥他因为赛车而回家太晚了。这位［波佩阿］为他生下了一个女儿，奥古斯塔·克劳狄娅，不过在她还是很小的婴儿时他就失去了她。**4** 确实不曾有哪一种亲属关系未遭到他的破坏。克劳狄乌斯的女儿安东尼娅因在波佩阿死后拒不同他结婚，就被他以图谋举事的罪名处死了。他还以同样的方式对待在血缘或姻缘上与自己有任何关系的亲属。其中就有年轻人奥卢斯·保奇乌斯，在他死前［尼禄］强暴了他，并说道："现在就让我母亲过来吻我的继承人吧。"［因为尼禄］公开宣称她爱上了他，由此令他萌生出染指最高权力的希望。**5** 据称，波佩阿所生的那时尚未成熟的鲁弗里乌斯·克里斯皮努斯（他的继子）在玩耍时常充当兵团统帅和皇帝，他因此就吩咐对方的奴隶趁其钓鱼之际将他溺死在海里。他奶妈的孩子图斯库斯在埃及代理人的任上时，由于用了为他来访而特意建造的浴池沐浴，便遭其流放。他强迫老师塞涅卡自尽，虽然当［塞涅卡］数度提出引退并献出财产时，他曾极其郑重地发誓说，怀疑他是他自己的不对，自己宁可自杀也不会伤害他的。他给近卫军长官布鲁斯的是毒药而非治疗咽喉的良药。那些上了年纪的富裕的被释奴，他们起先在他接受过继时，后来又在他登上大统时曾给予过帮助并为他出谋划策，他却用毒杀死了他们，一些人的毒被他投在了食物里，另一些人则被投到了酒水中。

XXXVI.1 对待非自家人和外人，他的残暴程度也丝毫不减。被人普遍相信作为最高统治者驾崩预兆的长发星开始出现，并一连数夜都可见到。对此惶恐不安的他从占星师巴尔比卢斯那里获知，王通常会借助一个显赫之人的死来躲避这样的征兆，并将［凶煞之命］从自己身上转移到贵族头上，于是他就决定处死每一位极其高贵之人。似乎有了这个合理的借口，加之在两起阴谋败露之后，他越发确信有必要这么做了。那两起阴谋的第一起叫皮索阴谋，发生在罗马，参与人数甚多；后面那起叫维尼奇乌斯阴谋，阴谋者准备在贝内文托举事，但也是在那里被揭发出来的。**2** 阴谋者被三重锁链绑缚着进行了辩护，一些人对罪行供认不讳，甚至还有人宣称，帮助一个像尼禄这样沾染一切罪恶的无耻之徒的唯一办法就是杀掉他。判定有罪者的孩子被逐出了罗马城并被毒死或被饿死；众所周知的是，一些［孩子］在一次午饭中与他们的老师和陪读的奴隶[①]一起被杀害，另一些则被禁止获取每天的食物。

XXXVII.1 从那以后，无论谁只要他想以任何一个理由处死的，就不再考虑用哪种选择或什么手段。让我举些许例子吧：萨尔维狄恩努斯·奥尔菲图斯被控将罗马广场附近属于自家宅邸的三间店面出租给了［其他］城市[②]作为驿哨；盲人讼师卡西乌斯·朗吉努斯被控把刺杀恺撒的盖乌斯·卡西乌斯的肖像摆在了家族先人之列；佩图斯·特拉塞阿被控长着一副教师般的严肃面孔。**2** 下令受死的人，他给予的缓刑时间总是不超过一个时辰，而为了不耽误执行，他都会派出医生对那些犹豫不决的人进行“急救”，即把血管割

① 原文 capsarius，指负责帮小主人提书盒的奴隶。

② 城市一词原文使用的是 civitas，严格意义上特指有罗马公民权的人（civis）组成的城市，这类城市在法律上往往拥有与罗马城对等的地位。

开致人死亡，这便是他对“急救”的用法。据信，他甚至把活的人撕碎后丢给某个出生于埃及的“贪吃魔”吞噬，此物习惯吃生肉，而且无论给什么都会吃下去。**3** 这些所谓的胜利让他感到兴奋和自豪，于是他就认为不曾有哪位元首认识到自己掌握了何等权力，而且他时常抛出诸多毫不含糊的暗示，说自己绝不会宽恕活下来的元老，而是有朝一日会将这个等级从国家当中铲除掉，并把诸行省和军队交给罗马骑士及被释奴们。不论出行归来还是启程，他从不亲吻［元老们］，也不回敬问候。在为伊斯特摩斯［地峡的运河］工程进行占卜时，他在一大群人面前高声祈祷道，愿此事为自己和罗马人民带来裨益，却未提及元老院。

XXXVIII.1 但是，他对人民、对罗马的城墙并未表现出怜悯。当某个人在一场平常的谈话中说道：

> 我死后，让世界被火毁灭吧。①

他说“不，我活着时”，于是他就完全照着做了。因为他以厌恶古旧建筑物的丑态和巷道的狭窄与弯曲为由焚毁了罗马城，而且做得如此明目张胆，以至于当多位与执政官等衔之人见到他的侍从在自己的庄园里拿着麻线和火炬时都不去插手干涉，他一直巴望着能得到金屋附近那几座粮仓的土地，由于粮仓的围墙是石砌的，他就用战争器械摧毁，再付之一炬。**2** 火灾持续了一连六天七夜，平民被迫逃往纪念碑和墓地寻求遮蔽。当时烧毁的除了数不胜数的公寓楼之外，还有依旧装点着敌人战利品的古代将领的宅邸，以及由

① 这句诗行在狄奥·卡西乌斯的著作里（狄奥·卡西乌斯，58，23）是借提比略之口道出的。据信，此句应出自欧里庇得斯散佚的剧本《柏勒洛丰》（*Bellerophon*）。——洛布版注

诸王——后来则是为了布匿战争和高卢战争——许愿并奉献的众神的神庙，乃至任何一件值得一看并具有纪念意义的古代传世之物。他一边注视着大火从梅切纳斯塔上蹿出，一边（如他所说的）欢喜于“火焰的绚丽”而身着其登台时穿的戏服吟唱起了《伊利昂之劫》。**3** 为了从这场灾难中得到尽可能多的“掳获物”和“战利品”，他承诺会免费清理尸体和瓦砾，且不允许任何人接近自家的废墟，他非但收取和接收平民们的捐献，而且还对此做出了要求，这几乎耗尽了诸行省和平民的［财富］。

XXXIX.1 在由这位元首而起的苦难和不幸中还发生过这些横祸飞灾：瘟疫一秋之季就让三万人进入了利比蒂娜女神①的账目表里；不列颠的遇袭让两座重镇惨遭劫掠，大量的公民和同盟者遇害；东方可耻的失败致使亚美尼亚的军团被击败钻了轭门，而叙利亚则差点儿就丢掉了。令人惊奇而又特别值得注意的是，他对人们的咒骂与斥责始终都能保持忍耐，还对用言辞或诗歌讽刺他的那些人表现出万般的宽容。**2**［其中］有许多是用希腊语和拉丁语发表或流传的，譬如：

> 尼禄、俄瑞斯忒斯、阿尔克迈翁②都弑杀了母亲。
> 数一数尼禄名字的数值，就知道他等于弑母者。③

> 有谁会否认尼禄出自埃涅阿斯之伟大族系？

---

① 古罗马司掌丧葬的女神。

② 希腊传说中先知安菲阿拉俄斯（Amphiaraus）的儿子。安菲阿拉俄斯在妻子厄里费勒（Eriphyle）的劝说下出征攻打底比斯，前者自知有去无回，临行前嘱咐儿子阿尔克迈翁要弑杀母亲替自己复仇。

③ 尼禄名字的希腊语是 Νέρων，代表的希腊数字共计 1005（ν=50、ε=5、ρ=100、ω=800）；而那句希腊语诗行余下部分（ἰδίαν μητέρα ἀπέκτεινε）代表的数字之和也是 1005（ί=10、δ=4、α=1、μ=40、η=8、τ=300、π=80、κ=20）。

前者逐走了母亲，后者逐走了父亲。

我们的王拨动西塔拉琴弦，帕提亚人的王拉开弓弦，
我们的王是吟唱者阿波罗，帕提亚人的王是远射者阿波罗①。

罗马正变成一座皇宫，公民们，快搬到维伊②去吧，
如果它还未占据维伊的话。

然而，他却没有去找作者是谁，而且当告密者将他们中的某些人告发到元老院时，他却禁止对他们施加较严厉的惩处。**3** 犬儒派学者伊西多禄趁他经过时在大庭广众之下就对他大声奚落起来，说他会好好地唱出诺普利乌斯③的邪恶之举，自己的好事却办得很差。荒诞剧演员达图斯在一首歌曲开头处唱道：

别了父亲，别了母亲。

一边展示出饮用状和游泳状——指的是克劳狄乌斯和阿格里皮娜之死，而最后一句则是：

奥尔库斯④引导着你们的脚步。

---

① 根据文意，显然说的是阿波罗神的两种化身。

② 位于罗马城西北 16 公里处的古代重镇。

③ 古希腊神话传说中的人物。因儿子帕拉米德斯（Palamedes）在特洛伊之战中死于希腊联军之手，便发誓要替子报仇。他于是在优卑亚（Euboea）险峻的海岸线上燃起错误的灯塔，致使希腊人的舰队失事。

④ 古罗马神话里的冥界之神。

同时他向元老院做出示意。尼禄或出于对各种抨击的无动于衷，或为避免因自己表露出怒意而激起大家的才智，除了把那名演员和哲学家逐出了罗马城和意大利之外再也没做出任何更过分的事。

XL.1 整个世界对这么一位元首容忍了近十四年之后，终于把他抛弃了。高卢人在当时以裁判官等级统治那个行省的总督尤利乌斯·维因德克斯的率领下首先发难。**2** 占星师曾对尼禄做出过预言，说他有朝一日会被废黜，在那种情况下他道出了一句极为著名的话："一技之长能满足日常之需。"这句话无疑为其训练西塔拉琴奏唱之艺找到了理由，因为身为元首时那是自娱自乐之艺，变成平民时则成了维生之技。虽然如此，可仍有一些［占星师］预言道，他被废黜后会得到东方的统治权，并且有几个人说那是耶路撒冷的王权，而更多的人则说他将恢复昔日的天命。他则更希望能有后一种结局，而待不列颠和亚美尼亚失而复得之后，他就觉得自己的厄运已经过去了。**3** 事实上，在问卜过德尔斐的阿波罗并得到神谕说他应该提防第七十三个年头——就好像他最终会死在那个岁数，而丝毫都不去想伽尔巴的年纪——的时候，他非但对长寿充满了信心，而且对有长久不衰的好运更是感到自信满满，以至于当他在一次海难中损失了极其珍贵的物品之后，他竟毫不犹豫地对自己人说道，鱼儿会把那些东西返还给自己的。**4** 在弑母的纪念日，他在那不勒斯获悉了高卢诸地举事的消息，他如此平静、如此冷淡地接受了那则消息，以至于令人起疑他是否在暗自庆幸，因为这给了他依据战时法律掠夺再富裕不过的诸行省的机会。他随即赶赴体育场全神贯注地观看运动员比赛。晚餐中，当他再次被更令人不安的信件打扰时，也只是生了气并威胁会对那些举事者进行复仇而已。总之，一连八天他既没想过给任何人回复，也无心做出任何委派或指挥，他以沉默忘却了这件事。

XLI.1 最后，在维因德克斯极富攻击性的大量文告的逼迫下，他致信元老院，敦促他们替自己和国家复仇，同时又以喉咙不适为由对自己未能亲临现场做出了解释。不过，没有哪件事比抨击他是个糟糕的西塔拉琴奏唱师，并管他叫阿埃诺巴尔布斯而非尼禄[①]更让他受到伤害了。他宣布，自己在放弃那个继承来的族名之后，将重新采用这个被用来对他加以辱骂的族名；为了证明其他指责也是假的，他只有拿出如下证据加以驳斥，即他受到嘲讽并被骂技艺不精的那门艺术他曾全心投入其中且已臻于完美了，他一个劲地逐一询问大家，是否知道有哪个人能超过他。**2** 然而，消息还是接二连三地传到了他那里，他在惶恐不安中返回了罗马。不过途中一个微小的征兆让他恢复了信心，因为他注意到一座纪念碑上刻有一位高卢战士被罗马骑士制服后被提着头发拖拽的画面，见此画面他开心地跳了起来，并向上天进行了膜拜。当时，他甚至都没在元老院或人民面前发表讲话，而是将颇为重要的人物召集到家里进行了仓促的商议，那天余下的时间他则展示了尚不为人知的新式水风琴，并逐一介绍了它们的不同特点，讲解各自的原理和复杂性，甚至还宣称假如维因德克斯允许的话，自己打算把它们全都装配到剧场里。

XLII.1 后来，当他获悉伽尔巴和西班牙诸地也揭竿而起之后，他跌倒在地，魂飞魄散，躺卧良久，其间既发不出声响也近乎死去一般。当他清醒过来时，一边撕开衣服、捶打额头，一边宣称自己一切都完了。他的奶妈试图安慰他，并提醒他在别的元首身上也曾发生过类似的这种事，可他却答复道，自己不同于他人，他所承受的是闻所未闻的命运，因为他会在有生之年就丧失最高权力。**2** 可他依旧不放弃、不抑制自己的奢靡和慵懒之习性，相反的，一旦从行省传回什么胜利的消息，他除了会举行极为豪华的宴会之外，还会用在百姓中流传甚广的龌龊诗歌对叛军将领嘲讽一番，还边唱边

① 关于此事，请参见本卷 VII，1。——洛布版注

打出了手势。然后偷偷溜进剧场的观众席当中，给一位表现出色的演员送去口信说，他不该趁自己无暇之际［独自出风头］。

XLIII.1 据信，在暴乱刚开始之际，他曾制订了数个残暴但与其天性并不违背的计划：他打算罢免并刺杀军队指挥者和行省统治者，就好像他们与阴谋颠覆之人一起反对他一样；他打算屠杀每一个遭流放者和罗马城里的每一个高卢人，杀前者是为了防止他们加入举事者之列，杀后者是因为他们是本族人的同盟者和支持者；他打算纵容军队劫掠高卢诸地；他打算在宴会上毒杀全体元老；他打算把野兽放入人群，再火烧罗马城，以此增加人们自保的难度。**2** 然而，他却未把这些计划付诸实施，与其说是出于内疚，还不如说是出于对结果感到绝望，并感到必须在战场上一决胜负。他在［两位］执政官任期届满前就剥夺了他们的官职，还独自一人就执掌了两个人的执政官之位，就好像天意注定若非通过一位执政官高卢诸地就无法被征服一样。他接过了法西斯，随后在享用过美宴离开餐厅之际，一边倚靠在密友的肩膀上，一边宣布道，只要一踏足那个行省自己就会扔掉武器，走到将士们的面前，除了哭泣之外无须再做什么，以此唤醒叛军的同情心，而接下来的那一天他就可以随欢乐的人群一起欢庆，并高唱自己谱写的凯歌——他应该现在就着手谱写。

XLIV.1 在准备出征之时，他首先关心的是挑选运送舞台装备的战车，以及把陪伴自己的妻妾的头发剪成男人的模样，再给她们装备上亚马逊女战士的战斧和新月形盾牌。随后，他召集起罗马城诸特里布以招募兵士，不过在没有合适者前来应征的情况下，他就从奴隶主那里招募了一定数量的奴隶，而且只选用整个家庭里最出色的那些，甚至连管家或书记员都不豁免。**2** 他还命令所有等级之人都献出部分财产，要求私人住宅和公寓的租客立刻向帝王私库缴纳一年的租金，[1]还万分严格、万分苛刻地要求使用新铸的精炼过的银币和成色足的金币，以至于许多人都公开拒绝缴纳任何税赋，并一致要求他最好从告密者那里夺回他们曾取得的赏金。

XLV.1 他还推高粮食价格从中牟利，这令人们对他变得更加愤怒。因为有一次恰恰发生了这样的事：就在国家遭受饥荒的时候，有消息传来说，从亚历山大里亚来的一艘船[2]上运送的是给御用摔跤手准备的沙子。**2** 因此，他招致所有人的憎恨，也受尽了各种辱骂。他塑像的头顶上被贴了一缕卷发，[3]上面带有希腊语铭文："现在总算有一场比赛啦，而他终将投降。"另一尊塑像的脖子被套上了一件皮囊，上面写有："我已做了我能做的。可你却赢得了这件皮囊。"[4]人们还在立柱上写道，他甚至用歌声唤醒了高卢雄鸡[5]。到了夜晚，许多人经常装作同奴隶争吵，不停呼唤一位"维因德克斯"[6]。

XLVI.1 他常对一些旧的和新的预兆（有梦境、鸟占、征兆）感到害怕。此前他从未有做梦的习惯，直至弑母之后，他在睡梦中见到自己正在驾驶一艘船，而他没能把住船舵；他还梦见自己被妻子屋大维娅拽入了再漆黑不过的阴影中；他还时而梦到身上盖满了大

① 并非向他们的房东缴纳。这些人并未列在普查时的表册里，所以向他们征税就按这种方式进行。——洛布版注

② 在罗马帝国时代，意大利的粮食供应要仰赖埃及和北非地区，所以一旦意大利发生粮食短缺，元首通常都会派运输船从那些地区调运粮食。

③ 无疑暗指他在希腊旅行期间蓄起的长发，参见本卷 LI。——洛布版注

④ 装弑亲者的那种皮囊。参见《被奉为神的奥古斯都》，XXXIII，1。但文本及其含义并不确定。参见尤维纳利斯的《讽刺诗》(*Satira*)，8，213。——洛布版注

⑤ 高卢人和高卢雄鸡在拉丁语里都用 galli（复数）这个词，因此这里是语义双关。

⑥ 复仇之神、保护者与人名维因德克斯一词在拉丁语里都写成 vindex（主格），因此这里也是语义双关。

量长着翅膀的蚂蚁；时而又梦到各部族奉献在庞培剧场的塑像围住了他，并阻挡了去路；他还梦见他尤为喜爱的阿斯图尔库马[①]身体的后半部分变成了猿猴的模样，只有头部保持了原样，并发出了悦耳的嘶鸣声。**2**［至于征兆方面，］陵墓的大门径自开启，人们听见从里面传出叫他名字的声音；一月一日那天，装饰一新的护家神在大家准备供品之际倒了下来；在他进行鸟占的时候，斯波鲁斯送上了一枚戒指，上面带有一颗刻着普罗塞耳皮娜被虏[②]图案的宝石；在进行祈愿的时候，大批各等级的人已集合了起来，而朱庇特神庙的钥匙却费了好大劲才被找到。**3** 当他用来抨击维因德克斯的演讲在元老院里被宣读出来的时候，其中有句话是，“有罪之人必将受到惩处，且很快就会得到其应有的结局”，在场的人全体高呼道：“奥古斯都啊，这将发生在你身上。”[③]人们还注意到，他在公众面前唱的最后一出戏是《遭逐的俄狄浦斯》，并以如下之词结尾：

妻子、父亲、母亲，迫使我去死。

---

① 字面意思是源自西班牙北部阿斯图里亚（Asturia）地区的马。

② 关于普罗塞耳皮娜被冥王普鲁托（Pluto）掳掠的故事，请参见伊吉努斯的《传说集》（*Fabulae*）里的《普罗塞耳皮娜篇》：“普鲁托向朱庇特要求迎娶他[朱庇特]和色瑞斯的女儿普罗塞耳皮娜为妻。朱庇特拒绝了色瑞斯的求情，而要让自己的女儿待在充满黑暗的下界，于是他命令普鲁托，趁她在西西里的埃特纳山上采花的时候把她抢夺过去。在山上，正当普罗塞耳皮娜同维纳斯、狄安娜、密涅瓦一起采花之时，普鲁托驾着四驾马车出现并将她夺了过去。后来色瑞斯向朱庇特取得了这样的请求：普罗塞耳皮娜半年回到自己身边，半年则随普鲁托在一起。”

③ 这句原文是“tu facies”，字面意思本来是“你将做”，显然表达的意思本来应该是“这些将由你来做”。但因为上一句“得到结局”用到的词组是“exitum facturos”，其动词也是 facio，因此这里“tu facies”又可以根据上文表达为“你也将得到应有的结局”。

XLVII.1 与此同时，有消息传了过来说，还有别的部队也掀起了叛乱，他接报后就把信件撕得粉碎。当时正在享用午餐的他掀翻了餐桌，并将两只他最喜欢的双柄低足杯（因为上面刻有描绘荷马诗歌场景的图案，他称之为“荷马杯”）摔在了地上，随后在从卢库斯塔那儿取得毒药并装入一只金色的药匣之后，他转而来到了塞尔维利亚花园，并在那里试图劝说近卫军的军事保民官和百人队队长随自己一起逃往奥斯提亚，而他已提前派出最为信赖的被释奴前往那里备妥了船只。**2** 然而，一些人闪烁其辞，另一些人公然拒绝，还有一位竟然呼喊道：

> 死亡真就悲惨至此吗？①

在那种情况下，他想过不同的方案［，譬如］：是否该向波斯人或伽尔巴求情，抑或身着黑装登上宣讲坛并现身于人民面前，尽其所能地表现出令人怜悯之状，以此乞求大家宽恕其过往的行为，万一改变不了他们的心意，他或许可以乞求他们授予其埃及长官的职位。后来，在他的书盒里发现了一篇为此事写就的发言稿，不过大家相信他没有胆量将它发表出来，因为他害怕自己在抵达罗马广场之前就会被人撕成碎片。**3** 于是，他就把问题留到第二天再去考虑，却在临近半夜的时候醒了过来，当他发现站岗的士兵已经离去时，便从床榻起身，并派人去叫朋友们过来，可因为任何人都没有带回一点儿消息，他便亲自带着为数不多的几个人逐一探访朋友们［在宫里］的房间。然而，所有人的房门都关闭着，见无人应答，他就返回了寝宫，而在那时连看门人都逃走了，还顺

① 引文出自《埃涅阿斯记》，12，464。——洛布版注

便取下了床垫、带走了装毒药的药匣[①]。他立刻呼唤鱼盔斗士斯皮库卢斯，或其他任何一个懂得杀人的人，以便借他们之手弄死自己，却仍没有找到任何人，在那种情况下，他说道："所以，我已没有一个朋友，也无一个敌人了？"随后，他冲了出去，像是要跳入台伯河。

XLVIII.1 然而，在改变主意之后，他决定找一处隐秘的地方，让自己躲藏起来并整理思绪。当他的被释奴法昂将自己位于郊区诺门塔纳大道和盐道之间的第四里程碑处的庄园交给他的时候，他正光着脚，穿一件短袖袍，外披一件已褪了色的带兜帽的外套，他蒙着头，面前罩着一块纱巾，骑着马，只有四名随从相伴，其中之一是斯波鲁斯。**2** 猛然间，他一边受惊于地震和眼前的闪电，一边听到了从毗邻的军营传来的士兵的呐喊声，这预示着他的灭亡和伽尔巴的成功。他还听到一个碰见的路人在说："这些人在追捕尼禄。"另一个人在问："城里有尼禄的消息吗？"当时由于马受惊于散乱在路旁的尸体的味道，他的脸露了出来，一名退役的近卫军士兵认出了他，并向其行礼问候。**3** 当他们抵达岔道之后，便放跑了马，他随后穿行在灌木与荆棘之间，沿着一条穿过芦苇荡的小路，若不是用衣服铺在脚底下走路的话，他还真逃不到庄园的后墙呢。在那里，那个法昂劝他在一个掏空了沙子的坑中躲避一时，而他则拒绝自己在活着时下到地底去，在等待开辟通往庄园的秘密通道之际，他用手从附近的沟中捧起水喝了起来，并说道："这是尼禄的凉水。"**4** 随后，他拔掉了刺入外套的荆芒，四肢匍匐着沿挖出的狭窄通道进入了庄园。他来到最近的房间，躺在了一张铺着一件旧外套，下面又有普通褥垫的床榻上。虽然他感到饥饿，且再次觉得口渴，但拒绝了送上的粗糙的面包，喝了一点微微温热的水。

---

① 根据本卷 XLVII，1，显然那只药匣是金色的，看门人觉得值钱便拿走了。

XLIX.1 当时，他的随从一齐鼓动他尽快让自己摆脱威胁着他的耻辱，于是他下令在面前照着自己的身材挖一个坑，同时收集所能找到的碎石块、水和木柴，以便马上处理他的尸体。一切都办完之后，他痛哭流涕，一遍遍地说道："我，多么伟大的艺术家要死了！"**2** 在他犹豫不决之际，一个跑腿者给法昂带来了消息，尼禄抢先读了起来，这则消息说，他已被元老院定为公敌，正遭到追捕，以便用祖先的习惯惩处他。他问道，那是一种怎样的惩处法，而在了解到这种刑罚会把人剥得精光再用叉子锁住脖子，用棍棒击打身体直至死去之后，他在惊恐中抓住了两把随身携带的匕首，试了每一把的锋利程度，然后又都收了回去，辩解说，死亡的时辰尚未到来。**3** 他时而劝说斯波鲁斯开始哀悼啼哭，时而恳求某人树起榜样以助自己达成死亡。他反复用这样的话责备自己的懦弱："我活下去就丑陋可耻了——此非尼禄，此非尼禄——在此之际当果断行事——来吧，鼓起你的勇气！"受命活捉他的骑兵已经临近了。他听到动静后，一边颤抖地讲道：

> 听，那奔驰的马蹄声在我耳中轰鸣！[①]

一边在谏言秘书埃帕弗洛迪图斯的帮助下，将武器刺进了喉咙。**4** 就在当时，一名百人队队长冲了进来，装作来帮助他的样子用外套堵住了伤口，已半死不活的尼禄只能喘着说："晚了！这是忠诚！"边说边咽了气。他的眼珠隆起，突出眼眶之外，使见此情景者感到恐惧战栗。在这之前，他已让同伴做出承诺，无论如何都不让任何人砍下他的头颅，让他尸体完整地火化，伽尔巴的被释奴伊切卢斯（在叛乱开始时被关押监禁，不久前才刚获自由）保证了这一点。

① 引文出自《伊利亚特》，10，535。——洛布版注

L.1 安葬他花费了二十万塞斯退斯，［葬礼上］他被套上了一月一日那天曾穿过的绣有金边的白袍。他的骨灰由［两位］奶妈埃格洛杰和亚历山德里娅在情妇阿克特的陪同下放入了图密奇乌斯家族的陵墓，那座陵墓位于从战神平原可以望见的奥尔图利山的山巅。他那副用斑岩大理石制成的石棺就摆在那座陵墓里，石棺前面立有用月之大理石制成的祭坛，四周则被一圈由萨索斯石制成的栏杆围了起来。[①]

LI.1 他差不多中等身高，身上长有斑点且带体臭，头发淡黄，脸蛋与其说迷人还不如说英俊，双目蓝色，视力不佳，脖颈粗壮，肚皮圆鼓，双腿极细。他身体健硕，因为即使沉溺于极度奢靡之中，他在整整十四年的统治里一共才生过三次病，而且在那种情况下既不戒除饮酒又不舍弃其他［坏的］习惯。对于个人打理和衣着方面，他是如此不知羞耻，以至于总是把头发烫成一层层的卷发，而在亚该亚旅行期间他则把头发留得长长的，一直披散在脑后，他还时常身穿辛特希纳袍[②]、脖系餐巾，既不系腰带又光着脚，出现在公众面前。

LII.1 在还是孩子时他就掌握了几乎一切门类的博雅之艺。不过他母亲却告诫道，哲学对一位将来要执掌大统之人是不利的，因而让他避开了哲学。他的老师塞涅卡则不让他接触古代演说家的作品，以便使他对自己的崇拜能更加持久。于是，他转向了诗歌，还兴致勃勃且毫不费力就创作了诗篇，而且并非像一些人相信的那样，他

---

① 关于尼禄最后的结局及墓地，需要注意的是，在公元四世纪初曾流传一种说法，他最后从世上失踪了。关于此说，请参见拉克坦提乌斯的《论迫害者之死》(*De Mortibus Persecutorum*)，7：“暴君被剥夺了最高大权，他从权力的巅峰上陨落而下并陷入了无权无势，他在顷刻间就变得无影无踪，以至于大地之中竟不见有一处墓地是归这头万恶的禽兽的。”

② 辛特希纳袍是一种颜色鲜艳的松垮丝质袍，为农神节期间吃饭时所穿，其他时候则为妇女所穿。——洛布版注，有删减

拿别人的诗当作自己的进行发表。写有其某些著名诗歌的书写板和小册子就在我手中，而这些诗行是以其本人的笔迹写成的，而且显而易见的是，它们并非抄写下来的或经由他人口述再记录下来的，而是完全就像一个人在一边思考酝酿，一边慢慢写成的样子。于是，多处地方都出现了删改、插入，以及写在一行文字上方的情况。他对绘画和雕塑也有不小的热情。

LIII.1 他尤其喜欢受人追捧的感觉，而且对每一个博取民众注意的人都心存嫉妒。大家普遍认为他在舞台表演夺得桂冠之后将会在下一轮祓除仪式上前往奥林匹亚和运动员们一起角逐，因为他一直在坚持不懈地练习摔跤，而且当他观看全希腊体育比赛时都只是按裁判的方式蹲坐在体育场里的地面上，若是比赛中任何一对对手退到［离开场地中央］较远的地方，他就会亲手把他们拉回到场地中央。因为人们觉得他在唱歌方面可与阿波罗媲美，在赛车方面可同太阳神比肩，他甚至还曾决心要模仿赫拉克勒斯的事迹，而据大家的说法，他特地驯养了这么一头狮子，以至于自己能够在沙场中当众光身置身在它面前，或用木棍或用臂力将其杀死。

LIV.1 就在生命告终之前，他曾公开宣誓说，如果自己的地位仍安然无恙的话，就会举办庆典赛会并亲自演奏水风琴、牧笛、风笛作为庆祝。在最后一天，他会以演员之身登台献演维吉尔［《埃涅阿斯记》里］的图尔努斯[①]。有人还称，他处决了演员帕里斯[②]，因为他认为他是一名危险的对手。

LV.1 他渴望得到永生和不朽之名，不过却行事鲁莽。有鉴于此，他取消了许多事物和地方的古称并用自己的族名重新命名，还

① 乃《埃涅阿斯记》里的鲁图利人（Rutuli）之王，埃涅阿斯的主要对手。

② 尼禄时代的一名演员，出生奴隶，后被尼禄宣布为生来自由者，但因受到尼禄嫉妒而遭到了处决。

把四月称作“尼禄月”，甚至一度有意要把罗马改称为“尼禄波利斯”。

LVI.1 他完全鄙视一切祭祀仪式，而惟一例外的就是对叙利亚女神[①]的祭祀仪式，不过很快他便对她表现出了此般蔑视，以至于待他改信另一种信仰[②]，并将之作为惟一而笃信之后，竟在她塑像上撒起了尿——因为他曾从一位不知是谁的平民那里得到过一尊女孩的塑像，作为抵挡阴谋的护身符，并且当时正逢一个阴谋败露之际，他便把她当作最高神以一天三供的方式不断加以膜拜，还一直鼓励人们相信通过与其沟通能预知未来之事。在临终前几个月里，他仔细观察了牺牲的内脏，却始终没有得到过吉兆。

LVII.1 他死于生命中的第三十二年，而且那一天和他处死屋大维娅是同一个日子。民众［对他的死］表现出如此欣喜，以至于平民戴上了被释帽[③]，满城奔跑。虽然如此，仍不乏一些人在很长一段时间里在他的墓碑前装点了春季和夏季的花朵，还时而把他穿紫边托袈袍的塑像摆在宣讲坛前，时而宣读他的公告，就像他还在世且不久就会归来消灭敌人一样。**2** 此外，帕提亚人之王沃洛杰苏斯在派使节来到元老院以寻求复盟的时候，也竭力提出恳求，希望能恭敬地缅怀尼禄。事实上，二十年之后，当我已长大成人时，还出现过一个身份不明之人，他声称自己就是尼禄，而这个“尼禄”在帕提亚人中间是那么受到欢迎，以至于他们给予了他全力支持，在交出他时也表现得不情不愿。

---

① 指北叙利亚的主神阿塔伽蒂斯（Atargatis），以被称为“伟大之母”和“天后”（Caelestis）而闻名。——洛布版注，有删减

② 原文为 superstitio，该词带有“迷信”和“邪教”之意。

③ 原文为 plebs pilleata，指戴被释帽的平民。被释帽（pilleum）指的是奴隶被释放时戴的一种帽子。

伽尔巴、奥托、维特利乌斯

伽尔巴

I.1 诸恺撒的血统到尼禄已终绝，此事通过诸多迹象——特别是两个最为显著的迹象——显现了出来。一次，当李维娅与奥古斯都成婚后立即返回其在维伊的庄园之时，一只鹰飞过并将一只喙中衔着桂树枝的白色母鸡丢在了她的膝盖上，正如它［鹰］当初叼起［母鸡］时一样。她决定喂养这只母鸡并栽种桂树枝，于是母鸡生出了好大一群小鸡，以至于时至今日那座庄园被人们称作"母鸡庄"，而桂树枝也长得如此茂盛，以至于诸位恺撒在举行凯旋式时都会从上面摘取桂枝。此外，他们在举行凯旋式时也有这种习惯，即在相同的地方立刻种上［新的］桂树枝，而人们发现，一旦有哪位恺撒去世，他亲手种下的树就都会枯萎。于是，在尼禄生命的最后一年里，整片树林都从根部开始完全枯死了，那里的母鸡也都死掉了。紧随其后的是，诸位恺撒的神庙遭天雷击中，脑袋从所有的塑像上同时掉落，奥古斯都的权杖也从手中脱落了下来。

II.1 虽然伽尔巴与诸位恺撒的家族并无丝毫关系，可他仍接替了尼禄。不过，毫无疑问的是他出身极为显赫，且生在古老而伟大的家族，因为他总是在塑像上刻道，自己是昆图斯·卡图卢斯·卡庇托利努斯[①]的曾孙辈，而成为帝王[②]后，他甚至在前厅摆出了族谱，在上面显示出父亲那一方的祖先可以追溯到朱庇特，母亲那一方可以追溯到米诺斯之妻帕西法厄。

III.1 要列述其所有先祖及光荣的铭文是一件冗长之事，就让我简要提一下［伽尔巴］家族最近的人吧。诸苏尔皮西乌斯中的一位首先使用了伽尔巴这个尾名，出于何故尚不明朗。一些人认为，是因为那人在对西班牙的一座城镇围困良久最终却未能攻占之后，就用抹了白松香[③]的火把将它烧毁；另一些人相信，是因为他在长期生病期间不断使用一种叫伽尔贝乌斯[④]（即用羊毛进行包裹）的治疗法；还有一些人相信，因为他似乎是个非常胖的人，而高卢人管这种人叫“伽尔巴”——或者正好相反，他就和生在橡树上的被称为“伽尔巴”的活物[⑤]一样，是个瘦子。**2** 出任过执政官的塞尔维乌斯·伽尔巴（还是当时口才最好的人）让这个家族变得显赫了起来，据称，在他以总督之职[⑥]执掌西班牙时曾背信弃义地屠杀过三万卢西塔尼亚人，这也成了维里亚图斯战争的起因。他的孙辈曾在高卢担任过尤利乌斯·恺撒的将领，不过恺撒未让他当上执政官，这使他一气之下就加入到了卡西乌斯和布鲁图斯的阴谋当中，并因此根据《佩狄乌斯法》遭受了惩处。**3** 从上述这个人传下了皇帝伽尔巴的祖父和父亲：其祖父学识方面的名望比身份上的更多一些，因为他的官阶并未超过裁判官，却发表了精心写成的数卷本历史著作。

---

① 关于此人，请参见《被奉为神的尤利乌斯》，XV，1。

② 原文 imperator，指“施令者”，从此篇传记开始，出现这个词的地方将相应地被译作“帝王”或“皇帝”。

③ 白松香一词拉丁语为 galbanum，与伽尔巴（Galba）之名相似。

④ 该治疗法原文为 galbeus。

⑤ 高卢语的胖子和生在橡树上的活物原文都是 galba。

⑥ 原文直译是“［与］裁判官［等衔的总督］之职”。

其父出任过执政官，虽然此人身材矮短，还是个驼背，演说之术又很平平，可仍是一名活跃的讼师。**4** 他娶了［昆图斯·］卡图卢斯［·卡庇托利努斯］的外孙女、摧毁科林斯的卢西乌斯·穆米乌斯的曾孙女[①]穆米娅·阿该卡为妻。后来又娶了既美丽又十分富有的李维娅·奥切利纳，可据信，她之所以谋求婚姻是因为他的高贵地位，最后为了回应她不断的追求，他就在私底下脱去衣服，露出了自己身体上的缺陷，就像对她不加隐瞒以免她受骗一样，但这却使她变得更加坚定了。由阿该卡，他得到了儿子盖乌斯和塞尔维乌斯，其中年龄较长者盖乌斯在把财富挥霍一空之后便离开了罗马城，随后因为提比略不让他在出任执政官的那一年参加［卸任后继续担任行省总督的］抽签，他就自杀了。

IV.1 皇帝塞尔维乌斯·伽尔巴生于马可·瓦勒里乌斯·梅萨拉和格涅乌斯·莱图卢斯出任执政官的那一年[②]的十二月二十四日，生在塔拉奇纳附近的一座山丘上的庄园里，那地方就在朝丰迪去的方向的左边。被其继母李维娅［·奥切利纳］领养之后他便获得了她的族名及奥切利纳的尾名，同时还更换了首名，因为他从那时直到执掌大权之时用的都是卢西乌斯而非塞尔维乌斯。众所周知的是，在他还是男孩时，当他和其他同龄的孩子一起向奥古斯都致敬的时候，［奥古斯都］捏着他的小脸蛋说道："孩子，你也会享受到我的权力的滋味。"另外，当提比略知道他［伽尔巴］将会执掌大权，不过要等到他［伽尔巴］上了年纪之后的时候，就说道："既然此事与朕没有半点关系，那就让他活下去吧。"**2** 还有，当他的祖父在举行雷击［之后免除凶兆的祭祀仪式］时，一只鹰从他手中抓起了牺牲

---

① 拉丁语里孙女和外孙女、曾孙女和曾外孙女分别都用一个词，此处考虑到昆图斯·卡图卢斯·卡庇托利努斯和穆米娅并无相同族名，而卢西乌斯·穆米乌斯却有相同族名，才将前者作为她的外祖父，后者作为曾祖父。

② 根据执政官列表，那一年是公元前 3 年。

的内脏并将之带到了一棵长满橡实的橡树上，于是就有预言说，最高权力将会归这个家族所有，不过要在很久之后，他则笑着说道："的确，到那时连母骡都会产仔的。"在那之后，当伽尔巴企图举事之际，除了母骡产仔之外没有别的征兆可以让他感到更有信心的了，就在其他人觉得这是种凶兆而感到战栗的时候，只有他因为记起了那场祭祀以及祖父的话而把它当成了最大的吉兆。[①]**3** 穿上成人托袈袍之后他梦见幸运女神说，自己在门外面站累了，若不让她尽快进来，下一位遇到她的人就会把她带走。他醒来之后，打开前厅的门就发现门口边上有一尊一肘多高的女神铜像，他把这尊塑像抱在怀里并带到了他习惯的消夏之地图斯库卢姆[②]，还在府邸辟出一室对她加以供奉。此后，他便按月举行祈祷式，每年还举行一次守夜祭。**4** 即使在中年之前，他仍坚持一种已被人遗忘且只在他自己家里才极其严格地遵循下来的古老传统，即一天两次把自己的被释奴和奴隶召集到面前，让他们早晨逐一向自己请安，晚上又逐一向自己道别。

V.1 在诸门类的博雅之艺当中，他特别关注法律。他还注重婚姻责任，但在失去妻子雷必塔和她生的两个孩子之后，他就一直保持鳏居，无论怎么样都无法促使他再次结婚，即便是阿格里皮娜；而她在丈夫多米奇乌斯去世后就马上想尽一切办法追求尚未丧妻的伽尔巴，以至于雷必塔的母亲当着众妇人的面厉声训斥了她，甚至还动手打了她。**2** 他万般尊敬李维娅·奥古斯，当她在世时他凭借她的帮助获得了很大的影响，在她去世之后他又凭借她的遗嘱差一点就变成一个有钱人。因为在她的遗产受赠人当中他得到了极

---

① 公驴和母马交配产下的马骡无法生育，但公马和母驴交配产下的驴骡偶尔可以生育。

② 位于意大利中部拉丁姆地区阿尔巴山上的一座古城。

大的一份遗赠，达五千万塞斯退斯之多，可由于上述金额是以数字形式而非词语形式写下的，她的继承人提比略就将这份遗赠减成了五十万，可即便是这笔数目，他也未曾收到过。

VI.1 他在法定年龄之前就开始了正式的仕途，举行花神节庆典期间，正在裁判官任上的他推出了一种新式的演出——大象走绳子[①]。然后，他执掌阿奎塔尼亚行省的权力将近一年，接着又出任了六个月的当届执政官，他接替的恰恰是［尼禄的父亲］那位卢西乌斯[②]·多米奇乌斯，而接替他的又是［皇帝奥托的父亲］萨尔维乌斯·奥托，这就像接下来会发生的事情的征兆一样，因为他本人称帝也是发生在多米奇乌斯的孩子尼禄之后和萨尔维乌斯·奥托的孩子奥托之前[③]。**2** 当被盖乌斯·恺撒任命为上日耳曼尼亚总督以取代杰图利库斯的位置之后，在他到达军团的第二天，他就颁令，士兵应把双手藏到斗篷底下，以禁止他们在祭祀表演上鼓掌。很快，下面这句诗就传遍了营地：

士兵，快学着好好当兵吧。伽尔巴可不是杰图利库斯！

3 他以同等的严厉态度停止了士兵们的休假申请。他让老兵和新兵在一连串严苛的任务中接受训练；在把那些已侵入至高卢境内的蛮族迅速击退之后，当卡里古拉来到时，他［伽尔巴］连同他的军队得到了盖乌斯［·卡里古拉］的赞许，以至于从各处行省召集来的难以计数的部队当中没有哪一支得到过与他们相比更大的赞誉和更多的奖赏。他本人尤其出色，在手持盾牌指挥军事演习的时候，

① 关于此事，请比照《尼禄》，XI，2。——洛布版注

② 要么苏埃托尼乌斯弄错了，要么是手稿弄错了。名字应该是格涅乌斯。——洛布版注

③ 原文直译过来为“这两人的孩子的中间”。

还跟在元首的战车旁一路奔跑了二十里。

VII.1 盖乌斯遇害的消息传来之后，虽然许多人鼓动伽尔巴利用这一机会［夺取大权］，可他不为所动。由此他受到克劳狄乌斯的万般宠爱，还被接纳进了对方的好友圈子，并得到了如此崇高的敬意，以至于在他突发疾病（虽不特别严重）的情况下远征不列颠的日期竟都被推迟了。他未经抽签就被选定以总督的身份管辖阿非利加两年，以便恢复那座在内乱和蛮夷反叛的情况下并不太平的行省的秩序，他确实恢复了，因为他十分严格地执行了法律，甚至在细微的事务上都秉持了公正。**2** 有个士兵在远征途中趁粮草供应极其短缺之际，把自己剩下的谷物以一摩第一百德纳里乌斯的价格卖了出去，他因此遭到了起诉，［伽尔巴］便颁下禁令，一旦此人开始陷入食物短缺，任何人都不得给予其帮助。结果他就饿死了。另有一次，在审理一桩有关一头驮畜所有权归属的诉讼案的时候，鉴于双方的证据都不充分，而且证人也不够可靠，在真相实难查证的情况下他做出了如此判决：让这头驮畜蒙上脑袋，然后牵到它往常饮水的湖边，再将蒙着脑袋的东西解开，这两人当中只要它饮完水后径自跟随哪一位返回，那么它就归那人所有。

VIII.1 由于在阿非利加以及之前在日耳曼尼亚的事迹，他获得了凯旋徽记和三种祭司之职，还入选了十五人祭司团以及提图斯祭司团，同样还有奥古斯都祭司团。从那个时候开始，直至尼禄担任元首的中期，他大部分时间都是在隐退中度过的——如果不在后边那辆车里装上相当于一百万塞斯退斯的黄金的话，[①] 他就从不外出，哪怕是消遣——直到他在丰迪城里停留的时候，塔拉戈纳西班牙[②]才被交给了他。**2** 接着发生了这么件事：当他进入那座行省之后，

① 以便在匆忙间就能离开乡野。——洛布版注

② 古罗马时期的行省名，地域大致为伊比利亚半岛的北部和东部。

就在他踏入公共神庙献祭的时候，一个手捧熏香盒的年轻侍从头发突然间就全白了，有一些人很快就将之解释成国事会发生变化，并将由一个老人接替一个年轻人，即是在指他将接替尼禄。不久之后，闪电击中了坎塔布里亚的一处湖泊，随后又在那里发现了十二把斧子，这无疑是最高权力的象征。

IX.1 他统治那个行省达八年之久，其间行事方式多变，前后不一。他一开始表现得活力充沛，在刑罚方面甚至严厉到超过了限度。因为有个钱商做生意不老实，他就砍下了那人的双手，将它们钉在了柜台上；还有一个监护人，为了继承被监护人的遗产而实施了毒杀，他就将其钉上了十字架；当那个人援引法律，并声称自己是罗马公民之时，［伽尔巴］下令把他的十字架装得比其他犯人更高一些，还刷成了白色，就像准备以此作为某种慰藉和荣耀来减轻其刑罚一样。可随后他逐渐变得慵懒而散漫起来了，以免给尼禄制造什么借口引起他的嫉妒，正如他以往常说的那样，没有人会为自己的无所事事被迫做出解释。**2** 当他在新迦太基[①]主持巡回法庭的时候，从紧急求援的阿奎塔尼亚总督那里听到了高卢诸地发生暴动的消息。随后，他收到了维因德克斯寄来的信件，对方鼓动他充当人类的解放者。于是，他未作太多耽搁就接受了这个建议，一方面是出于恐惧，另一方面是怀揣着希望。因为，他曾截获过尼禄寄给其代理人的处决他的密令，此外一位高贵贞女预言的极其吉祥的占兆和征兆，让他鼓起了勇气，还有克伦尼亚的朱庇特祭司受梦境的指引在神庙的内室里发掘出了预言诗，而那些诗歌是两百年前由一个有预言能力的小女孩道出的，这令他愈加充满了信心。这些预言诗断言，有朝一日会诞生一位来自西班牙的世界的元首和主宰。

---

① 今西班牙东南部地中海沿岸的港口城市卡塔赫纳（Cartagena）。

X.1 于是，他像是准备解放奴隶一样登上了高台，并将曾被尼禄定罪并处决的那些人的肖像尽可能多地摆放在自己的面前，他还从邻近的巴利阿里岛把一位遭流放的年轻贵族特意召了回来，并让那人站在自己身旁。他随后发表了演讲，哀叹起世风日下，接着在被大家拥立为皇帝之后，就宣布自己是罗马元老院和人民的使者。**2** 随后，在宣布休庭之后，他还从行省的平民当中招募新兵组建军团和辅助部队，以补充原有由老兵组成的一支军团、两支侧翼［骑兵队］和三支［步兵］大队。他还让见识颇多、年岁较长的优秀者组成类似元老院的机构，每每遇到十分重大的事情他就会和他们进行商议。**3** 他还选出了一些骑士等级的青年作为志愿兵，在不取下金戒指的条件下替代正规士兵把守自己的寝宫。他还在诸行省间颁布公告，号召大家以个人或团体的形式加入到起义当中，以便尽一切可能为共同的事业做出贡献。**4** 差不多就在那个时候，在给一座被他选为战争指挥部的城镇添加防御设施之时，有人发现了一枚用古代工艺制成的戒指，宝石上面刻有胜利女神和一尊记功柱的形象。不久之后，有一艘从亚历山大里亚起航的装载武器的船只抵达德尔托萨[①]，而船上却无舵手、船员，甚至乘客，以至于没有人怀疑，这场战争是正义而神圣的，并且是在众神的支持下发动的。不过，顷刻之际，一切都在出人意料的情况下陷入了困境。**5** 两支侧翼［骑兵队］中的一支对变更自己效忠的誓言感到了后悔，他们在［伽尔巴］即将抵达营地之际企图弃他而去，他费了好大劲才使他们重返自己的岗位。尼禄的一个被释奴曾不怀好意地给他送上一些奴隶，而他们在他前往浴池的巷道上差一点就杀死了他——若不是他们相互鼓励着莫失良机，由此被人问及他们说的是什么机会，而他们在受到拷打之后就都招了出来的话。

---

① 今西班牙东北部近地中海海岸的托尔托萨（Tortosa）。

XI.1 在这些巨大的灾祸之外又发生了维因德克斯死亡这种事情，这让他陷入了万般恐惧的状态，甚至还使他相信一切都已完蛋，并准备好了自尽。可是当他从罗马城来的使者那里获知，尼禄已［自］杀，大家一致向他宣誓效忠之时，就抛下总督头衔，接过了恺撒的称号。他随后身穿紫色军用斗篷，将一柄匕首挂在脖子上并悬于胸前，启程往罗马进发。他等到由近卫军长官尼姆菲狄乌斯·萨宾努斯在罗马、总督芳特尤乌斯·卡庇托在日耳曼尼亚、总督克洛狄乌斯·马切尔在阿非利加发动的起义遭到镇压之后，才再次穿上了托袈袍。

XII.1 他残忍而又贪婪的名声在人未到的时候就已先流传开了。据说西班牙诸地和高卢诸地的城市对是否站到他一边存有疑虑，他就向它们课征非常重的税赋，还摧毁了一些城市的城墙作为惩处，城里的官员和代理人连同他们的配偶和子女一并遭到了处决。他还将一顶塔拉戈纳人从他们的一座古老的朱庇特神庙中取出并献给他的重达十五磅的金桂冠给熔化掉了，同时下令，要他们补交金桂冠过磅之后短缺的三盎司黄金。**2** 这种流言在他一进入罗马城时就得到了证实，甚至［实际情况］还更加糟糕。因为，尼禄曾把一些划桨手变成了正式兵，而他则强迫他们恢复原先的地位，当他们表示拒绝甚至还坚持要求［归还］鹰旗和军旗的时候，他非但派出骑兵将他们驱散，还执行了十一抽杀。同样是他，还解散了先前由诸位恺撒为充当护卫而设置的日耳曼人大队——即便这支大队在经过诸多考验之后被证明是最为可靠的——并将他们送回了故乡，连一点报酬都没给，且宣称他们投靠了那个［格涅乌斯·多拉贝拉］，因为他们驻扎在格涅乌斯·多拉贝拉的庄园附近。**3** 下面这些事，或真或假，说出来也能被当成笑柄一桩。当十分丰盛的晚餐摆出之后，他却发出了呻吟声；当他正式任命的管家把简要的开销清单呈上的时候，他送上一碟豆子作为其细致和努力的回报；还有，当芦笛吹奏师卡努斯的表演让他感到万分高兴之后，他亲手从自己的钱匣里取出五枚德纳里乌斯赏给了对方。

XIII.1 因此，他的到来并未像本应该的那样受到欢迎，这在接下去的第一次演出当中就显现了出来，因为当荒诞剧演员唱到这句再著名不过的开场白的时候：

> 奥乃西姆斯从其庄园而来……[①]

全体观众立即就齐声唱完了余下的台词，还不停重复着这句。

XIV.1 他虽然给出诸多证据以证明自己是位出类拔萃的元首，可由此博得的爱戴却无论怎样都比不过由与之相反的行径所招来的恶意，他在争取大权时获得的支持和影响仍远多于执掌大权的时期。**2** 他往往依照三个人的意见行事，他与他们一起住在帕拉丁山上，片刻都不离开，大家通常称他们为他的老师。这些人是他在西班牙的将领、贪得无厌的提图斯·维尼乌斯；由助理裁决员升任近卫军长官的、既盲目自大又混吃等死的科尔涅利乌斯·拉科；前脚刚被授予金戒指和马尔奇安努斯这个尾名，后脚就已得到骑士等级能达到的最高职务[②]的被释奴伊切卢斯。他对这些犯有不同罪行的混蛋们言听计从到了这般地步，以至于几乎都把自己完全交由他们摆布了，而以一位被推举上台且已上了年纪的元首作为标准，他时而太过严厉、太过吝啬，时而又太过宽大、太过随性。**3** 他只因再小不过的嫌疑，未经庭审就判处两个等级中的一些著名人士死刑。他

① 文本并不确定，不过此歌显然是在嘲笑一个年老吝啬的乡下人。——洛布版注

② 即近卫军长官。——洛布版注

很少授予人罗马公民权，三孩家长[①]拥有的特权他也只授给过一两个人，而且若不限定一个具体的时间范围的话，他压根都不会授予。他非但否决了裁决者们提出的增加第六个十人裁决委员会的恳请，还剥夺了由克劳狄乌斯授给他们的不在冬季和新年伊始被召来开庭的特权。

XV.1 据信，他还打算把授给元老和骑士的职务任职年限限定为两年，并且有意只授给那些并不乐意履职以及拒绝履职的人。他撤销了尼禄颁授的赏赐，只允许获赠者保留不超过十分之一的部分，他凭借五十名罗马骑士根据这一法令实施追回；他还规定，如果演员或运动员曾出售过什么获赠之物，并把所得花光而无法追回，那么该从买主身上追讨这笔钱。**2** 与此相反，他却允许自己的伙伴和被释奴标价贩卖或作为恩惠免费赠予包括征税权、免税权、对无罪者施加惩处的权力，以及对有罪者不加处罚的权力在内的任何东西。另外，当罗马人民要求判处尼禄爪牙中最邪恶的阿洛图斯和提杰利努斯死刑的时候，他不但保全了他们的性命，还让阿洛图斯担任了最为显赫的代理人之职，甚至为了提杰利努斯还颁令斥责起人民的残忍来。

XVI.1 上述行径让近乎一切等级之人都感到了不满，而士兵当中的憎恨则尤为强烈。因为在他未抵达［罗马］之时军官们曾许下过诺言，［保证他们］只要宣誓效忠于他就可获得丰厚到超乎寻常的赏赐，可他既未兑现上述承诺，又反复宣称，自己不习惯花钱雇士兵而是征召他们，正是出于这个缘故，他惹恼了各地的每一名士兵。另外，他还因近卫军士兵涉嫌同尼姆菲狄乌斯交好就不时遣散了许多人，而让他们感到了害怕和愤慨。**2** 不过，怨声最多的是上

① 关于奥古斯都鼓励罗马上层人士多生孩子，请参见《被奉为神的奥古斯都》，XXXIV，1—2。

日耳曼尼亚的部队，因为他们在与高卢人和维因德克斯的作战中立下了汗马功劳，奖励却始终未被兑现。于是他们首先勇敢地举起了叛旗，并在一月一日当天除了向元老院之外拒不再［向他人］进行宣誓，还立刻决定向近卫军派去了使者，交代说他们对这位在西班牙受到拥立的皇帝并不满意，对方应该另选一位让全体部队都感到满意的人。

XVII.1 当上述事件通报给他之后，他觉得自己受到藐视与其说是由于上了年纪，还不如说是因为没有后代，于是他从前来问候的人群中间一把抓出了高贵而出色的青年皮索·弗鲁吉·李锡尼安努斯——此人长久以来都是他最为满意的一个，且一直都是其遗嘱中财产跟族名的继承人——一边称他为儿子，一边将他带入了［近卫军］营地，当着集合起来的士兵的面收养了对方。可那时他竟丝毫都没有提赏赐的事情，而马可·萨尔维乌斯·奥托则利用了这一机会，在收养后的第六天之内就颇为轻松地实现了他的目标。

XVIII.1 自当政伊始，就持续不断地出现显著的征兆预示着他的死亡，而后来事实就是如此。［在他前往罗马的途中，］每抵一城，每一条街道的左右两边都有人在宰杀牺牲，在那种情况下，一头公牛经斧子一击而发了狂，它挣脱锁链，冲向他的战车，还抬起前腿，溅了他一身的血。后来，在他下车之后，一名护卫在人群的推搡下差一点就用矛弄伤了他。还有，当他进入罗马城以及随后踏入帕拉丁山上的宫殿的时候遇到了地震，同时还伴有某种如同公牛低喃一般的响声。**2** 随之而来的是更为清晰的征兆。他曾经从宝库中的全部财宝里选出了一条由珍珠和宝石串成的项链，打算用来装饰自己在图斯库卢姆的命运女神[①]，可在一时冲动之下他把那条项链献给了

---

① 关于这尊命运女神像，请参见本卷 IV，3。——洛布版注

卡庇托山的维纳斯，就好像后者更配得上奥古斯都的身份一样。而到了第二天晚上，他梦见命运女神显现身形，抱怨起决定送给她的礼物成了泡影，还威胁现在该轮到她夺回自己曾经赠予的东西了。就在他为了补救梦中揭示的错误而于惊恐间迎着第一缕曙光赶到了图斯库卢姆之后，虽然提前派了人以便准备祭祀仪式，可那里除了祭坛中尚有余温的灰烬以及一个身着黑袍的老人手持装有乳香的玻璃碗和装有纯酒的陶制高足杯侍立在旁之外，他并未发现其他任何东西。[①]**3** 还要注意的是：当他在一月一日举行献祭的时候，桂冠从他头上掉落了下来，而在他问卜时，[占卜用的] 小鸡却飞走了；就在收养 [皮索・弗鲁吉・李锡尼安努斯的] 当天，当他向士兵们发表讲话的时候，侍从却忘了遵照习惯把折椅摆到高台上，而他在元老院的权贵席朝向也被放反了。

XIX.1 就在他被杀前，当他早上进行献祭的时候，占卜师一再告诫他要提防危险，刺杀者就在不远的地方。没过太久他获悉 [近卫军] 营地已被奥托占领，而当许多人都建议他尽快前往那里（因为大家说，只要他置身现场就可以凭借威望掌控局势）的时候，他却决定除了留在原地并召集起分散驻扎在罗马城不同地方的军团士兵充当守卫以充实自己的防御之外，其他事一概不做。他还穿上了一件麻织的护甲，虽然连他都毫不隐瞒，这对抵挡刀刃多次攻击没有太大用处。**2** 但由阴谋者散布出来以便将他诱骗到公众面前的虚假谣言却把他引了出来。有几个人急忙证实说：动乱已被平息，举事者已遭镇压，还有一大帮其他人正赶来道贺并准备完全服从他的指令。他满怀信心地走出去和这些人见面，以至于当某位士兵吹嘘

---

① 祭坛的火应该烧得正旺才对。侍立在旁的也应该是一个身穿白袍的年轻人，且应手持正确的盒具（如熏盒，见本卷 VIII，2）装乳香，盛酒的器具也当更名贵、更合适。——洛布版注

自己已杀掉奥托之后，他还向对方问道：“是靠了谁的威望？”随后，他径直进入了广场。在那里，受命将他杀死的骑兵们用战马突入人群当中使人们分散开来，从远处看到他后，骑兵们停了一会儿，然后转而向［伽尔巴］奔袭而去，并趁对方被自己手下抛弃之际将其杀死了。

XX.1 有一些人声称，在暴乱刚开始的时候他曾喊道：“你们在干什么，战友？我属于你们，你们属于我！”甚至还许下承诺，会给予赏赐。① 可更多的人却宣称，他当时自愿献上了自己的脖子，并鼓励他们既然心愿如此那就［如祭司打死祭品那样］动手打下去。在场没有一人试图对皇帝施以援手，而且除了同一面旗帜下的一队日耳曼人士兵之外，受到召唤的［部队］都对使者表示出了不屑，这令人十分吃惊。那队日耳曼人士兵出于他最近做出的善意之举——他在他们体弱生病之际给予了关怀——飞奔着赶来支援，不过却因不熟悉城区而走错了道，赶到时已为时晚矣。**2** 他在库尔奇乌斯坑旁被割喉，［尸体］就这样一直被丢在那里，直到一名征粮归来的普通士兵在抛下所扛之物后割下了他的脑袋，而因为这颗脑袋没有头发可以抓取，那士兵便［先］将它放入衣服的胸襟中，随后再把拇指伸进嘴里，如此这般提到了奥托跟前。奥托把它送给了随军的杂役和仆从，他们用矛头刺入脑袋，一边举着它绕行于营地，一边无不戏谑地反复喊道：“伽尔巴，丘比特，展现你的活力吧！”玩笑开成这种样子是有其特别原因的，那便是因为几天前有件事流传到了百姓中间：当有个人夸赞他活力充沛以及外表年轻之时，他答复道：

① 指直至当时仍拒不兑现的赏赐承诺，关于此事，请参见本卷 XVI，1。——洛布版注

我的活力依然没有减损。[①]

帕特罗比乌斯·尼禄尼安努斯[②]的被释奴以一百枚金币从这些人手里买下了这颗脑袋，并将它丢在了他的庇护人曾依伽尔巴之令遭到处决的那个地方。最后，他的管家阿尔吉沃斯把这颗头颅连同身躯的其他部分一起送到了陵墓，那地方就位于奥勒利安大道旁他［伽尔巴］私人的园圃里。

XXI.1 他身高中等、脑袋光秃，长着一双蓝眼睛和一个鹰钩鼻，他双手、双脚都因风湿病而扭曲变形到了极为严重的程度，以至于他难以长时间舒舒服服地穿着鞋子，也难以安安稳稳地翻弄甚至握住书卷。他的身体右侧还长有一颗肉瘤，沉甸甸地垂了下来，以至于要用绷带才能勉强兜住。

XXII.1 据称，他能吃非常多的东西，甚至冬季时还习惯在破晓前就开始进食，而到了晚饭时他吃得又是如此丰盛，以至于要命人把吃剩的饭菜堆到自己面前，并分发给服侍在旁的侍从享用。他更倾向于同男子做爱，且尤为喜欢那些体格强健的成年男人。据称，当他在西班牙的时候，他曾经的男伴伊切卢斯将尼禄已死的消息送了过来，当时他非但公然以最热烈的吻迎接了对方，还恳求他［伊切卢斯］立刻剔除体毛，随后便带走了他。

XXIII.1 他死于生命中的第七十三年，执掌大权的第七个月。元老院一获得准许就颁令在他遇害的地方为其树一尊塑像，该塑像立于一根装饰着战船船首鸟喙图案的石柱上，不过维斯帕芗却废除了这一法令，因为他觉得，［伽尔巴］曾从西班牙往犹太地区派出过

---

① 引文出自《伊利亚特》，5，254;《奥德赛》，21，426。——洛布版注

② 帕特罗比乌斯·尼禄尼安努斯（Patrobius Neronianus）乃是受尼禄宠爱的被释奴，后被伽尔巴处死，临死前还被锁链绑着穿过罗马城。

刺客以谋害自己。

奥　托

I.1 奥托的祖上出自费伦奇乌姆城[①]的一个古老而显赫的家族，且是伊特鲁里亚的头领之族。他的祖父马可·萨尔维乌斯·奥托（其父是罗马骑士，母亲则身份卑微，或许可能并非生来自由之人）在李维娅·奥古斯的帮助下（他曾在她的家中被抚养长大）成为元老，不过官阶却未超过裁判官[②]。**2** 至于他的父亲卢西乌斯·奥托——母亲那一方家世显赫，且亲人中有多位大人物——元首提比略是那么喜爱他，他们外表也是如此相似，以至于许多人相信他是由他［提比略］所生的。他以极其严格的态度履行了罗马城的官职、阿非利加的总督之职，以及特殊的军队之职。在伊利里亚，他因某些士兵参与［弗里乌斯·］卡米勒斯［·斯科里波尼亚努斯］的暴动敢于判处他们死刑，虽然他们当时出于后悔就杀掉了反叛克劳狄乌斯的罪魁祸首、他们的长官，而且他也清楚他们因此已被克劳狄乌斯提拔到更高的衔级；最终仍旧在自己的营帐前当着自己的面将士兵［执行了死刑］。**3** 可以说，他以此举增加了荣耀，却也由此失去了恩宠，虽然如此，可他仍因侦破了一起由罗马骑士策划的阴谋——因为在奴隶的告发下他获悉这名骑士正准备谋害克劳狄乌斯——而又很快重获恩宠。比如，元老院授予了他在帕拉丁山上的宫殿里树起一尊塑像这种极罕见的荣耀；克劳狄乌斯也把他选为了贵族，并用再溢美不过的言辞大加赞赏，还说道："比这个人更优秀的孩子，我是一点都不指望拥有了。"经身世显赫的女子阿尔比娅·特伦奇娅，他得到了两个儿子：卢西乌斯·提奇安努斯和年纪

---

① 今意大利中部拉齐奥大区的费伦托（Ferento）。

② 除去元首和独裁官之外，比裁判官更高的官阶应该只有执政官了。

更轻的马可·奥托[①]；还得到了一个女儿，并在她接近婚龄之时就与日耳曼尼库斯的儿子德鲁苏斯订下了婚约。

II.1 皇帝奥托生于卡米勒斯·阿隆提乌斯和多米奇乌斯·阿埃诺巴尔布斯出任执政官的那一年[②]的四月二十八日。从成年之初开始他就铺张浪费、粗野无礼到了这般地步，以至于时常遭到父亲的责骂。据称他习惯在夜晚漫步市井，路上一遇到任何体弱或酒醉之人就抓住对方，将其装进军大衣里抛向高处。**2** 在父亲去世之后他继而向宫内一名颇具影响力的被释女奴假装表示出爱意，即便她已人老珠黄，可他仍对她大献殷勤，并再通过她慢慢接近尼禄。由于两人［奥托和尼禄］趣味相投，而正如一些人所说，还凭借着无耻的性交关系，他轻而易举地就在尼禄的朋友当中占据了头等之位。他［对尼禄］的影响力是如此巨大，以至于在议定帮一名被判犯有勒索罪的与执政官等衔之人免除惩罚就可得到一大笔奖励之后，他竟未等这位［与执政官等衔之人］彻底恢复清白就毫不犹豫地把他领入元老院［向元老们］致以谢意。[③]

III.1 他参与了一切［尼禄策划的］阴谋和密谋。在尼禄决定弑杀母亲的那一天，为了避嫌，他为他们母子俩举办了一场再盛大不过的宴会；[④] 当时仍是尼禄情人的波佩阿·萨宾娜与丈夫离婚，然后转而被托付给了他，他们还象征性地举行了婚礼，可他并不满足于诱惑她，还对她燃起了如此炽烈的爱意，以至于不禁产生了要把尼禄当成竞争对手的想法。**2** 不管怎样，大家相信的是，他非但不让

---

① 原文直译是“年纪更轻的与他尾名相同的马可”。

② 根据执政官列表，那一年是公元 32 年。

③ 勒索罪的惩罚便是驱逐出元老院，参见《被奉为神的尤利乌斯》，XLIII，1。——洛布版注

④ 尼禄是在一场宴会过后设计杀死了母亲，关于此事，请参见《尼禄》XXXIV，2—3。

[尼禄] 派来的使者将她带回，而且还有一次连 [尼禄] 本人都被拒绝了，还让他一直站在门外，任由其一边威胁，一边哀求，恳请把先前托付给他的那名女子归还自己，却仍无济于事。因此，在这段婚姻被作废之后，[尼禄] 以外派到卢西塔尼亚出任总督为由将他支开了，这么做似乎是担心施加更严厉的惩罚会把整出闹剧搞得沸沸扬扬，虽然如此，此事还是以下面的对句为众人所熟知：

> 你们要问，奥托为何以虚假的名义遭到驱逐？
> 他开始成为自己妻子的奸夫。

他以财务官等级执掌那个行省整整十年，且行事格外有度有节。

IV.1 最终当复仇的机会降临之时，他首先加入了伽尔巴的事业。而就在那一刻，出于时势的变化，他自己也萌生了掌权的巨大希望，而根据占星家塞琉古做出的论断，这种希望某种程度上变得更大了，这位曾经断言他将比尼禄活得长久的占星家那时又突然前来，并主动再次做出预言，说很快他也会执掌大权。**2** 于是，无论谁，只要一有机会他就献上奉承话或引起他们的注意，每当邀请元首 [伽尔巴] 来共享晚餐时，他就分给守卫队每人一枚金币，还以其他方式让每名士兵都对他心存感激。当某人与邻居因份地地界问题发生争讼而让他做仲裁者的时候，他将整块地都买下并送给了那个人，结果几乎没有谁不这么认为或不这么宣称，惟有他才有资格继承最高权力。

V.1 另一方面，他希望自己能被伽尔巴收为养子，且每天都在巴望着能实现。不过当他因皮索 [·弗鲁吉·李锡尼安努斯] 顶在自己前面而失去了希望之后，他便转而诉诸起了武力，这么做不但是愤恨之心在作祟，还由于其欠下的巨债。因为他毫不隐瞒地说道，要是他当不上元首就无法支撑下去了，还说无论是阵前为敌人所杀还是广场上倒在债主脚下，两者没有丝毫差别。**2** 几天前，他曾向恺撒［伽尔巴］的一位奴隶索要了一百万塞斯退斯以助其当上管事者之职，而这便是他启动伟大事业的资本。这项事业首先被托付给了五名守卫者，随后又选了十名——由前五人每人各招两人组成——他赠给他们所有人每人一万塞斯退斯，还许诺会再给五万。通过他们，其余的人也投靠了过来，不过人数并不多，而他则完全相信，一旦举事就会有更多的人加入自己这边。

VI.1 在［伽尔巴］收养［皮索］之后，他想要立刻占领近卫军营地，并趁伽尔巴在宫殿吃晚饭时发起袭击，可却为了给当值的那支大队留下颜面，以免加重他们的恶名，他放弃了这一计划，因为当初盖乌斯［·卡里古拉］被杀和尼禄被废的时候就是这支大队在当班值守。祭祀［的凶兆］和塞琉古［的警告］也让他失去了［从伽尔巴收养皮索到遇害的］这段时间。**2** 于是，定好的那一天来临了，他预先告知同伙到广场上正对着萨图尔努斯神庙前的金色里程碑[①]那里等候自己，然后便一大早前去伽尔巴那里向其致以问候，而［伽尔巴］如以往那样以亲吻对他表示欢迎，还在进行献祭的时候让他参与其中，并聆听占卜者的预言。接着，一名被释奴宣布建筑师已到，而这便是先前约定的信号。他像是要离开去察看出售的宅子一样迅速通过宫殿一侧的旁门往集合处赶去。另一些人说，他佯装发烧，并请左右在有人问起自己的情况时就以此为由加以搪塞。**3** 随后，他匆匆登上一顶女式坐轿往近卫军营地赶去。等轿夫们精疲力竭后，他下了轿开始奔跑，等鞋带松了才停下来，那时未及片刻工夫他就被身边的同伴抬到了肩上，拥戴为皇帝。一边是热忱的欢呼，一边是抽出的剑，他如此这般地来到了大本营，无论谁，只

---

① 位于罗马城中心罗马广场上的一座大理石（或镶铜）里程碑，由奥古斯都树起，为帝国境内一切大道的起点。

要是途中遇到的，都像成为同谋者和参与者一样加入了进来。他在那里派人去刺杀伽尔巴与皮索，而为了赢得士兵的忠诚，面对集合起来的将士他只许下誓言说，除了他们挑剩下的之外，自己不打算保有任何其他东西。

VII.1 随后，在那一天行将结束之际，他进入了元老院，作了一番简单的情况说明，辩解道他在外面被人以武力抓了过来并被迫接过国家大权，而他正打算遵照所有人共同的意志行使权力，于是他朝宫殿进发。除去一些前来致贺及献媚之人的夸赞之辞以外，他还被底层平民唤作尼禄；他没有任何表示拒绝的意思，相反正如某些人叙述的，他甚至在荣退证明函和写给一些行省总督的最初的信函里还使用了尼禄这个尾名。他确实允许重新树立尼禄的半身像和塑像，还让他的代理人和被释奴官复原职，他行使权力后颁布的头道法令就是拨付五千万塞斯退斯让金屋完工。**2** 据说，当晚他被噩梦吓到——梦里他看见自己被伽尔巴废黜并遭到了驱逐——发出了极为凄厉的哀嚎，而赶来［施救］的人则发现，他正躺在床榻前的地上，于是他用尽一切办法试图抚慰伽尔巴的灵魂。可第二天，当他举行占卜的时候，一场风暴降了下来致使他重重摔倒在地上，他连连嘟哝道：

> 长笛与我何干？①

VIII.1 而约莫就在同时，日耳曼尼亚的部队向维特利乌斯宣誓效忠。［奥托］获悉此事就说服元老院派出使节以表明元首已被选出，并指令大家保持安定与团结。虽然如此，可他仍通过使者发出

① 原文希腊语，乃一句谚语，用来表示那些做不适合自己做的事的人。——卡特琳·爱德华兹译本注

了信件，向维特利乌斯奉上分享大权和成为自己女婿作为礼物。不过，在战争无论如何都避免不了而维特利乌斯派出的将领和先头部队已经逼近的情况下，近卫军士兵们差一点就以一场对最尊贵等级的屠杀向他［奥托］表明自己的赤胆忠心。**2** 事已决定：由水兵用舰船将武器转运回［奥斯提亚］。而当这些近卫军营地里的武器在夜幕降临之际被搬走的时候，某些人怀疑［元老院里有人心怀］不轨便掀起了动乱，于是所有人在没有特定将领的情况下突然冲入了宫殿，要求处死全体元老。在逼退并杀死几位试图阻挡的保民官之后，他们沾染着血污，如此这般地径直闯入餐室，询问皇帝到底在哪儿，直至看见他后方才离去。**3** 他还积极发起了［对维特利乌斯的］征讨，不过却过于仓促，以至于丝毫未把占兆放在心上，甚至还不顾萨利祭司的圣盾[①]被移走且尚未归位——这在古人看来乃不祥之兆——而那一天就是众神之母［伊迭阿］的膜拜者开始痛哭、哀号的日子[②]，此外还出现过再凶煞不过的征兆：譬如就在他向冥神供奉祭品的时候，那头牺牲显现的内脏反倒颇为吉祥；当他一离开［罗马］就被台伯河泛滥的河水给耽搁住了；在第二十里程碑处，他发现大路被坍塌的建筑阻塞了。

IX.1 虽然没有人怀疑正确的做法当是把战争拖延下去，因为敌人正受累于饥饿和狭小的空间，可他却行事冲动鲁莽而决定尽快展开决战，这或是出于他忍受不住持续的焦躁并希望在维特利

---

① 原文为 ancilia，指由十二位专司战神玛尔斯祭祀的萨利祭司看管的十二面铜制盾牌，相传其中的一块曾在努玛王统治时期从天国落下，另外的十一块都是仿制它而来的。这些盾牌通常被安放在玛尔斯神庙，萨利祭司只有在举行祭祀仪式时才会取出盾牌，持盾游行，仪式结束后即将盾牌归位神庙。

② 指三月二十四日，西贝拉女神的血祭之日（dies sanguinis），那一天西贝拉女神的信奉者要用鞭子抽打自己，以便将自己的血溅到祭坛和神像上；一些新晋祭司也会在那一天阉割自己。

乌斯抵达前就能克敌制胜，或是出于士兵们难以抑制的求战之心。他没有参加一场战斗，而是坐镇在布里克塞卢姆[①]。**2** 他确实打赢过三场规模不大的战役，它们分别是在阿尔卑斯山上、普拉切奇亚附近，以及依照现在的地名叫卡斯托尔的那个地方。可他最后在贝特里亚库姆[②]附近一场极其重要［的战役］中遭到暗算而败下了阵来，因为［奥托的］士兵在得到和谈的希望之后被领了出来，他们对达成和平协议怀有信心，还主动向对方打起了招呼，在那种情况下一场战斗在出乎意料间打响了。**3** 他随即就决定自杀，而正如许多人不无道理地认为的那样，这与其说是出于部队流露出的绝望或胆怯之情，还不如说是因为自己为了夺取统治权让国家和人民陷于险境而感到羞耻。因为那时他还留有一支完好无损的部队以备再次面临袭击，而其他部队也正在从达尔马提亚、潘诺尼亚、默西亚赶来的途中，此外那些先前遭到落败的军队并未陷入如此心灰意冷以至于要规避危险的境地，也并非没有一雪前耻的欲望。

X.1 身着窄紫纹短袖袍[③]的我的父亲苏埃托尼乌斯·莱图斯曾以第十三军团［军事］保民官的身份参加过那场战争。后来他反复提到，在奥托尚未称帝时，他还是非常不愿掀起内战的，以至于当某个人在饮宴之际追忆起卡西乌斯和布鲁图斯的死的时候，他还怕得发抖；而且假如他对以不流血的方式解决事件没有信心的话，就真不会同伽尔巴开战了；再者一名普通士兵的事例激励他不再珍惜自己的性命了，这名士兵送来了战败的消息，却没有任何人相信他，时而骂他是骗子，时而控诉他临阵胆怯，就像他是逃回来的一样，

---

① 今意大利中部博洛尼亚西北 80 公里处的布雷谢洛（Brescello）。

② 位于今意大利北部伦巴第大区克雷莫纳（Cremona）以东约 35 公里处的一座古城。

③ 此装束为骑士等级的标志。

于是他便在他［奥托］跟前挥剑自裁了。［我父亲］说他［奥托］见此场景就哭喊道，自己不会再让这种如此勇敢高尚之人陷入险境。**2** 于是，在一一嘱咐自己的兄长、侄子以及朋友们要尽己所能地照顾好自身安危之后，他就拥抱并吻别了每一个人，待退至私密之处后他写了两份便签，一份是给姐姐[①]的安慰信，另一份给了他曾打算迎娶的尼禄遗孀梅萨利娜，以便将自己的遗体和念想托付给她。接着他焚毁了每一封［与自己往来的］信件，以免落到胜者手里会给谁带来危险或伤害。他还把手上留有的钱全分给了家里的仆从们。

XI.1 当他如此这般准备妥当并已决定赴死之后，当即升起一阵骚动，由此他获悉一些开始离队撤退的人被当作逃兵遭到抓捕和羁押。他禁止对任何人以武力相待，并说道："请让我们的这条命活过今夜吧！"此语乃其原话。他还让卧室大门敞开到很晚，如有谁想要进来［与他说话］，他都给予他们机会。**2** 在那之后，他喝了冷水止渴，接着便抓起两把匕首分别试了试刀锋，再将其中一把放在枕头下面，随后他合上门便沉沉睡去。最后，约莫黎明时分他醒了过来，一刀就刺进了左胸口，有人一听到呻吟声便冲了进来，他时而向他们遮掩伤口，时而又将之展示出来，很快就没了气息。他被匆匆安葬了——因为他曾吩咐过要如此安排——他死于生命中的第三十八年，那一天是其当政的第九十五天。

XII.1 奥托无论从内在还是外表从不让人感到其伟大。因为，据称他身材不高、腿脚不便、膝盖弯曲，却几乎如妇女般保持优雅的外表，他拔掉体毛，他头发稀疏因而佩戴着如此恰到好处的假发，以至于没有人能分辨出来；他还习惯每天刮脸，并用沾了水的面包擦拭面孔，从婴儿时代起他就有了这种惯例，且从不蓄胡子；他甚

① 或妹妹。

至时常身穿亚麻织的宗教袍[①]公开举行仪式祭祀伊西斯[②]。**2** 我认为，正是凭着上述事迹，他的死与生前如此不同，使人们感到惊奇。当他倒下后许多在场的士兵都吻起了他的手和脚，还哭泣着称赞他是再勇敢不过的英雄、独一无二的皇帝，并直接在他的火葬堆前结束了自己的生命。许多当时并不在场的［士兵］一获悉上述消息就因悲伤而操起武器，相互击杀而死。总之，在他活着时极其厌恶他的人有很大一部分在他死后都献上了再崇高不过的赞誉，以至于百姓中甚至都在流传说，他弑杀伽尔巴与其说是为了执掌大权，还不如说是为了恢复国家和自由。

维特利乌斯

I.1 诸维特利乌斯的祖上是谁，各家说法不一而且相去甚远，一部分人称其祖上乃古老之贵族，一部分人则认为是寂寂无闻甚至卑微之新人。若非关于他家族背景的分歧始于相当早的时候，我还真会相信这些说法是由皇帝维特利乌斯的吹捧者和贬低者各自制造出来的。**2** 有一本昆图斯・埃洛吉乌斯写给被奉为神的奥古斯都的财务官昆图斯・埃洛吉乌斯的小册子流传至今，其中有这样的内容，维特利乌斯家族的人出自阿博里吉尼斯人的王法奥努斯和在多地受到膜拜的维特利娅［女神］，且曾统治过整个拉丁姆；他们活下来的族裔从萨宾人那里迁到了罗马，并被选入了贵族的行列；**3** 这支族裔的印记长期留存在从雅尼库卢姆[③]直达大海的维特利安大道［的路名上］，以及用相同名字命名的一处殖民地，他们曾让家族的部

① 伊西斯女神的祭司须身穿白色的亚麻织祭袍。

② 原文为 Isis，是古埃及司掌生育和繁衍的女神。到帝国时代，对伊西斯女神的祭祀崇拜在整个罗马帝国范围内流传甚广。

③ 位于台伯河西岸的一座山丘，因处于古代罗马城的地界之外，因此并不属于罗马城“七丘”之一。

队去守卫那处殖民地以抵抗埃奎人[①]；随后，在与萨谟奈人的战争期间，当一支部队被派入阿普利亚时，诸维特利乌斯中的一些人在诺切拉[②]定居了下来，他们的后裔在经过很长时间之后返回罗马城，并且恢复了元老等级的身份。

II.1 相反，也有许多人宣称，该族的缔造者乃是一名被释奴，除了卡西乌斯·塞维鲁[③]之外还有其他一些人则声称此人是鞋匠，他的儿子通过告发和罚抄积蓄了非常多的财产，并由一名平民之身的女子（某个名为安条克的面包坊经营者的女儿）生下了［儿子，他今后成了］罗马骑士。不过，众说纷纭，尚未有定论。**2** 这位居于诺切拉的普布利乌斯·维特利乌斯，无论是属于古老的族裔还是父母、祖辈身份卑贱，他的确是罗马骑士兼奥古斯都的财产代理人，并留有四个身份极其尊贵的儿子，他们的尾名都是一样的，区别仅在于首名不同［，它们分别是］：奥卢斯、昆图斯、普布利乌斯、卢西乌斯。奥卢斯是在执政官任上去世的，他的同僚是尼禄·恺撒的父亲多米奇乌斯，他［奥卢斯］沉溺于奢靡的宴会，并尤其因此而变得臭名昭著。昆图斯在提比略决定剔除不合适的元老的时候丧失了元老等级的身份。**3** 普布利乌斯乃日耳曼尼库斯帐下一员，他曾控告他［日耳曼尼库斯］的敌人及谋害者格涅乌斯·皮索，并使后者被判有罪，他在裁判官卸任后与塞雅努斯的同伙一起遭到了逮捕，再交予其兄长[④]加以收押，随后他用笔刀割断过自己的血管，却又对寻死后悔不已，以至于在自家人的恳求下允许他人为自己进行包扎和治疗，后来他就在那种监禁中病死了。**4** 卢西乌斯从执政

① 乃居于拉丁姆东北部、亚平宁山脉中部的一个古代部族。

② 位于今意大利中南部坎帕尼亚大区阿尔比诺山（Monte Albino）脚下的城镇，距离那不勒斯东南 20 公里。

③ 关于此人，请参见《被奉为神的奥古斯都》，LVI，3。

④ 或弟弟。

官任上退下后执掌了叙利亚的统治，他不仅以极其高明的手法让帕提亚人之王阿塔巴努斯和自己举行了会谈，而且还打动对方向军团军旗行礼致敬。接着他与元首克劳狄乌斯一起又担任了两届当届执政官和［一届］监察官，还在对方［克劳狄乌斯］离开罗马远征不列颠之际代行最高权力。此人既正直又勤勉，但因宠爱一名女性被释奴而变得声名狼藉，他甚至还将她的唾液混在蜂蜜里作为药物以保养自己的喉咙，且既非私下所为，也非偶然为之，而是每天公开的做法。**5** 同样是他，在献媚方面有着令人称奇的天赋，还史无前例地开始如敬奉神明一般对盖乌斯·恺撒[①]加以膜拜，因为从叙利亚归来后，除了蒙上脑袋、别过脸去，继而伏地叩拜之外他就不敢靠近对方了。他不放过任何机会来取悦克劳狄乌斯，而后者对妻子和被释奴唯命是从，于是他向［克劳狄乌斯的妻子］梅萨利娜求得了所谓最高的赏赐，即亲自帮她从脚上脱去鞋子，当他［获允］脱掉了右边的那只鞋后，就一直将其带在身边，放在托袈袍和短袖袍之间，甚至时不时地亲吻它。他还把［克劳狄乌斯的被释奴］纳奇苏斯和帕拉斯的金色肖像与护家神摆在一起祭拜。当他向举办世纪庆典的克劳狄乌斯致贺时，就是他说出了这句话："愿您常办［这种庆典］。"

III.1 他中风发作后第二天便去世了，留下了两个儿子，他们都由极其优秀且身份高贵的女子塞斯提利娅[②]所生，因为做弟弟的接替哥哥担任了六个月［执政官］，他生前就目睹了这两个儿子在同一年里都［当上了执政官］[③]。辞世后，元老院颁给了他国葬的荣耀，还授予了一尊立于宣讲坛前的带有"对元首忠心耿耿之人"这种铭

① 即卡里古拉。

② 拉丁网络图书馆版本作塞克斯提利娅（Sextilia）。

③ 根据执政官列表，这一年为公元 48 年。

文的塑像。**2** 卢西乌斯的儿子、皇帝奥卢斯·维特利乌斯生于九月二十四日，而据某些人的说法乃九月七日，是在德鲁苏斯·恺撒和诺尔巴努斯·弗拉库斯出任执政官的那一年[①]。当占星师公布他的生辰［命盘］之后，父母为之感到如此惶惧，以至于父亲在活着的时候始终费尽心力地阻止他受命主政哪个行省，而当他被派去统领军团随后又被称为皇帝的时候，母亲立刻为丧子之痛而哀悼了起来。他在卡普列耶度过了童年和最初的青年时代，且混在了提比略的男妓当中，[②] 他本人还终身被打上了“斯宾特里亚”的称号，据估计他父亲一开始获得提升的原因便在于［他］向提比略献上了他的贞操。

IV.1 随着年龄的增加，他虽把一切罪行都沾染个遍，可仍在朝廷谋到了重要之位：他通过热衷驾车博得了盖乌斯［·卡里古拉］的宠爱；通过热衷掷骰子博得了克劳狄乌斯的宠爱；不过尼禄对他却更是宠爱有加。这一方面是出于上述相同的做法，另一方面还在于他主持尼禄尼亚赛会[③]时，尼禄希望和［其他］西塔拉琴奏唱师一起一决高下，虽然大家都恳请他加入比赛，可他还是没有胆量，于是便离开了剧场。［维特利乌斯］装出人民使者的身份，以人民坚持要求为由把尼禄请了回来，并为后者创造了机会以答应［大家要其登台献艺的］恳请。

V.1 就这样，在三位元首的关照下，他非但升上了高官显职，而且还当上了最为显耀的祭司，他随后出任了阿非利加的总督并担负起了公共建筑的营建，但他的行事和口碑却随着任命而不同。在那个行省他一连两年都表现得尤为正直，［说两年是］因为他还曾出任过接替自己［担任总督之职］的弟弟的特使；可在履行市政方面

---

① 根据执政官列表，这一年为公元 15 年。

② 关于提比略蓄养妓女和男妓之事，以及下文提到的“斯宾特里亚”的含义，请参见《提比略》，XLIII，1 和 XLIV，1。

③ 关于这种赛会，请参见《尼禄》，XII，3。

的职务时，据称他曾偷取过神庙的祭品和饰物，还偷换过一些东西，如用黄铜和锡来替换金和银。

VI.1 他娶了与执政官等衔者的女儿佩特罗尼娅为妻，由她生下了一只眼睛失明的儿子佩特罗尼亚努斯。此人被立为母亲的继承人，条件便是在他脱离父亲权力的情况下，于是［维特利乌斯］便解除了［对佩特罗尼亚努斯的］父权，而正如大家相信的那样，［维特利乌斯］很快就杀死了［佩特罗尼亚努斯］，他指控对方意欲弑父，可出于良心过意不去就饮下了准备实施罪行的毒药。他随后迎娶了与裁判官等衔之人的女儿伽勒里娅·丰达娜，并由她得到两个孩子，男女各一，不过那个儿子说话结巴，近似哑巴和无演说能力者。

VII.1 出乎意料的是，他被伽尔巴派往下日耳曼尼亚。大家相信此事得益于当时极具影响力的提图斯·维尼乌斯[①]的帮助，而他因为曾经与后者共同支持过蓝队便赢得了对方的友谊。不过伽尔巴将他选中，与其说是施恩之举还不如说是蔑视之举，这对任何人来说都是一清二楚的事，因为［伽尔巴］声称，没有人比那些只惦记食物者更不让人感到害怕，而他［维特利乌斯］那无穷无尽的饕餮之欲可以从广大行省居民那里得到满足。**2** 众所周知的是，［维特利乌斯］在临行时缺少盘缠，而且家资少到了这般地步，以至于给留在罗马的妻子和孩子租了一间阁楼，而当年余下的时间则把自己的［独门独户的］宅子租了出去，他还从母亲的耳朵上摘下了一颗大珍珠送去典当以筹措路资。他不得不以提起诉讼作威胁来摆脱等候他来并拦住去路的大批债主们，其中还有锡纽萨人[②]和福尔米亚人[③]，因为他曾盗用过他们的公款。当某个被释奴激动地要求他偿还债务

① 关于此人，请参见《伽尔巴》，XIV，2。

② 锡纽萨（Sinuessa）为意大利中部拉丁姆地区的一座城镇，位于第勒尼安海海岸。

③ 福尔米亚（Formiae）位于阿皮亚大道附近，罗马和那不勒斯中间的位置。

时，他起诉对方实施了肢体伤害，声言他用脚踢了自己，直到从那人身上搜刮出五万塞斯退斯之后才放走了他。**3** 他一抵达行省，对元首怀揣敌意且心思举事的军队战士们伸开双臂，热情地接待了他，正如［迎接］众神赐予的礼物一样，因为他是三届执政官之子，正值年轻有为，又心思单纯而豪爽。维特利乌斯新近的所作所为也增加了大家对他的好印象，因为整个行军途中即便是普通一卒，只要他遇见了都会热情亲吻对方，一路上在驿站和旅店他都以异常和蔼的态度对待赶骡人和路人，以至于清晨会逐一询问他们是否吃过早饭，甚至还用打嗝来表示自己已经吃过了。

VIII.1 进入军营之后，无论谁但凡提出要求者他一概不予拒绝，还主动去除了丢脸之人的印记，抹除了被告者的污名，甚至赦免了被判有罪者的惩罚。因此，仅仅一个月不到，士兵们不管时间，（因为当时夜幕已降临）突然将他拽出了卧室，并欢呼他成为皇帝，而他当时仍身穿家里的衣服。随后，他一边手持由某人从玛尔斯的祭坛取来并在首次向他致敬时就献给他的被奉为神的尤利乌斯的宝剑，一边被［众人抬着］穿行于人口极多的街镇。**2** 直至因餐室被炉中火焰点燃而着了火才返回将领的营帐，那时所有人都惊慌失措起来，把它看作凶兆，他却说道："大家开心吧！光照亮了我们。"除此之外并未对士兵再说过任何话。随后，当先前背弃了伽尔巴转而倒向元老院的上［日耳曼尼亚］行省的部队现在也支持他之后，他在所有人的劝说下接受了日耳曼尼库斯的尾名，［不过却］推辞了奥古斯都的，并终身拒不接受恺撒的。

IX.1 接着，在获悉伽尔巴的死讯之后，他立刻安排完日耳曼尼亚的事务并将军队分成两股：他派其中一股前去攻打奥托，另一股由他亲自统帅。先头部队遇到了吉兆，因为一只鹰突然就从右侧飞了过来，在军旗上方盘旋着，然后徐徐沿着行进的方向飞到了他们的前面。不过，相反的是，当他本人出征时，多地为他树立的骑马塑像突然就从腿部碎裂并统统倒塌了下来，而他以最神圣的方式戴上的那顶桂冠也掉入了激流当中。随后，当他在维纳城[①]端坐审判台前审理案件时，一只高卢雄鸡站上了他的臂膀，接着又站到了他的脑袋上。而他的结局正吻合了这些征兆，因为他虽通过麾下将领夺取了最高权力，却没能凭借自己的力量将它守住。

X.1 当他仍置身高卢时就听到了在贝特里亚库姆一战[②]得胜的消息以及奥托的死讯。随即他以近卫军大队做出了一个极坏的榜样[③]为由毫不犹豫地以一道公告将他们全都解散了，还命令他们把武器交给军事保民官。此外，他还发现了一百二十名近卫军士兵写给奥托的要求对他们弑杀伽尔巴进行嘉奖的奏章，于是下令对这些人实施逮捕并加以惩处，上述事迹令他显得格外出色和优秀，而且他还彰显出会成为一位出类拔萃的元首的希望，要不是出于其他方面的行为更与他的天性和他自己先前的生平事迹相符，而与帝国的威严不甚相符的话。**2** 因为当他开始踏上行程的时候，他如举行凯旋式一般驾车穿过城中央，再坐上用各式各样的桂冠缠绕起来的极其华丽的船只航行在河流上，他备下再丰盛不过的美食；他既无家法亦无军纪，并把家人和士兵的劫掠和奢靡统统都当成了儿戏，而他们并不满足于各地用公共开支举办的宴会，还随心所欲地释放任何想要释放的［奴隶］，打骂忤逆［主子的奴隶］，还时常把他们打伤，有时甚至把他们打死。**3** 当他来到打过仗的战场时，有些人对腐坏的死尸感到了战栗，而他竟敢厚颜无耻地鼓励他们道，被杀掉的敌人气味极棒，公民的就更棒了。可是，为了减轻浓重的臭味，他还是公开饮下了大量的纯酒，还将之分给［大家一起饮用］。他一边凝

---

① 维纳城即今法国罗纳河畔的维埃纳（Vienne）。

② 关于贝特里亚库姆战役，请参见《奥托》，IX，2。

③ 显然指近卫军背弃伽尔巴，转而拥立了奥托。

视着为纪念奥托而刻下的石碑上的文字，一边以同样的丑恶和傲慢说道，他配得上拿这个当帝陵，随后就把对方用来自杀的匕首送到了阿格里皮娜殖民地[①]，并献给了玛尔斯。他甚至还在亚平宁山顶上举行了通宵庆典。

XI.1 最终，他身穿将衣、腰系佩剑，进入了罗马城，其间号角声阵阵，四周旌旗环绕，左右随从一身征战装备，士兵则让武器露出了锋芒。**2** 他接着越来越漠视起神圣法和人类法[②]来：他在阿里亚日[③]当天接过了大祭司长之职，他安排了［未来］十年的选举，还自己担任了终身执政官。为了不让人对他选择谁作为治国典范产生怀疑，他发动大批国家祭司在战神平原中心替尼禄献上了祭品。在祭奠仪式后的宴会中，一名西塔拉琴奏唱师受到了大家的欢迎，他于是公开提议这名［西塔拉琴奏唱师］从主上[④]的作品里选一段来唱，而当此人开始唱起《尼禄尼亚之歌》时，他第一个蹦起来鼓了掌。

XII.1 他如此开始了统治，而且在统治的绝大部分时间里都完全依照每一名再卑贱不过的演员、赛车手，特别是那名被释奴亚细亚提库斯的建议和决定行事。后者还是年轻小伙子的时候曾和他保持过不正当的性爱关系，可随后对他心生厌烦并逃走了。当［亚细亚提库斯］正在普特奥利贩卖酸饮料的时候，［维特利乌斯］将他抓了回来并铐上了脚镣，不过很快又放了他，还把他列入了受宠爱者的行列。后来，又因苦于［亚细亚提库斯］那目空一切的高傲劲儿

---

① 今德国科隆。

② 神圣法（ius divinum）指的是根据神明意志制定的法律，与宗教戒规有点类似；与之相对的人类法（ius humanum）指的是由人制定的法律。

③ 指七月十八日，这一天相当于罗马人的国耻日。罗马人曾在这个日子在阿里亚河一战中被高卢人击败。关于阿里亚河之战，请参见《提比略》，III，2 之注脚。

④ 显然指的是尼禄。

和无休无止的偷窃行径，[维特利乌斯] 便把他卖给了一名行走四方的角斗士教头。而当 [亚细亚提库斯] 在一次角斗士比赛里正等待最后登场之际，[维特利乌斯] 突然拐走了他，最后一抵达自己的行省就释放[①]了他。而在执掌大权的第一天，[维特利乌斯] 在吃晚饭时送给了他金戒指[②]，这令众人感到吃惊，因为就在那个清早众人曾一起提出过这个要求，而他则以再激烈不过的严词加以拒绝，并将这种事情当作骑士等级的耻辱。

XIII.1 不过，他却陷入了格外奢靡和残暴 [的罪恶] 之中：他总是一天享用三顿盛宴，有时是四顿，分成早餐、午餐、晚餐，以及一场纵饮狂欢，并习惯用催吐的方式让自己充分享用每顿餐宴。此外，他还常在同一天到不同人家里享用各顿餐宴，而准备一场餐宴的花费都不少于四十万塞斯退斯。**2** 这当中最出名的一顿晚餐是由弟弟 [卢西乌斯·维特利乌斯] 为他抵达罗马而献上的，据说那顿晚餐摆出了两千条精选的鱼和七千只禽鸟。[③] 不过这顿餐宴仍比不了他亲自供奉 [给密涅瓦的那个装满食物] 的盘子，因其体量无比硕大，他常称之为“密涅瓦的圆盾”“城邦之屏障”。他把梭鱼的肝、野鸡和孔雀的脑、火烈鸟的舌头、海鳝的鱼白放在盘中搅拌在一起，而他曾让船长和三桡船船队在帕提亚至西班牙的海峡[④]之间[⑤]搜寻这些食材。**3** 作为一个非但食量无限而且吃东西也不分场合、不顾体面的人，甚至在举行献祭或踏上旅途时都从不克制自己，以

① 此处特指把某人从奴隶状态变成自由人。

② 指将他提升到了骑士阶层。

③ 关于这顿著名的晚餐，另请参见尤特罗庇乌斯，VII，18：“历史上确载的、由他弟弟 [卢西乌斯・] 维特利乌斯款待他的那顿最著名的饭，据传，许多其他的食物不算，光是摆上餐桌的鱼就有两千条，飞禽则有七千只。”

④ 即今直布罗陀海峡。

⑤ 当时罗马帝国的东边是帕提亚帝国，西边就是分隔大西洋和地中海的直布罗陀海峡，从帕提亚到直布罗陀海峡显然就是在说整个帝国。

至于他会从火热的祭坛里抢夺祭祀用的内脏和面包，当场大嚼起来，而到了路边饭馆也会豪吃热气腾腾的食物，甚至是前一天吃剩的东西。

XIV.1 他的确不论出于何种缘故都会随意对任何人进行拷打甚至施以死刑。他以各种花言巧语引诱高贵之人，自己的同学和同辈人来宫里共享大权，再用不同的卑鄙手段处死了他们。此外，当有人发着烧向他索要凉水的时候，他还亲手往杯中投下毒药毒死了这个人。**2** 此外，那些在罗马或在路上向他催要过欠款的放贷者、立约者、包税者，他几乎一个都没放过，其中有个人在向他问好时即被交付［刽子手］行刑，接着又被立刻召了回来，正当所有人都称赞他的仁慈之际，他命令在自己面前处死这个人，还说自己想要一饱眼福。另有一次，两个孩子试图替父亲求得赦免，他却让他们［和父亲］一起受刑。**3** 还有一名罗马骑士在被拖出去行刑之际大呼道："你是我的继承人。"在那种情况下，他逼迫对方出示遗嘱文件，当读到遗嘱规定此人的一名被释奴和自己一起为共同继承人时，他下令把那名被释奴一并处死。他还只因一些平民公开说过蓝队的坏话，就推断他们有胆量这么做是因为蔑视自己甚至怀有掀起暴乱的企图，[①] 从而杀死了他们。**4** 不过，他对讽刺作家和占星师却抱有再巨大不过的敌意，以至于无论谁只要受到起诉，他未经审理就会判处他们死刑，因为在他颁下法令，勒令占星师在十月一日之前离开罗马城和意大利之后，一份小册子就立刻呈了上来，上面写道："愿有此善事，迦勒底人[②]宣布，维特利乌斯·日耳曼尼库斯活不到月初一号的那一天[③]。"**5** 还有，在母亲去世这件事上，人们怀疑他似

① 关于维特利乌斯支持蓝队，请参见本卷 VII，1。

② 即巴比伦人，他们往往以精于占星术闻名于世，遂成为占星师的代名词。

③ 即他在上述法令里规定的十月一日。

乎拒不给病中的母亲提供食物，因为一名卡蒂人[①]妇女（他信她犹如信神谕）做出预言，说他若是能活过他的母亲，就可以安享稳固而长久的统治。另有一些人说道，他母亲是因为对当下之事感到了厌倦，对迫在眉睫之险感到了害怕，才从儿子那里要到了毒药，当然她几乎没怎么费劲就拿到了。

XV.1 在当政的第八个月，默西亚诸地和潘诺尼亚的军队叛离了他，同样的，海那边的犹太和叙利亚的军队也弃他而去，并向维斯帕芗宣誓效忠，前者是在对方不在场时，而后者是对方在场的时候。于是，为了让其他人保持热情和忠诚，无论公开场合还是私下里，他毫无限度地赏给任何人任何东西。他还在罗马城里招募士兵，许下的条件是，志愿应征者非但可在得胜后退役，而且还能享受到老兵的权利和服役金。**2** 随后，当敌人从陆地和海上向他逼来之际，[海上] 他派弟弟 [卢西乌斯·维特利乌斯] 领一支由新兵和角斗士组成的舰队前去应战，[陆地上] 他派出了贝特里亚库姆一役的部队和将领。在各地之兵或败或降之后，他便和维斯帕芗的哥哥弗拉维·萨宾努斯达成了可以保住性命和自己的一亿塞斯退斯财产的协议。随即，他在宫殿的台阶前向聚集起来的士兵宣布说，自己会卸下本来并不情愿执掌的大权，可鉴于大家一致呼喊着提出了反对，他将此事推迟了下来。一夜过去，曙光降临时，他双眼噙满眼泪，身穿丧服，登上宣讲坛，发表了同样的讲话，不过这次是照着小册子说的。**3** 士兵和人民再一次打断了他，还劝他不要灰心丧志，并争相允诺会尽己所能地帮助他。重拾信心的他无所畏惧地突然发动进攻，把萨宾努斯和弗拉维家的其他人赶入了朱庇特神庙，而当他通过点燃至高无上的朱庇特的神庙杀死了他们之时，他正一边享

---

① 日耳曼人的一支，最初居于威悉河（Weser）流域，后逐渐定居于今德国黑森州（Hesen）中北部及下萨克森州（Niedersachsen）南部一带。

用盛宴一边从提比里安纳屋[①]欣赏战斗和大火。不久之后，他却为所作所为感到后悔，还把指责加到了别人头上，他召集起部队，宣下了誓言，并强迫其他人也跟着宣誓道，除了让国家恢复和平之外，自己将不会更认真地去做任何事了。**4** 就在那时，他从体侧抽出一把匕首，先将它交给了执政官之一，待对方拒不接受之后，他继而给诸位官员以及再后来给诸位元老逐一奉上，[②]见无一人收下，他便离去，似乎是要将它放在和谐神庙里。不过，当一些人大呼道，他本人就是和谐神时，他返回来并宣称道，自己会保住铁[③]，还有“和谐神”的尾名。

XVI.1 他说服元老院派出有维斯塔贞女参加的使团前去求和，或者至少赢得时间以做出谋划。接下去的一天，当他在等答复之际，探子传来了消息，敌人正在逼近。于是，他立刻乘上肩舆，身边只有两个随从，一名面包师和一名厨子，偷偷向阿文丁山上父亲的屋子走去，想从那儿逃往坎帕尼亚。很快又有未经确认的小道消息传来，说是和平好像已经实现了，于是他回到了宫殿。结果他发现那里已全然人去楼空，此前自己身边的人也逃散的时候，他给自己系上了一个装满金币的钱袋，逃入守门人的小屋，同时在门前栓上一条狗，还把床榻和垫子拖来抵住了门。

XVII.1 先头部队现已攻入［宫殿］，中途并无一人阻挡，于是他们如以往那样逐一搜查每一处地方。他被他们从藏身之处拖了出来，而由于一时未被认出，他们问他是谁，以及是否知道维特利乌斯在哪里时，他以谎言避了过去。在被认出之后，他不停地哀求，希望能被关押一段时间即便是在监狱，宣称他还有一些与维斯帕芗

① Tiberiana domus，字面意思是提比略的宅邸。

② 献上匕首表明自己把生命交了出来。

③ ferrum 这个词除了“铁”还有“武器”的意思。

的安危有关的事情需要讲述，直至双手被绑在身后，枷锁被套上脖子，衣服被撕下半截，半裸着被拽到了广场。他被人揪住头发，脑袋向后仰着，如此这般经过了整段圣道，一路还倍受辱骂和嘲谑，如同罪犯通常遭受的那样，甚至还有剑锋抵住了他的下巴，使他无法低下头，好让人看到脸。**2** 一些人向他投去粪便和泥巴，另一些人放声唤他为纵火犯[①]和饕餮之徒，还有一些百姓奚落起了他身体方面的异处：因为他身躯高大异常，脸色因过度饮酒常现红色，他挺着大肚腩，有一条腿曾经在他为驾车的盖乌斯［·卡里古拉］服务的时候被四驾马车撞伤而落下了残疾。在身受多到不能再多的折磨之后，他最终在杰莫尼亚阶梯上被杀身亡，［他的尸体］随后被人用钩子拖进了台伯河里。

XVIII.1 他随弟弟［卢西乌斯·维特利乌斯］和儿子一起遭到了杀害，那一年是其生命中的第五十七年。那些通过解读他在维纳城得到的征兆（鄙人提到过这个征兆[②]）而做出预言的人，他们曾预言他必将落入某位高卢人的掌控，这完完全全应验了，因为动手杀他的是反叛方的将领安东尼·普里姆斯，而此人生于图卢兹，童年时代的尾名是贝科，这个词的意思是“雄鸡之喙”[③]。

---

① 显然是说他放火烧毁了朱庇特神庙一事。

② 关于该征兆，请参见本卷 IX，1。

③ 原文雄鸡一词用的是“gallinaceus”，而高卢人一词是“Gallicanus”，两个词词干相同。

被奉为神的维斯帕芗、被奉为神的提图斯、图密善

被奉为神的维斯帕芗

I.1 在三位元首［先后］掀起叛乱又身死覆灭之际，弗拉维家族取得了长期暗弱无光又摇摆不定的国家大权，并最终让它稳定了下来。的确，这个家族虽然位属卑微之列，又无任何先祖之像，但丝毫无愧于国家，虽然大家都能认同，图密善因淫荡和残暴付出的惩罚是理所应当的。**2** 提图斯·弗拉维·佩特罗乃雷阿特①当地人，在内战中加入庞培一方担任百人队队长或志愿兵，法萨卢斯一役时他从战场逃回了家，在得到了赦免和退役待遇之后他经营起收账的生意。他的儿子尾名萨宾努斯，并未服过兵役——虽然有一些人称他是第一百人队队长，还有一些人称他因病退役之时已在指挥队伍了——却在亚细亚征收过四十分之一的国家税。当时一些城市留下了为他树立的塑像，上面带有如下铭文："献给一位诚实的征税人。"**3** 在那之后，他在埃尔维蒂人②中放贷收息，并在那里辞别了

① 今意大利中部拉齐奥大区的列蒂（Rieti）。

② 高卢人的一支，公元前二世纪时从今德国南部迁居于今瑞士中北部一带。

人世，他留下妻子维斯帕西娅·波拉和两个孩子，其中的哥哥萨宾努斯官至罗马市长，那位弟弟维斯帕芗则成了元首。波拉出生于努尔西亚城的显赫家族，她的父亲维斯帕西乌斯·波利奥曾三次出任军事保民官兼营地长，她的一位兄弟则以裁判官之衔成了元老。另外，在从努尔西亚城通往斯波莱奇乌斯[①]的大道上，行至第六里程碑时，山顶上有一处地方现在仍被唤为维斯帕西耶，那里尚立有多座诸维斯帕西乌斯的纪念碑，显示出这个家族享有的崇高而古老的名望。**4** 我不该否认的是，一些人声称，佩特罗的父亲来自波河对岸之地[②]，是一个包工头，[服务于] 那些每年习惯从翁布里亚来到萨宾人地区耕种土地的人，还有，他定居在雷阿特城，并在那儿娶了妻子。对于此事，我本人虽做了缜密的调查却未发现任何线索。

II.1 维斯帕芗生于萨宾人之地雷阿特城外名叫法拉克里奈的街镇里，日期是在昆图斯·苏尔皮西乌斯·加梅里努斯和盖乌斯·波佩乌斯·萨宾努斯出任执政官那一年[③]（即奥古斯都去世前五年）的十一月十七日夜间。他成长于祖母特尔图拉的科萨农庄。于是，当上元首后他也常不断造访那处孩提时的住处，而那座庄园依旧保持着曾经的样子，因为他不希望失去任何曾经时常目睹的事物，而他对祖母的思念之情又是那么的强烈，以至于在举行仪式的日子和节日里他都一直用她的小银杯喝东西。**2** 穿上成人托袈袍后，他好长时间都无意取得紫纹短袖袍[④]，虽然他的哥哥 [弗拉维·萨宾努斯] 已经得到了，最后要不是母亲逼迫的话，他还真就不去争取了，她最终是以斥责的方式而不是以恳求或威权对他催逼的，因为她一遍遍地辱骂他，斥其为哥哥的马前卒。**3** 他在色雷斯服役时当上了军

① 今意大利中部翁布里亚大区的斯波莱托（Spoleto）。

② 波河位于意大利半岛北端，在共和国时代波河流域曾是高卢人占据的地区。

③ 根据执政官列表，那一年是公元 9 年。

④ 即元老身份。

事保民官，随后以抽签的方式被派到克里特－昔兰尼行省[1]当了财务官。他成了市政官候选人，接着又成了裁判官候选人：对于前者，在经历一次失败后，第二次也仅以排名第六的位置当选；对于后者，在第一次竞选时就立刻当选了，而且还处于名列前茅的位置。在任裁判官时，为了不放过任何机会博得与元老院不和的盖乌斯［·卡里古拉］[2]的宠爱，他提出为他［卡里古拉］在日耳曼尼亚取得的胜利举办特别的庆典赛会，并建议对阴谋者[3]施加更多的惩处，即把他们弃尸在外，不得安葬。他还因自己有幸得到参加晚宴的恩宠而在元老院里[4]向他［卡里古拉］致以谢意。

III.1 在那期间，他娶了来自阿非利加的罗马骑士、塞卜拉泰人[5]斯塔提利乌斯·加佩拉曾经钟爱的弗拉维娅·图密提拉为妻，她［起初只有］拉丁公民[6]的身份，不过，随后她那生于费伦奇乌姆、官职未高过财务官书记的父亲弗拉维·利贝拉利斯向仲裁官提出了申诉，经过宣判她以生来自由之身成为罗马公民。由她［维斯帕芗］得到了三个孩子：提图斯、图密善、图密提拉。妻子和女儿［图密提拉］没他活得长久，而且他在还不是皇帝时就已失去了她们俩。在妻子离世之后，他重新唤回了自己曾经钟爱过的契尼斯陪寝，

---

① 昔兰尼（Cyrenae）是位于地中海南岸利比亚北部的著名古城，大致位于今利比亚夏哈特（Shahhat）附近。因此，该行省的范围应该包括克里特岛和今利比亚的大部分地区。

② 关于卡里古拉与元老院之间的不和，请参见《盖乌斯·卡里古拉》,XLVIII 和 XLIX。——洛布版注

③ 即雷必达和杰图利库斯，关于这两人请参见《被奉为神的克劳狄乌斯》，IX，1。——洛布版注

④ 原文直译是“在最为荣耀的等级的屋中”，最为荣耀的等级即元老等级，言下之意显然说的是在元老院中。

⑤ 塞卜拉泰（Sabrata）是罗马时代阿非利加行省的一座港口城市，位于今利比亚首都的黎波里以西的地中海沿岸。

⑥ 关于拉丁公民权，请参见《被奉为神的尤利乌斯》，VIII，1 之注脚。

而后者当时是安东尼娅[①]的女被释奴和秘书，甚至在成为皇帝之后他待她仍几乎跟合法妻子一样。

IV.1 克劳狄乌斯出任元首时，他在纳奇苏斯的帮助下被派到了日耳曼尼亚担任军团将领，然后再从那里被调往不列颠。他在那边与敌交战三十次——有时是由总督奥卢斯·普劳奇乌斯率领，有时是由克劳狄乌斯亲自率领——把两支再强大不过的部族、二十余座城镇，以及毗邻不列颠的维克提斯岛[②]纳入了统治。**2** 因此，他取得了凯旋徽记并在很短的时间里又得到了两个祭司职位，除此之外，还有执政官之职——他在这一年最后的两个月里担任过这个官职。此后直至出任总督之间的这段时间，他都是在闲暇和退隐中度过的。他畏惧阿格里皮娜，因为她对儿子［尼禄］依然具有影响力，还对纳奇苏斯的朋友心存憎恶，即便对方已死。**3** 接着，他通过抽签被派往阿非利加［出任总督］，要不是在哈德鲁梅图姆[③]暴乱时人们朝他投去芜菁的话，他执政期间［还算］极其清廉，也有很高的声望。他从［阿非利加］回来的时候确实丝毫未变得更加富有，因为他的信誉近乎扫地，以至于要把全部农庄都抵押给哥哥，并屈尊依靠牲畜驮货的方式来维持自己的地位，因而老百姓管他叫赶骡人。据说，他还从一个年轻人身上榨取过二十万塞斯退斯以帮助对方在有违父意的情况下取得一件宽紫纹短袖袍，由此颇遭非议。**4** 当他作为尼禄的随从之一在亚该亚巡游[④]期间，由于在［尼禄］唱歌时他不是离场就是当场睡着了，从而极大得罪了对方，于是他不但被排挤出了尼禄的宠臣之列，而且还不得接受尼禄的公开觐见，在这种场合

① 指马可·安东尼和小屋大维娅的女儿小安东尼娅。关于此人，请参见《盖乌斯·卡里古拉》，I，1。

② 即今英国南部的怀特岛（Wight）。

③ 今北非突尼斯的突尼斯市（Tunis）。

④ 关于尼禄前往希腊巡游，请参见《尼禄》，XXII，3。

下他便怀着恐惧小心翼翼地退居于僻远的小城，直至一个行省连同一支军团一起被交给他为止[①]。**5**［那时，］整个东方到处都在流传一种古老而又牢固的信条，当时来自犹太地区的人会主宰世界，此乃命数。这个预言说的是罗马皇帝，后来发生的事正印证了上述说法，犹太人却拿它当成针对自己的预言，于是他们掀起了暴乱并在杀掉他们的总督之后还击退了前来驰援的叙利亚总督，夺走了鹰旗。要镇压这场暴动就需要更大的军团和充满雄心的将领，而如此大事又必须托付给一个安全可靠之人，于是［维斯帕芗］本人被首先选中了，因为他既经验丰富、充满活力，鉴于家族和族名地位卑微又绝对不会让人产生惧怕。**6** 因此，两支军团、八支侧翼［骑兵队］、十支［辅助部队］大队被加派到［原来的］部队当中，大儿子［提图斯］也被他带上并位列副将。他一抵达那里就立刻整顿了营地的纪律，还如此勇猛地参加了一两场战斗，以至于在向堡垒发起进攻时膝盖被石头击中而盾牌上也插了好些箭矢，连邻近行省都对他留下了深刻印象。

V.1 在尼禄和伽尔巴去世后，奥托和维特利乌斯角逐元首之位，［维斯帕芗］则燃起了执掌大权的希望，而先前出于如下征兆，他早就想要夺取大权了。**2** 在罗马城郊，诸弗拉维土地上一株奉献给马尔斯的老橡树，在维斯帕西娅三次生育时每次都突然从树干上长出了一根树枝，这毫无疑问就预示着每个［孩子］未来的命运：第一根树枝弱小，而且很快就枯萎了，因此生下的女孩并未活过多少年；第二根强壮而又茂盛，预示着巨大的成功；而第三根长成了树的形状。于是，（加之有占兆的鼓舞）据称父亲萨宾努斯对［自己］母亲说道，给她生了个做恺撒的孙子；而她只是大笑着，对自己的儿子［年纪轻轻］就已神经错乱而自己则依然心智正常感到惊奇。**3** 随后，在［维斯帕芗］当市政官时，盖乌斯·恺撒对他未能尽心尽

① 这里显然指的是下文提及的维斯帕芗和大儿子提图斯镇压犹太地区叛乱的事。

责地清扫街道感到了愤怒，便下令用泥巴盖住他，士兵们就往他紫边托袈袍的胸襟里堆泥土，并非没有人将此诠释成，有朝一日他将把陷入内乱而遭受践踏和蹂躏的国家纳入自己的保护之下，就像泥土进入了他的怀抱一样。**4** 一次，当他在吃早餐时，一条野狗从三岔路口叼来一只人手[①]，将它丢在了饭桌下面。又一次，在他吃晚饭时，一头犁地的牛挣脱牛轭，闯入了餐厅，在侍从们奔逃而走之后，它就像突然间失去力气一样，正好倒在了他的脚边，弯下了脖子。还有，祖父地上的一株柏树在未遇到任何风暴之力的情况下就被连根拔了起来，倒在了地上，而接下来的一天，这株柏树又立了起来，而且长得更茂盛、更壮实。**5** 另外，他梦见待尼禄拔除一颗牙齿之后，自己和自家人将立刻在亚该亚得到好运，而接下来的一天就发生了这种事，一名医生进入［宫殿］前厅，向他展示一颗刚拔下的［尼禄的］牙齿。**6** 在犹太地区时，他曾问卜过迦密山神谕[②]，卜得的占辞做出如此预言：无论什么，只要他想、他愿，哪怕那是件多么伟大的事，都将达成。这让他坚定了信心。再者，当［犹太人］俘虏中一位［名叫］尤瑟福[③]的高贵者被锁链绑缚的时候，曾以再确信不过的态度声称道，自己必将很快被同一个人释放，不过到那时此人已成为皇帝。**7** 有消息说，也有预兆在罗马城出现，尼禄临死前几天曾在梦里得到告诫，要将至高无上的朱庇特神的战车从神殿移入维斯帕芗的宅邸，再从那里移入椭圆形竞技场。接着，没过多

① 在古罗马人看来，手具有象征意义，表示军队和权力。

② 该神谕宣示所可能位于今以色列北部海法城（Haifa）南的迦密山（Carmel）上。根据《旧约·列王纪上》，18，30—32 的记载，先知以利亚（Elijah）曾在这座山上为耶和华重建已毁坏的祭坛，因此这座山在犹太人和基督徒心中具有重要意义。

③ 罗马帝国时代著名的犹太历史学家，有两本重要历史著作《犹太古事记》（*Antiquitates Iudaicae*）和《犹太战争》（*De Bello Iudaico*）及其他若干文章传世。

久，当伽尔巴前去参加选举时（这次选举使他第二次担任执政官），被奉为神的尤利乌斯的塑像就自顾自地面向了东方。还有，贝特里亚库姆一役[①]的战场上，就在战斗打响前，两只鹰在众目睽睽下打斗了起来，就在一只击败另一只之后，从太阳升起的方向又飞来了第三只鹰将得胜的那只赶走了。

VI.1 虽然他［维斯帕芗］的手下急不可耐地等着放手大干，可他却并未做出任何尝试，直至偶然得到了某些他既不认识又未见过的人的支持才让他下定决心。**2** 来自默西亚三支军团的两千士兵先前是被派去支援奥托的，当在行军途中获悉消息说，他［奥托］已被击败并自行了断了生命之后，他们不管这种传言，继续行进到了阿奎莱亚。在那里，他们利用时局混乱、法纪不正之机肆意劫掠了一番。他们害怕自己若是回去就得交代原委、接受惩罚，于是便决定选立新君，因为，他们并不比拥立过伽尔巴的西班牙的部队，或拥立过奥托的近卫军部队，再或者拥立过维特利乌斯的日耳曼尼亚的部队更差劲。**3** 于是，当时各地在任总督的名字被尽数列了出来，一些来自第三军团（这支军团在尼禄死后从叙利亚移驻到了默西亚）的士兵极力推荐维斯帕芗，而别的总督出于这个或那个原因都被否决掉了，在那种情况下，他们就一致赞同［选维斯帕芗为帝］并立刻把他的族名写到了每一面旗帜上。可那时，他们的行动却被制止了，士兵们在一段时间内一如既往地忠于职守。不过，他们的行径却传了开来，埃及地方长官提比略·亚历山大首先在七月一日强迫自己的军团向维斯帕芗宣誓效忠，而那一天到了后来则被奉为元首继位日。接着，犹太地区的部队也在七月十一日当着他的面向他宣誓效忠了。**4** 一封由死去的奥托写给维斯帕芗的信的副本流传了开来，信中［奥托］至诚地恳求［对方替自己］复仇并希望［对

① 关于贝特里亚库姆战役，请参见《奥托》，IX，2。

方］能拯救国家，不管是真是假，都极大推进了上述事业。与此同时，有传言四处流传开来，说维特利乌斯已决定，得胜之后会调换诸军团的冬营驻地，并把日耳曼尼亚军团调往东方，去更安全、更顺从的地方服役。除此之外，诸行省的总督之一［叙利亚总督］李锡尼·姆奇努斯，以及诸王之一帕提亚人沃洛杰苏斯［也答应支持他］：前者舍弃了因妒忌而起的直到当时仍不遮掩的敌意，允诺把叙利亚的军队交给他；后者则［允诺给予他］四万弓箭手。

VII.1 因此，内战爆发，将领和军队被派往了意大利，在此期间他去了亚历山大里亚，以便把控住埃及的咽喉要道。在那个地方，他在遣散所有［随从］之后独自踏入了塞拉匹斯[①]神庙，以问卜自己的大权会持续多久，他向神明供奉上大量诱人的祭品，最后转过了身，似乎看到被释奴巴西利德斯[②]按当地的习惯向他献上了树枝[③]、桂冠和面包；而众所周知的是，这个人不曾被人请进来过，而且由于身患风湿他已好长时间几乎不能行走了，当时也正身处远方。尔后，信件立刻送了过来，通报说，维特利乌斯的部队在克雷莫纳[④]遭到了溃败，他本人则在罗马被杀。**2** 作为一位在意想不到时继位且掌权不久的元首，他尚缺少威望以及某种神性，不过连这［两样］他都得到了。当他端坐在审判席上时，某个看不见光的平民和另一个腿脚残疾的平民一同来到他的面前，恳请他用塞拉匹斯神在梦中指示他们的神力治愈他们的疾病，因为根据梦境，假如他向［那个盲人的］双眼吐口水，那么对方就会恢复视力，又假如他屈尊

---

① 塞拉匹斯神（Serapis）是托勒密时期埃及人崇拜的神明之一，源于希腊神奥西里斯（Osiris）和埃及圣牛阿匹斯（Apis）的融合，罗马人将他当成伊西斯女神的丈夫，与伊西斯女神一同供奉。

② 这名被释奴的名字原文 Basilides，与希腊文“王”一词βασιλεύς词干相同。

③ 原文 verbena，指的是橄榄树或桃金娘等这类可供药用和具有宗教用处的树木的树枝。

④ 位于今意大利北部伦巴第大区波河左岸的一座城市。

用脚后跟触碰［那个患腿疾者的］腿，那么对方的腿就会变得强壮。**3** 虽然他对此事能成功几乎不抱有任何信心，因而还不敢做出尝试，可最后经过朋友们的劝说仍在集会上公开在这两个人身上进行了试验，结果都没失败。同时，在占卜师的提示下，一些带古代工艺的器皿从位于阿卡迪亚的特吉亚[①]的一处圣地被挖掘了出来，而在那些器皿上就有与维斯帕芗相似的肖像。

VIII.1 当他带着如此这般的命数和名望返回罗马城，并为在犹太地区取得的胜利举行凯旋式之后，便在先前出任过一次执政官的基础上又增加了八次执政官任期[②]。他还担任了监察官，并在他整个当政期间除了首先使陷入动荡甚至近乎崩溃的国家趋于稳定，随后再使其繁荣之外，就没有做过任何更重要的事了。**2** 士兵们有些被胜利冲昏了头脑，有些则因战败而陷入了愤恨和屈辱，他们都变得肆无忌惮、为所欲为起来，而且行省、自治城邦，连同某些王国都陷入了内乱。因此，他让维特利乌斯手下许多人退了役并接受惩处，还绝不向那些对胜利做出贡献者颁发任何超出规格的奖励，甚至连合乎规定的都会推迟发放。**3** 他不放过任何机会来整顿军纪，［譬如，］当一个身上散发出浓烈香味的年轻人为授予其官职而向他致以谢意的时候，他一边厌恶地扭过头去，一边以再严厉不过的声音斥责道："我宁愿你身上散发的是蒜味。"然后他便撤销了任命。而当水兵由于常从奥斯提亚和普特奥利步行往返罗马，[③]并以购鞋为名替

---

① 阿卡迪亚是希腊伯罗奔尼撒半岛中部的一处地区，特吉亚是位于阿卡迪亚中部的一座古城，乃古希腊时代重要的宗教中心。

② 根据执政官列表，维斯帕芗九次出任执政官的年份分别是：公元 51 年、70 年、71 年、72 年、74 年、75 年、76 年、77 年、79 年。其中后面的八次是在称帝之后。

③ 这些水兵作为灭火队受命驻扎在奥斯提亚和普特奥利（参见《被奉为神的克劳狄乌斯》，XXV，2），并分成几股分队在上述两座城市和罗马之间轮流值守。——洛布版注

自己要［补贴］的时候，他非但未作答复就把他们打发走了，而且还颁下了命令，从那之后他们要光着脚奔走。而到了后来他们真就光脚奔走了。**4** 他剥夺了亚该亚、吕西亚、罗得岛、拜占庭、萨摩斯的自治权，同样还将直至当时仍由王统治的色雷斯、奇里乞亚和科马根降为了行省。他因蛮族不断的入侵而向卡帕多西亚另外增派了军团，还安排了一位与执政官等衔者以取代罗马骑士作为总督。**5**［那时，］罗马城因旧时的火灾和坍塌的建筑而变得破旧不堪。他允许任何人在土地所有人不再修建建筑的情况下占有那块露天空地并加盖房屋。他亲自参与朱庇特神庙的重建，还第一个用手把清理出来的瓦砾移走，有些甚至还是他用肩扛走的。他着手恢复了三千件曾随神庙一同被毁的铜表，还四处搜罗副本：这些都是和帝国有关的无价的、最古老的记录，囊括了近乎自罗马建城以来的同盟、条约，以及授予每个个体特权的元老院和平民大会的决议。

IX.1 他还修建了新的建筑：毗邻［罗马］广场的和平神庙，以及西里欧山上的被奉为神的克劳狄乌斯的神庙，那座神庙是阿格里皮娜开始修建的，可被尼禄几乎夷为了平地。同样是他，还在城中央修建了圆形大剧场①，正如他所知的，这是奥古斯都制订的计划。**2** 他对最高贵的［元老和骑士两个］等级做出了调整：他们的人数因一系列的杀戮而有所减少，且长期受到忽视，他通过核查元老和骑士的资格，剔除那些无耻之徒，并从意大利和行省的居民中选出最受敬仰者补充进来，以此方式增减他们的人数。还有，为了让大家知道，这两个等级之间的差别与其说是在权力上，还不如说是在身份上，在针对某宗罗马元老与骑士的争讼时，他曾如此宣布道，［虽］不该咒骂元老，［但在遭到辱骂之后］再骂回去，这么做合情

① 即 Colosseum，直至中世纪都以弗拉维圆形大剧场而为人所知。——洛布版注

合理。[①]

X.1 各地等候的诉讼案件多到超过了限度，旧的案子因［内乱造成的］庭审中断而没有了结，新的案子又因时局动荡而累积了起来。他通过抽签选出委员会，以恢复战争中被夺走的东西，还借助百人委员会的特别审判将这类案件的数量减少到了尽可能少的地步，因为当时诉讼当事人显然耗尽一生都难以走完正常的程序。

XI.1 淫荡和奢靡曾毫无限制地弥漫开来。他让元老院颁下决议：无论哪位女子，只要与他人的奴隶有过私通，就该被当作奴隶；还有，向尚未脱离家长权的子辈进行放贷的人永远无权催逼债款，即使对方父亲去世之后都无权这么做。

XII.1 在别的事务上，他从当政伊始直至告终都表现得谦逊而又仁慈，且从不掩饰往昔的平凡身份，甚至还常常拿出来吹嘘。某人曾试图将弗拉维家族的先祖追溯到雷阿特的建城者和赫拉克勒斯的同伴——此人的墓碑现在仍树立在盐道上——他却耻笑了他们的良苦用心。他对外在的修饰丝毫没有任何欲望，以至于在凯旋式的那天，被行进缓慢而令人厌烦的队伍拖得筋疲力尽的他不禁公然责备道，他作为上了年纪的人竟蠢到一心想要举行凯旋式，这就像是亏欠了自己的祖先，抑或就是自己一心期望得到的一样，真是自作自受。他甚至直到很晚才取得了保民官的权力以及国父的称号。对晨间问候之人进行搜身的做法，内战结束前他就已经废止了。

XIII.1 他以再平和不过的态度对待朋友们的直言无忌、讼师们的冷嘲热讽，以及哲学家们的傲慢无礼。虽然以淫乱出名的李锡尼·姆奇努斯仰仗自己的功业对他并无多少敬畏，可他也只是在私

---

① 也就是说，一个公民可以在另一个公民辱骂自己时骂回去，而不必顾忌他们的身份等级。——洛布版注

底下对某个共同的朋友抱怨道："可我至少还算是个男人。"[①] 仅到这种程度而已。萨尔维乌斯·利贝拉利斯在替一个有钱人辩护的时候曾大胆地讲道："如果希帕库斯有一亿塞斯退斯，那与恺撒有何干系？"而［维斯帕芗］本人却对他称赞了一番。犬儒派的德米特里乌斯获罪之后在［流放］途中和他相遇了，而［德米特里乌斯］既不屈尊起身也不向他致敬，反倒大声冲着他吠叫了起来，在那种情况下他也只是把对方称作了狗[②] 而已。

XIV.1 他一点都不把冒犯和敌意记在心里，也未做出过复仇之举。他给自己的敌人维特利乌斯的女儿找了个再合适不过的丈夫，还替她置办了嫁妆和家务用具。尼禄当政时，他被禁止进入朝廷，于是在惴惴不安间他询问自己到底该干什么或去哪个地方，一名负责接待的官员一边把他赶出宫，一边吩咐他去见鬼。到了后来，当这名［官员］哀求他能原谅时，除了内容和字数几乎与原话一致之外，他未多说一词用以泄愤。没有哪种猜疑抑或恐惧迫使他处死过任何一人，以至于在朋友们告诫他，大家都相信梅特提乌斯·庞普希亚努斯出生时的星盘具有帝王相，所以要提防对方的时候，他一边将［梅特提乌斯·庞普希亚努斯］提拔成了执政官，一边保证说，他未来会记得这个恩情的。

XV.1 没有证据表明有哪位无辜之人［在他当政期间］遭到惩处，除非是在他不在场和不知情的情况下，或者并非出于自己的意愿和受到欺骗的时候。虽然埃尔维狄乌斯·普里斯库斯是惟一一个在他从叙利亚返回［罗马］时用作为平民的族名"维斯帕芗"问候他的人，而且在［埃尔维狄乌斯·普里斯库斯］担任裁判官期间所

---

① 此处暗示姆奇努斯既女性化又淫乱。——洛布版注

② 犬儒学派的人鄙视俗世的荣华富贵，主张清心寡欲、回归自然，因此他们通常过着禁欲而简陋的生活，外人常讥讽他们为"狗"。

颁布的一切公告上都不显示他的荣耀，甚至连提都不提及。可直到对方以再傲慢不过的态度同他争执并几乎把他当成一介平民时，他才有了怒火。虽然他先将其流放，继而又下令将其处死，可仍费尽心思地想尽一切法子解救对方，并派人叫停行刑者，若不是［使者］接获假消息，说对方已死了，他真的就救下这人了。此外，他不曾对任何人的过世感到高兴，还为依法接受惩处的人哀悼落泪。

XVI.1 他应当遭到责备的仅仅在于贪爱钱财。因为他并不满足于重新开征伽尔巴当政时取消的税种，还加征了新的重税，并上调了行省居民负担的税赋，一些情况下甚至两倍于原先的标准，他还公开经营即便对平民来说都是可耻的生意，比如买断某些货品，只求等到后来卖出时牟取暴利。**2** 他毫不犹豫就把高官显爵出售给候选者，或把无罪宣判出售给被告方，而不顾他们有罪还是无罪。据信，再贪婪不过的代理人他都习惯性地故意将他们提拔到更显耀的官职，以便等他们捞到更多财富后再治他们的罪。百姓们传言，他把这些人当成了海绵，因为在他们干的时候他让他们吸进水分，湿的时候则从他们身上挤出水来。**3** 一些人声称，他天性就贪得无厌，他的一个老牧人为此曾责骂过他。此人在他刚取得大权时便恭敬地提出释放自己的恳求，而他却拒不做出无偿释放，在那种情况下［老牧人］喊道，狐狸换掉的是皮毛而非秉性。相反，还有人相信，由于国库和私库陷入极度捉襟见肘的地步，他不得已才被迫以掠夺和抢劫的方式敛财，而他自成为元首之初就立刻亲自证实了上述的财政窘境，还宣称，为了让国家能恢复过来，需要四百亿塞斯退斯。这看起来更像是实情，因为虽然这些收入并不光彩，可他仍以最好的方式将之利用了起来。

XVII.1 他以再慷慨不过的态度对待每一种人：他为达不到财产资格的元老提供补助，为陷入贫困的与执政官等衔之人提供五十万塞斯退斯的年俸，将帝国内多座遭受地震或火灾的城市以更漂亮的方式重建了起来，还尤其对拥有天资和艺术造诣的人大加鼓励。

XVIII.1 他史无前例地设立了用私库给拉丁语和希腊语修辞学家支付十万塞斯退斯年俸［的规矩］。他以丰厚的礼品和巨大的奖励赏赐优秀诗人，还有艺术家，如科斯的维纳斯和［尼禄］巨像[①]的重建者。对那名承诺将一些沉重的圆柱以很少的花费就移到朱庇特神庙内的机械师，他为对方的设计给出了并不吝啬的奖励，但却拒绝使用，还说道，自己不该让平民失去饭碗。[②]

XIX.1 他通过庆典赛会献上了重建的马尔切卢斯剧场的舞台，还在赛会上恢复了古时的音乐演出。他赠予悲剧演员阿波林纳里斯[③]四十万塞斯退斯，赠予西塔拉琴奏唱师特尔普努斯和狄奥多鲁斯各二十万，赠予［其他］一些［演员］各十万，给的最少的也有四万，此外他还送出多顶金桂冠。他还不断举办正式的豪华宴会，以帮助食品商人。他按照农神节期间给男人送礼物的方式也在三月一日[④]给女子赠送礼物。虽然如此，可仍无法以此摆脱早先贪财的恶名。**2** 亚历山大里亚人一直称他为鱼干贩子，而这是他们一位以吝啬而声名狼藉的王的尾名。在他的葬礼上仿剧演员法沃尔一边戴上以他模样制成的面具，一边按照习俗模仿起他生前的言行举止，大声地公开询问代理人，葬礼和仪仗队花费多少，当听到一千万塞斯退斯之后，他大呼道，给他十万塞斯退斯，他宁可被扔进台伯河。

XX.1 他体态匀称、四肢强健，常常是一副紧绷着脸的严肃表情。当他请求某个机智的人拿自己开涮的时候，对方不失机灵地说

① 即尼禄根据自己的外形建造的巨像。关于这尊巨像，请参见《尼禄》，XXXI，1。

② 原文直译是："自己应该允许平民有饭吃。"

③ 洛布版原文作阿佩勒斯（Apelles）。

④ 三月一日是古罗马传统的妇女节（Matronalia），那一天本是为生育女神（Iuno Lucina）举行庆典的节日，后来变成妇女们的节日了。在那一天，女人会从丈夫那里得到礼物。

道："等你方便完之后我再说吧。"他身体极其健康，虽然除了在浴室内擦拭自己的喉咙和身体其他部位若干次以及每个月都有一天节食之外，他没有任何别的方式保持健康了。

XXI.1 以下差不多就是他的日常生活。成为元首以后，他很早甚至天未亮就醒了过来，接着在读完信件和所有官员的简报后再把朋友们请进来，他一边接受他们的问候，一边亲自穿上鞋子和衣服。等处理完手上的一切事务之后，他得空乘车兜风再打盹休息，而睡于榻侧的是他在契尼斯死后娶作填房的众多嫔妃中的一个。午睡之后他便去洗浴、用餐。据称，除了那个时段之外他不会在任何［别的］时间［表现得］更和蔼或更宽厚了，于是家仆们都尽量趁那个机会提出请求。

XXII.1 另外，晚饭期间及其他一些时候他总是一副平易近人的样子，还常常用玩笑话化解了许多事。因为他随时都会说出惹人发笑的话，虽然低俗而又龌龊，甚至连污秽之词都不避讳。虽然如此，可他的话也不乏诙谐，其中就有如下之言。与执政官等衔者梅斯特里乌斯·弗洛鲁斯告诫他 plaustra 这个词的音不应被发成 plostra[①]，第二天他就招呼［这位梅斯特里乌斯·弗洛鲁斯］为弗劳鲁斯[②]。此外，有个女子追着他不放，说她会因他的爱去死，他让她睡在榻侧并给了她四十万塞斯退斯，当管家询问这笔金钱希望按什么方式计入账目的时候，他说道："算在对维斯帕芗的爱上面吧。"

XXIII.1 他还十分合时宜地用希腊诗句描述某位身材高大、阳具出奇粗硕的男子道：

---

① 这两个词的发音区别在于中间的双元音 au（发音类似"奥"）和元音 o（发音类似"哦"），前者发音类似"普劳斯特拉"，后者发音类似"普洛斯特拉"。

② 这位与执政官等衔者的真实名字叫 Florus，元音是 o，而维斯帕芗则将它发成了元音 au，变成了 Flaurus。

边舞动长长的枪，边大跨步地行走着。[①]

非常有钱的被释奴切里卢斯为了规避有朝一日钱财上缴帝王私库的义务[②]，便开始称自己是生来自由者，还改名为拉克斯，关于这个人，他说道：

哦，拉克斯，拉克斯，
生命终了时，你将再次成为
生命开始时的切里卢斯。[③]

虽然如此，可他对自己可耻的敛财手段仍能说出俏皮话，以便凭借嘲弄减少人们对自己的憎恨，并将之转变成玩笑。**2** 当某个他宠爱的侍从为假装其兄弟的人恳请获得管家之职时，他在敷衍了对方之后就亲自唤来那个候任者，强迫对方把曾说好付给自己推荐人的那笔钱如数付给他，随后便立刻做出了任命。随后，当那个侍从再来提起这件事时，他说道："为自己另找一个兄弟吧，你认的这一个现在是我的了。"一次，在途中，他怀疑赶骡人下车给骡子钉脚掌是为了拖延时间，以便让一个诉讼当事人接近他，就问那个赶骡人收了人家多少钱来钉骡掌，并坚持分走了部分收入。**3** 当他的儿子提图斯抱怨起他竟设法向公厕征税的时候，他从第一笔入账里拿出一枚钱凑到对方的鼻子前，问他味道难不难闻，对方作了否定的答复，他便说道："可它是由尿变来的。"使者送来消息说，已通过一道法

① 引文出自《伊利亚特》，7，213。——洛布版注
② 被释奴的前主人对于这名被释奴的全部或部分财产拥有继承权。此切里卢斯显然是皇帝的被释奴。——多纳·赫勒译本注
③ 引文见于希腊剧作家米南德（Menander）的残篇。——多纳·赫勒译本注

令：国家斥一笔巨资为他建造一尊巨像。他则吩咐立刻树立塑像，还一边伸出一只手掌一边说道，基座已准备好了。[①]**4** 即便面对恐惧甚至陷入死亡的极端危险时，他仍不忘开玩笑。在这类征兆之中就有［奥古斯都的］陵墓突然就敞开了，还有长发星显现在天空，那种情况下，他说，前者预示的是奥古斯都家族里的尤尼娅·卡尔维娜，而后者则是长头发的帕提亚人之王。即便临死之际，他还在说："哦，我想，我正在变成神明。"[②]

XXIV.1 在他第九次出任执政官的那一年，[③] 他在坎帕尼亚发了不太严重的高烧，便立刻赶回了罗马城，接着又前往每年都会去那儿消夏的库提利埃[④] 和雷阿特城郊。在那里，除了病情加重之外，他还因取用了极多的冷水而弄坏了肚子，可他仍继续履行着皇帝的职责，甚至还一边躺在榻上一边听取使者汇报。当突发的腹泻让他差一点晕厥时，他才一边费力地起身，一边说道，皇帝应当站着死去，他在试图帮忙的人的怀里辞别了人世。那一天是六月二十三日[⑤]，他生命中的第六十九年的第七个月的第七天。

XXV.1 每个人都赞同的是，他对自己和自己家人出生时的星盘始终怀有如此确定的信心，以至于在他不断遭到阴谋袭击之后，仍敢于向元老院做出保证，未来接替自己的，要么是他的［两个］儿子，要么就没有任何人。大家还说，他曾梦见过帕拉丁山上的府邸前厅中央摆着一架已达平衡的天平，天平一边的托盘上站着的是克

---

① 他伸出手来以示获得修建塑像的拨款。空空如也的手掌便是塑像（或宁愿说钱财）得以树立的基座。——多纳·赫勒译本注

② 罗马帝国时代，伟大的君王往往会在死后被元老院尊奉成神明，所以变成神明一说在这里暗示着死亡。

③ 根据执政官列表，那一年是公元 79 年。

④ 意大利的一处温泉胜地，临近今意大利中部拉齐奥大区的奇塔杜卡勒（Cittaducale）。

⑤ 此处为公历。

劳狄乌斯和尼禄，另一边则是他自己和［两个］儿子。此事是事实，因为双方当政的年份总数和时间长度是相同的。[①]

被奉为神的提图斯

I.1 提图斯——尾名与父亲相同——乃人类心爱和受宠之人，他在天性抑或艺术抑或享有天命之助方面达到如此卓越超群的程度，以至于赢得了所有人的爱戴，而且是在执掌大统之时，这是极其不易的；因为在他还是一介平民，甚至在其父亲执掌大统时，他并非未遭到过公众的憎恨乃至责骂。他生于盖乌斯遇害那个令人印象深刻之年的十二月三十日，出生地是靠近那栋七层建筑的简陋房屋，而且是在一间十分狭小和昏暗的卧室，那个地方至今仍在，还可供人参观。

II.1 他与布列塔尼库斯[②]一起在宫里接受抚养，而且两人都在相同老师的教授下学习一样的科目。人们常说，就在当时，克劳狄乌斯的被释奴纳奇苏斯领来了一位相面师对布列塔尼库斯进行相面，随后他极其肯定地宣布，［布列塔尼库斯］永远成不了皇帝，而那时正站在边上的那个提图斯定能当上皇帝。此外，［这两人］是那么的亲密，以至于当布列塔尼库斯饮毒而亡之际，[③]据信，正躺在一旁的提图斯也尝了这种毒饮，并被严重不适折磨了好长时间。［提图斯］后来都记着这一切，他在帕拉丁山上的宫殿里为他［布列塔尼库斯］树起了一尊金塑像，以及另一尊象牙制的骑马像，后者今天仍会在椭圆形竞技场内的游行队伍中被抬出来，而［提图斯］在为这尊塑

---

① 克劳狄乌斯和尼禄分别统治了十三和十四年；维斯帕芗十年，提图斯两年，图密善十五年。——洛布版注

② 关于此人，请参见《尼禄》，VII，1 及其注脚。

③ 关于此事，请参见《尼禄》，XXXIII，2 和 3。——洛布版注

像揭幕的时候还在旁进行护送。

III.1 在还是孩子时，他身心方面的天资就已立刻凸显了出来，而且随着年龄的增加，上述天资也变得越来越明显。虽然他身材并不高大，肚子也有点鼓，可仍生得外貌出众，且既不失威严又不乏亲切，还长得特别强壮。他记性非凡，文韬武略几乎样样精通。**2** 他对兵器和骑术都万分在行；至于拉丁语和希腊语，无论发表演说还是创作诗歌，哪怕要求即兴发表，他都能爽快、轻松地完成；音乐方面他也绝非一窍不通，而是既善于唱歌又精于弹琴。许多人告诉我说，他还习惯用极快的速度记录，并以和自己的书记员比赛作为消遣和娱乐，而且无论哪种笔迹只要是他看过的，他都能模仿出来，甚至还常声称自己能够成为最好的笔迹伪造者。

IV.1 他在日耳曼尼亚和不列颠担任军事保民官时，因勤勉和正直而享有极高的名望，正如在两个行省各地大量可见的他的塑像、肖像，以及［上面的］献词所显示出的。**2** 军职卸任之后他投身诉讼行当，与其说是以此为业，还不如说是为了增加荣耀，就在那时他娶了阿勒奇娜·特尔图拉为妻，她的父亲虽仅为罗马骑士但却曾出任过近卫军大队的长官，待她去世之后他又娶了出身名门望族的马尔奇娅·弗尔尼拉，不过在生下一个女儿后便同后者离了婚。**3** 他在卸任财务官之后就以军团指挥官的身份征服了犹太地区两座最为强大的城市塔里凯埃[①]和迦玛拉[②]，战场上他的战马被杀，倒在了脚下，他便骑上另一匹战马，而那匹战马上的骑士先前在他附近战斗时已倒地身亡了。

V.1 随即伽尔巴掌控了国家，他受遣前去致贺，一路上无论去哪里他都能引起人们的注意，就好似他被派过来是因为［伽尔巴］

---

① 今以色列北部的米格达勒（Migdal）。

② 位于戈兰高地（Golan）的一座犹太古城。

要收养他一样。可是，当他察觉一切又重回混乱的时候，[①] 便中途折返，他拜访了帕福斯 [②] 的维纳斯神谕，问卜行程吉凶，同时关于有望执掌大权一事也得到了［神谕的］鼓励。**2** 不久，这一希望［随着维斯帕芗的继位］变成了现实。［维斯帕芗］把彻底征服犹太地区的事业移交给了他，在攻打耶路撒冷的最后一役中他射出十二支箭，杀死了同样数目的防守者，并在自己女儿的生日那天占领了那座城市，而士兵们是那么高兴、那么敬仰他，以至于在致贺时欢呼他为发号施令者[③]，还一次次地阻止他离开那个行省，甚至还用乞求加威胁的方式，劝他要么留下，要么就把他们所有人随他一起带走。**3** 由此令人起了疑心，就好像他企图叛离父亲并自行执掌起东方的王权来。他前往亚历山大里亚途中在孟菲斯附近戴上王冠对圣牛进行了献祭——这一做法确实是按照古时宗教的习惯和仪轨来的，可仍有人做出了另一番解读——这使上述怀疑愈发浓重了起来。因此，为了急忙赶到意大利，他乘一艘运输船［先］在雷吉翁，随后又在普特奥利停靠，再从那里以最为迅疾的速度往罗马赶去，就像是为了证明针对自己的传言没有根据一样，他令父亲大吃一惊的同时问候道："我来了，爸爸，我来了。"

VI.1 从那时起，他从未停止充当帝国共治者甚至庇护者的角色。他与父亲一起举行凯旋式，一起担任监察官之职，在父亲执掌保民官权力和七次出任执政官时，他也是同僚[④]。他自己就把几乎所有的事务都承担了下来，并独自以父亲的名义口授文书、起草公告，

---

① 这里暗示的是，提图斯在前去向伽尔巴致贺的途中就获悉伽尔巴遇害的消息。

② 位于塞浦路斯岛西南沿海的城市。

③ "发号施令者"这一称号既可表示军队统帅，又有国家统治者之意。关于此事，请参见《被奉为神的尤利乌斯》，LXXVI，1 及注脚。

④ 根据执政官列表，维斯帕芗和提图斯共同出任执政官的年份分别是：公元 70 年、72 年、74 年、75 年、76 年、77 年、79 年。

甚至在元老院里代替财务官发表演讲。他还担任了直到那时不曾有非罗马骑士执掌过的近卫军长官之职，［不过却］表现得有些无礼和粗暴。因为，无论谁，只要他自己心存怀疑，就会悄悄把士兵派往各处剧院和营地，要求对那人加以惩处，就好像那是大家一致赞同的一样，随后他立刻对这些人进行了惩处。**2** 其中就有与执政官等衔者奥卢斯·切奇纳，此人被唤来赴宴，然后在刚离开餐厅之际，［提图斯］就命人刺死了他。当然，这是情势危急所逼，因为他曾截获一份对方准备在集会上向士兵发表的亲笔演讲稿。虽然他借由这些举措保障了未来的安全，可仍在当时招致如此广泛的憎恨，以至于不曾有哪位在成为元首时就背负了那么多的恶名，就如此不称所有人的心意。

VII.1 除去残忍之外，他身上还有奢靡之嫌，因为任何一位再挥霍不过的密友他都会和他们一起饮宴直至半夜。他还由于对成群的男妓和阉人以及对［犹太］女王贝勒尼卡——甚至还有人称他许诺会和她结婚——那种臭名昭著的爱而洗脱不了淫荡之嫌。他还有贪心之嫌，因为众所周知的是，在父亲开庭审理时他习惯收取贿赂并出售裁决。总之，他是另一个尼禄，人们不仅是这么想的，还是这么公开宣称的。不过，当他身上再也找不到任何罪责反而显示出最高美德的时候，上述声名却给他带来了好处并变成了最热烈的赞赏。**2** 他办的宴席与其说奢华，还不如说更令人开心。他选出的朋友，在其之后的元首当政时仍被留了下来，并作为元首自己和元老院的不可或缺之人。［被人怀疑之后］他立刻将贝勒尼卡送出了罗马城，虽然［提图斯和贝勒尼卡］都不情愿。一些他最为喜爱的男子，虽然他们舞蹈技艺是如此精湛，以至于后来在舞台上都出了名，可他不但终止了同他们的缠绵情意，而且再也没去观看过他们的公众演出。**3** 他未从公民身上掠夺一丝一毫，并对无公民权者[①]的财产表

① 原文直译是“其他的人”，因前文提到的是公民，显然这里当指无公民权的人。

示出尊重——假如此前真有谁这么做的话——甚至连照例该收的礼物都推辞掉了。而且，他表现出的慷慨大度并不亚于在他之前的任何一位［元首］，在贡献了圆形大剧场以及在附近匆匆建起的浴池之后，他耗费再多不过的巨资举办了一场极其盛大的角斗士比赛。他还在古时的人造湖[①]里献上了一场模拟海战，又在相同的地方［待水被排出之后］举行了角斗士比赛，还在同一天里展示了五千头各种野兽。

VIII.1 此外，他天性极其仁慈。根据提比略定下的律令，此后任何恺撒皆不得承认前任元首颁授过的特权有效，除非由他们本人将相同的特权授予相同的人，在这种情况下，他在未等人向自己提出请求的时候，就首先以一道法令把前任颁布的一切特权都确认了下来。对于人们提出的其他请求，他绝对撼动不了的原则是，不让任何人毫无希望地离去。即便他的家仆告诫道，他许下的允诺似乎已多过他能给予的，可他却说，不应该让任何人在与元首会谈之后失望而去。还有一次，他在晚饭时想起一整天都未曾给任何人做过什么，于是便道出了这句值得流传和传颂的名言："朋友们，我浪费了一天。" **2** 在任何场合他尤其都以如此和蔼可亲的态度对待全体人民，以至于在安排角斗士比赛时，他会宣布，他要根据观众的喜好而不是自己的喜好来办比赛，而他就是这么做的。因为向他提出任何要求他概不拒绝，甚至还主动鼓励他们提出想要的。此外，他公开支持色雷斯斗士，还常对［支持另一方的］人民通过言辞和手势加以奚落，不过却做得既无损尊严又不失公正。为了不失去任何亲民的机会，他时而把平民请入自己建的浴场和他们一起洗澡。**3** 在他当政时发生过一些可怕的灾难，譬如坎帕尼亚的维苏威火山喷发，连烧了三天三夜的罗马大火，还有几乎前所未有的严重瘟疫。面对

① 关于这个人造湖，请参见《被奉为神的奥古斯都》，XLIII，1。——洛布版注

上述诸多灾祸，他不仅表现出作为一位优秀元首的忧虑，还显示出了作为父亲非凡的关爱，时而颁令抚慰，时而尽一切可能给予救援。**4** 他通过抽签从与执政官等衔者中选出一批代理人以重建坎帕尼亚。在维苏威火山喷发中罹难的人的财产，如果没有继承者在世，他就将之用到重建被毁的城市上。罗马城失火的时候，除了损失归他之外，他就再也没有公开发表过任何声明了，他把自己宫殿里的所有装饰品都拿来装点公共建筑和神庙，还从骑士等级中选出多人负责[督造]，以使每一座建筑都能尽早完工。为了治愈疾病、缓解疫情，无论神力还是人力，任何方式他都求助过了，各种祭祀和各类药物他都寻了遍。**5** 那个时代的恶事当中，告密者和［他们的］指使者长期为所欲为。他让人在广场上不断对他们鞭抽棍打，最后［他们］还被牵着走过圆形大剧场的沙场［示众]，他下令把其中的一些人变卖为奴，把另一些流放到极蛮荒的岛屿。为了保证未来人们永无勇气再干出类似的事情，除去其他手段之外，他还颁下禁令，同一桩案子不得援引不同法律［重复］审理，还有，无论谁只要亡故后超出一定年限就不得再对其地位[①]提出争讼。

IX.1 在宣布自己接过大祭司长之职[②]以便让双手保持洁净之后，他恪守了承诺；因为从那之后他既不下令处死[③]也不纵容杀死任何人，虽然他时常不乏理由对人施加报复，可他仍发誓说，宁可自己去死也不杀人。两个贵族出身之人被判犯有图谋大权之罪，他告诫他们放弃这个企图，同时说道，元首之位乃天命所赠，若他们想要此外的其他任何东西，他会一概满足他们。除此之外并未做出更多

① 如果死亡的人被认定是奴隶而非自由人的地位，那么他们遗嘱中对财产的处置将不再有效。——卡特琳·爱德华兹译本注

② 自公元前 13 年起，所有帝王都曾担任过这个祭司职位。——卡特琳·爱德华兹译本注

③ 原文直译是“成为任何人死亡的罪魁祸首”。

举动。**2** 他甚至还急忙向其中一人相距遥远的母亲派去了自己的跑腿者，通知她不必担心儿子的安危；他非但邀请他们［两人］出席由自己挚友参加的晚宴，而且在接下来的一天观看角斗士比赛时还刻意让他们在自己身旁落座，并在角斗者的武器被送给他检查时，[①] 将武器交给了他们。大家甚至说道，在研究过两人出生时的星盘后，他宣布会有危险威胁到他们俩，不过那是在未来某时，而且来自另一个人；结果事实就是如此。**3** 虽然他的弟弟［图密善］在不停地对他耍着阴谋，一边盘算着逃到军队那里去，一边差点儿就公开鼓动他们掀起哗变，可［提图斯］既不许处死他［图密善］，也不许将他从身边赶走，甚至还一如既往地尊敬他，[②] 而且，正如从当政第一天起那样，［提图斯］始终宣称［图密善］是自己的同僚和接替者，有时还在私下里一边落泪一边哀求对方至少能有回报自己的心意。

X.1 就在那时，死亡拦住了他，而这给人民带来的损失要大过给他自己的。赛会终场时，他当着人民的面大哭了起来，散场后他动身前往萨宾地区，心情则因此前献祭时祭品逃走，以及从晴朗的天空传来雷声而变得愈加低落。随后，在抵达最先落脚的驿站时他发起了烧。他被人用肩舆从那处驿站转移了出来，据说，当时他曾拉开帘子仰望天空，并对自己的生命白白流逝而抱怨颇多，因为他说，自己做过的事除去一件之外其他就没有任何感到遗憾的了。**2** 至于是哪件事，其本人当时没有指出，也不曾有谁轻轻松松就做出过推测。一些人认为，是他想起了与弟媳之间存在的不正当关系，不过［弟媳］图密奇娅却庄严发誓，绝对不曾有过这种事，而假如真的曾发生过那种关系的话，她该不会否认的，而且甚至还会以

---

① 角斗士的武器通常会被交给赛会的举办者进行检查，以便查看它们是否足够锋利。——洛布版注，有删减

② 原文直译是“甚至还不许以有损荣耀的态度对待他”。

此为荣，因为对于犯下的一切丑陋之事，她都急不可待地将之吹嘘出来。

XI.1 他是在父亲去世的那座庄园里辞别人世的，那一天是九月十三日，是在他接替父亲［成为元首］之后的两年两个月又二十天，是其生命中的第四十二年。当这则消息公布之后，举国民众悲痛得就和哀悼自己家人没有差别，全体元老在依公告［正式］召集之前就赶到了议事堂，那时大门还关着，等门开启之后，大家向这位亡者致以万般的谢意，还纷纷奉上溢美之辞，而在他活着时元老院都不曾当着他的面表达过这般的谢意和赞美。

图密善

I.1 图密善生于十月二十四日，那时他的父亲已被选为执政官，且即将在下个月就任，[①] 出生地是在罗马城第六城区石榴道上的一处宅子里，而他后来就将那座房子变成了弗拉维家族的神庙。据称，他的幼年和最初的青年时光过得穷困潦倒，而且声名狼藉，以至于连一副银餐盘都没有。众所周知的是，在尼禄创作的题为“独眼人”的诗歌中遭受抨击的那位与裁判官等衔者克洛狄乌斯·波利奥曾保有一份他［图密善］亲手写的信件，还不时将它拿出来，［上面写的是，图密善］答应同他过夜。也不乏有人宣称，图密善还曾被后来接替自己的涅尔瓦玷污过。**2** 在与维特利乌斯的战争中，他和叔父萨宾努斯带着手下的部分军队逃到了朱庇特神庙里，不过当敌方发起攻击，神庙着火之后，[②] 他在一名庙内守卫身边悄悄藏了一个晚上，到了清晨再披上伊西斯女神的［白色亚麻制］祭袍，混在那种

① 根据执政官列表，那一年是公元 51 年。

② 关于维特利乌斯杀死萨宾努斯并火烧朱庇特神庙一事，请参见《维特利乌斯》，XV，3。

邪教的各色祭司当中，只带着一位同伴渡过台伯河来到自己同学的母亲那里。他藏得那么好，以至于抓捕者虽一路追捕和搜查，可仍没能抓到他。**3** 只有在取得胜利之后他才冒险外出，等被欢呼为恺撒后就以执政官的权力取得了罗马城的裁判官之职，虽然是名义上的，因为他把一切法律事务都移交给了最亲密的同僚。可是，大权在握的他却如此无法无天地滥用一切权力，以至于那时就已显现出他今后会成为怎样的一个人。无须让我细述每一件事，[单说] 他在强暴了许多人的妻子之后又和埃利乌斯·拉米亚的已婚之妻图密奇娅·朗吉娜结了婚；还有他在一天之内就分配了罗马城内或外地的二十多个官职，这引得维斯帕芗连声说道，他竟然没给自己 [维斯帕芗] 派出接替者，这令自己感到吃惊。

II.1 尽管这是毫无必要的，父亲的朋友们也对他进行了劝阻，可仅仅为了在权力和威望方面抗衡哥哥，他还是开始远征高卢和日耳曼尼亚诸地。为此他受到了责备，为了更好地让他意识到 [自己的] 年纪和地位，他被迫与父亲住在一起，而且每当他们一起出现在公众面前，他都得跟在他 [维斯帕芗] 的宝座和哥哥的肩舆后面，他还骑着一匹白马参加了为两人 [维斯帕芗和提图斯] 举行的犹太战争的凯旋式。他六次担任执政官，只有一次是当届执政官，① 而且是在哥哥的推荐下让给他的。**2** 他自己还装出极其谦虚的样子，尤其是装出对诗歌的热爱，甚至还公开进行过朗诵，而这门艺术在此之前他非常不熟，就和在此之后也报以蔑视和厌弃一样。虽然如此，可当波斯人之王沃洛杰苏斯请求得到援助以对抗阿兰人②，同时还请求能派出维斯帕芗的一个儿子来当统帅的时候，他使出浑身解数使

① 根据执政官列表，图密善在继位前曾七次出任过执政官，年份分别是：公元 71 年、73 年、75 年、76 年、77 年、79 年、80 年。其中公元 73 年和 80 年的两次应该都是当届执政官。

② 指当时居于黑海东北部和西伯利亚西南部的古代游牧民族。

自己被派出去而不是他［提图斯］。由于这事不了了之，他就试图用馈赠和许诺来鼓动东方的其他王提出相同的要求。**3** 父亲辞世后，他曾为是否要给士兵发放两倍［于提图斯的］赏赐而踌躇良久。他信誓旦旦地声称，［父亲］把自己留下来是作为分享大权之人，而遗嘱却遭到了篡改。从那时起，他便不停地设计谋害哥哥，既有密谋的也有公开的，直至对方病入膏肓，在［提图斯］彻底咽气之前，［图密善］就命人把他当死人一样撇下不顾，等死后除了被奉为神之外不再授予任何荣耀，还时常通过模棱两可的演说和公告对其进行指责。

III.1 在初御元首之位时他每天都习惯把自己隔绝起来，一待就是好几个时辰，除了抓住苍蝇并用尖尖的铁笔戳杀之外不再做任何事情，以至于当有人问起是否有谁与恺撒一起待在屋里时，他从维比乌斯·克里斯普斯那儿得到了不失机智的答复："甚至连只苍蝇都没有。"随后，他娶图密奇娅为妻，并将她尊为奥古斯塔。在他第二次出任执政官期间，她生下了一个儿子，在他得到大权的第二年就失去了这个孩子。同样是这位图密奇娅，由于对演员帕里斯的放荡爱意，他将她休掉了。可没过多少时间又因忍受不了分别而重新娶回了她，就好像那是人民的要求一样。**2** 另外，在掌握最高权力方面，他有一段时间表现得反复无常，美德与丑恶都有，而且不相上下，直到他把之前的美德也变成了丑恶，而人们能想到的是，贫穷让他变得贪婪，恐惧让他变得残暴，这走到了其天性的对立面。

IV.1 他不但在圆形大剧场而且还在椭圆形竞技场里不断耗费巨资举办盛大赛会。在那里，除去通常的二驾马车和四驾马车比赛之外，他还举办过两场模拟战斗——一场骑兵战和一场步兵战——以及一场在圆形大剧场里的模拟海战。另外，他还举办过狩猎比赛，以及夜晚点着火把举行的角斗士比赛——那种比赛不仅有男人参加，而且还有女人。除此之外，他总是出席曾一度停办却又被他恢复的由财务官举办的角斗士比赛，还授予人民如下特权：从自己的角斗士学校里选出两对角斗士，让他们戴上宫廷的华丽饰物，由他带领着最后登场。**2** 在每场角斗士比赛期间，总有一个身穿绯红色服饰、脑袋小得出奇的小男孩站在他跟前，他曾多次同对方交谈，有时还表现出认真的样子；可以确定的是，有人听到［图密善］在询问对方，是否知道自己为何在最近的一次任命中考虑让梅奇乌斯·鲁弗斯担任埃及的长官。他举行模拟海战时会在台伯河边上挖出一个湖泊，再在湖泊周围设置座位，而且用的几乎都是正规军舰，即便下着极大的暴雨他都会看完战斗。**3** 他还举办了世纪庆典，［和上一次庆典之间相隔的］时间跨度不是从克劳狄乌斯上次举办的那一年算起的，而是从再往前的奥古斯都举办的那次算起。[①] 在比赛当中，为了使百场竞速项目更方便地在赛会当日完成，他把一次跑七圈赛道减少到了五圈。**4** 为了纪念卡庇托山上的朱庇特，他还创设了每四年举办一次的竞技比赛，该赛会分三项——音乐赛、骑术赛、体操赛，而［当时］这项赛事的奖励要远多过现在的。赛会上还有希腊语和拉丁语的演说比赛，而且除了有西塔拉琴伴奏的独唱赛之外还有合唱赛以及独奏赛，在体育场里甚至还有女孩参加的跑步赛。他主持比赛时脚蹬方便鞋，身裹紫色希腊式托袈袍，头戴雕有朱庇特、朱诺、密涅瓦肖像的金桂冠，坐在他边上的是狄阿利斯祭司和弗拉维祭司团成员，除了桂冠上出现的是他的肖像之外，他们的穿着［和他］一样。他每年都在阿尔巴努姆庆祝密涅瓦节，还为这位女神设置了祭司团，并以抽签方式从中选出官员来主持举办盛大狩

---

① 两次世纪庆典之间相隔的时间应该是一百一十年。关于图密善举办的世纪庆典，请参见佐西莫斯，II，IV，3："在奥古斯都之后，克劳狄乌斯继续举办这种赛会，不过却不顾特定的时间间隔。后来，图密善却无视了克劳狄乌斯的做法，而将自奥古斯都举办祭祀以来的那些年代进行了推算，由此此项仪式似乎恢复了最初流传下的定制。"

猎比赛和戏剧演出，其间还有演说和诗歌比赛。**5** 他曾三次向人民发放三百塞斯退斯的赏赐，而且在为七丘节[①]祭祀举行的赛会期间，他置办了极其丰盛的餐食，用大食篮向元老和骑士，用小食篮向平民分发食物，并且自己第一个开始享用。接下去的那一天，他抛出各种各样的物品［供人争抢］，由于大部分都落到了大众区当中，他就向骑士和元老等级的专席区按座位区域各扔了五百张彩券。

V.1 他重建了多座被大火焚毁的再宏伟不过的建筑，其中就有再度失火的朱庇特神庙，只是所有地方只留他自己的名号，只字未提原先的建造者。另外，他在卡庇托山为庇护者朱庇特建起了一座新的神庙，他辟出了一处现在被冠以涅尔瓦之名的广场，同样是他，还建造了弗拉维家族的神庙、一座体育场、一座音乐厅、一处为进行模拟海战而挖出的人工湖[②]，后来，当至大椭圆形竞技场的两侧都被大火烧毁之后，就用湖里挖出的石块进行了重修。

VI.1 他进行的远征有一部分是主动发起的，有一部分是不得已才发动的：对卡蒂人的远征是主动发起的，对萨尔玛提亚人的远征则是因为一支军团连同他们的指挥官一起遭到屠杀才不得已发动的。他还两次远征达契亚人，第一次是在与执政官等衔者奥皮乌斯·萨宾努斯被［达契亚人］击败之后，第二次是在被他委以战争重任的近卫军大队长官科尔涅利乌斯·福斯库斯［被击败］之后。在经过诸多不同战役之后，他因对卡蒂人和达契亚人的胜利举行了双重凯旋式，至于对萨尔玛提亚人的胜利，他只是向卡庇托山上的朱庇特神献上了一顶桂冠。**2** 他未亲临现场就以令人称奇的好运终结了由上日耳曼尼亚总督卢西乌斯·安东尼发动的内战，因为就在发起战

---

① 这一节日是在十二月十一日，节日中会有绕罗马的列队游行。——多纳·赫勒译本注

② 关于这处人工湖，请参见本卷 IV，2。——洛布版注

斗的时候莱茵河突然解冻了，没让蛮族部队渡河加入到安东尼那边。他在战况传到前就通过预兆获悉这一胜利了，因为就在那场战斗打响的那一天，在罗马，一头巨大的鹰用翅膀围住了他的塑像，同时发出阵阵再欢快不过的鸣叫；不久之后，安东尼的死讯流传了开来，以至于许多人都言辞真切地称他们目睹了他的头颅被送到罗马。

VII.1 他还对公众习以为常的做法做出了诸多变革：他废除了国家的食品分发，恢复了公共宴会的传统；[①]他在原先圆形竞技场内的四支赛车队的基础上又增加了金和紫两队；他禁止演员登上［公共］舞台，但允许他们在［私人］宅邸献艺；他禁止对男人实施净身；他对奴隶贩子手中待售的阉人的价格进行了限制。**2** 一次，葡萄取得了大丰收而粮食却变得匮乏，他认为是葡萄种植的过度热情导致了对农田的轻视，于是便宣布道，任何人都不得在意大利开辟新的葡萄园，诸行省也要把葡萄园［数量］削减下去，最多只能留下一半。不过他没有把这项法令坚持执行下去。他向被释奴和罗马骑士开放了一些至关重要的官职。**3** 他禁止两支军团共用一座营地，也不许每人在军旗处存放超过一千塞斯退斯的钱财，[②]因为卢西乌斯·安东尼似乎就是仰仗士兵们在两支军团共同驻扎的冬营里存放的钱财掀起叛乱的。他还把付给士兵的军饷增加了四分之一，即每年增加了三枚金币。

VIII.1 他以认真和勤勉的态度主持审判，并时常在广场上开设特别法庭。他撤销了百人委员会出于自身利益而做出的裁决；他反复警告仲裁官，不得批准［奴隶提出的］要求获得释放的不实请求；裁决者凡被发现收受贿赂的，连同参与［审理该案件的其他］人员

---

① 尼禄曾将公共宴会调整为分发食品。关于此事，请参见《尼禄》，XVI，1。

② 军团军旗存放在不受侵犯的祭坛里，祭坛下面有一处空穴，士兵们能将自己的钱财存放在里面。——多纳·赫勒译本注

一起，他都不再予以录用[①]。**2** 他还促使平民保民官控告一位腐败的市政官犯下敲诈勒索罪，并请求元老院为该案件指派裁决者。他也如此在意对罗马城和诸行省的官员进行约束，以至于［同在他当元首时相比］从未出现过更奉公守法、更公正无私的官员了，不过我们也看到，他们中的许多人在他死后却因犯下各种罪行遭到了起诉。**3** 在担负起整顿风俗的职责[②]之后，他终止了普通观众在剧院随意占据骑士专席的无序现象；他取缔了那些流传甚广而又充满诽谤之言的出版之作——因为这些作品提到了颇为尊贵的男人和女人——还对作者施加了不光彩的惩处；一位与财务官等衔之人因热衷于［登台］表演和跳舞，他将其逐出了元老院；他禁止声名狼藉的女子使用肩舆，也剥夺了她们取得遗赠的权利和遗产的继承权；一位罗马骑士在控告妻子犯下通奸并与其离婚之后又重新和她结了婚，他将这位罗马骑士从裁决者的名单里抹掉了；他援引《斯坎提尼亚法》[③]判处一些元老和骑士等级者有罪；对于失贞的维斯塔贞女，即便他的父亲和哥哥已经容忍了下来，可他仍以各种方式施加严厉惩处：起先是用［普通的］死刑，后来则是按古老的方式[④]行刑。**4** 譬如，他让［失贞的维斯塔贞女］奥库拉塔姐妹——同样的还有瓦罗尼拉——自行选择死刑方式，并放逐了她们的恋人；随后，曾经宣告无罪的维斯塔贞女的首领科尔涅利娅，在相隔很长一段时间再度受到指控并被证实有罪之后，他命人活埋了她，而与她发生关系的人则在大会广场被杖打致死——除了一位与裁判官等衔之人，因他在

---

① 原文直接翻译过来是“他将他们的丑事都登记在案”。

② 指出任监察官。——洛布版注

③ 该法案允许对诱奸出生自由的男性的人提起诉讼。

④ 按照传统，古罗马人对被控失贞却未能自证清白的维斯塔贞女通常采取在罗马城内活埋的方式加以惩处。因为罗马城内不得埋葬尸体，所以行刑时就不能表现出把人活活埋入地下的过程，而是先挖一个地下空间，放入一些食物，再将失贞的维斯塔贞女埋到里面。

案件尚未审理清楚、拷问也无济于事之际就供认了自己的罪行，他于是准许将其流放。**5** 他的被释奴曾为［自己］儿子用卡庇托山上的朱庇特神庙的石头建起了一座坟墓，为了不让众神在受到亵渎时却不做出任何惩罚，他让士兵拆除了那座坟墓，还把墓里的骨灰和［未烧尽的］骸骨都扔进了大海。

IX.1 在他初御元首之位的时候，他甚至对一切杀生都感到抵触，以至于趁父亲不在身边之际，他一记起维吉尔如下的诗行：

> 在不敬神的部族杀死牛犊作为餐食之前。[①]

就决定颁布公告，禁止杀牛献祭。在他身为平民抑或当上元首后的一段时间，他丝毫没让人察觉出爱财和贪婪，相反却时常证明自己不但行事有度，而且慷慨大方。**2** 他对待身边的每一个人都极其慷慨，还极为用心用力地鼓励他们做任何事切勿吝啬。[②] 他拒不接受有孩子的人留给自己的遗产，甚至还宣布依据鲁斯奇乌斯·切皮奥的遗嘱［赠出的］一份遗赠无效，而［根据遗嘱，鲁斯奇乌斯·切皮奥］要自己的继承人每年向每位进入议事堂的新元老支付一笔固定金额的钱款。对国库债务人的诉讼，超过五年未决的，他统统撤销了对他们的起诉，而重提起诉的期限只许在一年之内，并且还附带了如下条件：如控诉方赢不了官司，那就要受流放之刑。**3** 对于从事经商的财务官的书记员——虽然这是习以为常之事，但却有违《克洛狄乌斯法》——他既往不咎。在给退役老兵分发完土地后，对于未分配的多余分散土地，他就让先前的所有者［重新］获得占有权。他以严厉惩罚制止了为增加帝王私库收入而提起的冤假诉讼，

① 引文出自维吉尔的《农事诗》(*Georgicon*)，2，537。——洛布版注

② 原文直译是：“没有别的事比鼓励他们做任何事切勿吝啬更让他用心用力了。”

而他说过的一句话曾常被人提及："元首不惩处告密者就是在姑息养奸。"

X.1 可是，无论仁慈还是克制，他都没有保持下去，而且他陷入残暴的速度要远快过贪欲。他不顾仿剧演员帕里斯的徒弟尚未长胡子而且当时还染病在身，就因对方在演技和相貌上看起来与其师傅不像便处死了他；同样的，塔尔苏斯的赫莫杰尼斯因在历史书里有所影射[①] [也被他处死了]，连抄书的被释奴都被钉上了十字架。一位一家之长曾经说过，色雷斯斗士比得上鱼盔斗士，却比不上赛会举办者 [图密善]，他就因此将对方拽出观众席，扔进沙场喂了狗，同时还让对方套上标牌，上书："胡言乱语的持小盾牌者[②]。" **2** 他处死了多位元老，其中一些人还是与执政官等衔者，他们当中有：正在亚细亚总督任上的奇维卡·切勒阿利斯、萨尔维狄恩努斯·奥尔菲图斯、流放中的阿奇利乌斯·格拉布里奥，理由是 [这三人] 在谋划着造反。至于其他人，他则以一切再轻微不过的理由就处死了他们。他因一些惹人怀疑的俏皮话——虽然说的是真的，但都是陈年往事而且无伤大雅——就处死了埃利乌斯·拉米亚，因为在妻子被 [图密善] 夺去后[③]，他对赞美自己嗓音的人说道："我在节制欲望。"[④] 而当提图斯鼓励他另娶一妻成婚之后，他曾答道："你也在找妻子？但愿不是。" **3** 他处死了萨尔维乌斯·科克切雅努斯，因为对方曾为自己的叔父皇帝奥托庆祝过生日；他处死了梅特提乌斯·庞普希亚努斯，因为百姓们都在流传，对方出生时的星盘具有帝王之

---

① 原文直译是"因为历史书里的某些修辞"。

② 原文 parmularius 是从 parmula（小盾牌）一词演变而来的，这种盾牌通常是色雷斯斗士的标准装备，因此这里指代的是色雷斯斗士以及支持色雷斯斗士的这位一家之长。

③ 关于图密善夺走埃利乌斯·拉米亚的妻子，请参见本卷 I，3。

④ 节制饮食是一种训练嗓子的方式，关于此事，请参见《尼禄》，XX，1。——洛布版注

相，[1] 而且他会随身携带一张绘着寰宇地图的羊皮纸以及［一本］从提图斯·李维著作里摘出的诸王和诸将领的演说词，还有他曾给［两名］奴隶取了玛戈 [2] 和汉尼拔的名字；他处死了不列颠总督撒路斯特·卢库卢斯，因为对方曾把一种新型短枪定名为卢库卢斯枪；他处死了尤尼乌斯·鲁斯提库斯，因为对方发表过赞美佩图斯·特拉塞阿 [3] 和埃尔维狄乌斯·普里斯库斯 [4] 的颂文，并称他们为再正派不过之人；他借起诉上述案件之机把所有哲学家都逐出了罗马城和意大利。**4** 他甚至处死了［埃尔维狄乌斯·普里斯库斯的］儿子埃尔维狄乌斯，因为对方在一部［他自己编的］加场戏 [5] 上演之际借着剧中帕里斯和俄诺涅的角色 [6] 谴责他与妻子的离婚；他处死了堂兄弟弗拉维·萨宾努斯 [7]，因为在执政官选举的那一天宣令者向人民宣布选举结果时无意间将对方宣读成了皇帝而非执政官。**5** 在内战 [8] 得胜后的一段时间，他着实变得愈发残暴，为了查出隐藏起来的阴谋参与者，他用上了新的审讯手段——用火烤性器官——拷问了多名反对派成员，甚至还砍掉了一些人的手。众所周知的是，只有两个人得到了宽恕：一位穿宽紫纹短袖袍的保民官和一位百人队队长，因为他们证明了自己是无耻色魔，既无法对统帅也无法在士兵中产

---

① 关于此事，请参见本卷 XIV，1。

② 玛戈是布匿战争时迦太基著名将领汉尼拔的弟弟。

③ 斯多葛派哲学家，公元 56 年的执政官，因反对尼禄而被迫退隐，终被逼自尽。关于此人，请参见《尼禄》，XXXVII，1。

④ 关于此人，请参见本卷 XV，1。

⑤ 原文 exodium，指的是古罗马戏剧表演时，在一场演出结束或两场演出之间上演的喜剧。

⑥ 帕里斯是古希腊神话传说中特洛伊城的王子，而俄诺涅则是他的原配妻子。后来帕里斯前往斯巴达时却将斯巴达王墨涅拉俄斯（Menelaos）的妻子海伦拐走了，回到特洛伊后还对她宠爱有加。由此引发了特洛伊战争。

⑦ 此人乃维斯帕芗的哥哥弗拉维·萨宾努斯的儿子，父子俩同名。

⑧ 指的是上文 VI，2 提到的由上日耳曼尼亚总督卢西乌斯·安东尼发动的内战。

生影响，由此轻而易举就洗脱了罪责。

XI.1 他非但残忍无度，还阴险狡诈并［在趁人不备之际］突下狠手。他前一天刚把一名国库专员唤入寝宫，要对方挨着自己坐在榻上，甚至还屈尊把［自己的］晚餐分了一部分给他，并让他在安心和喜悦中离去，接下去的一天就把他钉上了十字架。就在准备判自己的挚友和爪牙，与执政官等衔者阿勒奇努斯·克莱门斯死刑之前，他仍以一如既往的热情——甚或比以往更加热情地——对待对方，直至最后在和他［阿勒奇努斯·克莱门斯］一同驾车之际，当见到他［阿勒奇努斯·克莱门斯］的告发者后，［图密善］还对他［阿勒奇努斯·克莱门斯］说："你想不想让我们明天听一下这位再卑贱不过的奴隶［会说什么］？" **2** 为了以更加傲慢的方式考验人们的耐心，若无一番表示仁慈的开场演说的话，他从不宣布异常可怕的审判，以至于开场白里的宽厚除了已成为血腥死亡的更明确的信号之外不再表示他物了。他把一些被控有叛国罪的被告带入元老院议事堂，因事先宣布说，那一天他会发现元老院有多在意自己，于是他轻而易举就将他们定了罪并按祖辈们的方式[①]施加了惩处。**3** 接着，在被这种惩罚的残忍程度惊吓到之后，为了减少［人们对自己的］憎恨，他以下面的言辞做出了否决（知道他说的原话并无什么不妥）："元老们，以你们的怜悯之心，请准予颁授恩惠——我明白自己得到这个并非易事——让这些定罪之人自由决定死刑方式吧。因为，你们的眼睛将免于目睹那种可怕之景，同时所有人也都会明白我在元老院履行了我的角色。"

XII.1 修建建筑及举办赛会的花销加之军费开销令财政捉襟见肘，他试图通过削减士兵数量来减少军费开支，不过当他注意到这么做除了会使自己遭受蛮族攻击之外到头来并未缓解财政负担的时

---

① 关于惩处方式，请参见《尼禄》，XLIX，2。

候，就毫不犹豫地用一切手段进行掠夺。无论天南海北，活人的财产和死人的遗产只要他们一受到起诉，无论何种罪名，一律遭到没收。只要随便哪种行径或言行有损元首威严就足够了。**2** 只要有一个人说，他曾听到对方活着时提到过恺撒是自己的继承人，哪怕这名死者跟［图密善］没有丝毫关系，对方的遗产都会被没收。除去其他一些税收之外，他还向犹太人征收极其苛刻的税；虽按犹太人的方式生活但却未公开宣称［自己是犹太人］的人，或者因隐匿出身而未缴纳加在他们民族头上的赋税的人，都遭到了起诉。我记得在我还年轻的时候，一个九十多岁的老者在挤得满满当当的法庭上当庭接受代理人的检查，以查看其是否做过环切①。**3** 自年轻时起他的性情就非常不友善，而且还自以为是，并在言辞和行事上放纵不羁。当父亲的嫔妃契尼斯从伊斯特拉②回来并如往常那般请他献上亲吻时，他却伸出了手。他对哥哥的女婿让侍从穿与自己一样的白色衣服而感到恼怒，于是大呼道：

> 多人共治并非明智之举。③

XIII.1 当他取得元首之位后，便迫不及待地在元老院里吹嘘是自己把最高权力让给父亲和哥哥的，而［他们］已经把那个大权还给自己了。离婚之后他又接回了妻子，并毫不犹豫地说道，她被唤回了自己神圣的床榻④。他还乐于在举行祭宴的日子于圆形大剧场内

---

① 指的是犹太人行的割礼。

② 位于巴尔干半岛西北端深入亚得里亚海的一处三角形半岛，今大部分属于克罗地亚，北部与大陆相连的一小部分属于斯洛文尼亚。

③ 引文出自《伊利亚特》，2，204。——洛布版注

④ 原文 pulvinar，指的是用以摆放神像的床榻。

接受众人欢呼："皇帝、皇后陛下万岁！"[①] 另外，在举行卡庇托山上的赛会[②]期间，当所有人一致恳求他能让当时夺得演说赛桂冠的曾被清除出元老院的帕尔弗里乌斯·苏日拉重回元老院时，他不屑做出任何答复，只是吩咐宣令者让大家安静。**2** 他以同等的傲慢用自己代理人的名义颁发了一道公告，开头是这样的："我们的主和神[③]命令做以下之事。"由此往后，在书面和言语中对他的称呼别无其他，此成定例。除了用一定重量的金和银之外，他不许在朱庇特神庙里为自己树立［其他材质的］塑像。他在罗马城内各城区都建起了那么多如此宏伟的带四驾马车和凯旋标志的拱廊和拱门，以至于有个人［在这些建筑上］用希腊文刻下了"拱形建筑"[④]一词。**3** 他十七次取得执政官官职，而在他之前无人出任过那么多次执政官，其中间的七次是连续的，[⑤]不过所有这些他都只是挂个名而已，每次任期都未超过五月一日，有许多次连一月十三日都未超过[⑥]。此外，在举行过两次凯旋式之后，他得到了日耳曼尼库斯的尾名，并根据自己的称号将九月和十月分别改名成了"日耳曼尼库斯月"和"图密善月"：因为前者是他取得大权的月份，后者是他出生的月份。

XIV.1 通过上述这些，他成了所有人惧怕与憎恨的对象，最终在一场由朋友和最亲密的被释奴以及妻子共同参与的阴谋中被推翻

---

① 原文使用的称谓是"dominus et domina"，直译过来为"男主子和女主子"。

② 关于这种赛会，请参见本卷 IV，4。——洛布版注

③ 称谓原文为"dominus et deus noster"。

④ 原文 arci 是拉丁语，指"弧形"和"拱形"；用希腊字母转写可以变成"ἀρκεῖ"一词，该词在希腊语里有"足够"的意思。

⑤ 根据执政官列表，图密善十七次出任执政官的年份是：公元 71 年，73 年，75 年—77 年，79 年，80 年，82 年—88 年，90 年，92 年，95 年。其中七次连任的时间是公元 82 年—88 年。

⑥ 其中公元 80 年，82 年—84 年（公元 84 年的任期时限有争议），86 年—88 年，90 年，92 年，95 年的任期只到一月十三日。

了。很久之前，他就已经对自己生命的最后一年、最后一天，乃至最后时辰和死的方式有种预感。在他还非常年轻的时候，迦勒底人就曾预言过一切；他的父亲也在一次晚餐时公然嘲笑他拒不食用蘑菇，说他对自己的命运一无所知，因为［与其他东西相比］他不太害怕剑。**2** 因此，他始终战战兢兢，终日惶惶不安，甚至连再细微不过的怀疑都会令他极度心烦意乱。据信，除了包括下列诗行的小册子流传开来之外别无其他缘由迫使他废弛了削减葡萄园的法令[①]：

> 山羊啊，虽然你在咬我的根，可当你站在祭坛边时，
> 我仍有丰足的汁液浇淋到你头上。[②]

3 正是出于相同的恐惧感，虽然他极其渴望得到一切荣耀，可仍拒绝了由元老院设置并授予他的新的荣耀，即颁布一道法令：只要他当上执政官，就让抽签选出的罗马骑士穿上礼袍[③]、手持战矛走在由执法吏和侍从陪护的他的前面。**4** 就在他预感到危险正在逼近的时候，随着焦虑日甚一日，他把月光石嵌进常去漫步的柱廊的墙壁上，以便从它光洁的表面反射出的影像里看到背后发生的任何事情。他只在私下场合独自一人对囚犯进行审问，甚至还要用锁链将他们绑住并攥在自己手里。为了让家仆明白，无论有多么好的理由也不能胆大到杀死庇护人，他判处谏言秘书埃帕弗洛迪图斯[④]死刑，因为据信，在尼禄遭废黜后他［埃帕弗洛迪图斯］曾亲手帮助［尼

---

① 关于这一法令，请参见本卷 VII，2。

② 请比照奥维德的《岁时记》(*Fasti*)，1，357。——洛布版注

③ 礼袍（trabea）指的是一类白色、红色、紫色的托袈袍，这种服饰通常由古时的王、祭司、执政官穿着，以显示自己的社会地位。这里所说的可能是显示骑士等级身份的带红色或紫色条纹的白托袈袍。

④ 尼禄的谏言秘书，曾帮助尼禄实施自尽。关于此人，请参见《尼禄》，XLIX，3。

禄］完成死亡。

XV.1 最后，他出于小到不能再小的怀疑就毫无征兆地处死了自己的堂兄弟弗拉维·克莱门斯，而且就在后者执政官任期结束前不久，虽然［弗拉维·克莱门斯］是个令人不屑的懒货，［图密善］也曾公开指名对方［两个］年纪还小的儿子当［自己的］继承人，并在取消他们先前的名字之后又下令给其中一人维斯帕芗之名，给另一人图密善之名。这一做法尤其加速了他的覆灭。**2** 一连八个月发生并上报了多起闪电［电击］事件，他大呼道："它爱击谁就击谁呗。"于是，朱庇特神庙和弗拉维家族的神庙被天上的闪电击中了，同样还有帕拉丁山上的宫殿以及他自己的寝宫也被击中了，甚至他的凯旋塑像底座上的铭牌都被风暴之力扯了下来并落到了一旁的墓地里。在维斯帕芗还是平民时倒下后又立起来的那棵树[①]那时突然再次倒了下来。在整个当政期间，每当他向普莱奈斯特的命运女神为新年祈福的时候，女神总会给出相同的吉祥占辞，而最后一次时她却给了一则极其凶煞且带有血光之灾的占辞。**3** 他梦见自己常以宗教仪轨加以膜拜的密涅瓦走下神坛，对他说，因为被朱庇特解除了武装，自己已无法再保佑他了。虽然如此，可没有哪件事比占星家阿斯克勒塔里昂对［未来之］事的答复更让他心烦意乱了。当这位［占星家］受到控诉时，对方并未否认自己只是说了通过技艺[②]预见到的那些事，而当［图密善］询问对方会有什么结局时，对方声称自己将很快被狗撕碎，于是［图密善］命人立刻将其处死，不过为了证明对方技艺不精，他还吩咐人要万分小心地将其葬下。就在这么做的时候，发生了这样的事：一场突如其来的风暴掀翻了火葬堆，烧到半焦的尸体被狗啃坏了。仿剧演员拉丁努斯正巧经过那

---

① 关于此事，请参见《维斯帕芗》，V，4。

② 指占星的技艺。

里并注意到了这桩事，便将之连同当天的流言蜚语一起报告给了正在吃晚饭的他［图密善］。

XVI.1 在他死的前一天，他曾命人把献来的山楂存到第二天［再食用］，还补充道："但愿［到时我］有幸还能享用它们。"然后转身对身旁的人宣称，接下来的一天，月亮将在水瓶座里染上鲜血，并会发生一件令寰宇内的人类都要谈论的事情。然而，到了约莫午夜时分，他却变得战栗不已，以至于从床榻上跳了起来。第二天清晨，他审理并判处从日耳曼尼亚派来的占卜师有罪，因为在被问卜起闪电时对方曾预言说这预示的是国家［大权］的更替。**2** 就在他用力抓挠额头上的脓包致使鲜血流了出来时，他说道："但愿流血到此为止。"随后，他询问起时辰，人们故意通报他是第六个时辰而非他一直害怕的第五个时辰。① 他就像危险已过去一样对此感到高兴，正当他匆匆要去沐浴② 时，寝宫侍从长帕特尼乌斯通报，有人称有不可耽误且十分重要的事情禀报，让他改变了行程。他屏退所有侍从，返回寝宫，并在那里遭到了杀害。

XVII.1 关于这起阴谋和行刺的方式，已公开的内容差不多就是这些：全体阴谋者聚集到一起，商议在什么时候、以什么方式——是在他沐浴时，还是享用晚餐时——实施刺杀，［图密善的外甥女］图密提拉的代理人斯迪法努斯当时正受到贪污罪的指控，他提供了建议和帮助。为了免受怀疑，他一连几天都用羊毛绷带缠在左臂上装出一副受伤的样子，时辰一到就将一把匕首藏入其中，在以告发阴谋为由求得召见之后，他趁［图密善］正在阅读自己递过去的小

---

① 至于图密善为何害怕第五个时辰，由于上文提到"接下来的一天，月亮将在水瓶座里染上鲜血"之类的所谓征兆之言。所以，译者推测也许这一天第五个时辰月亮尚未离开水瓶座，而到第六个时辰正巧离开了。但因手边没有专业的星盘推算工具，故无法论证这一推测。

② 原文直译是"关心身体"。

册子并陷入震惊之际刺入了对方的腹股沟。**2**［图密善］带着伤进行了抵抗，低级军官克洛狄安努斯、帕特尼乌斯的被释奴马克西姆斯、寝宫警卫十人队队长萨图尔，以及角斗士学校里的某个人将他砍出七处伤口并杀死了他。一个男孩[①]正照例来到寝宫护家神祭坛旁，他目睹了刺杀，并给出了如下更为详尽的描述：图密善身中第一刀后就立刻命令他把藏在枕头下的匕首递给自己，还吩咐他去叫［其他］侍从，可除了刀鞘之外他在床头没有找到任何东西，除此之外，所有的门也都被关上了。就在那时，斯迪法努斯受到［图密善］攻击，倒在了地上，他们继续搏斗了一阵，［图密善］一会儿企图夺过对方的武器，一会儿又试图用手指（纵然已受了伤）抠出对方的双眼。**3** 他被杀的那一天是九月十八日，乃其生命中的第四十五年，掌权的第十五年。他的尸体被收尸人放在一副普通的抬尸架上搬了出去，他的奶妈菲莉斯在城郊拉丁大道上她自己的地里为他进行了火化，却将骨灰偷偷送入了弗拉维家族的神庙，并将它与提图斯的女儿、也由她抚养大的尤利娅的骨灰混在了一起。

XVIII.1 他身材高大、面容谦恭、脸色红润、双眼虽大却颇显无神。他生得漂亮而且举止得体，尤其在他年轻时，整副身体皆如此，除了双脚脚趾有些短小之外。在那之后，他还因为秃发、大肚子、腿细而有损外貌，虽然腿细是因为长期生病造成的。**2** 他十分清楚，外表受人瞩目对自己有益，以至于曾一度在元老院里如此吹嘘道："到目前为止，你们确实对我的心和脸感到满意。"他对秃发一事是那么敏感，以至于若是其他哪位的秃发因为有意或无意的缘故而遭到嘲讽，他都会将之当成是在针对自己的秃发；即使在一本由他发表并献给朋友的［题为］《论头发的打理》的小书里，他仍写有如下字句作为对朋友同时也是对自己的安慰：

① 或男奴、男仆。

“你难道没看到我多么高大，多么英俊？[①]

虽然如此，可等待我头发的终究是相同的结局：年纪轻轻就得勇敢地忍受头发老去。请你明白，没有什么比美更令人高兴的了，也没有什么［比美］更短暂易逝。”

XIX.1 他不喜欢费力气，不怎么徒步在罗马城转悠，行军和冲锋也很少骑在马上，而是常被抬在肩舆上。他对武器没有丝毫兴趣，却格外热衷于弓箭。[②] 许多人曾观看过，他常在阿尔巴努姆的隐居之所一次就射杀各种野兽一百头，甚至还有意连续两箭都射在了一些［猎物的］脑袋上，其效果就像给它们安上犄角一样。有时他吩咐一名奴隶站在远处，举起右手掌作为箭靶[③]，随后他以如此高超的箭艺射出箭矢，以至于每一发都能从其分开的指间穿过而令对方毫发无伤。

XX.1 在当政伊始，他并不关心博雅之艺的研习，虽然他耗费极大开销重修了被大火焚毁的图书馆，并到处搜寻抄本，还派图书抄写员和修订人员到亚历山大里亚去。[④] 虽然如此，可他从不花费一点心思去了解历史和诗歌，抑或掌握必要的文笔技艺。除去提比略·恺撒的行事记和议事录之外，他不再读任何东西；他的信件、演说辞、公告全赖他人之智写成。虽然如此，可他的讲话并不缺

① 此行出自《伊利亚特》，21，108。——洛布版注

② 罗马人不把弓和箭包括在 arma（武器）一词的范围里。——洛布版注，有删减

③ 原文 scopulus，直译是“当作靶子的石头”。

④ 古典世界的亚历山大里亚除了著名的灯塔之外，还以图书馆闻名世界。亚历山大里亚图书馆兴建于公元前三世纪初，全盛时馆藏手稿超过五十万卷，正是这座图书馆使亚历山大里亚成为古典时代罗马帝国乃至人类世界的文化中心之一。

乏智慧，时而还说出一些值得注意的话，［譬如］他说过："我真希望自己看起来和梅西乌斯[①]自以为的一样漂亮。"还有，某人顶着一头微红与灰白的不同颜色的头发，他就将对方的脑袋说成像雪上淋了蜂蜜酒一样。

XXI.1 他常说，元首的境地令人同情，因为当阴谋被发现后，除非他们真的被杀否则没人会相信。[②]只要他空闲下来，就会以掷骰子进行娱乐，甚至是在工作日和清晨时分。他常在上午沐浴，午饭则一直吃到很饱，以至于晚饭时除了吃一颗马奇乌斯苹果并从酒罐里饮不多的酒之外很少再食用其他东西。他经常举办丰盛的宴会，不过几乎都是匆匆结束的，绝不会延续到太阳落山，也不会等［太阳落山］后再举行欢饮宴。另外，［用餐结束后］直至入睡前，除了独自漫步于幽静处之外他什么都不做。

XXII.1 他性欲极大，常把频繁的性交称作榻上搏击，就像那是一项运动一样。还有传言说，他似乎亲自为情妇除去毛发，并与再普通不过的妓女一起游泳。当那时仍是处女之身的侄女被许配给他时，他因身陷对图密奇娅的热恋而以再坚决不过的态度做出了拒绝；不久之后，在［那位侄女］已成为他人之妻时，他又主动勾引了她，而当时提图斯还仍在世上；随后，在她丧父、丧夫之后，他便以再炽热不过的情感公开追求她，结果，他逼迫她打掉因他怀上的孩子，由此导致了她的死亡。

---

① 具体人物不详，从上下文看，应该是图密善的一位对自己外貌充满自信的朋友。

② 关于图密善说过类似的话，还请参见《罗马君王传：阿维迪乌斯·卡西乌斯传》(*Historia Augusta: Vita Avidii Cassii*)，II，5—6："而你的祖父哈德良说了些什么，你本人实际上是知道的：'皇帝们的境地令人同情，他们除非被僭夺皇位之人所杀，否则没人能相信有谁图谋不轨。'这里，我宁可举哈德良为例也不愿举图密善，即使据传上述话首先出自后者之口，这么做是出于，针对暴君们的言辞，就算是善言也不应成全其应有的评价。"

XXIII.1 人民对他被杀感到无动于衷，士兵则承受了万般的悲痛，还企图立刻给他冠上“被奉为神”的称号，若不是缺少领导者的话，他们甚至都准备替他复仇了。稍后，他们极力要求对实施刺杀之人加以惩处，并以此实现了复仇。相反，元老们则是那么的高兴，以至于他们争相聚集到了元老院议事堂，毫无保留地用最最恶毒、最最难听的叫嚷声抨击死者，甚至还命人拿来梯子，将圆盾①和他的肖像当着他们的面拆了下来，摔在了地上；最后，元老院还决定抹除各地［给他的］献词，毁灭一切［和他有关的］记录。**2** 在他被杀前的几个月，一只渡鸦栖息在卡庇托山上，并叫着“万事都将好的”，有人是这么解释这个征兆的：

> 最近，一只渡鸦落在塔尔珀伊峭岩②上，
> “现在好”它不会说，说的是“将会”。

人们还声称，图密善曾梦见自己后背长出了一颗金色肉瘤，他将之视为确定无疑的征兆，即预示着国家的状况在他［当政的时代］之后会变得更美好；由于后继元首的自律与谦和，后来的情况就是这样的。

---

① 献祭用的圆盾，上面饰有帝王肖像。参见《盖乌斯·卡里古拉》，XVI，4。——洛布版注

② 关于这处岩石，请参见《被奉为神的尤利乌斯》，XLIV，1 及其注脚。

专有名词译名对照表

（按专有名词在书中首次出现的先后顺序排列，标注为首次出现的章句号）

被奉为神的尤利乌斯

狄阿利斯祭司 flamen Dialis I，1

科苏奇娅 Cossuta I，1

秦纳［Lucius Cornelius］Cinna I，1

科尔涅利娅［恺撒之妻］Cornelia I，1

尤利娅［恺撒女儿］Iulia I，1

苏拉［Lucius Cornelius］Sulla［Felix］I，1

维斯塔贞女 virgines Vestales I，2

玛梅库斯·埃米利乌斯 Mamercus Aemilius I，2

奥勒利乌斯·科塔 Aurelius Cotta I，2

马略［Gaius］Marius I，3

亚细亚 Asia II，1

马可·特姆斯 Marcus［Minucius］Thermus II，1

尼科米底斯 Nicomedes II，1

密提林 Mytilenae II，1

马可·雷必达 Marcus Lepidus III，1

科尔涅利乌斯·多拉贝拉 Cornelius Dolabella IV，1

阿波罗尼乌斯·莫伦 Apollonius Molon IV，1

罗得岛 Rhodes IV，1

侍寝者 cubicularius IV，1

米特里达梯 Mithridates IV，2

卢西乌斯·秦纳 Lucius Cinna V，1

塞多留［Quintus］Sertorius V，1

财务官 quaestor VI，1

尤利娅［恺撒的姑妈］Iulia VI，1

马尔西乌斯·雷克斯 Marcius Rex VI，1

昆图斯·庞培 Quintus Pompeius［Rufus］VI，2

庞培娅 Pompeia VI，2

普布利乌斯·克洛狄乌斯 Publius Clodius VI，2

远西班牙 ulterior Hispania VII，1

加的斯 Gades VII，1

XIX，2
法西斯 fasces XX，1
斯特拉斯平原 campus Stellas XX，3
卢西乌斯·卢库卢斯 Lucius Lucullus XX，4
卢西乌斯·皮索 Lucius [Calpurnius] Piso [Caesonius] XXI，1
卡尔普尼娅 Calpurnia XXI，1
塞尔维利乌斯·契皮奥 Servilius Caepio XXI，1
《瓦提尼乌斯法》*lex Vatinia* XXII，1
山内高卢 Gallia Cisalpina XXII，1
伊利里亚 Illyricum XXII，1
长发高卢 Gallia Comata XXII，1
塞米勒米斯 Semiramis XXII，2
叙利亚 Syria XXII，2
亚马逊女族 Amazonae XXII，2
盖乌斯·梅米乌斯 Gaius Memmius XXIII，1
卢西乌斯·图密奇乌斯 Lucius Domitius [Ahenobarbus] XXIII，1
卢西乌斯·安提斯提乌斯 Lucius Antistius XXIII，1
卢卡 Luca XXIV，1
阿劳达 Alauda XXIV，2
比利牛斯山脉 saltus Pyrenaeus XXV，1
阿尔卑斯山脉 Alpes XXV，1
塞文山 Cebenna XXV，1
莱茵河 Rhenus XXV，1
罗讷河 Rhodanus XXV，1
日尔戈维亚 Gergovia XXV，2
提图里乌斯 [Quintus] Titurius [Sabinus] XXV，2
奥伦库勒尤斯 [Lucius] Aurunculeius [Cotta] XXV，2
塞斯退斯 Sestertius XXVI，2
角斗士比赛 munus XXVI，2
祭宴 epulum XXVI，2
[小] 屋大维娅 Octavia [minor] XXVII，1
盖乌斯·马尔切卢斯 Gaius [Claudius] Marcellus [Minor] XXVII，1
法奥斯图斯·苏拉 Faustus [Cornelius] Sulla XXVII，1
马可·克劳狄乌斯·马尔切卢斯 Marcus Claudius Marcellus XXVIII，2
新科姆 Novum Comum XXVIII，3
第一公民 princeps civitatis XXIX，1
塞尔维乌斯·苏尔皮西乌斯 Servius Sulpicius [Rufus] XXIX，1
埃米利乌斯·保罗 Aemilius Paulus XXIX，1
盖乌斯·库里奥 [保民官] Gaius [Scribonus] Curio XXIX，1
山外高卢 Transalpina Gallia XXIX，2
拉文纳 Ravenna XXIX，2
米罗 [Titus Annius] Milo [Papianus] XXX，3
阿西尼乌斯·波利奥 [Gaius] Asinius Pollio XXX，4
法萨卢斯战场 Pharsalica acies XXX，4
《论义务》*de Officiis* XXX，5
欧里庇得斯 Euripides XXX，5
卢比孔河 Rubico XXXI，2

被奉为神的奥古斯都

二十人委员会 vigintiviri IV，1
阿非人 Afer IV，2
阿里奇亚 Aricia IV，2
帕尔马的卡西乌斯 Cassius Parmensis IV，2
内鲁卢姆［人］Nerulonensis IV，2
盖乌斯·安东尼 Gaius Antonius［Hybrida］V，1
帕拉丁山 Palatium V，1
牛头道 ad Capita Bubulo V，1
盖乌斯·莱托里乌斯 Gaius Laetorius V，1
图里努斯 Thurinus VII，1
护家神 Lar VII，1
［卢西乌斯·］穆纳奇乌斯·普朗库斯［Lucius］Munatius Plancus VII，2
恩尼乌斯［Quintus］Ennius VII，2
成人托袈袍 virilis toga VIII，1
阿波罗尼亚 Apollonia VIII，2
马尔西乌斯·腓力普斯［Lucius］Marcius Philippus VIII，2
穆提纳战争［Bellum］Mutinense IX，1
腓力庇战争［Bellum］Philippense IX，1
佩鲁西亚战争［Bellum］Perusinum IX，1
西西里战争［Bellum］Siculum IX，1
阿克辛战争［Bellum］Actiacum IX，1
卢西乌斯·安东尼 Lucius Antonius IX，1
塞克斯图·庞培 Sextus Pompeius IX，1
潘萨［Gaius Vibius］Pansa［Caetronianus］X，3
格利科 Glyco XI，1
阿奎利乌斯·尼杰尔 Aquilius Niger XI，1
努尔西亚人 Nursini XII，1
马可·法维奥尼乌斯 Marcus Favionius XIII，2
佩鲁西亚 Perusia XIV，1
卢克里努斯湖 Lucrinus Lacus XVI，1
阿维努斯湖 Avernus Lacus XVI，1
巴耶 Baiae XVI，1
尤利乌斯港 portus Iulius XVI，1
米莱 Mylae XVI，1
瑙洛库斯 Naulochus XVI，1
马可·阿格里帕 Marcus Agrippa XVI，2
尼普顿 Neptunus XVI，2
得莫卡勒斯 Demochares XVI，3
阿波罗法内斯 Appollophanes XVI，3
洛克里 Locri XVI，3
雷吉翁 Regium XVI，3
埃米利乌斯·保罗［Lucius］Aemilius［Lepidus］Paulus XVI，3
齐尔切伊 Circei XVI，4
盖乌斯·索西斯 Gaius Sosius XVII.2
格涅乌斯·图密奇乌斯 Gnaeus Domitius［Ahenobarbus］XVII.2
博洛尼亚人 Bononienses XVII，2
萨摩斯 Samus XVII，3
埃托利亚 Aetolia XVII，3
切佬尼山脉 montes Ceraunii XVII，3

普西利人 Psylli XVII，3
弗尔维娅 Fulvia XVII，4
安东尼［Marcus］Antonius［Antyllus］XVII，4
恺撒里昂 Caesarion XVII，4
尼科波利斯 Nicopolis XVIII，2
阿波罗神庙 Apollinis templum XVIII，2
年轻人雷必达［Marcus Aemilius］Lepidus iuvenis XIX，1
瓦罗·穆雷纳［Aulus Terentius］Varro Murena XIX，1
法尼乌斯·切皮奥 Fannius Caepio XIX，1
马可·埃尼阿奇乌斯 Marcus Egnatius［Rufus］XIX，1
普劳奇乌斯·鲁弗斯 Plautius Rufus XIX，1
卢西乌斯·保罗 Lucius [Aemilius Lepidus] Paulus XIX，1
卢西乌斯·奥达西乌斯 Lucius Audasius XIX，1
阿西尼乌斯·埃庇卡杜斯 Asinius Epicadus XIX，1
特勒福斯 Telephus XIX，1
尤利娅［奥古斯都女儿］Iulia XIX，2
阿格里帕［Marcus］Agrippa［Postumus］XIX，2
达尔马提亚战争 Delmaticum［bellum］XX，1
坎塔布里亚战争 Cantabricum［bellum］XX，1
梅迪奥朗诺 Mediolanum XX，1
阿奎莱亚 Aquileia XX，1
坎塔布里亚 Cantabria XXI，1
阿奎塔尼亚 Aquitania XXI，1
潘诺尼亚 Pannonia XXI，1
达尔马提亚 Delmatia XXI，1
雷蒂安 Raetia XXI，1
维因德利奇人 Vindelici XXI，1
萨拉西人 Salassi XXI，1
阿尔比斯河 Albis Fluvius XXI，1
苏维汇人 Suebi XXI，1
齐格布里人 Sigambri XXI，1
复仇之神玛尔斯神庙 aedis Martis Ultoris XXI，2
斯基泰人 Scythae XXI，3
雅努斯·昆林努斯神庙 Ianus Quirinus XXII，1
亚历山大里亚战争 Alexandrinum［bellum］XXII，1
洛利乌斯［的战败］Lolliana［clades］XXIII，1
瓦鲁斯［的战败］Variana［clades］XXIII，1
总督 praeses XXIII，1
辛布里战争 Cimbricum bellum XXIII，2
马尔西战争 Marsicum bellum XXIII，2
昆提利乌斯·瓦鲁斯 Quintilius Varus XXIII，2
将领的营帐 praetorium XXIV，2
垒冠 corona vallaris XXV，3
城冠 corona muralis XXV，3
科尔涅利乌斯［百人队队长］

恺撒林 Caesarum nemus XLIII，1
塞普塔投票场 Saepta XLIII，1
诺尼乌斯·阿斯布莱纳斯 Nonius Asprenas XLIII，2
托卡图斯 Torquatus XLIII，2
埃塞尼努斯 Aeserninus XLIII，2
吕西乌斯 Lycius XLIII，3
马尔切卢斯剧场 theatrum Marcelli XLIII，5
普特奥利 Puteoli XLIV，1
元首包间 pulvinar XLV，1
托袈剧演员 togatarius XLV，4
斯迪法尼奥 Stephanio XLV，4
修拉斯 Hylas XLV，4
皮拉德斯 Pylades XLV，4
撒丁 Sardinia XLVII，1
米塞努 Misenum XLIX，1
下方之海 Inferum mare XLIX，1
卡拉古里塔尼人 Calagurritani XLIX，1
军事国库 aerarium militare XLIX，2
狮身人面像 Sphinx L，1
狄奥斯库里德斯 Dioscurides L，1
尤尼乌斯·诺瓦图斯 Iunius Novatus LI，1
卡西乌斯·帕塔维努斯 Cassius Patavinus LI，1
科尔杜巴人埃米利乌斯·埃利阿努斯 Aemilius Aelianus Cordubensis LI，2
三足鼎 cortina LII，1
伽卢斯·切里尼乌斯 Gallus Cerrinius LIII，3
安提斯奇乌斯·拉贝奥 Antistius Labeo LIII，3
卡西乌斯·塞维鲁 Cassius Severus LVI，3
斯库塔里乌斯 Scutarius LVI，4
卡斯特里奇乌斯 Castricius LVI，4
库尔奇乌斯坑 lacus Curtius LVII，1
鞋匠街的阿波罗神 Apollo Sandaliarius LVII，1
悲剧演员街的朱庇特神 Iuppiter Tragoedus LVII，1
德纳里乌斯 denarius LVII，2
安提乌姆 Antium LVIII，1
瓦勒里乌斯·梅萨拉·科而沃斯 [Marcus] Valerius Messala Corvinus LVIII，1
安东尼·穆萨 Antonius Musa LIX，1
埃斯库拉庇乌斯 Aesculapius LIX，1
恺撒里亚 Caesarea LX，1
奥林匹亚的朱庇特神庙 aedes Iovis Olympii LX，1
守护神 Genius LX，1
普布利乌斯·塞尔维利乌斯·伊苏里库斯 Publius Servilius [Vatia] Isauricus LXII，1
克劳迪娅 Claudia LXII，1
斯克里波尼娅 Scribonia LXII，2
提比略·尼禄 Tiberius [Claudius] Nero LXII，2
马尔切拉 [马尔切卢斯的姐妹] Marcella LXIII，1
科提索 Cotiso LXIII，2

Flaccus LXXXVI，3
克里斯普斯·撒路斯特[Gaius] Crispus Sallustius LXXXVI，3
加图[Marcus Portius]Cato LXXXVI，3
加图的《史源》Catonis *Origines* LXXXVI，3
帕伽蒙的阿波罗多鲁斯 Apollodorus Pergamenus LXXXIX，1
阿勒乌斯 Areus LXXXIX，1
狄奥尼修斯 Dionysius LXXXIX，1
尼卡诺 Nicanor LXXXIX，1
昆图斯·梅特卢斯 Quintus [Caecilius] Metellus [Macedonius] LXXXIX，2
鲁提利乌斯[Publius]Rutilius[Rufus] LXXXIX，2
家财神 Penas XCII，1
那不勒斯人 Neapolitani XCII，2
埃纳里亚 Aenaria XCII，2
市集日 nundinae XCII，2
上弦月日 Nonae XCII，2
阿提卡丰产女神 Attica Ceres XCIII，1
圣牛 Apis XCIII，1
犹太地区 Iudaea XCIII，1
耶路索利玛 Hierosolyma XCIII，1
维利特莱人 Veliterni XCIV，1
门德斯的阿斯克勒皮亚斯 Asclepias Mendetis XCIV，4
《论神明》*Theologumena* XCIV，4
普布利乌斯·尼吉狄乌斯 Publius Nigidius XCIV，5
酒神 Liber pater XCIV，5
盖乌斯·德鲁苏斯 Gaius Drusus XCIV，5
坎帕尼亚大道 Campana via XCIV，7
蒙达 Munda XCIV，11
提奥根尼斯 Theogenes XCIV，12
摩羯座 Capricornus XCIV，12
博洛尼亚 Bononia XCVI，1
腓力庇 Philippi XCVI，1
塞萨利亚人 Thessalus XCVI，1
祓除仪式 lustrum XCVII，1
伊特鲁里亚人的语言 Etrusca lingua XCVII，2
贝内文托 Beneventum XCVII，3
阿斯杜拉 Astura XCVII，3
阿普拉戈波利斯 Apragopolis XCVIII，4
玛斯噶巴 Masgaba XCVIII，4
克提斯特斯 Κτίστης XCVIII，4
特拉西卢斯 Thrasyllus XCVIII，4
那不勒斯 Neapolis XCVIII，5
诺拉 Nola XCVIIII，5
德鲁苏斯[提比略之子][Nero Claudius]Drusus，XCIX，1
塞克斯图·庞培[执政官]，C，1
塞克斯图·阿普列尤斯[执政官]，C，1
博维莱 Bovillae C，2
胜利女神 Victoria C，2
卢西乌斯·普朗库斯[执政官] Lucius[Munatius]Plancus CI，1
波利比乌斯[奥古斯都的被释奴] Polybius CI，1
伊拉里昂 Hilarion CI，1
罗马保安队 cohortes urbani CI，2

提比略

萨宾人 Sabini I，1

小王镇 Regillis oppidum I，1

提图斯·塔奇乌斯 Titus Tatius I，1

阿塔·克劳狄乌斯 Atta Claudius I，1

阿涅内河 Anio I，1

阿庇乌斯·契库斯 Appius[Claudius] Caecus II，1

皮洛士 Pyrrus II，1

提比略·尼禄 Tiberius Nero II，1

汉尼拔 Hannibal II，1

哈斯朱拔 Hasdrubal II，1

编纂法律的十人委员会成员 decemvir legibus scribendis II，2

克劳狄乌斯·雷吉利安努斯 Claudius Regillianus II，2

阿庇乌斯广场 Appi Forum II，2

克劳狄乌斯·德鲁苏斯 Claudius Drussus II，2

克劳狄乌斯·普尔凯[Publius] Claudius Pulcher II，2

格利奇阿斯 Glycias II，2

克劳狄娅 Claudia II，3

众神之母伊迭阿 Mater deum Idaea II，3

李维家族 Liviorum familia III，1

萨里纳托尔[Marcus Livius]Salinator III，1

德鲁苏斯[Livius]Drusus III，2

德劳苏斯 Drausus III，2

塞农人 Senones III，2

卡米勒斯[Marcus Furius]Camillus III，2

[两位]格拉古 Gracchi III，2

纳尔榜 Narbo IV，1

阿勒莱特 Arelate IV，1

亚该亚 Achaia IV，3

德鲁苏斯[提比略弟弟][Nero Claudius] Drusus [Germanicus] IV，3

丰迪 Fundi V，1

丰迪人[女]Fundana V，1

天助女神 Felicitas V，1

国家邸报 acta publica V，1

拉栖弟梦人 Lacedaemonii V，2

庞培娅[Magna]VI，3

希腊军用斗篷 chlamys VI，3

马可·伽利乌斯 Marcus Gallius VI，3

雅典城邦赛会 astici ludi VI，4

阿格里皮娜[提比略之妻][Vipsania]Agrippina VII，2

切奇利乌斯·阿提库斯 Caecilius [Pomponianus]Atticus VII，2

阿基拉乌斯王 Archelaus VIII，1

特拉勒斯人 Tralliani VIII，1

老迪西亚人 Laodiceni VIII，1

锡亚蒂拉人 Thyatireni VIII，1

希俄斯人 Chii VIII，1

提格拉尼斯 Tigranes IX，1
亚美尼亚王国 regnum Armeniae IX，1
潘诺尼亚战争 Pannonicum［bellum］IX，2
布留西人 Breuci IX，2
达尔马提亚人 Dalmatae IX，2
凯旋徽记 triumphalia ornamenta IX，2
奥斯提亚 Ostia X，2
马可·洛利乌斯 Marcus Lollius XII，2
奈茅苏斯人 Nemausenses XIII，1
斯克里波尼乌斯 Scribonius XIV，2
帕塔维乌姆 Patavium XIV，3
杰里昂神谕 Geryonis oraculum XIV，3
阿波努斯泉 Aponi fons XIV，3
卡里纳坡 Carinae XV，1
庞培屋 Pompeiana domus XV，1
埃斯奎利山 Esquiliae XV，1
梅切纳斯花园 horti Maecenatiani XV，1
诺里库姆王国 regnum Noricum XVI，2
亚得里亚海 mare Hadriaticum XVI，2
英维克图斯 Invictus XVII，2
庇乌斯 Pius XVII，2
布鲁克特里人 Bructeri XIX，1
拔托 Bato XX，1
和谐神庙 Concordiae aedes XX，1
波吕克斯和卡斯托尔神庙 Pollucis et Castoris［aedes］XX，1
克莱门斯 Clemens XXV，1
卢西乌斯·斯克里波尼乌斯·李波 Lucius Scribonius Libo XXV，1
特雷比亚人 Trebiani XXXI，1
狄奥根尼斯 Diogenes XXXII，2
安息日 sabbata XXXII，2
波伦提亚的平民 Pollentina plebs XXXVII，3
第一百人队队长 primipilaris XXXVII，3
科提乌斯［Marcus Iulius］Cottius XXXVII，3
齐兹库斯人 Cyziceni XXXVII，3
米特里达梯战争 Mithridaticum bellum XXXVII，3
马罗布杜斯 Marobodus XXXVII，4
拉斯库波里斯 Rhascuporis XXXVII，4
卡帕多西亚的 Cappadox XXXVII，4
卡利皮德斯 Callippides XXXVIII，1
塔拉奇纳 Tarracina XXXIX，1
奥古斯都神庙 Augusti Templum XL，1
费德奈 Fidenae XL，1
萨尔玛提亚人 Sarmati XLI，1
默西亚 Moesia XLI，1
毕比略·卡尔狄乌斯·梅禄 Biberius Caldius Mero XLII，1
切斯提乌斯·伽卢斯 Cestius Gallus XLII，2
提图斯·切索尼乌斯·普里斯库斯 Titus Caesonius Priscus XLII，2
秘屋 sellaria XLIII，1
斯宾特里亚 spintria XLIII，1
埃勒凡提斯 Elephantis XLIII，2
维纳斯之地 Venerius locus XLIII，2
潘神 Paniscus XLIII，2
仙女 Nympha XLIII，2
帕拉西乌斯 Parrhasius XLIV，2
阿塔兰忒 Atalanta XLIV，2

盖乌斯·卡里古拉

克利图姆尼河 flumen Clitumni XLIII，1

巴达维亚人 Batavi XLIII，1

首席百人队队长 primus pilus XLIV，1

希诺贝利努斯 Cynobellinus XLIV，2

阿德米尼乌斯 Adminius XLIV，2

突击冠[coronae]exploratoriae XLV，1

识读学校 litterarius ludus XLV，2

投射器械 ballista XLVI，1

攻城器械 machina XLVI，1

亚历山大里亚灯塔 Pharos XLVI，1

墨西拿 Messana LI，1

埃特纳火山 Aetnaeus vertex LI，1

色雷斯角斗士 Thraex LIV，1

鸣踏鞋 scabellum LIV，2

科伦布斯 Columbus LV，2

科伦布斯之毒 Columbinum LV，2

绿队 prasina factio LV，2

尤提库斯 Eutychus LV，2

驰骋王 Incitatus LV，3

帕拉丁赛会 Palatini ludi LVI，2

卡西乌斯·凯莱阿 Cassius Chaerea LVI，2

普里阿波斯 priapus LVI，2

卡西乌斯 Cassius LVI，2

苏拉［占星家］Sulla LVI，2

安提乌姆的命运女神神谕 Fortunae Antiatinae LVI，3

尼奥普托勒姆斯 Neoptolemus LVI，4

马其顿王腓力 rex Macedonum Philippus LVI，4

［马贼］佬勒奥卢斯 Laureolus LVI，4

埃塞俄比亚人 Aethiopae LVI，4

科尔涅利乌斯·萨宾努斯 Cornelius Sabinus LVIII，2

拉米亚园 horti Lamiani LIX，1

尤利乌斯议事堂[curia]Iulia LX，1

被奉为神的克劳狄乌斯

北方之洋 Oceanus septemtrionalis I，2

煞营 Scelerata I，3

书记员行会 scribarum decuriae I，3

尤卢斯·安东尼 Iullus Antonius II，1

费边·阿非利卡努斯 Fabius Africanus II，1

玛尔斯庆典赛会 ludi Martiales IV，1

希尔万努斯 Silvanus IV，3

阿尔巴山 Albanus mons IV，3

苏尔皮西乌斯 Sulpicius IV，5

阿特诺多鲁斯 Athenodorus IV，5

鸟占祭司 auguralis sacerdos IV，7

奥古斯都祭司团 sodales Augustales VI，2

《售卖法》*Lex Praediatoria* IX，2

埃尔麦乌姆 Hermaeum X，1

伽卢斯·亚细尼乌斯 Gallus Asinius XIII，2

斯塔提利乌斯·科尔维努斯 Statilius Corvinus XIII，2

弗里乌斯·卡米勒斯·[阿隆提乌

尼 禄

阿克特 Acte XXVIII，1
斯波鲁斯 Sporus XXVIII，1
［行省］巡回法庭 conventus XXVIII，2
多里弗鲁斯 Doryphorus XXIX，1
梅内克拉特斯 Menecrates XXX，1
斯皮库卢斯 Spiculus XXX，1
潘奈罗斯 Paneros XXX，2
［穿］用卡诺莎羊毛制的衣服 canusinati XXX，3
马扎奇人 Mazaces XXX，3
连山屋 transitoria［domus］XXXI，1
金屋 aurea［domus］XXXI，1
狄多 Dido XXXI，4
提洛斯 Tyros XXXI，4
佩纳特斯诸神 Penates Di XXXII，4
伽尔巴 Galba XXXII，4
卢库斯塔 Lucusta XXXIII，2
鲍利 Bauli XXXIV，2
卢西乌斯·阿杰姆斯 Lucius Agermus XXXIV，3
复仇女神 Furiae XXXIV，4
琐罗亚斯德教信徒 Magi XXXIV，4
波佩阿·萨宾娜 Poppaea Sabina XXXV，1
斯塔提利娅·梅萨利娜 Statilia Messalina XXXV，1
阿提库斯·维斯提努斯 Atticus Vestinus XXXV，1
安尼切图斯 Anicetus XXXV，2
奥古斯塔·克劳狄娅 Claudia Augusta XXXV，3
奥卢斯·保奇乌斯 Aulus Plautius XXXV，4
鲁弗里乌斯·克里斯皮努斯 Rufrius Crispinus XXXV，5
图斯库斯 Tuscus XXXV，5
布鲁斯 Burrus XXXV，5
巴尔比卢斯 Balbillus XXXVI，1
皮索阴谋［coniuratio］Pisoniana XXXVI，1
维尼奇乌斯阴谋［coniuratio］Viniciana XXXVI，1
萨尔维狄恩努斯·奥尔菲图斯［尼禄时代］Salvidienus Orfitus XXXVII，1
卡西乌斯·朗吉努斯［盲人讼师］［Gaius］Cassius Longinus XXXVII，1
佩图斯·特拉塞阿 Paetus Thrasea XXXVII，1
梅切纳斯塔 turris Maecenatiana XXXVIII，2
《伊利昂之劫》*Halosin Ilii* XXXVIII，2
利比蒂娜女神 Libitina XXXIX，1
阿尔克迈翁 Alcmaeon XXXIX，2
吟唱者阿波罗 Paean XXXIX，2
远射者阿波罗 Hecatebeletes XXXIX，2
维伊 Veii XXXIX，2
犬儒派学者伊西多禄 Isidorus Cynicus XXXIX，3
诺普利乌斯 Nauplius XXXIX，3
达图斯 Datus XXXIX，3
奥尔库斯 Orcus XXXIX，3
尤利乌斯·维因德克斯 Iulius Vindex XL，1

伽尔巴

首][Marcus Salvius]Otho VI，1
提图斯祭司团 sodales Titii VIII，1
塔拉戈纳西班牙 Hispania Tarraconensis VIII，1
熏盒 acerra VIII，2
新迦太基 Carthago Nova IX，2
克伦尼亚的朱庇特祭司 sacerdos Iovis Cluniae IX，2
巴利阿里岛 Baliaris insula X，1
志愿兵 evocatus X，3
德尔托萨 Dertosa X，4
尼姆菲狄乌斯·萨宾努斯 Nymphidius Sabinus XI，1
芳特尤乌斯·卡庇托[将领] Fonteius Capito XI，1
克洛狄乌斯·马切尔 Clodius Macer XI，1
格涅乌斯·多拉贝拉 Gnaeus Dolabella XII，2
卡努斯 Canus XII，3
奥乃西姆斯 Onesimus XIII，1
提图斯·维尼乌斯 Titus Vinius XIV，2
科尔涅利乌斯·拉科 Cornelius Laco XIV，2
助理裁决员 assesssor XIV，2
马尔奇安努斯[尾名]Marcianus XIV，2
三孩家长拥有的特权 iura trium liberorum XIV，3
提杰利努斯 Tigellinus XV，1
上日耳曼尼亚 superior Germania XVI，2
皮索·弗鲁吉·李锡尼安努斯 Piso Frugi Licinianus XVII，1
高足杯 calix XVIII，2
折椅 castrensis sella XVIII，3
帕特罗比乌斯·尼禄尼安努斯 Patrobius Neronianus XX，2
阿尔吉沃斯 Argivus XX，2
奥勒利安大道 Aurelia via XX，2
维斯帕芗 Vespasianus XXIII，3
费伦奇乌姆城 oppidum Ferentium XXIV，1

奥 托

马可·萨尔维乌斯·奥托[元首奥托祖父]Marcus Salvius Otho I，1
阿尔比娅·特伦奇娅 Albia Terentia I，3
对句 distichon III，2
塞琉古[占星家]Seleucus IV，1
金色里程碑 miliarium aureum VI，2
大本营 principia VI，3
[奥卢斯·]维特利乌斯[皇帝][Aulus]Vitellius VIII，1
萨利祭司的圣盾 Ancilia VIII，3
冥神 Dis Pater VIII，3
布里克塞卢姆 Brixellum IX，1
贝特里亚库姆 Betriacum IX，2

维特利乌斯

被奉为神的维斯帕芗

弗拉维家族 gens Flavia I，1
图密善［Titus Flavius］Domitianus I，1
提图斯·弗拉维·佩特罗 Titus Flavius Petro I，2
雷阿特当地人 municeps Reatinus I，2
萨宾努斯［Flavius］Sabinus I，2
四十分之一的国家税 publicum quadragesimae I，2
埃尔维蒂人 Helvetii I，3
维斯帕西娅·波拉 Vespasia Polla I，3
维斯帕西乌斯·波利奥 Vespasius Pollio I，3
营地长 praefectus castrorum I，3
维斯帕西耶 Vespasiae I，3
波河对岸之地 regio Transpadana I，4
法拉克里奈 Phalacrinae II，1
昆图斯·苏尔皮西乌斯·加梅里努斯 Quintus Sulpicius Camerinus II，1
盖乌斯·波佩乌斯·萨宾努斯 Gaius Poppacus Sabinus II，1
特尔图拉［维斯帕芗祖母］Tertulla II，1
科萨农庄 praedia Cosana II，1
克里特－昔兰尼行省 Creta et Cyrenae II，3
弗拉维娅·图密提拉［母］Flavia Domitilla III，1
斯塔提利乌斯·加佩拉 Statilius Capella III，1
塞卜拉泰人 Sabratensis III，1
弗拉维·利贝拉利斯 Flavius Liberalis III，1
提图斯 Titus［Flavius Vespasianus］III，1
图密提拉［女］［Flavia］Domitilla III，1
契尼斯 Caenis III，1
维克提斯岛 insula Vectis IV，1
哈德鲁梅图姆 Hadrumetum IV，3
迦密山神谕 Carmeli dei oraculum V，6
尤瑟福 Iosephus V，6
埃及地方长官 praefectus Aegypti VI，3
提比略·亚历山大 Tiberius Alexander VI，3
元首继位日 principatus dies VI，3
李锡尼·姆奇努斯 Licinius Mucianus VI，3
塞拉匹斯神庙 aedes Serapidis VII，1
巴西利德斯 Basilides VII，1
克雷莫纳 Cremona VII，1
阿卡迪亚 Arcadia VII，3
特吉亚 Tegea VII，3
自治城邦 civitas libera VIII，1
和平神庙 templum Pacis IX，1
西里欧山 Caelius mons IX，1
尚未脱离家长权的子辈 filii familiarum

提图斯

图密善

Ⅳ，2
弗拉维祭司团 collegium Flavialium Ⅳ，4
七丘节祭祀 Septimontiale sacrum Ⅳ，5
庇护者朱庇特 Custos Iuppiter Ⅴ，1
卡蒂人 Chatti Ⅵ，1
奥皮乌斯·萨宾努斯 Oppius Sabinus Ⅵ，1
科尔涅利乌斯·福斯库斯 Cornelius Fuscus Ⅵ，1
《斯坎提尼亚法》*Lex Scantinia* Ⅷ，3
奥库拉塔姐妹 Oculatae sorores Ⅷ，4
瓦罗尼拉 Varronilla Ⅷ，4
科尔涅利娅［维斯塔贞女的首领］Cornelia Ⅷ，4
鲁斯奇乌斯·切皮奥 Ruscius Caepio Ⅸ，2
《克洛狄乌斯法》*Lex Clodia* Ⅸ，3
塔尔苏斯的赫莫杰尼斯 Hermogenes Tarsensis Ⅹ，1
奇维卡·切勒阿利斯 Civica Cerealis Ⅹ，2
萨尔维狄恩努斯·奥尔菲图斯［图密善时代］Salvidienus Orfitus Ⅹ，2
阿奇利乌斯·格拉布里奥 Acilius Glabrio Ⅹ，2
萨尔维乌斯·科克切雅努斯 Salvius Cocceianus Ⅹ，3
玛戈 Mago Ⅹ，3
撒路斯特·卢库卢斯 Sallustius Lucullus Ⅹ，3
卢库卢斯枪 lancea Lucullea Ⅹ，3
尤尼乌斯·鲁斯提库斯 Iunius Rusticus Ⅹ，3
埃尔维狄乌斯［子］Helvidius Ⅹ，4
帕里斯［特洛伊王子］Paris Ⅹ，4
俄诺涅 Oenone Ⅹ，4
加场戏 exodium Ⅹ，4
弗拉维·萨宾努斯［子］Flavius Sabinus Ⅹ，4
国库专员 actor summarum Ⅺ，1
阿勒奇努斯·克莱门斯 Arrecinus Clemens Ⅺ，1
伊斯特拉 Histria Ⅻ，3
卡庇托山上的赛会 Capitolinum certamen XIII，1
帕尔弗里乌斯·苏日拉 Palfurius Sura XIII，1
日耳曼尼库斯月 Germanicus［mensis］XIII，3
图密善月 Domitianus［mensis］XIII，3
月光石 phengites lapis XIV，3
弗拉维·克莱门斯 Flavius Clemens XV，1
维斯帕芗［弗拉维·克莱门斯之子］XV，1
图密善［弗拉维·克莱门斯之子］XV，1
普莱奈斯特的命运女神 Praenestina Fortuna XV，2
阿斯克勒塔里昂 Ascletarion XV，3
拉丁努斯 Latinus XV，3
帕特尼乌斯［寝宫侍从长］

译后记

在目前传世的古罗马时代的传记作品里，论文学和史学成就，我们首先想到的除了普鲁塔克的作品之外，也许就是苏埃托尼乌斯的《罗马十二帝王传》这本书了。

盖乌斯·苏埃托尼乌斯·塔奎卢斯是罗马帝国时代著名的传记作家和历史学家。而对于这位作家生平，我们知之甚少，很大程度只能依靠他的好友、图拉真时代的作家、元老小普林尼（Gaius Plinius Caecilius Secundus）的书信推知一二。他约莫出生于尼禄垮台之后，也就是公元 70 年前后，出生地应该是在北非，[1] 童年和青年时期几乎就是在弗拉维王朝三位皇帝的统治下度过的。他本人很可能与其父亲苏埃托尼乌斯·莱图斯（Suetonius Laetus）一样[2] 属骑士等级，并曾在罗马接受良好的修辞训练。他与当时的文学名流、元老小普林尼交情深厚，并且曾在此人手下任职，随后又凭借这位小普林尼的关系在哈德良（Hadrianus，公元 113 年—138 年在位）

① 参见 *The Roman Historians*, by Ronald Mellor, Routledge, 1999, p.147。

② 苏埃托尼乌斯在自己的书里曾提到父亲是骑士等级。请参见《奥托》，X，1：“身着窄紫纹短袖袍的我的父亲苏埃托尼乌斯·莱图斯曾以第十三军团［军事］保民官的身份参加过那场战争。”

的朝廷里谋得了掌管文书的御用秘书之职[①]。我们可以推测，苏埃托尼乌斯写作这部帝王传的时间应该就是在其进宫担任秘书职位期间。不过，从后人留下的记录来看，他似乎并未受到哈德良的重用和提拔，因为就在他担任御用秘书期间，哈德良就以其在自己妻子萨宾娜（Sabina）面前表现得过于亲近而解除了他的职务。[②]在那之后，我们对他的事迹几乎一无所知，甚至连死于哪一年都无法确定。

苏埃托尼乌斯曾写过数部作品，其中的大部分都已散佚或只剩下残篇，而流传较完整的就只有这部记录十二位恺撒（从尤利乌斯·恺撒至图密善）生平的传记作品。虽然这部传记作品的传主共有十二人，但我们初看去，从其叙事详略或内容体量上来看，最明显的特征便是整部作品可被分成前后两个部分：从尤利乌斯·恺撒到尼禄的前六位帝王，以及从伽尔巴到图密善的后六位帝王。前半部分的传记与后半部分相比明显写得更为详尽、更为细致，单就篇幅而论，最长的《被奉为神的奥古斯都》共有101段，而篇幅最短的《被奉为神的提图斯》则只有11段，两者相差甚殊，以至于为了让各卷体量保持一致，后世往往都会将后六位帝王的传记按先后顺序以三位帝王合传的形式合并成两卷，因此我们目前能见到的版本大都是八卷本的形式。

虽然各篇传记长短不一、详略有别，但从总体结构上来看，它们又或多或少地存在着相似性。各篇传记都始于帝王家系的追溯，终于帝王的死亡，中间作为主体的大段文字则是按分门别类的方式描述帝王的生活习惯、内外征伐、兴趣爱好、赛会举办、工程修造、个人秉性、神迹征兆以及体貌特征等等。正如苏埃托尼乌斯本人在奥古斯都的传记里提到的，他之所以“按照门类而非时间顺序逐一

① 他在哈德良的朝廷里担任的官职是御用秘书（ab epistulis 或 epistularum magister），该官职最初是被授给元首的被释奴的，但从哈德良时代起开始被授给骑士阶层，由此可以推知苏埃托尼乌斯当属骑士等级。

② 关于此事，请参见《罗马君王传：哈德良传》，XI，3。

详述各部分内容”是为了能让大家“更清晰地理解领会”传主的生平。[①] 需要注意的是，这些分门别类总体上看似存在先后的章法，但具体到每一篇传记却又不尽一致，比如在克劳狄乌斯的传记里，预示传主死亡征兆的部分被放到了篇末，而通常来说这部分应当出现在描述其死亡过程的段落之前。

苏埃托尼乌斯之所以按上述结构编排自己的传记作品，除去他自己提到的为了让读者能更好领会传主的生平之外，我认为还有一个原因便是他身处的年代是图拉真和哈德良时代，这是罗马帝国经济和文化臻于鼎盛，元首制度得到进一步发展的时代，而传统的修辞技法因失去政治实用性也已从辩论场转入到写作当中。因而当时的作家们无论在遣词造句还是文章编排方面都无不用尽所能。我们注意到，早先的撒路斯特（Sallustius）、奈波斯（Nepos），以及恺撒都是在用他们淳朴（甚至有些古旧）的笔法遵循时间先后顺序叙述事件经过，虽然在他们身处的时代没有人觉得这么写有什么不妥，可到了苏埃托尼乌斯时代，呈现在我们眼前的就是经作者以修辞之艺耐心打磨后的作品，而这除了是苏埃托尼乌斯本人的作品之外，更是他那个时代的作品。

由此我们在理解这部传记作品为何文辞华丽，人物刻画生动鲜明，而且似乎充斥着奇闻轶事时，就不会感到困惑了。因为这都是修辞之艺的产物，虽然将之用到历史人物的传记上或多或少都会降低历史事实的可信度，但这并不影响到这部作品的整体地位，因为是否忠于史实从来都不是评价古典历史作品的决定性标准，而且古典史家也不是单单为了记录事实而进行创作的，相反他们各自都有不同的目的，就苏埃托尼乌斯而言，他似乎更像是为了向读者展现各位恺撒的秉性特征，而将之奉为其创作的第一要务。当我们读到生命最后一刻的恺撒面对手执匕首准备朝自己刺来的密友马可·布

① 请参见《被奉为神的奥古斯都》，IX，1。

鲁图，说出一句希腊语："孩子，连你也……"同样的，在尼禄最后即将自尽之际，他一遍遍说的话却是："我，多么伟大的艺术家要死了！"这一刻，我们不会在意传主本人是否真的说过一模一样的话，就像我们不会因为司马迁写下"苟富贵，无相忘"和"大丈夫当如此也"这样的话，而去考证这是否是陈胜和刘邦的原话一样。但无论谁都无法否认的是，这些简短但有力的话从传主口中说出后，原本只停留在纸上的人物顿时就变得鲜活了起来，而这也是古代著作带给我们的阅读乐趣。

正如上文提到的，苏埃托尼乌斯的这部《罗马十二帝王传》很可能完成于哈德良当政时期。这部作品是否在发表伊始就取得了巨大反响，我们无从知晓，但是从后人的作品《罗马君王传》（*Historia Augusta*）里我们确实知道，在约莫半个世纪之后的康茂德（Commodus，公元180年—192年在位）时期，曾有人在斗兽场观赛期间阅读他写的卡里古拉的传记，结果就被康茂德扔进了赛场里，因为这位君主和卡里古拉的生日是同一天。[①] 如果《罗马君王传》的记载真实可靠，那至少可以证明，在康茂德时代这部作品已经成为广为流传之作。即便上述史实不足采信，可到了公元三世纪初前后，罗马出现了另一位著名的传记作家马略·马克西姆斯（Marius Maximus），他曾续写过苏埃托尼乌斯的帝王传，即将涅尔瓦（Nerva，公元96年—98年在位）至埃利奥伽巴鲁斯（Heliogabalus，公元218年—222年在位）之间的十二位帝王的传记写了下来，虽然这部著作未能流传下来，但至少我们可以推知，如果苏埃托尼乌斯的这本帝王传记作品在当时并非流传甚广之作，那马略·马克西姆斯又有何理由进行续写呢？如果连这都无法证明这部作品的流传程度，那我只能退而用到公元四世纪中叶尤特罗庇乌斯的《罗马国史大纲》（*Breviarum ab Vrbe Condita*）来加以说明

① 请参见《罗马君王传：康茂德·安东尼努斯传》，X，2。

了。这本献给皇帝瓦伦斯（Valens，公元364年—378年在位）的罗马简史作品曾在部分地方借鉴了苏埃托尼乌斯作品里的说法，甚至在写到维特利乌斯被处死的场面时还用了一模一样的词句。[①]这无疑直接证明了苏埃托尼乌斯的这部作品在帝国晚期已属脍炙人口之作。

即便到了现代，苏埃托尼乌斯的《罗马十二帝王传》仍作为传世经典被不断译介到世界各地。目前国内所能见到的汉语简体字版译本已有两种：商务印书馆出版的张竹明、王乃新、蒋平等翻译的译本，以及上海三联书店出版的田丽娟、邹恺莉翻译的译本。两种译本虽足以让国内读者目睹这部著作的风貌，可出于皆为合译的缘故，多少都存在些许不足之处，个别地方甚至与原文差异甚大。因此两年半之前我才动笔开始了翻译，前后也有幸得到了刘训练老师和王军老师的帮助，终能促成译稿的出版。在翻译时，为了便于读者查对原文，译者一律保留了原文的章句编号，而人物、民族、地点、事件等专名，也大都以主格形式列在文末并标注首次出现的章句号。此外，为了让国内读者更好地理解书中蕴含的历史文化背景，译者也尽可能多地添加了注释，以便简单介绍罗马历史的知识及文本背后所隐藏的信息。希望我的上述工作能为大家带去帮助。然而，译者并非相关领域的学者，拉丁语和英语的学艺水平也相当有限，译本之中定然还有诸多不尽如人意的地方，在此还请读者批评指正。

谢品巍

2018年7月

① 请参见尤特罗庇乌斯:《罗马国史大纲》，VII，18。

图书在版编目（CIP）数据

罗马十二帝王传 /（古罗马）苏埃托尼乌斯著；谢品巍译 . —杭州：浙江大学出版社，2019.12
（西方传记经典）
ISBN 978-7-308-19600-0

Ⅰ.①罗⋯ Ⅱ.①苏⋯ ②谢⋯ Ⅲ.①帝王—列传—古罗马 Ⅳ.① K835.467=2

中国版本图书馆 CIP 数据核字（2019）第 217860 号

罗马十二帝王传
[古罗马] 苏埃托尼乌斯 著　　谢品巍 译

责任编辑　王志毅
文字编辑　孙华硕
责任校对　闻晓虹
装帧设计　王小阳
出版发行　浙江大学出版社
（杭州天目山路148号 邮政编码310007）
（网址：http:// www.zjupress.com）
排　　版　北京大有艺彩图文设计有限公司
印　　刷　北京时捷印刷有限公司
开　　本　635mm×965mm 1/16
印　　张　27
字　　数　338千
印 版 次　2019 年 12 月第 1 版　2019 年 12 月第 1 次印刷
书　　号　ISBN 978-7-308-19600-0
定　　价　88.00元

版权所有 翻印必究 印装差错 负责调换

浙江大学出版社市场运营中心联系方式：（0571）88925591；http://zjdxcbs.tmall.com

本书译自

Gaius Suetonius Tranquillus, *Gaius Suetonius Tranquillus Opera*,

vol. 1: *De Vita Caesarum Libri VIII* (in Latin),

ed. by Maximilian Ihm, Berlin: De Gruyter, 1993.